Theresa Breslin

Das Nostradamus Rätsel

cbj

Foto: © John Wilson

DIE AUTORIN

Theresa Breslin ist Schottin und lebt mit ihrem Mann in Glasgow. Sie arbeitete als Bibliothekarin, bevor sie begann, Bücher zu schreiben. Ihre Jugendromane gewannen zahlreiche Preise und Auszeichnungen, u. a. die begehrte »Carnegie-Medal«. »Das Medici-Siegel«, ihr erster Roman bei cbj, wurde von Publikum und Presse begeistert aufgenommen.

Theresa Breslin

Das Nostradamus-Rätsel

Aus dem Englischen von
Petra Koob-Pawis

cbj

cbj
ist der Kinder- und Jugendbuchverlag
in der Verlagsgruppe Random House

Mix
Produktgruppe aus vorbildlich bewirtschafteten Wäldern und anderen kontrollierten Herkünften
www.fsc.org Zert.-Nr. SGS-COC-001940
© 1996 Forest Stewardship Council

Verlagsgruppe Random House FSC-DEU-0100
Das für dieses Buch verwendete
FSC-zertifizierte Papier *Super Snowbright*
liefert Hellefoss AS, Hokksund, Norwegen.

1. Auflage 2010
Gesetzt nach den Regeln der Rechtschreibreform

Die Originalausgabe erschien 2008 unter dem Titel
»The Nostradamus Prophecy« bei Random House
Children's Books, London.

Aus dem Englischen von Petra Koob-Pawis
Umschlagbild: HildenDesign unter Verwendung
von Motiven von Shutterstock.com
Umschlaggestaltung: HildenDesign, München
KK · Herstellung: AnG
Satz: Uhl + Massopust, Aalen
Druck und Bindung: GGP Media GmbH, Pößneck
ISBN 978-3-570-40054-8
Printed in Germany

www.cbj-verlag.de

Dieses Buch ist für Sue Cook,
Lektorin extraordinaire

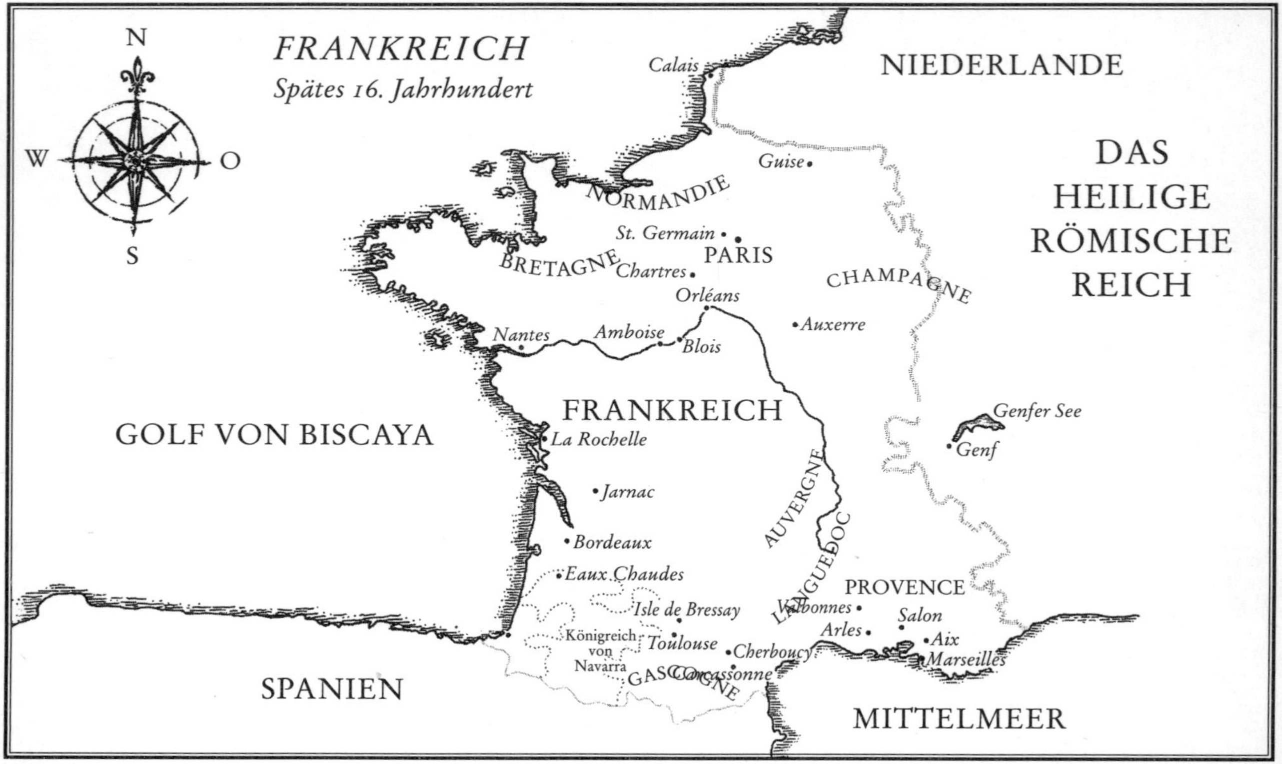
FRANKREICH
Spätes 16. Jahrhundert
N
W
O
S
NIEDERLANDE
DAS
HEILIGE
RÖMISCHE
REICH
Calais
Guise
NORMANDIE
St. Germain
PARIS
BRETAGNE
Chartres
CHAMPAGNE
Orléans
Auxerre
Nantes
Amboise
Blois
FRANKREICH
GOLF VON BISCAYA
La Rochelle
Genfer See
Genf
Jarnac
AUVERGNE
Bordeaux
LANGUEDOC
Eaux Chaudes
PROVENCE
Isle de Bressay
Valbonnes
Salon
Arles
Aix
Königreich
von
Navarra
Toulouse
Cherboucy
Marseilles
GASCOGNE
Carcassonne
SPANIEN
MITTELMEER

TEIL 1
Die Prophezeiung

Südfrankreich, Frühling 1566

Kapitel eins

»Mord! Mord und schändlicher Verrat!«

Der alte Mann mit dem wallenden weißen Bart zitterte, während er sprach.

»Hört mir zu, ich bitte Euch! Blut strömt rot durch die Straßen von Paris!«

Im großen Saal des Palasts von Cherboucy drängten sich die Edlen und die Höflinge nach vorn, um besser hören zu können. Der Seher griff in die Falten seines Umhangs und zog ein zerknittertes Pergament hervor. Er hielt es hoch und las mit lauter Stimme vor:

»Lodernde Flammen, unbarmherziges Metzeln,
Verrat schändet das königliche Geschlecht.
Verborgene Taten kommen ans Licht
und alle außer einem werden zugrunde gehen.
Er wird vom Schwert verschont bleiben,
allein gerettet durch das Wort.«

»Oh, welch abscheulicher Frevel!« Er stieß mit dem Finger auf die Schrift und seine Stimme schwoll zu einem Wehklagen an.

»Hundert Tote! Nein! Mehr! Zweihundert!«

Speichel quoll aus seinen Mundwinkeln.

»Und mehr! Und noch viel mehr! Dreihundert! Vierhundert! Fünfhundert! Fünf mal fünfhundert.« Stöhnend raufte er sich die Haare. »Die Glocke tönt. Paris schreit auf im Todeskampf. Säuglinge werden von der Mutter Brust gerissen; sie werden ans Schwert geliefert, zerschmettert, zu Tode geprügelt. Keiner ist sicher. Die Menschen versuchen zu fliehen. Seht nur!« Dem alten Mann traten die Augen hervor. »Seht, wie sie wegrennen! Doch sie laufen vergeblich. Ihre leblosen Leiber türmen sich in den Straßen zu Bergen auf, ihre Leichname verstopfen die Flüsse. Das Leben des Königs ist verwirkt. Oh, welch heimtückisches Morden!«

Von ihrem erhöhten Sitz aus beugte sich Katharina von Medici, die Regentin von Frankreich, vor und lauschte aufmerksam. Doch ihr Sohn, der junge König Charles, lachte nur. »Paris ist eine Stadt, die mir wohl gefällt. Wenn ich Hof halte in der königlichen Residenz, so tue ich das ganz ohne jede Furcht.«

Der Wahrsager reckte die Hände über den Kopf. »Der Tod ist hier an diesem Ort! Hier und heute Nacht!«, rief er aus. »Ich fühle, dass er ganz nahe ist!« Mit schreckerfülltem Blick sah er hinauf zu den Dachsparren. »Hört das Schlagen seiner Flügel! Sogar jetzt, während ich spreche, schwebt der Engel des Todes über unseren Häuptern!«

Ein Raunen ging durch die Reihen der Anwesenden. Alle reckten die Hälse und schauten nach oben. Einige staunten verwundert, andere kicherten hinter vorgehaltener Hand.

»Sire, Ihr solltet das, was Nostradamus sagt, nicht so einfach abtun«, zischte Katharina von Medici ihrem Sohn zu. »Er ist kein Prophet wie jeder andere.«

»Genug davon.« Der König hob die Hand und gebot Stille. »Wir danken Euch für Eure Mühe, Wahrsager. Ihr könnt jetzt gehen.«

Man konnte sehen, dass die Regentin verärgert war, denn sie zog die Stirn in Falten und biss sich auf die Lippe. Aber sie widersprach nicht, sondern zog ihren Beutel hervor und gab einem Diener ein paar Münzen für den alten Mann.

Nostradamus blickte voller Verachtung auf das Geld und warf es auf den Boden. »Ich bin hierhergekommen, um Euch zu warnen«, sagte er würdevoll, »nicht weil ich von Euch Gold wollte.«

»Spielmann«, forderte der König meinen Vater auf, »spiel mir ein Lied.« Er klatschte in die Hände. »Ein fröhliches Lied. Und bitte deine Töchter, ein wenig für mich zu tanzen.«

Mein Vater winkte meine Schwester und mich herbei.

»Chantelle, Mélisande.« Er legte uns die Hände aufs Haupt. »Ich glaube, der König braucht ein wenig Zerstreuung. Wie wär's mit einem Madrigal? Und danach ein munterer Reigen, was meint ihr?«

Vater zupfte seine Laute und begann, mit leiser Stimme zu singen. Meine Schwester und ich schüttelten unsere Fingerzimbeln im Takt der Musik und warteten auf den richtigen Augenblick, um in die Mitte des Saals zu laufen.

Nostradamus starrte den König an. »Heute hört Ihr mir nicht zu«, rief er dann laut. »Aber ich sage Euch, eines Tages werdet Ihr hören. Doch dann wird es zu spät sein!«

Der alte Mann ließ die Goldmünzen liegen, wo sie waren, wandte sich um und verließ den Saal. Als er beim Hinausgehen meine Schwester streifte, durchlief ihn ein Zittern. Unvermittelt blieb er stehen und drehte sich zu ihr um. Er starrte sie aus riesigen dunklen Augen an, die unter schweren Lidern lagen.

»Tanze anmutig heute Nacht«, sagte er zu ihr, »denn du wirst nie wieder vor diesem König tanzen.«

Kapitel zwei

Und wir haben anmutig getanzt in dieser Nacht, meine Schwester Chantelle und ich.

Viele der Höflinge unterbrachen ihre Unterhaltung und schauten uns zu, denn wir waren eben erst aus England zurückgekehrt, wo wir die Morelia erlernt hatten, den neuesten Modetanz am Hof der englischen Königin Elizabeth. Ich übernahm den Part des Mannes, und noch während wir unsere Figuren tanzten, uns verneigten und wiegten, gesellten sich einige der Adeligen mit ihren Damen zu uns und ahmten unsere Bewegungen nach.

Unser Sammelkörbchen war bald gut gefüllt. Mein Vater war der begabteste Troubadour weit und breit und an allen Königshöfen gern gesehen. Als wir geendet hatten, klatschte der König Beifall, aber die bedrückte Stimmung der Regentin wollte nicht weichen, ja Katharina von Medici hatte uns kaum beachtet. Sie bat ihren Sohn um die Erlaubnis, sich zurückziehen zu dürfen, rief ihre Hofdamen zu sich und begab sich zur Ruhe.

Die Münzen, die der Wahrsager liegen gelassen hatte, durften schließlich wir aufheben. Obwohl Chantelle älter als ich und die bessere Tänzerin war, teilte sie das Geld zu gleichen Teilen unter uns beiden auf. Meine Schwester war so herzensgut, wie man sich eine Schwester nur wünschen konnte. Sie hätte allen Grund gehabt, das ganze Geld für sich zu behalten, denn sie war heimlich verlobt und hoffte, bald heiraten zu dürfen, aber sie bestand darauf, dass ich die Hälfte nahm.

Ehe mein Vater uns mit einem Teil der Einnahmen verließ, um etwas zu trinken und Karten zu spielen, hatte er uns in unsere Kammer gebracht und vorsichtshalber die Tür verriegelt. Denn sogar in hochherrschaftlichen Schlössern, unter den Augen des Königs, konnte es vorkommen, dass einige Männer, betrunken oder nicht, wehrlose Frauen in Bedrängnis brachten.

Chantelle und ich setzten uns nieder, um an ihrem Brautkleid weiterzusticken, und ich dachte mir ein neues Lied aus, das wir uns gegenseitig vorsangen. Meine Stimme war zu tief, um als lieblich empfunden zu werden, auch mein Tanz war nicht so anmutig wie der meiner Schwester. Aber auf der Mandoline waren meine Finger flink und geschickt, und es machte mir Spaß, Musik zu komponieren und auch die passenden Verse zu ersinnen. Ich wählte eine Melodie aus und wir sangen von edlen Rittern, noblen Taten und unerwiderter Liebe. Dann gingen wir zu Bett, und Chantelle beschrieb mir die Blumen, die unser Haar an ihrem Hochzeitstag schmücken würden, bis ich einschlief.

Nostradamus und seine unheilvolle Prophezeiung hatten wir vollkommen vergessen.

Gegen Mitternacht klopfte es draußen an die Fensterläden. Chantelle huschte aus ihrem Bett und ging barfuß zum Fenster. Ich hörte eine männliche Stimme. Ihr Verlobter, Armand Vescault, war auf die Terrasse vor dem Fenster gekommen. Chantelle kniete sich auf die Fensterbank, und sie begannen, sich im Flüsterton zu unterhalten.

Ich tat so, als hörte ich nichts. Ich machte mir keine Sorgen, dass sie mit Armand alleine war, so ganz ohne Anstandsdame. Er würde ihr niemals etwas Schlimmes oder Unehrenhaftes antun.

Es war ein anderer Mann, der dies in seiner abgrundtiefen Bosheit tun sollte.

Kapitel drei

Am nächsten Tag ließ die Regentin Nostradamus zu sich rufen.

Er blieb den ganzen Tag lang in ihren Gemächern, während sie sich mit ihm beriet. Katharina von Medici war allem Übersinnlichen und der Sterndeuterei sehr zugeneigt. Daher war sie besorgt, dass in der Weissagung, die Unglück für den König voraussah, ein Körnchen Wahrheit liegen könnte. Um seine Botschaft zu verkünden, war Nostradamus eigens aus seinem Heimatort Salon hierher in die Nähe von Carcassonne gereist, wo der Hof residierte. Die Königin schenkte ihm großen Glauben. Sie war überzeugt, seine Warnung sei ein Zeichen des Allerhöchsten, um ihren Sohn zu retten.

»Das ist doch alles Unsinn«, sagte Chantelle.

Wir saßen in den Gärten des Palasts und stimmten unsere Instrumente. Dort hatte uns Vater gefunden und diese Neuigkeiten berichtet. In meinem Schoß lag meine wunderschöne italienische Mandoline, von deren Saiten die Töne wie Wassertropfen perlten.

»Du weißt doch, Leuten wie Nostradamus sind wir schon vielen auf unseren Reisen begegnet«, sprach Chantelle weiter. »Dutzende dieser Wahrsager ziehen kreuz und quer durch die Lande und prophezeien Verderben und Untergang bei jeder Gelegenheit.«

»Aber das, was Nostradamus sagte, war ganz eindeutig«, widersprach ich. »Er sprach vom Engel des Todes. Und er sagte, er könne seine Gegenwart spüren.«

»Gestern Abend waren so viele Menschen in der großen Halle«, wandte Chantelle ein. »Einer von ihnen wird sicherlich im nächsten Jahr sterben. Das wird so oder so geschehen, aber wenn es passiert, dann wird jeder sagen, der Wahrsager habe recht behalten.«

»Du solltest Vorahnungen nicht so leichtfertig abtun«, ermahnte sie mein Vater. »Auch der Tod von Charles' Vater war vorausgesagt worden. Man hatte ihn davor gewarnt, in den Kampf Mann gegen Mann zu reiten. Noch am Tag, an dem er starb, warnte Katharina selbst ihren Mann vor dem Turnier. Der König jedoch glaubte, er befände sich in keiner Gefahr, sollte es doch nur ein Schauwettkampf mit hölzernen Waffen sein. Aber die Lanze seines Gegners zerbarst, als sie den Helm des Königs traf. Ein langer Splitter drang durch das Auge ins Gehirn. Neun Tage später starb der König unter großen Qualen.«

»Armand ist der gleichen Meinung wie ich«, warf Chantelle ein. »Er sagt, die Frau seines Lehnsherrn sei sterbenskrank, wahrscheinlich wird sie das Ende der Woche nicht mehr erleben. Armand meint, wenn sie innerhalb der nächsten Tage stirbt, werden alle glauben, dass Nostradamus tatsächlich den Todesengel gesehen hat.«

»Ach, hat er das gesagt?« Mein Vater zog eine Augenbraue hoch. »Da ich eben diesen Armand heute ganz früh am Morgen sah, wie er, noch ehe du wach warst, mit seinem Herren ausritt, musst du dieses Gespräch wohl mit ihm geführt haben, nachdem du gestern zu Bett gegangen bist, und das obwohl du mir dein feierliches Versprechen gegeben hast, dein Zimmer nicht zu verlassen.«

Meine Schwester wurde puterrot im Gesicht.

»Mein Herr Vater …«, begann sie.

»Chantelle hat unser Zimmer nicht verlassen«, unterbrach ich sie, ängstlich darauf bedacht, sie in Schutz zu nehmen. »Armand ist zur Balustrade gekommen und sie haben sich nur für kurze Zeit durchs offene Fenster unterhalten.«

»Also warst du wach«, sagte Chantelle und sah mich an.

»Ich hoffe, eure Unterhaltung war von der Art, dass sie auch für die Ohren deiner jüngeren Schwester geeignet war«, sagte mein Vater zu Chantelle. »Sie ist noch immer ein Kind.«

»Ich bin kein Kind mehr!«, widersprach ich entschieden.

»Aber du bist auch noch keine Frau, Mélisande«, entgegnete mein Vater. Er schloss uns beide in die Arme. »Und darüber bin ich froh, denn dann würde ich dich ebenfalls an einen Verehrer verlieren, wie ich gerade deine Schwester zu verlieren im Begriff bin.«

Er drückte uns an sich und strich uns übers Haar. Dann betrachtete er Chantelle mit ernstem Blick. »Ich bin nicht zufrieden mit dir«, sagte er zu ihr. »Die Ehre eines Mädchens ist ihr wertvollstes Gut. Etwas, das du unablässig hüten solltest. Und zwar mit mehr Sorgfalt, als du deine Zunge hütest«, fügte er hinzu.

»Es tut mir leid, Vater«, sagte meine Schwester zerknirscht.

Vater seufzte. »Ich sehe ein, dass ich Vorbereitungen treffen muss, damit du bald heiraten kannst. Noch in dieser Woche werde ich mit dem Comte de Ferignay, Armands Lehnsherrn, sprechen.«

»Danke, Papa!«, jubelte Chantelle. »Danke!«

»Ich werde damit warten bis nach der Jagd morgen. Lasst uns hoffen, dass sie von Erfolg gekrönt ist und der König und seine Begleiter in guter Stimmung zurückkehren.«

Die Wohltaten, die der französische Hof verteilte, hingen in großem Maße von den Launen des Königs ab. Mit seinen fünfzehn Jahren – er war nur zwei Jahre älter als ich – war König Charles berüchtigt für seine Launenhaftigkeit und seinen Jähzorn. Seine Mutter, so erzählte man sich, verhätschelte ihn, statt ihn zu erziehen, und Zornesausbrüche waren seine Art, sich abzureagieren. Seit wir mit dem Hof durch den Süden Frankreichs zogen, erlebten wir, dass das Wohlergehen ihres eigenen Sohnes die größte Sorge Katharinas war. Ich glaube, Chantelle und ich, die wir unsere Mutter schon in ganz jungen Jahren verloren hatten, sahen darin den Ausdruck ihrer Liebe.

»Heute Abend werde ich die Spitzen auf mein Hochzeitskleid nähen«, flüsterte Chantelle mir zu, »und zur Nacht werde ich dafür beten, dass die Jäger ein zielsicheres Auge haben werden.«

Seit frühester Kindheit liebte Charles die Jagd, und in jenem Teil Südfrankreichs, in dem der Palast von Cherboucy lag, gab es viele große Wälder, in denen es von Hirschen und Wildschweinen nur so wimmelte. Das Wetter versprach schön zu werden und schon jetzt bereiteten die Knappen, die Stallburschen und Waffenmeister die Pferde und die Waffen für die Jagd am nächsten Tag vor. Draußen im Hof wurden gerade die Hunde trainiert, als sie plötzlich in wildes Gebell und angsterfülltes, hohes Kläffen ausbrachen.

Mein Vater stand auf, um nachzusehen, was die Hunde so in Aufregung versetzte. Er spähte über die Gartenmauer und rief: »Da ist ein Leopard! Der König wird begeistert sein. Er hat sich immer gewünscht, mit einer dieser großen Katzen zu jagen.« Doch dann verdüsterte sich seine Miene. »Aber der Überbringer dieses Geschenks wird nicht jedermann hier willkommen sein.«

Chantelle und ich traten neben ihn an die Brüstung. Im Schlosshof stand ein anmutiger Leopard. Sein Fell hatte die Farbe von hellem Bier und war mit pechschwarzen Flecken übersät. Die Ohren lagen flach am Kopf an, als das Tier aufmerksam in alle Richtungen schaute. Inzwischen waren die Jagdhunde ganz außer sich und zerrten an den Leinen. Die Burschen, die die Hunde führten, mussten ihre ganze Kraft aufwenden, damit ihre Tiere nicht blitzschnell die Flucht ergriffen. Der Leopardenführer selbst war zwar noch ein Junge, aber er hielt die Kette, die das Tier um den Hals trug, nur lose umfasst.

Hinter dem Jungen ritt ein älterer Mann, dessen schwarzen Hut weder eine Feder noch sonstiger Schmuck zierte; er war ganz in Schwarz gekleidet, nur sein Kragen und seine Ärmel waren mit weißen Rüschen besetzt.

»Das ist Gaspard Coligny«, sagte mein Vater leise zu uns. »Er ist Admiral im Staatsrat, einer der bedeutendsten Franzosen, der den neuen reformierten Glauben angenommen hat. Und ein mutiger Mann obendrein«, fügte er hinzu. »Sich unbewacht hierher zu wagen, wo doch so viele Männer des katholischen Hauses Guise den König umgeben.«

Aus einem der Fenster in den oberen Stockwerken drang Gelächter. König Charles stand dort und war entzückt darüber, wie sehr sich die Hunde ängstigten.

Als er den König bemerkte, zog Admiral Gaspard Coligny den Hut und rief zu ihm hinauf: »Wenn es Euch genehm ist, allergnädigste Majestät, Euer Vetter, Prinz Henri von Navarra, hat Euch eine kleine Unterstützung für die Jagd gesandt.«

»Den Leoparden?«, rief der König, und seine Stimme überschlug sich fast. »Ist er darauf abgerichtet, mit Menschen auf die Jagd zu gehen?«

»Das ist er in der Tat, Sire. Prinz Henri und seine Mutter, die Königin von Navarra, schicken Euch den Leoparden Paladin wie auch Melchior, den Jungen, der ihn führt, mit den allerbesten Wünschen für die Jagd am morgigen Tag.«

In seiner Begeisterung lehnte sich der König so weit über das Fenstersims, dass er beinahe das Gleichgewicht verloren hätte und herabgestürzt wäre. Er rief den Leopardenführer.

»Melchior!«

Der Junge hob den Kopf und warf sein wild zerzaustes

Haar in den Nacken. Sein Gesicht hatte die dunkle Farbe der Südländer. Unter seinen buschigen Augenbrauen leuchteten seine Augen so goldbraun hervor wie die der großen Katze, die an seinem Handgelenk festgebunden war.

»Bring das Tier näher zu mir«, befahl der König.

Melchior führte den Leoparden mitten in den Schlosshof. Die beiden standen jetzt genau unter uns, und obwohl er mit leiser Stimme sprach, konnte ich genau hören, wie der Junge dem prachtvollen Tier etwas zuraunte. Er redete nicht wie ein Franzose aus dem Norden, sondern in der Sprache des Südens. Das Languedoc war das Land, aus dem meine Mutter stammte und in dem ich meine Kindheit verbracht hatte, ehe ich mit meinem Vater und meiner Schwester auf Reisen ging, und so verstand ich genau, was er sagte.

»Achte nicht auf diese albernen Wesen, oh Paladin, du stolzer Krieger«, sagte Melchior sanft. »Du edler Prinz, schneller Sohn des mächtigen Jägers, dein Geist ist wie der Wind, frei und schrankenlos. Du bist majestätischer als alle diese Rüpel, denen du zu Willen sein sollst.«

Mit hoch aufgerichtetem Haupt verharrte der Leopard ganz ruhig an seiner Seite.

»Schau doch nur!« Chantelle zupfte mich am Ärmel. »Dort ist Armand.«

Ich spürte, wie sie zitterte, als Armand Vescault mit seinem Lehnsherrn, dem Comte de Ferignay, unter dem Torbogen hindurchritt.

»Meine Hunde!«, rief Ferignay aus. »Sie sind völlig verängstigt und werden auf der Jagd morgen nicht zu gebrauchen sein!« Er sprang von seinem Pferd und stürmte auf Melchior zu. »Du Narr! Bring das Tier auf der Stelle von hier weg!« Er holte mit seiner Peitsche aus und wollte dem Jungen einen Schlag versetzen.

Der Leopard knurrte und riss, obwohl er einen Maulkorb

trug, das Maul weit auf und zeigte seine riesigen, scharfen Zähne und seinen rosafarbenen Schlund.

»Zügelt Eure Hand, Ferignay!«, rief der König vom Fenster aus. »Ich habe angeordnet, dass der Leopard hierher gebracht wird, damit ich ihn näher betrachten kann.«

»Eure Majestät …« – der Comte fasste sich wieder –, »ich war mir Eurer Gegenwart nicht bewusst.« Er warf dem Jungen einen gehässigen Blick zu, dann stolzierte er in den Palast.

Unbehagen beschlich mich, als ich ihn dort verschwinden sah. Sobald meine Schwester mit Armand verheiratet war, würde auch sie zum Haushalt dieses Mannes gehören.

Ich für meinen Teil hielt von diesem Comte de Ferignay nicht besonders viel.

Kapitel vier

Als er das Pferd seines Herrn in den Stall führte, richtete Armand es so ein, dass er ganz nahe an der Gartenmauer vorbeikam, auf der wir standen. Er schaute zu meiner Schwester hinauf. Aus seinem Blick sprach eine so grenzenlose Liebe, dass mir der Atem stockte.

Meine Schwester pflückte eine der wilden Blumen, eine *Artema* mit rosafarbenen Blütenblättern, die in den Ritzen der Steinwand wuchsen, und ließ sie scheinbar achtlos aus der Hand fallen. Armand fing sie auf, küsste die Blüte und steckte sie in seine Tunika. Falls mein Vater dies bemerkt hatte, so sagte er es jedenfalls nicht. Ich wusste, seine eigene Lebensgeschichte war wie ein Liebesroman verlaufen – er hatte uns oft erzählt, wie er mit wenig Hoffnung um unsere Mutter geworben hatte, da er ja nur ein Spielmann war, und schließlich doch ihre Liebe erringen konnte.

Den Rest des Tages verbrachten wir in den Palastgärten, denn wir wollten unsere Lieder noch einmal proben. Doch die Worte, die der Leopardenführer seinem Tier zugeflüstert hatte, gingen mir nicht mehr aus dem Kopf. Sie tummelten sich in meinen Gedanken wie Fische in einem tiefen Teich, sie wirbelten und sprangen, wohin sie wollten, und manchmal durchbrachen sie mit einem Flossenschlag die reglose Oberfläche. Schließlich ließ ich meinen Gedanken freien Lauf, nahm meine Mandoline und zupfte die Saiten, um den Ton zu finden, der am besten zu den Worten passte.

Mein Vater lächelte, als er das sah. »Schon wieder ein neues Lied, Mélisande?«

Ich nickte, ließ ihn jedoch nicht wissen, woher meine Eingebung kam.

Das geschäftige Treiben am Hof ging an uns vorüber. Zweck der königlichen Reise durch Frankreich war es, dem Volk in allen Landesteilen seinen jungen König zu präsentieren. Seine Mutter, die Regentin, hoffte, dass eine solch überwältigende Zurschaustellung von Glanz und Macht das Königtum stärken und die Fehden zwischen Katholiken und Protestanten eindämmen würde. Dem König bereitete seine neue Rolle Vergnügen, er traf Würdenträger, hörte sich Beschwerden an und sprach Recht. Die Adeligen der Region zeigten guten Willen und erneuerten feierlich ihren Treueschwur.

Es kamen jedoch auch Boten mit unerfreulichen Nachrichten. Eine Woche zuvor waren in einem Kloster, keine fünf Wegstunden entfernt, mitten in einer Messfeier sechzig Mönchen die Kehlen durchgeschnitten worden. Als Vergeltung hatte man einer Gruppe von hugenottischen Familien, die sich in einer Scheune zum Gebet versammelt hatte, das Dach über dem Kopf angezündet. Als die Menschen fliehen wollten, wurden alle niedergemetzelt. Diese grausame Tat hielt man für ein Werk der mächtigen Familie Guise. Deren Mitglieder, einflussreich und von königlichem Geblüt, wären durchaus in der Lage, den Thron von Frankreich an sich zu reißen. Gleichzeitig galten sie aber auch als strikte Verfechter der katholischen Sache und weigerten sich entschieden, das kürzlich erlassene königliche Edikt von Amboise anzuerkennen, das allen Menschen protestantischen Glaubens die Freiheit garantierte, insbesondere den Hugenotten. Jedes Mal wenn sie die Zusammenkünfte der Protestanten zum Gebet störten oder wohlbekannte Hugenotten unter fadenscheinigem Vorwand umbringen ließen, verstand man dies als absichtliche Geringschätzung der königlichen Gesetze. Die Hugenotten, die an Zahl und Macht immer stärker wurden, übten ihrerseits Vergeltung, indem sie mordeten und meuchelten.

Auch wenn der König dem beunruhigenden Treiben kaum Beachtung schenkte, setzte seine Mutter alles daran, beide Parteien in Schach zu halten. Fest davon überzeugt, dass ihre Familie durch göttlichen Ratschluss dazu bestimmt war, über Frankreich zu herrschen, suchte sie nach mystischen Zeichen, die ihr den Weg wiesen.

Nostradamus blieb den ganzen Tag in den Gemächern der Regentin, und am Abend rief sie ihren Sohn zu sich und bestand darauf, dass er an ihren Gesprächen über Staatsangelegenheiten teilnahm. Der Comte de Ferignay war einer der Kammerherren und so war auch Armand zugegen. Später berichtete er uns, was in den Räumen der Thronregentin geschehen war.

Nostradamus hatte Katharina von Medici sein Buch *Die Prophezeiungen* gezeigt, das schon vor vielen Jahren erschienen war. In einem Vierzeiler hatte der Seher den Tod von Charles' älterem Bruder François, der mit Maria, der Königin von Schottland, vermählt war, genau vorausgesagt. Und er konnte beweisen, dass er diese vier Zeilen geschrieben hatte, lange bevor das Unglück eingetreten war. Der Drucker des Buchs konnte dies bezeugen. Als es Abend geworden war, hatte sich dies bereits im ganzen Schloss herumgesprochen.

Der erste Sohn der Witwe, jäh erkrankt,
das Königtum kinderlos zurücklässt
und zwei Inseln liegen hernach im Streit,
denn er wird sterben noch vor seinem achtzehnten Jahr.

Hier also war der Beweis, wie zuverlässig der Seher in die Zukunft sehen konnte. Den Tod von Charles' älterem Bruder hatte er genau vorhergesagt. Dieser war eines Tages von der Jagd zurückgekommen und hatte über Schmerzen hinter seinem Ohr geklagt. Man fand dort eine sonderbare Geschwulst, die immer weiter wuchs, bis er schließlich kurz vor seinem siebzehnten Geburtstag verstarb. Er war der erstgeborene Sohn seiner Mutter, sie war Witwe und sein Tod hatte zu großem Unfrieden geführt. Sogar ich, die ich sonst nicht viel von derlei Humbug hielt, verspürte ein Kribbeln, als ich davon hörte. Vielleicht musste sich der König doch wegen der neuen Weissagung des Nostradamus sorgen?

»*Keiner ist sicher!*
Oh, welch heimtückisches Morden!
Das Leben des Königs ist verwirkt!«

Nach der Unterredung mit seiner Mutter kehrte der König in äußerst schlechter Stimmung in seine Privatgemächer zurück.

»Sie will nicht, dass ich an der Jagd morgen teilnehme«, hörte man ihn sich lauthals beschweren. »Ich habe dieser Unternehmung zugestimmt und den Hof durch halb Frankreich geschleppt, um mich der Unterstützung kleiner Adeliger zu versichern. Und wozu? Doch nicht etwa, damit wir unsere eigene auserwählte Person der Gefahr aussetzen, die von den religiösen Parteien ausgeht, die sich gegenseitig bei der erstbesten Gelegenheit den Garaus machen wollen? Wir haben Paris den Rücken gekehrt, den Schlössern an der Loire, der Zivilisation. Und ich sage, ich *werde* morgen zur Jagd gehen.« Charles schleuderte einen Stuhl quer durchs Zimmer, riss die Vorhänge von seinem königlichen Bett herunter und trampelte auf ihnen herum.

In einem Anfall von Trotz war der König danach in die Gemächer der skandalumwitterten Herzogin Marie-Christine gegangen, um dort sein Abendessen einzunehmen. Er hatte seine Musikanten rufen lassen, um für Unterhaltung zu sorgen. So kleideten sich meine Schwester und ich mit Sorgfalt an und gingen zusammen mit meinem Vater, um beim königlichen Mahl aufzuspielen.

Der Leopard war ebenfalls da. Unbeweglich wie eine Statue saß er auf seinen Hinterpfoten, seinen langen Schwanz hatte er um die Füße geschwungen. Der Junge, Melchior, stand neben ihm und starrte mit unbewegtem Blick geradeaus.

Ich sah, wie sich seine Lippen bewegten, als er dem Tier über den Kopf strich, aber diesmal war er zu weit von mir entfernt, und ich konnte nicht hören, was er sagte.

Plötzlich fügten sich die Worte, die er bei unserer ersten Begegnung seinem Leoparden zugeflüstert hatte, in meinen Gedanken zu einem Lied. Auch die Noten flogen mir wie von selbst zu. Ich nahm die Mandoline und sang:

»Oh Prinz von königlichem Geblüte,
Paladin, wie edel dein Name klingt.
Gefangen zwar, doch von stolzem Gemüte,
Ist dein Geist ungezähmt wie der Wind.

Flinker Sohn aus kraftvollem Geschlecht,
Der Sieg ist dein.
Lautloser Schatten, schnell bei der Jagd
Gebunden jetzt, wirst du doch frei sein.«

Melchior wandte seinen Kopf nicht, aber seine Körperhaltung veränderte sich.

Ich schaute zu ihm hinüber und unsere Augen trafen sich.

Der kurze Blick genügte für einen Moment tiefsten Verstehens. Mehr als Worte es vermögen, mehr als Musik es bewirken kann, konnte ich in seiner Seele lesen.

Dann fiel ein Schleier über seine Augen und sein Gesicht wurde wieder so ausdruckslos wie zuvor.

Ich senkte den Kopf.

»Das Lied gefällt mir.« Der König ließ sich auf seinem Stuhl zurückfallen, denn er hatte dem Wein schon viel zu sehr zugesprochen. »Ich nehme an, dass diese Worte auf mich gemünzt sind. Ich bin ein Prinz, der von den Ansprüchen anderer an die Kette gelegt wird. Meine Mutter befahl mir, dem Wahrsager hundert Goldstücke zu zahlen. Sie glaubt unerschütterlich an seine Prophezeiungen. Aber kann denn wirklich jemand in die Zukunft sehen?«

»Natürlich kann man das, mein Gebieter.« Die Herzogin, die ein Kleid trug, das ihre Brüste mehr enthüllte als bedeckte, beugte sich in aufreizender Manier zu ihm. »Ich selbst habe die Gabe, in die Zukunft zu sehen. Ich prophezeie, dass ich diese Weintraube in meinen Mund stecken werde.« Sie griff in eine Fruchtschale und nahm eine große grüne Traube heraus. »Seht Ihr?« Sie hielt sie hoch und steckte sie zwischen ihre Lippen. Dann rollte sie sie auf ihrer Zunge hin und her und gurrte: »Jetzt sage ich voraus, dass der König von Frankreich diese Weintraube essen wird.« Sie öffnete den Mund wieder und lächelte den König an, und jeder konnte sehen, dass sie die Frucht mit ihren Zähnen festhielt.

Der junge König wurde rot. Rasch beugte er sich vor und drückte seine Lippen ungeschickt auf die ihren. Sie tat so, als würde sie ihm nachgeben, doch im letzten Augenblick entzog sie sich ihm. Als er sich ihr weiter näherte, stand sie von ihrem Stuhl auf und lief davon. Er verfolgte sie und holte sie mit Leichtigkeit wieder ein. Sie ließ ein kehliges Lachen hören. Dann drückte der König seinen Mund erneut auf den ihren. Sie sank an seine Brust und eng umschlungen ließen beide sich auf einen Diwan fallen.

»Es ist Zeit zu gehen, meine Lieben«, sagte mein Vater seufzend zu uns.

Heute frage ich mich, ob dieses Liebesspiel ihn traurig stimmte, weil es ihn an den Verlust unserer Mutter erinnerte. Oder wollte er uns vor den unmoralischen Sitten des Hofs bewahren? Nicht dass mein Vater ohne Fehl und Tadel gewesen wäre – viel von unserem Geld hatte er beim Kartenspiel verloren, und er trank mehr, als ihm guttat. Aber lose Sitten in Liebesdingen waren ihm verhasst. Er war nicht sehr gläubig, zur Kirche ging er nie, aber er achtete stets darauf, dass wir unser Nachtgebet sprachen und jeden neuen Tag mit einem Lobpreis auf unseren Schöpfer begannen. Einmal waren wir auf einem Berg, als er plötzlich stehen blieb, die Arme ausbreitete, vor Freude laut auflachte und rief: »Kann es etwas Schöneres geben? Kein Palast, kein Prinz hat so etwas zu bieten.« Ein andermal setzte er einen Marienkäfer auf seinen Finger und forderte Chantelle und mich auf zuzusehen, wie der Käfer seine Flügel ausbreitete und davonflog. »Seht, wie einzigartig dieses Tier geschaffen ist, es kann fliegen und ist frei von allen Sorgen, die uns Menschen drücken.«

In Frankreich aber lag die Freiheit eines Menschen in den Händen anderer. Die Gleichgültigkeit meines Vaters gegenüber allen förmlichen Glaubensbezeugungen konnte Gerede heraufbeschwören und sein Lebenswandel unter Verdacht geraten.

»Gerade als es interessant wurde«, brummte meine Schwester vor sich hin, als wir uns zum Schlafengehen zurechtmachten. »Wie soll ich denn lernen, wie man sich in Liebesdingen verhält, wenn ich nie zusehen darf, wie andere es tun?«

»Das war keine aufrichtige Liebe, die heute Abend zur Schau gestellt wurde«, wiederholte ich die Worte meines Vaters. »Herzogin Marie-Christine ist verheiratet. Ihr Mann ist weit weg in Paris und sie verführt den König aus ganz eigennützigen Gründen.«

»Ich werde sicher schlecht auf meine eigene Hochzeit vorbereitet sein«, fuhr Chantelle fort, sich zu beschweren, während sie mir dabei half, mein Kleid aufzuschnüren. »Ich kenne keinen einzigen der Kniffe, die eine Frau braucht, um einen Mann zu umgarnen.«

»Ich habe gesehen, wie du heute Morgen eine wilde Blume in den Garten zu Armand hinabfallen ließest«, sagte ich, während ich mir mein Nachthemd überzog. »Du warst so kühn wie jede Kurtisane auch.«

Chantelle kicherte und zog nun auch ihr eigenes Nachthemd an. »Hast du gesehen, wie er die Blume geküsst und sie in seinen Umhang gesteckt hat, ganz nah an seinem Herzen?«

»Oh, Armand, ich bin so in dich verliebt. Ich werde sterben, wenn ich nicht bald das Bett mit dir teile«, stöhnte ich, um meine Schwester zu necken, und schmatzte, als würde ich jemanden küssen.

Zum Dank zog sie mich an den Haaren und wir kämpften im Spaß miteinander und lachten. Dann krochen wir in unsere Schlafnischen und legten uns nieder, aber in der Dunkelheit flüsterten wir weiter.

»Morgen wird ein wundervoller Tag, Mélisande«, sagte Chantelle. »Wenn die Jagd vorüber ist, wird mich Vater dem Comte de Ferignay vorstellen und um die Erlaubnis bitten, dass Armand und ich heiraten dürfen. Stell dir nur vor! Vielleicht bin ich in ein paar Wochen schon seine Frau.«

Von ferne drang der Lärm des Palasts bis in unsere Kammer. Boten kamen und gingen, die Hufe ihrer Pferde klapperten auf dem Kopfsteinpflaster. Wir vernahmen die raue Stimme des Hauptmanns, der die Nachtwachen auf seinen stündlichen Rundgängen kontrollierte.

Während ich auf all diese Geräusche und das Plappern meiner Schwester lauschte, begann auch ich, mich auf den morgigen Tag zu freuen. Nicht wegen des Heiratsvertrages, der geschlossen werden sollte, sondern weil wir die Jagdgesellschaft begleiten würden. Am Abend, als Vater darum gebeten hatte, sich zurückziehen zu dürfen, hatte der König gesagt, er werde auf jeden Fall zur Jagd aufbrechen und wir sollten wenigstens einen Teil des Weges hinter ihm reiten.

In dieser Nacht lag ich wach in meinem Bett und musste an die beiden anderen denken, die auch dabei sein würden.

Ich dachte an den Leoparden. Und an Melchior.

Kapitel fünf

Morgendunst stieg von den Wiesen zu beiden Seiten des Flusses auf, als sich die königliche Jagdgesellschaft versammelte.

»Es ist noch viel zu früh, um im Freien zu sein«, sagte Chantelle fröstelnd und zog ihren Umhang fester um die Schultern, als wir hinaustraten.

Ich war an ihrer Seite, und auch mich fröstelte, aber daran

war mehr die Aufregung als die Kälte schuld. Ich nahm meine Schwester schnell in den Arm. Ich wusste, sie hasste es, frühmorgens aufzustehen, und sie machte sich nichts daraus, mit auf die Jagd zu gehen. Sie tat es nur, weil ich sie darum gebeten hatte, denn alleine, ohne ihre Begleitung, hätte ich nicht teilnehmen dürfen.

Vor den Haupttoren des Palasts stellte der Erste Jäger des Königs, der Grand Veneur, die Jäger auf. Adelige und Höflinge, Männer und Frauen zu Pferde und zu Fuß, noch mehr Pferde, Hundeführer und Waffenträger stellten sich seinen Anweisungen entsprechend in Reih und Glied.

Eine Feldlänge entfernt standen Bauern aus der Umgebung und sahen zu. Die meisten von ihnen hatten einen Sack oder eine Jagdtasche geschultert. Alle Wälder gehörten dem König, manchmal jedoch verschenkte oder verlieh er Teile davon an Edelleute oder hohe Geistliche. Aber keinem gewöhnlichen Mann war es erlaubt, ein Tier des Waldes oder einen Vogel zu erlegen. Heute jedoch durften sie unserem Tross folgen und die Überreste einsammeln, die die Diener des Königs liegen ließen. Alles, was sie fanden, war Beweis der königlichen Wohltätigkeit, und das Fleisch und die Felle halfen ihnen, den Winter besser zu überstehen.

Ich hörte Chantelle seufzen, als sie Armand Vescault erblickte. Sofort machte ich mir weniger Vorwürfe, dass ich sie überredet hatte, aus ihrem warmen Bett aufzustehen. Sie lächelte glücklich, und wir bestiegen die Pferde, die ein Stallbursche schon für uns bereithielt. Chantelle saß kerzengerade im Sattel und hoffte darauf, dass sie Armand auffiel. Sie hatte gesagt, er werde es so einrichten, dass er irgendwann an diesem Tag in ihre Nähe kommen würde. In der Hektik der Jagd war alles möglich. Aber vielleicht auch gar nichts, denn gerade kam unser Vater, um neben uns zu reiten. Er achtete sehr auf unsere Sittsamkeit und hatte Chantelles und

Armands Liebeswerben mit großer Weisheit und Umsicht begleitet. Über ein Jahr war vergangen, seit die beiden sich bei Hof in Paris zum ersten Mal getroffen und ineinander verliebt hatten, aber Vater hatte damals der Heirat meiner Schwester nicht zugestimmt, ja er hatte Armand nicht einmal erlaubt, mit seinem eigenen Lehnsherren darüber zu sprechen. Er hatte darauf bestanden, dass Chantelle noch wartete, und reiste mit uns nach England, sodass beide ihre Gefühle füreinander auf die Probe stellen konnten. Aber jetzt waren wir wieder zurück in Frankreich, und es war offensichtlich, dass ihre Liebe nicht nachgelassen hatte.

Ein Unterleutnant brachte einen Zettel, auf dem vermerkt war, wie sich die Höflinge um den König gruppieren sollten. Diese Aufstellung war streng vom Protokoll vorgegeben und spiegelte Ansehen und Gunst jedes Einzelnen wider.

Zwischen Knappen und Jägern, verschiedenen Helfern und Waffenträgern und einem Dutzend oder mehr Kammerdienern zu Pferd oder zu Fuß wurden wir zu unserem zugewiesenen Platz geleitet. Die Regentin hatte sich entschlossen, nicht an der Jagd teilzunehmen. Aber aus Sorge um ihren Sohn hatte sie ihren eigenen Leibarzt und einen Apotheker und dazu Kisten voller Instrumente und Arzneien mitgeschickt. Als der König eintraf, war er über deren Anwesenheit nicht sehr erfreut; er schickte sie ganz an den Schluss des Zuges, dorthin wo nur noch die Bauern hinter ihnen liefen. Deutlicher hätte Charles sein Missfallen nicht ausdrücken können.

Der Stallbursche des Königs hatte gerade das Pferd Seiner Majestät an die vorderste Linie geführt, als Unruhe in den Reihen der Versammelten aufkam. Wütendes Gemurmel war zu hören. Eine Stimme übertönte die anderen: »Wie können es die Protestanten wagen, sich dem König ohne die Erlaubnis der Regentin zu nähern!«

»Das ist der Anführer der Hugenotten, Admiral Gaspard Coligny«, erklärte uns Vater. »Anscheinend will er an der Jagd heute teilnehmen.« Dann schnappte er nach Luft. »Und er hat den jungen Prinzen Henri von Navarra mitgebracht!«

Ich lenkte mein Pferd mit den Zügeln so, dass ich diesen Prinzen besser sehen konnte, einen Vetter des Königs, der auf einem der hinteren Ränge in der Thronfolge stand. Navarra war ein kleines Königreich im Westen Frankreichs und seine Herrscherin, Königin Jeanne, hatte sich mit ihrem ganzen Land der hugenottischen Sache angeschlossen. Prinz Henri war jünger als Charles und seine Gesichtszüge wirkten frischer und offener.

Admiral Gaspard Coligny schritt voran, er lenkte sein Pferd hinter dem königlichen Hundeführer her, der die Hirschhunde brachte; wenn sie losgelassen wurden, begann die Jagd. Prinz Henri saß kerzengerade im Sattel. Colignys Haar war von grauen Strähnen durchzogen und sein Gesicht mit Narben übersät, die er sich in vielen siegreich ausgetragenen Kämpfen zugezogen hatte. In ihrer dunklen Kleidung umgab die Hugenotten eine würdevolle Aura. Beide wagten es, sich unter die katholischen Adeligen zu mischen, von denen bekannt war, wie überaus eifersüchtig sie ihre Plätze neben dem König verteidigten.

Ich war nicht die Einzige, die sich nach vorn drängte. Direkt vor mir gab ein gut aussehender junger Mann seinem Pferd die Sporen, um den Admiral daran zu hindern weiterzureiten. Ich kannte ihn vom Sehen und auch seinen Ruf. Erst fünfzehn Jahre alt, hatte der eigensinnige und starrköpfige Herzog von Guise den Titel von seinem Vater geerbt, nachdem Protestanten diesen heimtückisch ermordet hatten. Der junge Herzog hatte Gaspard Coligny die Schuld daran gegeben und sich zum Todfeind aller Hugenotten erklärt.

Rasch beugte sich sein Onkel, der Kardinal von Lothringen, der neben ihm ritt, zum Herzog hinüber und griff in die Zügel.

»Nicht jetzt!«, befahl er leise und eindringlich. »Nicht jetzt! Dies ist nicht der richtige Ort. Unsere Zeit wird kommen, das verspreche ich. Dann werden wir diese Abtrünnigen niederstrecken, auf dass sie sich nie wieder erheben.«

Der Herzog von Guise schaute missmutig, aber er hielt sein Pferd zurück, als Admiral Coligny Prinz Henri dem König vorstellte.

»Ich möchte Euch danken, dass Ihr mir Paladin, den Leoparden, gebracht habt«, sagte der König und streckte Gaspard Coligny die Hand entgegen.

Der Anführer der Hugenotten ergriff die ausgestreckte Hand, neigte den Kopf und küsste die Fingerspitzen. »Es ist eine Ehre für mich, Eurer Majestät zu Diensten zu sein.«

»Und Euch, geliebter Henri, werde ich diesen Großmut niemals vergessen!« Charles richtete sich in seinem Sattel auf und umarmte seinen Vetter. Die zwei jungen Männer, alle beide Nachkommen unseres frommen König Louis, schienen sich aufrichtig über ihr Wiedersehen zu freuen. »Ihr müsst heute an meiner Seite reiten«, rief der König aus.

Ein unzufriedenes und ärgerliches Raunen ging durch die Reihen der Edelleute, die ihre angestammten Plätze verlassen und den beiden Hugenotten weichen mussten.

Dann begannen die Hunde zu jaulen, und die Pferde wieherten und bäumten sich ängstlich auf, und ich wusste sofort, dass Melchior und sein Leopard gekommen waren. Die meisten Reiter hielten ihre Pferde zurück, aber der König trieb sein Pferd vorwärts, und ich drängte mich mit meinem eigenen Reittier in die Lücke, die entstanden war, damit ich besser sehen konnte. Melchior und Paladin standen am äußeren Tor. Der Leopard trug keinen Maulkorb.

»Nun, Sire.« Der König winkte seinem Vetter zu. »Macht mich mit diesem vorzüglichen Tier bekannt.«

Der Prinz sprang vom Pferd, ging zu Melchior und Paladin hinüber und stellte sich vor die beiden. Der Leopard streckte sich und reckte den Kopf vor, nun beinahe Aug in Aug mit Prinz Henri. Er blickte starr, riss sein Maul weit auf und leckte über seine Schnauze. Aber Henri wich keinen Schritt zurück. Melchior sagte etwas zu dem Leoparden und das Tier setzte sich wieder auf die Hinterpfoten.

»Mein König«, der Prinz machte eine tiefe Verbeugung, »wenn ich vorstellen darf, hier ist Paladin, der Leopard.«

Der König lachte und klatschte in die Hände. Als er seinen Hofstaat aufforderte, dem Mut des Hugenottenprinzen Beifall zu zollen, verdüsterte sich die Miene des Herzogs von Guise noch mehr.

Plötzlich flüsterte Chantelle: »Armand ist da.«

Chantelles Verlobter war uns so nahe gekommen, wie er es wagen konnte. Aber es war der Comte de Ferignay, der meine Aufmerksamkeit auf sich zog. Er drängte sein Pferd nahe an das des Herzogs von Guise, und ich bemerkte, wie sie verstohlen einige Worte wechselten.

Der König hob die Hand. Die lange, unruhige Reihe von Menschen und Tieren verstummte. Dann ließ er die Hand wieder sinken. Die Fanfaren der Jagdhörner hallten von den Mauern des Palasts wider bis weit über die umliegenden Wiesen und Täler.

Die Jagd hatte begonnen!

Kapitel sechs

Begleitet vom Donnern der Pferdehufe, dem Gebell der Hunde und dem freudigen Johlen der Jagdteilnehmer, schwärmten wir von Cherboucy aus. Mit Melchior und Paladin an der Spitze, legten wir von Anfang an ein schnelles Tempo vor.

Alle Teilnehmer der Jagdgesellschaft waren dem Anlass entsprechend gekleidet. Die ledernen Jacken der Männer waren am Rücken geteilt, damit sie sich besser bewegen konnten, während die meisten Frauen die Mode übernahmen, die die Königin in Umlauf gebracht hatte: Wenn sie jagte, trug sie um der Schicklichkeit willen knöchellange Hosen unter ihrem Gewand. So konnte sie beim Reiten ungehindert ein Bein um den Sattelknauf legen. Die Damen an der Spitze der Jagdgesellschaft ahmten diesen Reitsitz nach, denn auf diese Weise konnten sie beinahe ebenso schnell und weit reiten wie ein Mann.

Der König und Prinz Henri ritten in leichtem Galopp neben Melchior und dem Leoparden her. Die Kleidung des Königs in florentinischem Purpur, unterlegt mit karmesinroter Seide, stand in grellem Gegensatz zu dem schlichten Schwarzweiß des jungen Hugenotten. Abgesehen von dem gedämpften Auftreten der Leute, die Admiral Gaspard Coligny und Prinz Henri begleiteten, erstrahlte der Rest der Jagdgesellschaft in allen Farben. Kunstvolle Silberbeschläge zierten das Geschirr der Pferde und die Tuniken der Vasallen und Knappen waren mit dem Wappen ihrer Herren bestickt. Die aus dem Hause der Guise trugen Überhänge, auf denen die französische Lilie prangte, um ihre königliche Abstammung zu zeigen.

Wir erreichten den Waldrand und zügelten unsere Tiere.

Pferde, Reiter und Jäger zu Fuß drängten sich auf engem Raum, während die Hunde hierhin und dorthin liefen, stöberten und versuchten, die Fährte aufzunehmen.

Melchior stand abseits und löste die Kette am Hals des Leoparden. Er reichte sie an einen Diener weiter. Dann zog er sein Hemd aus. Die Frauen rechts und links von mir warfen sich Blicke zu, eine fuhr sich mit der Zunge über die Lippen, die andere kicherte. Melchiors Brust war weniger gebräunt als sein Gesicht, sie schimmerte in einem sanften Bronzeton, wie Goldstaub. Er legte seine Hand auf Paladins Kopf und drehte sich dann zum Wald hin. Ein leises Raunen ging durch die Jagdgesellschaft, und auch ich spürte, wie mein Herz schneller schlug.

Melchiors Rücken war über und über mit kunstvollen Mustern bedeckt, einem kreisförmigen Irrgarten gleich. In allen Schattierungen von Violett, Grün, Gelb und Blau tanzten die Kreise von einer Schulter zur anderen und den Rücken hinab.

»Heidnische Zeichen«, murmelten die Jäger ärgerlich untereinander.

Ich konnte meinen Blick nicht von den Mustern wenden. Sie stammten aus einer anderen Zeit, einer anderen Religion. Aus den Tiefen der Vergangenheit, waren sie der Natur näher als die Rituale unseres heutigen Glaubens. Sie erinnerten mich an die geheimnisvollen Felsschnitzereien, die ich auf den Menhiren im Süden von England, in Carnac im Westen Frankreichs und an einem anderen Ort – wo genau, konnte ich nicht sagen – gesehen hatte. Es waren nicht die gleichen Zeichnungen, doch sie waren mir tief im Innersten vertraut, so wie ein Lied, das man einst in der Kindheit hörte und das einem beim Einschlafen immer wieder in den Sinn kommt.

Die Meute schlug an und ein Ruf machte die Runde.

»Die Hunde haben Witterung aufgenommen!«

»So bald schon!«, rief der König entzückt. »Früher musste ich oft Stunden vergeuden und mich durch dichtes Gestrüpp kämpfen, ehe sie ein Wild aufgescheucht haben.« Zu Admiral Gaspard Coligny gewandt, rief er: »Ihr habt mir heute Glück gebracht!«

Der Anführer der Hugenotten strahlte vor Freude. Dann, als der König einen Augenblick lang abgelenkt war, warf er dem Herzog von Guise einen triumphierenden Blick zu.

Der König sah sich um. »Wo ist Melchior? Wo ist der Leopard?«

Melchior war bereits da. Er hatte sein Hemd wie einen Schal um die Taille gebunden. Jetzt beugte er sich vor, um dem Leoparden etwas ins Ohr zu flüstern.

Kurz darauf sprangen beide auf und die Jagd begann!

Melchior und Paladin liefen leichtfüßig, die Muskeln spielten unter ihrer Haut, als sie gemeinsam hinter den Hunden herrannten. Wir folgten ihnen.

Viele der Hofdamen waren nicht wegen der Jagd mitgekommen, sondern um ein neues Reitkostüm oder einen neuen Hut vorzuführen. Ihre wahre Absicht war es, einen Galan zu umgarnen. Deshalb fanden es auch einige der Herren weitaus anziehender, ihren Schritt zu verlangsamen und den Damen Gesellschaft zu leisten und so ihrer ganz eigenen Jagdlust zu frönen. Wir ließen sie bald hinter uns. Ich war durch Wald und Feld, durch England, Spanien und Frankreich geritten und hielt mich im Sattel so gut wie der beste Reiter.

Es dauerte nicht lange und wir erspähten einen Hirsch. Wieder schrie Charles mit sich überschlagender Stimme und ganz außer sich vor Freude. »Wunderbar! Welch prächtiges Geweih! Ein wahrer König der Wälder. Eine würdige Beute für den König von Frankreich!«

Das Tier floh in dichtes Gehölz und nun mussten wir uns

auf die Meute verlassen. Die Hundeführer lauschten aufmerksam auf das Gebell, dann teilten sie das Gebüsch und führten uns. Eine Zeitlang kämpften wir uns vorwärts, bis Melchior und Paladin plötzlich einen anderen Weg nahmen. Der König zögerte. Prinz Henri zeigte in die Richtung, die der Leopard eingeschlagen hatte, und beide folgten ihm im Galopp nach. Wir, die ihnen am nächsten waren, hefteten uns an ihre Fersen. Kurz hinter uns brachen die übrigen Jagdteilnehmer hinter den Hunden durch die Büsche.

Unsere kleine Gruppe fand sich plötzlich auf einer schmalen Lichtung wieder und brachte die Pferde zum Stehen. Unter einem gewaltigen Baum stand Melchior. Seine große Katze lag auf einem der weit ausladenden Äste.

Der Herzog von Guise schrie auf. »Der Leopard hat die Fährte verloren!«

»Das hat er nicht«, entgegnete Melchior.

Der König ließ sein schweißbedecktes Pferd zu Melchior hinübertraben. »Warum verfolgt er den Hirsch nicht?«

»Weil er kein Gepard oder Panther ist«, erwiderte der Junge leise, aber bestimmt. »Ein Leopard hat seine ganz eigene Art zu jagen.«

»Er jagt doch gar nicht«, spottete der Comte de Ferignay mit lauter Stimme und zur Erheiterung vieler. »Er versteckt sich!«

»Psst!« Der König befahl Ruhe.

Er hatte bemerkt, wie der Leopard seine Ohren aufstellte.

»Tretet zurück!« Melchior sprach in einem Ton, dass alle, sogar der König, ihm gehorchten und sich in die Deckung der umliegenden Büsche zurückzogen.

Ein riesengroßer Hirsch kam mit langen Schritten zwischen den Bäumen hervor. Er bäumte sich auf, blieb stehen und prüfte die Witterung.

»Ahhh!« König Charles sah aus, als würden ihm vor Entzücken die Sinne vergehen. Dunkelrote Flecken traten in sein Gesicht.

»Wenn Ihr wollt, dass der Leopard die Beute erlegt«, erklärte ihm Melchior, »dann müsst Ihr die Hunde zurückhalten.«

Der König schaute Prinz Henri an, der nickte. Charles sprang von seinem Pferd und erteilte Befehle. Die Männer schwärmten aus, riefen die Hunde zurück und versuchten, sie daran zu hindern, auf den Hirsch loszugehen. Nun kamen auch die anderen Jäger, die uns inzwischen eingeholt hatten, aus dem Gebüsch hervor. Die Waffenträger verteilten die Lanzen, Armbrüste wurden gespannt. Ein Mann brachte ein Messer, so lang wie ein Arm, und gab es dem König. Zwei andere, mit ähnlichen Waffen, stellten sich rechts und links von ihm auf, um dem König beizustehen, falls das Tier ihn angreifen sollte.

»Bleibt zurück!«, befahl der König. »Ich möchte sehen, wie der Leopard die Beute erlegt.«

Mit einem Mal tat mir das Tier leid. Der Hirsch scharrte auf dem Boden, die Zunge hing ihm aus dem Maul. Ich weiß, dass Tiere sterben müssen, damit wir leben können. So etwas gehörte zum Leben. So wie auch wir am Ende der Zeit, die uns zugemessen war, diese Erde verlassen mussten, um unseren Nachkommen Platz zu machen. Aber zu sehen, wie dieses edle Tier in die Enge getrieben wurde, ließ mein Herz erbeben.

Mit wildem Gebell rasten einige Hunde, die ihren Führern entkommen waren, auf die Lichtung und stürzten sich auf die Beute. Der Hirsch senkte sein Geweih, durchbohrte und spießte sie auf und warf sie in die Luft. Die gequälten Tiere fielen zur Erde, Blut schoss aus ihren aufgeschlitzten Leibern.

Der König schrie auf. Es war ein Freudenschrei. Das Gejaule der Hunde schien ihn nur noch mehr anzustacheln.

Mit geschmeidigen, lautlosen Bewegungen sprang Paladin auf den nächsten Baum und kletterte auf einen hohen Ast.

»Der Leopard ist ein Feigling!«, sagte Ferignay laut. »Schaut nur, wie er sich davonmacht. Lasst mich den Hirsch erlegen, ehe er uns entwischt.«

Ohne Paladin aus den Augen zu lassen, sagte Melchior zum König: »Sire, in der Wildnis reißen diese Tiere ihre Beute durch einen Sprung vom Baum. Der Leopard wird Euch nicht enttäuschen.«

»Hört Ihr, Ferignay?« Die Stimme des Königs zitterte vor Erregung. »Der Junge versichert mir, dass diese Tiere auch in freier Wildbahn ihre Beute auf diese Weise erlegen.«

Ferignay bedachte Melchior mit einem wütenden Blick.

Wieder bewegte sich der Leopard geschmeidig auf dem Ast und suchte die beste Position zum Sprung. Unter ihm schüttelte der Hirsch wütend sein Geweih, da er sich von den Jägern, die ihn eingekreist hatten, bedroht fühlte.

Jetzt würde das Tier doch sicherlich versuchen, in die Freiheit auszubrechen?

Dann war der Augenblick da. Der Hirsch stellte sich zum Kampf. Er stemmte die Vorderhufe in den Boden und warf seinen riesigen Kopf nach vorn.

»Ich dachte, der Leopard würde ihn zur Strecke bringen.« Charles presste seine Faust auf den Mund, um ein enttäuschtes Stöhnen zu unterdrücken.

Der Hirsch setzte zur Flucht an.

Und da schlug der Leopard zu.

Mit einer einzigen geschmeidigen Bewegung sprang Paladin vom Baum auf den Rücken des Hirsches. Er schlug seine ausgestreckten Klauen tief in das Fleisch seiner Beute und biss mit seinem kräftigen Kiefer in den Nacken des Tiers. Der Hirsch kämpfte, versuchte, den Angreifer abzuschütteln. Mit wütendem Fauchen krallte sich der Leopard an ihm fest. Aber der Hirsch war kräftig und spannte seine Rückenmuskeln an. Paladin rutschte auf die Seite. Der König schrie auf. Langsam drehte sich der Hirsch um die eigene Achse und versuchte, den Leoparden ein für alle Mal loszuwerden.

Das war ein verhängnisvoller Fehler.

Denn durch diese Bewegung war seine Brust ungeschützt. Blitzschnell sprang der Leopard vom Rücken herunter und schlug die Zähne tief in die Kehle des Hirsches. Blut schoss aus dem Hals des tödlich verwundeten Tieres.

Der König jauchzte voller Verzückung.

»Ihr hattet unrecht, Ferignay!«, rief er aus. »Der Leopard ist ein Kämpfer!«

Der Hirsch schüttelte den Kopf hin und her und wollte den Leoparden wegschleudern, aber Paladin ließ nicht los. Dann ging der Hirsch langsam in die Knie, immer mehr Blut strömte aus seinen klaffenden Wunden. Er rollte die Augen im Todeskampf und wir hörten seinen rasselnden Atem.

»Versetzt ihm den Gnadenstoß«, hörte ich Prinz Henri den König bedrängen. »Ein Stich ins Herz. Seid gnädig und verlängert nicht sein Leiden.«

Aber der König hörte nicht auf ihn. »Lasst die Hunde von den Leinen«, rief er. »Lasst die Hunde los! Sie sollen frisches Blut schmecken!«

Als die Meute heranstürmte, wandte ich rasch den Blick ab.

Für Melchior war es etwas ganz Natürliches, dass ein Tier das andere erbeutete und fraß. Für den König war es sein angestammtes Recht zu entscheiden, auf welche Weise es sterben sollte.

Und für Ferignay war es eine Gelegenheit, eine Rechnung zu begleichen.

Der Leopard war noch mit seiner Beute beschäftigt, Prinz

Henri und Gaspard Coligny waren zur Seite getreten. Der König, der begeistert zusah, wie das Blut aus dem geschundenen Tier pulste, ging noch etwas näher heran, kniete sich nieder und beobachtete gebannt den Todeskampf des Hirsches. Melchior stand in der Nähe, wartete ab und gab auf Paladin acht.

Der Comte de Ferignay gab dem Mann, der neben ihm ritt, ein Zeichen, woraufhin dieser ihm die Peitsche reichte, die er aufgerollt an seinem Gürtel trug.

Der Comte hob den Arm, zielte auf Melchior und ließ die Peitsche niedersausen. Der Lederriemen entrollte sich mit einem lauten Knall und das bleierne Ende zerriss die Haut auf Melchiors Rücken. Der Junge stöhnte auf, wirbelte herum und bekam das Ende der Peitsche zu fassen. Er zerrte mit aller Kraft daran, und Ferignay musste sich fest in seine Steigbügel stemmen, um nicht vom Pferd zu fallen.

»Nein!«, hörte ich mich aufschreien. Mir stockte das Herz. Einen Edelmann auf diese Weise aus dem Sattel zu holen, wäre ein Schritt zu weit. Nicht einmal das Wohlwollen des Königs hätte Melchior vor den Folgen dieser Beleidigung bewahren können.

Melchior warf Ferignay einen verächtlichen Blick zu. Er ließ die Hand sinken und gab das Ende der Peitsche frei.

Der Comte holte den langen Lederriemen ein und rollte ihn zusammen. Er blickte zufrieden, und dieser Blick hatte nichts damit zu tun, dass der Hirsch nun endlich erlegt war. Das ungute Gefühl, das mich beim Anblick dieses Mannes beschlich, war zu Abscheu geworden.

Ich wusste, der Groll, den Ferignay hegte, würde nicht enden, bis er seine Rache bekommen hatte.

Kapitel sieben

Auch bei meiner Rückkehr in den Palast war mein Argwohn noch immer nicht verflogen.

Ich sprang von meinem Pferd, und als der Stallbursche es wegführte, beschloss ich, über die Dienstbotentreppe zu unserer Unterkunft zu gehen. Ich lief gerade durch einen der Flure im oberen Geschoss, als ich Nostradamus erspähte, der an einem Fenster stand und sich auf einen silbernen Gehstock stützte. Mit seinem langen Umhang und seiner hochgewachsenen Gestalt sah er wirklich beeindruckend aus, kein Wunder also, dass ich ihn sogleich wiedererkannte. Was mich jedoch erstaunte, war, dass auch er sich an mich erinnerte.

»Mélisande«, sprach er mich an.

Er redete mit dem Zungenschlag seiner provenzalischen Heimatstadt und sprach meinen Namen auf besondere Weise aus, indem er das »s« in der Mitte betonte und den letzten Silben etwas Geheimnisvolles gab, so wie ich es zuvor noch nie gehört hatte.

»Irgendetwas bekümmert dich«, sagte er und schaute mich dabei eindringlich an. »Aber du bist es nicht, es ist vielmehr deine Schwester Chantelle, um die ich mir …«

»Meister«, unterbrach ich ihn. »Man sagt, Ihr könnt in die Zukunft blicken. Was seht Ihr dort für mich?«

Er blickte mir in die Augen. Es kam mir vor, als würde er mir direkt in die Seele schauen. »Außer meinen drei Söhnen hat mir Gott drei Töchter geschenkt.« Er sprach bedächtig. »Diana, die Jüngste, ist noch ein Säugling, eine weitere ist etwas älter und die Dritte ist nur wenig jünger als du. Nun also …« Er zögerte. »Ich sehe das, was sich jedes junge Mädchen erhofft. Du wirst eine erwachsene Frau werden und die Männer werden um dich werben.«

Ich schüttelte den Kopf. Für Männer, die Süßholz raspelten, interessierte ich mich nicht. Ich hatte diese Art der Liebeswerbung viele Male gesehen, an den Höfen von England und Frankreich. Was waren die Männer doch für Lügner. Sie versprachen alles, wenn sie damit nur das Herz eines hübschen Mädchens erobern konnten. Manchmal waren sie auch zu faul oder zu unbegabt, dann kamen sie zu meinem Vater und bezahlten ihn dafür, dass er ein, zwei Verse für sie dichtete oder ein Lied komponierte, das sie als ihr eigenes ausgeben konnten. Damit umwarben sie dann die Angebetete. Selbst wenn ich daran geglaubt hätte, dass solche Schmeicheleien wahrer Liebe entsprangen, war es dennoch unwahrscheinlich, dass man mir viele solcher Komplimente machen würde. Mein Gesicht war zu scharf geschnitten, mein Körper zu knochig und ohne die Rundungen, die Männer so schätzten.

Nostradamus lächelte mich an. »Ich sehe, meine Worte erfreuen dich nicht. Was möchtest du denn von mir hören?«

Mir kamen die Worte meiner Schwester wieder in den Sinn. *Man kann alle Dinge so auslegen, dass sie zu einer Prophezeiung passen.* Meister Nostradamus hatte mir das gesagt, was sich nach seiner Meinung ein junges Mädchen wünschte. »Prophezeit Ihr immer nur das, von dem Ihr glaubt, dass es die Leute hören wollen?«, fragte ich ihn.

»Die junge Dame hat eine scharfe Zunge.«

Ich fürchtete schon, er würde sich über meine Kühnheit ärgern, aber er dachte über meine Worte nach.

»Ja«, antwortete er schließlich. »Bei Gelegenheit mache ich es genau so. Auch ich muss essen und das Brot für meine Frau und meine Kinder kaufen.«

»Dann verkündet Ihr also gar nicht die Wahrheit.«

»Ich bin kein Scharlatan«, erwiderte er. »Das Leben ist schwer, und Annehmlichkeiten gibt es wenige, besonders für jene, die kein Geld verdienen und auch keinem adeligen Haushalt angehören. Ich gebe mir große Mühe, wenn ich meine Almanache schreibe. Ich verwende viele, viele Stunden darauf, sie so zu verfassen, dass sie für das kommende Jahr geeignet sind. Sie geben praktische Ratschläge und enthalten einfache, aber wirksame Mittel gegen eine Vielzahl von Krankheiten, und sie zeigen auch die beste Zeit zum Säen und zum Ernten an.«

»Aber Vorhersagen über das Wetter, die Gezeiten und die Ernten beruhen doch auf Erfahrungen, jeder kann sie treffen, der die Weisheiten der Bauern kennt.«

Während ich sprach, hatte er mich genau beobachtet. Plötzlich hob er den Kopf und straffte seine Schultern, sodass er mich ein gutes Stück überragte. Unter seinem Blick kam ich mir auf einmal ganz klein vor. »Ich werde dir sagen, was ich sehe. Aber nimm dich in Acht, du wolltest die Wahrheit wissen. Vielleicht ist sie schwer zu ertragen.«

Ich wich einen Schritt zurück. Jetzt war ich mir gar nicht mehr sicher, ob ich noch hören wollte, was er mir zu sagen hatte. Aber ich konnte ihn nicht mehr aufhalten.

»Von schlimmem Unglück bist du umgeben, Mélisande. Der Spielmann kann seine Töchter nicht beschützen. Du wirst sehr tapfer sein müssen. Dein Vater wird dich brauchen. Und auch ein anderer wird deine Fürsprache nötig haben. Doch …« Er machte eine Pause. »Ich weiß nicht, ob du dieser Aufgabe gewachsen sein wirst.«

Nach diesen Worten ging Nostradamus weg und ließ mich grübelnd zurück. Bei unserer ersten Begegnung hatte er Chantelles Namen genannt. Wenn seine Sorge meiner Schwester galt, warum behauptete er dann jetzt, dass *mein Vater* meine Hilfe bräuchte?

Ich schüttelte den Kopf, als könnte ich so meine Gedanken ordnen. Wie auch immer, ich hatte keine Zeit, mir das

Gehirn zu zermartern, denn ich musste schleunigst in unsere Kammer eilen und mich umziehen. Denn am frühen Abend sollten Chantelle und ich dem Comte de Ferignay vorgestellt werden.

Die Sonne war schon untergegangen, und die Pechfackeln in den Wandleuchtern warfen ihr Licht in den Schlosshof, als mein Vater kam und uns zu den Gemächern von Armands Herrn und Meister geleitete.

Beim Anblick von Chantelle, die ihr schönstes Kleid angezogen und ihr Haar geflochten hatte, füllten sich seine Augen mit Tränen.

»Du bist deiner Mutter so ähnlich«, sagte er. Er zog eine Kette aus Zuchtperlen aus seinem Beutel und legte sie meiner Schwester um den Hals.

Chantelle begann zu weinen und schlang ihre Arme um meinen Vater, der sie fest an sich drückte. Dann lagen wir uns alle drei in den Armen. Mein Vater und ich klammerten uns an Chantelle. Wir wussten, sollte heute Abend die Heirat tatsächlich beschlossen werden, würde es keine lange Verlobungszeit geben. Die Hochzeit würde sehr bald stattfinden. Die Tage, an denen wir mit meiner Schwester zusammen sein konnten, wann immer wir wollten, näherten sich ihrem Ende.

»Trocknet eure Tränen, meine hübschen Töchter«, befahl Papa. »Und lasst uns gehen und dem Comte de Ferignay sagen, welches Glück seine Familie hat, mit der meinen verbunden zu werden.«

Kapitel acht

Erlauchtester Comte, darf ich Euch mit meinen Töchtern bekannt machen?«

Meine Schwester und ich warteten vor dem Empfangsraum des Comte de Ferignay, während mein Vater vortrat, um uns in aller Form Armands Lehnsherrn vorzustellen.

Chantelle ließ ihren Blick durch den kleinen Salon schweifen, an dessen Eingang wir warteten, und wandte danach ihre Augen nicht mehr von dem, den sie gesucht hatte. Von seinem Platz am Fenster aus winkte Armand ihr verstohlen zu. Unter diesen Umständen wagte meine Schwester nicht, den Gruß zu erwidern, aber ein flüchtiges Lächeln spielte um ihre Lippen. Meine Aufmerksamkeit hingegen galt dem Comte und der Person dicht neben ihm. Es war der Mann, der dem Comte auf der Jagd die Peitsche gereicht hatte, mit der Ferignay dann Melchior schlug. Seine derben Gesichtszüge, seine ungeschlachte Figur und der Dolch, den er so auffällig an seinem Gürtel trug, ließen die Vermutung zu, dass er der Leibwächter des Grafen war.

»Gib acht, was ich dir sage, Jauffré«, wandte sich der Comte an den Mann, »es gibt ein paar Dinge, die du in den nächsten Tagen für mich erledigen sollst.« Ferignay zählte ein paar Nebensächlichkeiten auf.

Wut kochte in mir hoch, als ich begriff, dass der Comte meinen Vater absichtlich warten ließ und sich betont auffällig mit Nichtigkeiten beschäftigte, um seine eigene hohe Stellung hervorzuheben. Falls mein Vater über diese Zurschaustellung schlechter Manieren verärgert war, ließ er es sich keinesfalls anmerken.

Als er die letzte seiner vielen Anweisungen erteilt hatte, erhob sich der Comte und musterte meinen Vater hochmütig. Er hatte inzwischen seine Jagdkleidung abgelegt und trug nun einen prächtigen langen Umhang aus kastanienbraunem Samt. Mir fiel auf, dass die Kleidung sorgfältig geschnitten war, um seinen dicken Hals und seinen beachtlichen Bauch zu verstecken. Auf seinem Gesicht zeigten sich die verheerenden Spuren jahrelanger Genusssucht. Ein gieriger Mensch, dachte ich bei mir. Gierig. Stolz. Und nach dem, was ich heute gesehen hatte, grausam.

Ferignay bedeutete meinem Vater, näher zu kommen. »Nun denn«, begann er gekünstelt, »werter Herr Spielmann.«

Mein Vater antwortete nicht, er verneigte sich nur knapp. Dann blickte er auf und sah dem Comte direkt ins Gesicht.

»Natürlich seid Ihr kein gewöhnlicher Wandermusikant«, fuhr der Comte fort, »sondern der berühmte Troubadour, der vor einigen Jahren die hochwohlgeborene Beatrice de Bressay gegen den Willen ihrer Eltern geheiratet hat, woraufhin diese sie verstoßen haben.«

Mein Vater antwortete mit ruhiger Stimme: »Meine Frau hat sich vor ihrem Tod mit ihren Eltern versöhnt, Comte de Ferignay.«

»Tatsächlich?« Eine Spur von Interesse mischte sich in den Tonfall des Comte. »Und jetzt, da sie beide ohne Erben verstorben sind, seid Ihr wohl der Besitzer des herrschaftlichen Hauses und der Ländereien auf der Isle de Bressay?«

Mein Vater nickte wieder, und so jung wie ich war, erkannte ich doch an der Art, wie er seinen Kopf neigte und seine Schultern hielt, dass er sich durch den Comte nicht von seinem Vorhaben abbringen lassen würde.

»Gute Erträge aus Ackerbau und Fischfang, so hat man mir berichtet.« Ferignay schien begierig darauf, mehr zu erfahren.

»Die Menschen auf der Isle de Bressay, die das Land bebauen und dem Fischfang nachgehen, erhalten einen gerechten Lohn für ihre Arbeit.« Die Antwort meines Vaters war rätselhaft, aber Chantelle und ich wussten, was er damit meinte. Denn es war bekannt, dass er keine Willkür walten ließ und seinen Leuten das Jagen erlaubte und auch keine überzogenen Steuern erhob.

»Warum zieht ein Mann lieber als Spielmann umher, wenn er doch zu Hause oder am Hof das Leben eines Edelmanns führen könnte?« Ferignay musterte meinen Vater mit ehrlicher Neugier.

»Als meine Frau vor ein paar Jahren starb, barg dieses Haus nur Trauer für mich«, antwortete mein Vater. »Ich glaubte, dass meine Trauer in dieser Abgeschiedenheit meinen Töchtern nicht guttat, deshalb suchte ich die Königshöfe Englands und Frankreichs auf, um dort gemeinsam mit ihnen zu musizieren. Ohnehin bin ich nicht Besitzer der Isle de Bressay. Ich verwahre das Erbe nur für meine Töchter. Die eine Hälfte wird an Chantelle, die andere an Mélisande fallen. Sie werden ihr Erbe antreten, sobald sie volljährig sind oder heiraten, je nachdem, was zuerst eintritt.«

»Eine Frau als die eigentliche Erbin!«, rief Ferignay aus. »Das ist gegen das Gesetz.«

»In jenem Teil Frankreichs, in dem wir leben, bewahren wir noch die alten Gebräuche Okzitaniens«, entgegnete mein Vater.

»Ihr rebellischen Südländer«, sagte Ferignay spöttisch. »Jedoch … ich erkenne durchaus, dass eine solche Verbindung gewisse Vorteile hätte.«

»Wie der erlauchte Comte so weise bemerkt haben«, sagte mein Vater und ergriff die Gelegenheit, sein Anliegen voranzubringen, »so ist es in der Tat. Sollte meine Tochter Chantelle Euren Gefolgsmann Armand Vescault heiraten, dann bringt sie die Hälfte der Isle de Bressay in die Ehe ein.«

Ferignay dachte darüber nach. Er schaute zu Armand, der

schnell von seinem Platz am Fenster herbeikam und vor ihm auf die Knie fiel.

»Ich bitte Euch, Eure Einwilligung zu geben«, sagte Armand demütig. »Meine Dienste für Euch würden dadurch in keiner Weise beeinträchtigt werden, und diese Dame zu heiraten, würde mich sehr glücklich machen.«

»Ah, eine Liebesheirat.« Ferignays Augen glitzerten.

Ich beobachtete ihn ganz genau, und mir kam es so vor, als ob einen Augenblick lang ein Gefühl von ihm Besitz ergriff, das ich kaum benennen konnte. War es Bosheit?

»Armand Vescault ist nicht unvermögend«, wandte sich Ferignay wieder meinem Vater zu. »Wir Ihr schon sagtet, er ist ein Verwandter von mir, wenn auch nur entfernt – unsere Blutsbande gehen auf einen längst verstorbenen Vetter zurück –, und ich selbst bin mit dem Haus von Guise verbunden, also von königlichem Geblüt.«

Comte de Ferignay wollte offenbar mit allem Nachdruck klarmachen, dass es eine große Ehre für Chantelle wäre, in seine Familie aufgenommen zu werden. Mein Vater murmelte daraufhin eine passende, aber nichtssagende Antwort, denn es war allgemein bekannt, dass das Schicksal äußerst launenhaft mit dem Hause Guise umsprang. Erst vor ein paar Jahren hatte eine Tochter der Familie den ältesten Sohn Katharinas von Medici geheiratet, als dieser noch ein Kind war. Durch diese Vermählung hatten die Guise gehofft, Frankreich regieren zu können. Doch der Prinz starb und Katharinas Sohn Charles wurde französischer König. Diese Wendung hatte die ehrgeizigen Pläne des Adelshauses zunichte gemacht.

»Ich trage das königliche Blau mit der französischen Lilie im Wappen«, fuhr der Comte fort. »Ihr werdet dies bemerkt haben, als wir heute zur Jagd geritten sind.«

Wenn mein Vater meiner Schwester und mir nicht strengstens befohlen hätte zu schweigen, bis wir angesprochen würden, dann hätte ich Comte de Ferignay gefragt, ob er seinerseits denn nicht bemerkt habe, dass wir es waren, die zu Beginn der Jagd gleich hinter dem König reiten durften.

»Und unsere Schilde sind vergoldet, um unsere Verbindung zum französischen Königshaus anzuzeigen.«

»Dessen bin ich mir bewusst, Comte de Ferignay«, entgegnete mein Vater klug. »Meine Töchter und ich kennen die Wappen der königlichen Geschlechter, denn wir sind weit gereist. Auf diese Weise habe ich Chantelle in den vergangenen Monaten von hier ferngehalten, um ihre Liebe für Armand auf die Probe zu stellen und um mich davon zu überzeugen, dass ihre Heiratsabsichten aufrichtig und dauerhaft sind. Erst vor Kurzem sind wir aus England zurückgekehrt.«

»Dann seid Ihr sicher auch Königin Elizabeth begegnet. Ist sie so eitel und hochmütig, wie man es sich von ihr erzählt?«

Mein Vater zögerte einen Augenblick, dann antwortete er: »Nicht einmal sie selbst würde behaupten, dass sie eine Schönheit im herkömmlichen Sinne sei, aber in Haltung und Gebaren ist sie vornehm und von Adel.«

»Vornehmer noch als unser König?«, fragte der Comte arglistig.

Aber mein Vater war viel zu erfahren, was das höfische Ränkespiel anging, um in diese Falle zu tappen.

»Comte de Ferignay, wie Ihr selbst bemerkt habt, geht französischer Adel auf königliches Geblüt zurück.«

»Und Ihr erhofft Euch, dass Eure Tochter darin aufgenommen wird?«

Ich warf Chantelle einen verstohlenen Blick zu. Sie hatte ihre Hände gefaltet und blickte sittsam zu Boden – so wie ich es auch hätte tun sollen. Mein Vater sah mich tadelnd an, und ich schlug die Augen nieder, nur um gleich darauf wieder den

Kopf zu heben. Nach den üblichen Formalitäten würden nun die Verhandlungen beginnen, und diese schienen mir viel zu interessant zu sein, um etwas davon zu versäumen.

»Ich erhoffe mir nur, dass meine Tochter glücklich wird«, erklärte mein Vater.

»Ich sage es noch einmal: Armand, dem Ihr Eure Tochter zur Frau geben wollt, ist kein gewöhnlicher Knappe«, wiederholte der Comte.

»Abgesehen von ihrer Mitgift ist meine Tochter überaus anmutig und besitzt ein Talent für die Musik.«

»Die Thronregentin, Katharina von Medici, und die Damen der königlichen Familie lieben Handarbeiten.«

»Meine Tochter ist sehr geschickt mit der Nadel. Die Kleider, die sie trägt, hat sie mit eigener Hand verziert. Und überdies«, sagte mein Vater und zog eine Trumpfkarte hervor, »habe ich Grund zu der Annahme, dass die Königin musisches Talent sehr hoch schätzt. Chantelle hat eine klangvolle Stimme und beherrscht viele Instrumente.«

»Nun, dann führt sie her.« Der Comte winkte gebieterisch mit der Hand.

Mein Vater machte uns ein Zeichen vorzutreten.

Comte de Ferignay betrachtete mich flüchtig – und hielt inne, als sich unsere Blicke trafen. Ich sah ihn unverwandt an. Er zog ob meiner Dreistigkeit die Augenbrauen hoch und ließ seinen Blick dann zu Chantelle wandern.

Und dort ließ er ihn verweilen. Sie bemerkte seinen gierigen Gesichtsausdruck nicht, denn sie hielt ihren Kopf züchtig gesenkt. Mir aber entging nicht, wie der Comte auf ihre Erscheinung reagierte.

Meine Schwester war sich der Wirkung, die sie auf Männer ausübte, nicht bewusst. Sie war von einer natürlichen Schönheit, die umso reizvoller wirkte, da Chantelle mit keinerlei Kunstgriffen nachhalf. Sie hatte ein hübsches Gesicht und eine ansprechende Figur. Während meine Brüste eher klein waren, wölbte sich ihr Busen unter dem Mieder. Wo meine Hüften knochig waren wie die eines Jungen, waren ihre rundlich. Ihr Gesicht war klein und herzförmig, meines eckig mit hohen Wangenknochen. Mein Haar war oft struppig, ihres glänzte wie Seide.

»Entzückend«, säuselte Ferignay. »In der Tat, ganz entzückend.« Er nahm ihre Hand und führte sie an die Lippen.

Mein Vater und Chantelle lächelten. Es schien meine Schwester nicht zu stören, wie der Comte sie musterte. Mir graute es innerlich vor ihm, ich verspürte eine Gefahr – dieser Mann strahlte etwas aus, das mir ganz und gar nicht gefiel. Ferignay hielt die Hand meiner Schwester eine Spur länger fest, als es schicklich war, seine Lippen verweilten auf ihren Fingern.

»Gebt Ihr uns also Eure Erlaubnis, mein Herr?« Es war Armand, der dies gesagt hatte.

»Wie?« Ferignay schaute ihn an, dann meinen Vater. »Oh ja, ja. Die Erlaubnis ist erteilt. Ich gestatte es.«

Ein berechnendes Lächeln umspielte seine Lippen, als er zusah, wie sich Chantelle und Armand umarmten.

»Eines noch«, rief er uns nach, als wir seine Gemächer verließen. »Ich möchte, dass Ihr mich über alle Pläne auf dem Laufenden haltet. Vergesst es nicht. Es liegt mir sehr viel daran, den Tag, den Ihr für Eure Hochzeit festsetzt, im Voraus zu erfahren.«

Kapitel neun

Als wir in unsere Kammer zurückkehrten, fasste mich Chantelle an beiden Händen und tanzte mit mir im Kreis.

»Ich werde heiraten«, rief sie. »Ich werde Armand heiraten!«

Tränen rannen über ihre Wangen, und auch ich musste weinen, denn sie war ganz trunken vor Freude. Als sie des Herumwirbelns müde war, ließ sie mich los und fiel auf ihr Bett.

»Ich bin so glücklich, Mélisande. Du kannst dir gar nicht vorstellen, wie glücklich ich bin. Ich bin so überaus froh, dass ich einen Mann gefunden habe, den ich liebe und der meine Gefühle erwidert.«

Ich freute mich mit ihr, denn ich wusste, dass die meisten Ehen nur aus gesellschaftlichen Gründen geschlossen wurden. Von den höchsten Kreisen bis zu den niedersten dienten Mädchen dazu, Verbindungen zu schließen, um die Macht unter den Männern zu verteilen. Manchmal geschah es natürlich auch, dass ein Paar sich ineinander verliebte, aber dies blieb eher dem Zufall überlassen und geschah oft erst nach der Hochzeit.

Von den Gefühlen dieses Tages überwältigt, lag Chantelle auf ihrem Bett und fiel bald in einen leichten Schlummer. Bis zum Abendessen, wo man uns vielleicht rief, um zur Unterhaltung aufzuspielen, war noch viel Zeit. Deshalb beschloss ich, auf eigene Faust jemandem einen Besuch abzustatten.

Der Palast von Cherboucy war um mehrere Innenhöfe herum erbaut, mit Treppen für die Dienerschaft an allen vier Ecken. Sie wanden sich abwärts und an ihrem Ende gelangte man in die Küchenräume und von dort aus durch lange unterirdische Gänge in die Stallungen. Ich nahm einen kleinen Tiegel aus der Arzneikiste, die wir auf unseren Reisen mit uns führten, öffnete die Tür der Kammer ganz leise und schlich mich auf den Gang hinaus.

Die Korridore auf den oberen Stockwerken lagen still und verlassen da. Die meisten Edelleute ruhten sich noch von der Jagd aus, oder sie nutzten die Zeit, um sich zu frisieren und ihre Abendgarderobe auszuwählen. Man plante, ein pompöses Mahl auszurichten, um die wohlbehaltene Rückkehr des Königs zu feiern und alle Gerüchte zum Verstummen zu bringen, die die rätselhaften Weissagungen Nostradamus' ausgelöst haben mochten.

In den Kellerräumen ging es lebhafter zu. Auf Schritt und Tritt wimmelte es von Menschen. Lastenträger brachten säckeweise Zwiebeln, Kastanien und Platten mit Trüffeln und Pilzen. Die Tiere, die man auf der Jagd erlegt hatte, waren inzwischen hereingebracht worden, und Metzger waren emsig damit beschäftigt, sie zu zerteilen und zu vierteln. Die Köche zankten mit ihnen um die beste Art, sie zu zerlegen, während alle Küchendiener, vom höchsten bis zum kleinsten, mit Geschirr und allen möglichen Küchengeräten hantierten. In diesem Durcheinander wurden die niedrigsten unter ihnen, die Küchenjungen, bei jeder Gelegenheit und aus nichtigstem Anlass geschlagen und getreten.

Als ich einen Moment stehen blieb, um zu sehen, wo ich war, kam mir ein Kind entgegen, höchstens sechs oder sieben Jahre alt, das unter der Last zweier übervoller Eimer taumelte. Es stolperte und der Inhalt der Eimer ergoss sich auf den Boden. Das Kind setzte sich mitten in die Küchenabfälle hinein und begann zu schluchzen. Schnell, ehe es jemand sah, warf ich das meiste wieder in die Eimer und gab sie dem Kind. Es nahm sie dankbar entgegen und lief weiter zu den

Zwingern. Ich ging vorbei an den offenen Feuern, über denen an langen Bratspießen Hirschkeulen, Hasen und anderes Wildbret röstete, das an diesem Morgen erlegt worden war.

Ich fand meinen Weg teils nach Gefühl, teils kam mir auch mein Gedächtnis zu Hilfe, da ich mich daran erinnerte, wie Melchior den Leoparden gestern weggeführt hatte, nachdem er dem König präsentiert worden war. Der König hatte befohlen, dass eigens ein Verschlag hergerichtet werden solle, um das Tier unterzubringen. Dem königlichen Stallmeister war aufgetragen worden, persönlich dafür Sorge zu tragen. Ich stand gerade mit meinem Vater und Chantelle an der Gartenmauer des Palasts und sah, in welche Richtung der Stallmeister Melchior schickte.

Hinter den Getreidespeichern war der Ort, den ich suchte. Hier befand sich eine breite, leicht ansteigende Rampe, auf der Karren und Fuhrwerke ihre Güter zu den Vorratsräumen bringen konnten. Daneben hatte man eine halbhohe Holztür angebracht, um einen Teil des Kellers abzugrenzen.

Ich stellte mich auf Zehenspitzen und spähte über die Tür. Durch ein Fenster, hoch oben in der Wand, fiel genügend Licht, sodass ich erkennen konnte, was sich im Innern befand.

In einer Ecke stand ein großes, fahrbares Podest, auf dem ein Käfig aus Metallstäben stand. Darin lag, zusammengerollt auf Strohbüscheln, Paladin, der Leopard. Vor dem Käfig befand sich eine schmale Matratze auf dem Boden und darauf schlief der halb nackte Melchior.

Die Tür knarrte, als ich sie öffnete und hineinging.

Sofort sprang der Leopard auf und blickte mich aus starren Augen an. Ich trat in den Raum und schaute auf den Jungen hinunter. Im Schlaf sah Melchiors Gesicht sehr anziehend aus. Lange Wimpern reichten bis auf die Wangen. Sein Atem ließ den Flaum auf seiner Oberlippe zittern. Ich verhielt mich ganz leise und machte keine Bewegung, um Paladin keine Angst einzujagen, aber der Leopard war trotzdem unruhig. Er schlug mit dem Schwanz und fing an, im Käfig auf und ab zu gehen. Ich war klug genug zu wissen, dass ich seinen Herren nicht berühren durfte. Vorsichtig kniete ich mich nieder und stellte den Tiegel, den ich mitgebracht hatte, neben das Lager. Als ich mich wieder erhob und gehen wollte, sagte Melchior ganz leise, ohne die Augen zu öffnen: »Was willst du hier?«

Ich war so überrascht, dass meine Antwort wie ein Krächzen klang: »Ich habe dir eine Salbe mitgebracht.«

Erst jetzt setzte er sich auf und sah mich an. Er blinzelte nicht, genau wie der Leopard.

Ich wich seinem Blick nicht aus.

Dann sah er von meinem Gesicht zu dem Tiegel auf dem Boden.

»Was ist darin?«

»Es ist Arnika, eine Wundsalbe aus gelben Blüten, vermischt mit Wohlgemut. Damit wird deine Wunde schneller heilen. Ich meine den Striemen, den man dir heute bei der Jagd beigebracht hat.«

Er langte mit der Hand auf seinen Rücken und versuchte, die Stelle zu berühren, wo ihm Ferignays Peitsche ein Stück Haut weggerissen hatte.

»Ja«, sagte er. Er nahm den Tiegel und gab ihn mir. Dann drehte er mir seinen Rücken zu. »Willst du das für mich tun? Mein Arm reicht nicht so weit.«

Ich nahm den Deckel ab und tauchte meine Finger in die Salbe. Dann rieb ich die offene Wunde damit ein. Meine Finger fuhren über seine warme braune Haut.

Der Leopard ließ ein leises, kehliges Grollen hören.

»Ganz ruhig, Paladin«, sagte Melchior. »Sie ist eine Freundin.« Er murmelte noch ein paar Worte, die ich nicht verstand.

»Was hast du zu dem Leoparden gesagt?«

Er drehte sich um und schaute mich an. »Ich dachte, du verstehst meine Sprache. An dem Abend neulich hast du das, was ich gesagt habe, sehr hübsch gesungen.«

Ich wurde rot. »Ich hatte nicht die Absicht zu lauschen. Ich war im Schlossgarten und hörte dich reden und später fiel mir die Musik zu deinen Worten ein.« Ich zögerte. »Das ist schwer zu erklären. Aber wenn es passiert, dann kann ich mich nicht dagegen wehren.«

»Ich verstehe.«

Er sagte das so überaus bestimmt und mit solchem Nachdruck, dass ich davon überzeugt war, er hatte mich wirklich verstanden.

Er drehte sich wieder weg, und ich betrachtete die Muster, die auf seinem Rücken in die Haut geritzt waren, die Kreise und Zeichen seiner Vorfahren. Ich studierte die Ringe und Ellipsen genau, und es schien mir, als seien sie eine Ehrerweisung an das erlegte Tier. An den Hirsch. Ein Dank an das gejagte Wild, das wir essen, um zu leben. Und auch ein Dank an den Jäger. Den Leoparden. Die Kreise waren die Flecken auf seinem Fell, Figuren, die der Finger Gottes gezeichnet hatte, als er dem Tier Leben einhauchte.

Melchior sprach kein Wort, aber das Schweigen, das zwischen uns herrschte, war nicht unangenehm. Ich spürte, dass er auf etwas wartete.

Aber worauf? Dass ich anfing zu sprechen?

Oder etwas tat?

Ich streckte die Hand aus. Mit der Spitze meines Zeigefingers fuhr ich das größte Zeichen nach. Dabei begann es, mir seinen Sinn zu enthüllen. Es war ein Zeichen, das man auf viele verschiedene Arten verstehen konnte, das mehr als eine Bedeutung hatte.

Wie meine Musik.

Ah! Das war der Grund, weshalb Melchior mich so gut verstand.

Während ich sie berührte, begannen die Umrisse in meiner Vorstellung zu flirren. Die wirbelnden Kreise führten mich in das Herz des Labyrinths, sie formten ein Muster wie die Sterne am Himmel hoch über uns, die ihre Bahnen ziehen, seitdem die Welt besteht.

»Sie sind das Leben«, flüsterte ich.

Er fuhr mit seiner Hand auf den Rücken, legte sie auf meine und drückte sie fester auf das komplizierte Muster der Linien.

Ich schloss die Augen.

Unter meinen Händen spürte ich, wie sein Blut pulsierte.

Plötzlich ging mein Atem unregelmäßig.

Ich riss die Augen weit auf.

Melchior drehte sich zu mir. Seine Augen waren geschlossen.

Sein Gesicht war dem meinen so nahe. Ein wohliges Gefühl durchströmte meine Sinne. Um uns herum blieb die Zeit stehen, wartete auf ein Zeichen von uns, um weiterzufließen.

Der Leopard bewegte sich und legte den Kopf auf seine Pranken. Bei dem Geräusch bewegte auch Melchior den Kopf. Er schlug die Augen auf und ich setzte mich neben ihn.

Mit zitternden Händen verschloss ich den Tiegel wieder und reichte Melchior die Heilsalbe. »Hier«, sagte ich, »nimm dies als Bezahlung für die Verse zu meinem Lied. Es ist eine gute Arznei«, fügte ich noch hinzu. »Du musst aufpassen, dass die Wunde sich nicht entzündet. In den unterirdischen Gängen hier gibt es Ratten. Sie bringen den Menschen Krankheiten.«

Melchior lachte leise. »Wo mein Leopard ist, sind niemals Ratten in der Nähe.«

Da musste auch ich lachen.

Er nahm den Tiegel aus meiner Hand, verneigte sich leicht und sagte: »Ich danke dir. Das ist die erste Freundlichkeit, die ich erfahren habe, seit ich in den Diensten deines Königs stehe. Ich fürchte, er ist kein solch großmütiger Herr wie der Prinz von Navarra.«

»Wie ist es dazu gekommen«, fragte ich neugierig, »dass du und Paladin Prinz Henri dientet?«

»Schon als ich klein war, hatte ich den Leoparden; er war damals noch ganz jung. Mein Vater fand ihn in den ausgedehnten Wäldern der Pyrenäen; er lag neben seiner toten Mutter. Er nahm das Tier mit nach Hause, es wuchs zusammen mit mir auf und wir brachten uns gegenseitig das Jagen bei. Die Kunde von dem Leoparden breitete sich schnell aus, und die Leute kamen und wollten ihn kaufen, doch mein Vater gab ihn nicht her. Deshalb töteten sie meinen Vater, mich aber ließen sie am Leben, weil sie wussten, sie brauchten mich, um das Tier zu bändigen. Wir beide sind gute Jäger, Paladin und ich. Admiral Gaspard Coligny hörte von unserem Geschick. Er gab dem Mann, bei dem wir untergebracht waren, viel Geld, und so wurden Paladin und ich an ihn verkauft. Nun benutzt uns Coligny als Mittel, um das Wohlwollen deines Königs zu erringen.«

»Es tut mir leid, dass dein Vater gestorben ist und du gegen deinen Willen festgehalten wirst.«

Melchior lächelte. »Wir beide können warten«, sagte er, »Paladin und ich. Eines Tages werden wir wieder in den Bergen sein. Und wenn unsere Stunde gekommen ist, werden wir frei sein.«

Die Glocke, die zum Abendessen rief, hallte durch den Palast.

Ich sprang auf. »Ich muss jetzt gehen. Man erwartet von mir, dass ich anwesend bin, um die Tischgesellschaft zu unterhalten.«

Melchior erhob sich und hielt mir die niedrige Tür auf. Ich wusste, seine Augen folgten mir, als ich durch die unterirdischen Gänge auf die Küche zurannte und dann die Wendeltreppe emporhastete, die zu meiner Kammer führte.

Kapitel zehn

Als ich in unser Zimmer zurückkam, erwartete mich mein Vater.

»Wo bist du gewesen?«, fragte er mich barsch.

»Ich … ich war in der Küche«, antwortete ich.

»Ach, Mélisande, du warst schon immer ein hungriges Kind«, sagte er. »Aber du weißt, es ist nicht sehr klug von einem jungen Mädchen, allein durch die Korridore des Palasts zu streifen.«

»Ja, Herr Vater«, antwortete ich und senkte den Kopf in dem Bewusstsein meiner Lüge, da ich keinesfalls auf der Suche nach etwas Essbarem in die Kellerräume gegangen war.

»Der König hat ein wenig Fieber«, begann mein Vater.

»Die Weissagung!«, schrie ich auf. »Sie erfüllt sich!«

Mein Vater hob die Hände. »Mélisande!«, mahnte er streng. »Hüte deine Zunge!«

Ich wurde rot und senkte wieder den Kopf.

»Um fortzufahren«, sagte mein Vater, »Seine Majestät, König Charles, leidet nach den Anstrengungen der Jagd an einer Schwäche, und er wird heute Abend mit nur wenigen Gästen in seinen Schlafgemächern speisen. Wir sollen uns dort einfinden und das Mahl mit leiser Musik begleiten.« Er wandte sich an Chantelle. »So schön du auch in diesem Kleid aussiehst, meine Liebe, ich möchte euch beide bitten«, er räusperte sich, »dass ihr für diesen Abend weniger freizügige Kleidung wählt.«

Als er uns allein zurückließ und wir uns ankleideten, kam mir in den Sinn, dass es meinem Vater womöglich doch nicht entgangen war, welche Blicke Armands Herr, der Comte de Ferignay, meiner Schwester am Nachmittag zugeworfen hatte.

Zum Musizieren in die privaten Schlafgemächer eines Monarchen bestellt zu werden, ist stets eine große Ehre, deshalb verwandten Chantelle und ich viel Sorgfalt auf unser Aussehen. Meine Schwester bedauerte es mehr als ich, dass sie nicht ihr schönstes Kleid anziehen durfte. Sonst verschwendete ich keinen Gedanken an dergleichen, doch Chantelle machte mir klar, wie wichtig dieser besondere Anlass war. Sie brachte mich dazu, dass ich die Falten meines graugrünen Kleides richtete und die goldene Kette, die ich am Hals trug, zurechtrückte. Mein widerspenstiges Haar war eine weit größere Herausforderung für sie, aber es gelang ihr schließlich doch, es mit einem feinen hellgrünen Haarnetz, das mit Goldfäden durchwirkt war, zu bändigen.

»Du hast eine schöne hohe Stirn, Mélisande«, bemerkte Chantelle, als sie mein Haar frisierte. »Das ist sehr vorteilhaft und du solltest sie ruhig zeigen. Wenn du dein Haar mit einer Spange feststeckst, so wie jetzt, dann fällt der Blick auf deine Augen, und man sieht, wie blau sie sind. Du hast die gleiche Augenfarbe wie Mutter.«

Ich mochte es gern, wenn Chantelle mir solche Dinge sagte. Unsere Mutter war gestorben, als ich sechs oder sieben Jahre alt war, und je älter ich wurde, umso mehr vergaß ich sie. Ich tat das nicht mit Absicht. Aber in dem Maße, in dem sich unser Leben änderte, wenn wir auf Reisen waren, schien es mir, als würde ich mich immer weiter von ihr entfernen. Ich glaube, mein Vater wusste dies. Es war wohl auch einer der Gründe, weshalb er gerade jetzt an den französischen Hof gegangen war. Sobald er nämlich gehört hatte, dass sich der König auf eine Reise quer durchs Land begeben wollte, sprach er mit uns über seine Absicht, sich der königlichen Gesellschaft anzuschließen. Er wusste, dass die Reiseroute ins Languedoc führte und wir hinter Carcassonne der Isle de Bressay, der Heimat meiner Mutter, sehr nahe kommen würden. Dann wollte mein Vater sich die Zeit nehmen und einen Abstecher dorthin machen, damit Chantelle und ich die Gelegenheit hatten, unser Geburtshaus wiederzusehen, während er sich um die geschäftlichen Dinge des Landsitzes kümmerte.

Wir nahmen unsere Noten und Instrumente, und dann warteten wir drei im Vorzimmer des Königs, bis man uns auffordern würde einzutreten. Es war ein ständiges Kommen und Gehen: Lakaien mit Nachrichten, Hofdiener, Dienstboten der Höflinge und vornehmer Damen, Hofstallmeister und Gesandte, die mit Staatsdingen beauftragt waren. Aber alle kamen nur bis zu den königlichen Leibdienern. Obwohl viele der Adeligen darum baten, mit dem König sprechen oder wenigstens einen Blick auf ihn werfen zu dürfen, wurde dies keinem gestattet. Der Kardinal von Lothringen, Onkel des Herzogs von Guise, kam mit dem gleichen Ansinnen und war wie vor den Kopf geschlagen, als der königliche Kämmerer ihm den Zugang verwehrte.

»Geh mir aus dem Weg!«, befahl er dem zitternden Mann. »Ich habe gehört, der König sei erkrankt, und ich bin gekommen, um ihm den Segen unserer Heiligen Mutter Kirche zu bringen.«

»Niemandem ist es gestattet einzutreten, Eure Eminenz«, stammelte der Kämmerer. »Es ist der ausdrückliche Befehl Seiner Majestät. Niemand.«

»Du würdest dem König, unserer treukatholischen Majestät, in Seiner Krankheit den Trost des Glaubens verwehren?«, brüllte der Kardinal.

»Eure Eminenz, ich habe hier eine Liste mit Personen, die eintreten dürfen, aber Euer Name steht nicht darauf.«

»Lass mich das Schriftstück sehen!« Der Kardinal riss dem Kämmerer das Papier aus der Hand. Kaum hatte er es sich vors Gesicht gehalten, um es zu überfliegen, als in der Nähe ein Taftrock raschelte und ihm das Papier wieder entrissen wurde. »Wie könnt Ihr es wagen …?« Der Kardinal fuhr herum und wankte. Die Thronregentin stand vor ihm. »Eure Hoheit«, begann er.

Mit einer einzigen raschen Bewegung gab Katharina von Medici dem königlichen Kämmerer den Zettel zurück. »Du kannst diese Liste jetzt vernichten«, befahl sie ihm. Dann nahm sie die Hand des Kardinals und küsste seinen Ring. »Es erfreut uns außerordentlich, dass Ihr Euch solche Sorgen um das Wohlergehen des Königs macht. Seid versichert, dass Ihr der Erste seid, den ich höchstpersönlich rufen lassen werde, wenn ich der Meinung bin, dass Charles geistlichen Beistands bedarf.« Die Thronregentin senkte die Stimme und ihr Ton wurde vertraulich. »Lasst mich jetzt hineingehen und mit Seiner Majestät sprechen«, sagte sie. »Gestattet mir, ihm Eure guten Wünsche zu überbringen und ihm zu sagen, dass Ihr ihm Trost spenden wollt. Ich bin sicher, er wird es sehr gerne hören, dass Ihr, vor allen anderen, an seine Seite geeilt seid, um ihm Eure Aufwartung zu machen. Ich werde ihn bitten, in Eurem Fall eine Ausnahme zu gewähren und Euch vortreten zu lassen.«

In diesem Moment kam der Leibarzt des Königs, Ambroise Paré, aus den Schlafgemächern. Er rief mit lauter Stimme: »Der König hat mich gebeten, Folgendes zu verkünden. Seine Majestät leidet an Ermüdung, mehr nicht. So Gott will, wird er sich morgen wieder erholt haben und kräftig genug sein, um am Gottesdienst teilzunehmen.«

Die Höflinge blickten einander an und die Neuigkeit verbreitete sich in Windeseile im ganzen Schloss. Der Kardinal von Lothringen besprach sich mit seinem Neffen, dem Herzog von Guise, der gerade eben in Begleitung des Comte de Ferignay hereingekommen war. Ihre düsteren Mienen deuteten darauf hin, dass die gute Nachricht sie eher bedrückte als erfreute.

Katharina von Medici winkte meinem Vater und wir traten vor. »Lasst diese Musikanten eintreten«, befahl sie ihn. Als er uns hineinführen wollte, nahm sie ihn noch einmal beiseite und fügte hinzu: »Aber lass auf keinen Fall jemand anderen passieren. Dies gilt ganz besonders für alle Angehörigen des Hauses Guise und speziell für den Kardinal von Lothringen.«

Als wir der Thronregentin in die Privatgemächer des Königs nachfolgten, flüsterte mein Vater Chantelle und mir zu: »Sprecht nicht, solange ihr nicht gefragt werdet. Und hört nicht hin, wenn sich die königliche Familie unterhält. Lasst euch nichts anmerken – egal worüber man sich heute Abend auch unterhalten mag.«

Kapitel elf

Es war sehr weise von unserem Vater gewesen, uns zu ermahnen, denn der König war nicht allein, wie man aus den Worten seines Leibarztes hätte schließen können.

Die erste Person, die ich beim Eintreten erblickte, war Melchior.

Mein Herz verkrampfte sich in meiner Brust. Melchior

stand mit Paladin am Ende eines langen Tisches, den man im Schlafgemach des Königs aufgestellt hatte, um seine Gäste zu bewirten. Obwohl ich den Raum von der Seite her betrat, sodass die zwei mich nicht sehen konnten, blickten sich sowohl der Leopard als auch Melchior nach mir um. Keiner von beiden ließ sich anmerken, dass sie von meinem Kommen Notiz genommen hatten, aber ich bemerkte, wie sich ihre Haltung leicht veränderte. Auch ich machte ein unbeteiligtes Gesicht und ging mit Chantelle und meinem Vater zu dem Platz am Fenster, den man uns zugewiesen hatte.

König Charles war sehr müde. Er saß, von Kissen gestützt, auf einem riesengroßen Stuhl am Kopfende des Tisches. Daneben hatten die beiden jüngeren Brüder des Königs und seine zwölf Jahre alte Schwester, Prinzessin Margot, Platz genommen. Die Brüder des Königs waren, genau wie er, spindeldürr und schmalbrüstig, Margot jedoch, mit ihrer frischen Gesichtsfarbe und den glänzenden dunklen Locken, sah aus wie das blühende Leben. Auf den übrigen Plätzen saßen der Prophet Nostradamus und, näher beim König, die beiden Hugenotten Prinz Henri und Admiral Gaspard Coligny. Kein Wunder, dass die Thronregentin dem Wächter an der Tür den Befehl gegeben hatte, kein Mitglied der Guise-Familie vorzulassen!

Katharina umarmte ihren Sohn und nahm zu seiner Rechten Platz. »Der königliche Leibarzt, Ambroise Paré, hat verkündet, wie es um Eure Gesundheit steht«, berichtete sie ihm. »Es freut mich, dass Ihr nicht ernsthaft erkrankt seid.«

»Wie wurde die Nachricht aufgenommen?«, fragte Charles seine Mutter. »War mein Volk froh, dass ich wohlauf bin?«

»Sie machen sich Sorgen, wenn sie Euch nicht sehen, mein Sohn«, antwortete Katharina von Medici ausweichend, »aber es gibt immer einige, die nur auf ihren eigenen Vorteil bedacht sind. Dieser anmaßende Kardinal von Lothringen wollte sich lautstark Einlass verschaffen, aber ich habe seine Absichten durchkreuzt.«

»Eines Tages werden wir dem aufsässigen Haus von Guise mit dem Schwert gegenübertreten müssen«, antwortete der König zornig.

»Es kann sein, dass der Tag kommen wird, an dem Ihr Euch mit ihnen auseinandersetzen müsst, aber heute ist nicht dieser Tag«, erwiderte seine Mutter beschwichtigend.

»Ah, der Spielmann.« Der König hatte uns bemerkt. »Seine Musik heitert mich immer auf.«

Er winkte, damit wir zu musizieren begännen und das Essen aufgetragen würde. Die königliche Familie und ihre Gäste plauderten beim Essen so wie jede andere Familie auch. Ich war überrascht, welche Wärme und Vertrautheit man dem jungen Prinzen von Navarra entgegenbrachte. Ich lauschte ihrer Unterhaltung, obwohl mein Vater mir dies verboten hatte, und so erfuhr ich, dass Prinz Henri einen Teil seiner Kindheit gemeinsam mit den Kindern der Regentin verbracht hatte. Seine Mutter, Jeanne d'Albret, war später zu dem neuen, reformierten Glauben übergetreten. Dies war der Grund, weshalb die Kinder getrennt worden waren, denn beide Seiten betrachteten sich nun mit Argwohn. Prinz Henris Land, Navarra, lag im Nordwesten des Languedoc, zwischen Frankreich und Spanien. Weil ihnen eine freundliche Aufnahme dort gewiss war, suchten mehr und mehr französische Hugenotten Zuflucht in jener Gegend. Sie sammelten sich nicht nur in Navarra, sondern bevölkerten auch die Städte im Westen Frankreichs, wie La Rochelle und Jarnac.

Offenbar missfiel Katharina von Medici diese Entwicklung, denn sie sagte: »Wir wünschen nicht, dass ein Teil von Frankreich sich unter den Schutz Navarras stellt.«

Admiral Gaspard Coligny antwortete anstelle des Prinzen, der gerade mit Prinzessin Margot scherzte.

»Die Königin von Navarra hat nicht den Wunsch, auf französisches Gebiet überzugreifen, Eure Hoheit. Im Gegenteil, sie ist auf Versöhnung bedacht.«

»Da Ihr dem Staatsrat von Frankreich angehört, werdet Ihr wissen, dass die französische Krone dasselbe Ziel verfolgt, und zwar sehr ernsthaft«, erwiderte Katharina von Medici scharf. »Seine Majestät hat den Hugenotten schon viele Freiheiten bei der Ausübung ihres Glaubens zugestanden. Erinnert Euch bitte daran, dass in Frankreich, anders als in so manchen anderen Ländern, das Gesetz jedem Bürger erlaubt, sich einer der beiden Religionen zuzuwenden. In seiner Weisheit und Güte hat der König sein Land auf diesen gefährlichen Pfad geführt, um Eintracht zwischen beiden Seiten zu schaffen.«

Natürlich hatte König Charles nichts von alledem selbst getan, sondern seine Mutter, die Thronregentin, hatte dies alles in die Wege geleitet. Der König folgte nicht einmal den politischen Unterhaltungen an seinem eigenen Tisch, so wenig interessierte er sich für diese Angelegenheiten. Während des Essens schwatzte er mit seinen Geschwistern und spielte von Zeit zu Zeit mit Paladin. Er befahl, dass man den Leoparden zu ihm bringen und ihm den Maulkorb abnehmen solle, damit er ihn selbst mit Fleischbrocken von seinem Teller füttern konnte. Falls es Melchior missfiel, dass sein Tier so verhätschelt wurde, so ließ er es sich nicht anmerken. Und obwohl er während des ganzen Abends keinen einzigen Blick in meine Richtung warf, wusste ich doch, dass er meiner Musik lauschte.

Wir spielten und sangen über eine Stunde lang, dann erlaubte uns König Charles, auszuruhen und von den Resten des Mahls zu essen. Ich brannte darauf, mit Chantelle zu reden und sie nach ihrer Meinung zu dem Gespräch zu fragen, dem wir gelauscht hatten. Aber ich tat es nicht, denn wieder einmal warf uns unser Vater warnende Blicke zu. So zum Schweigen gebracht, hatte ich mehr Zeit zum Nachdenken, und allmählich begriff ich, dass die Zurückhaltung meines Vaters andere Gründe hatte, als seinen Kindern gute Manieren beizubringen – in der Miene meines Vaters waren Sorge und Vorahnung zu lesen. Aber wovor fürchtete er sich? Wir standen in der Gunst des Königs, und nie würden wir etwas tun, um diese zu verspielen. Ich saß auf einem Stuhl, ruhte mich aus und lauschte den Geräuschen im Palast, im Zimmer und auch draußen, und wieder fühlte ich die innere Unruhe in mir, die ich jedes Mal verspürte, bevor mir ein neues Lied in den Sinn kam. Ich versuchte, dieses Gefühl zu ergründen. Strömten die Worte und die Töne aus der Erde hervor? Welche Flüsse des Geistes flossen der Seele zu, um die Muse zu nähren? Worte wirbelten mir durch den Kopf. Ich schaute zu dem Leoparden hin und im Bernsteingelb von Paladins Augen spiegelte sich grünes Gras. Welche Geschichten konnte dieses Tier wohl von den dunklen Bergen der Pyrenäen erzählen, in denen es seine Mutter einst gesäugt hatte? Ich sah grünes Gras und Steine und ein Muster …

»Wisst Ihr, woher Ihr Eure Eingebungen bezieht?«

Diese Worte, die gerade durch den Raum schallten und den Gedanken in meinem Kopf so ähnlich waren, brachten mich mit einem Schlag in die Gegenwart zurück.

Der König hatte sich an Nostradamus gewandt.

»Gott der Herr ist die Quelle aller Eingebungen, Sire«, antwortete der Seher.

Erleichtert beendete Katharina von Medici ihr verwickeltes Streitgespräch mit Gaspard Coligny. »Ach ja, Meister Nostradamus. Wärt Ihr so gütig, heute Abend ein paar Weissagungen für meine Familie zu machen?«

»Euer Sohn, der König, wird sich von seiner augenblicklichen Schwäche erholen«, sagte Nostradamus zuversichtlich.

»Er wird noch viele Jahre leben.« Er machte eine Pause, dann fügte er hinzu: »Die Herrschaft des Königs wird einen ganz besonderen Platz in der Geschichte einnehmen.«

»Hört!«, rief Katharina von Medici entzückt aus. »Da seht Ihr es, mein geliebter Charles. Der Seher sagt, dass Eure Herrschaft bedeutend sein wird. Ihr werdet für alle Zeiten berühmt sein!«

Ich fragte mich, weshalb niemand auf die Idee kam zu fragen: Und in welcher Weise wird sich seine Herrschaft auszeichnen?

Der König neigte sich zu Nostradamus. »Also sind die trüben Gedanken, die Ihr gestern hegtet, heute verflogen?«

Margot, seine jüngere Schwester, kicherte. Nostradamus zuckte zusammen und schaute sie an. Dann wandte er sich dem König zu und sagte stur: »Was ich gesehen habe, das habe ich gesehen.«

»Und was habt Ihr noch gesehen?«, bedrängte ihn Katharina von Medici. »Werden meine anderen Söhne auch regieren?«

Nostradamus nickte, aber er machte einen abwesenden Eindruck. »Ihr habt von einem Weg gesprochen, auf dem man Unterschiede überbrücken könnte ...«

»Ja?«, fragte Katharina von Medici gespannt. »Habt Ihr irgendwelche Erkenntnisse darüber? Irgendeinen Fingerzeig, der uns voranbrächte?«

Gaspard Coligny rutschte verärgert auf seinem Stuhl hin und her. Ganz offensichtlich fand er es leichtfertig, einem Seher diese Frage zu stellen. Und ich, die ich mich daran erinnerte, was Melchior mir gesagt hatte, erkannte auch, warum. Auf seine eigenen Kosten hatte Coligny dieses Treffen der beiden jungen Männer arrangiert. Er hatte gehört, dass König Charles sich einen Leoparden wünschte, deshalb hatte er einen ausfindig gemacht und ihn für Prinz Henri beschafft.

Dann hatte er es in die Wege geleitet, dass das Tier in den Palast von Cherboucy gebracht wurde, wohlwissend, dass die streng katholischen Gefolgsleute der Guise sich am Hofe aufhielten. Unter großen Gefahren für sein eigenes Leben hatte er Prinz Henri hierher begleitet und an der Jagd teilgenommen, wobei er vorausgesehen hatte, dass der König ihnen aus Dankbarkeit eine Privataudienz gewähren würde. Er wollte sich selbst beim König beliebt machen und dessen Sympathien für die hugenottische Sache fördern. Und nun drohten die vagen Prophezeiungen eines Wahrsagers die ernsthafte Unterhaltung zu stören.

»Gewiss ist der Weg, den wir beschreiten müssen ...«, Coligny beendete seinen Satz nicht, da Nostradamus plötzlich aufstand.

Die Augen des Sehers blickten starr.

»Fünfmal drei.«

Er sagte dies tonlos, ohne jede Gefühlsregung, während er weiter ins Unbestimmte starrte.

»Fünf und drei«, raunte Katharina von Medici. »Drei ist eine magische Zahl.«

Alle im Raum schauten Nostradamus an. Alle außer mir. Ich folgte seinen Augen und sah, worauf sein Blick gerichtet war. An der Wand hing ein großer Spiegel. Darin konnte ich seine Gestalt sehen.

Und die meine.

»Ein bedeutender König von Frankreich weilt unter uns.«

Der Seher betonte jedes einzelne Wort.

Vor meinen Augen bewegte sich die Oberfläche des Spiegels und erstarrte dann wieder. Ich blinzelte. Es war wohl nur die Müdigkeit, nichts anderes. Ich war an diesem Morgen sehr früh aufgestanden und hatte den ganzen Tag lang an der Jagd teilgenommen. Und während sich die anderen am Nachmittag ausgeruht hatten, war ich zu Melchior gegangen und hatte ihm die Salbe gebracht. Ich war müde. Das war alles.

Ich schloss die Augen.

»Ein bedeutender König von Frankreich weilt unter uns.«

Die Worte hallten in meinem Kopf. Hatte Nostradamus wieder gesprochen? Ich schlug die Augen auf. Der Spiegel blieb ruhig. Ich sah darin meine Augen, die Pupillen waren riesengroß und dunkel. Mein Blick schweifte zu dem Silberrahmen, in den ein kunstvolles spiralförmiges Muster eingraviert war.

»Ein bedeutender König von Frankreich weilt unter uns.« Nostradamus hob die Hände über den Kopf, sein Mondsteinring glänzte matt an seinem Finger.

»Zwei Menschen, durch heiliges Band vereint,
Zwei Königreiche,
Ein…«

Hier hielt er inne.

»Ein was?«, fragte Katharina von Medici.

»Jemand ist hier unter uns, dessen Aufgabe noch im Unklaren ist.« Nostradamus blickte sich um. Seine Augen waren genauso milchig weiß wie der Mondstein an seinem Zeigefinger. »Ich vermag es nicht zu erkennen.« Entkräftet ließ sich der alte Mann auf seinen Stuhl zurückfallen.

»Wir sprachen über einen Weg, um die Unterschiede zu überbrücken«, ließ Katharina von Medici nicht locker. »Die Unterschiede zwischen Katholiken und Protestanten. Zwei Königreiche vereint…« Sie grübelte über seine Worte nach. »Ich weiß es!« Sie sprang auf. »Zwei Königreiche. Zwei Menschen! *Ich* sehe es, selbst wenn Ihr es nicht seht.«

Nostradamus hob kraftlos die Hände. »Ihr verfügt nicht über die Gabe«, sagte er.

»Elizabeth von England!«, rief Katharina von Medici aus. »Mein Sohn wird die Königin von England heiraten.«

Mein Vater schlug einen falschen Ton auf seiner Laute an. Doch schnell fand er wieder zu der Melodie und ließ seinen Blick fest auf den Saiten ruhen.

»Schickt nach Throckmorton, dem englischen Gesandten!«, befahl Katharina. »Sagt ihm, er soll ein Bild seiner Königin mitbringen!«

Was für eine kühne Idee. Das protestantische England und das katholische Frankreich vereint! War es das, was Nostradamus gemeint hatte?

Der Seher blickte verwirrt drein. Er fing an zu zittern. Ohne auf die strengen Regeln bei Hofe zu achten, ging ich zu einer Anrichte und brachte ihm ein Glas Wasser. Er nahm es entgegen. Als seine Finger die meinen berührten, zuckte seine Hand, als ob ihn etwas gestochen hätte. Er starrte mich an. »Mélisande«, flüsterte er.

»Die Königin von England?«, fragte Charles seine Mutter. »Ist sie nicht viel älter als ich?«

»Eure Majestät …«, wollte Nostradamus sich einmischen.

Aber Katharina von Medici winkte ab.

»Es ist klar. Und völlig einleuchtend. Unsere beiden Königreiche werden eins werden. Dann werden wir stärker sein und können Spanien die Stirn bieten, das uns mit seinen Eroberungen in den Niederlanden umzingeln will. Eine Hochzeit zwischen Frankreich und England wird auch die Wunden der inneren Teilung heilen. Wir werden uns vereinen, und so werden sich auch die beiden Religionen annähern und die Anhänger beider Glaubensrichtungen werden ihren Nutzen davon haben.«

Die Tür ging auf und der völlig verdutzte englische Gesandte Throckmorton wurde eingelassen. Er hatte ein kleines Bildnis seiner Königin bei sich.

Hastig riss Katharina es ihm aus der Hand. »Hier!« Sie hielt ihrem Sohn das Bildnis unter die Nase. »Was meint Ihr, könnte diese Frau eine passende Gemahlin für Euch sein?« Dann entsann sie sich, dass wir anwesend waren, und fragte meinen Vater: »Spielmann, du bist jüngst aus England zurückgekommen. Erachtest du die Königin als würdige Partnerin für meinen Sohn?«

Wir waren Elizabeth von England begegnet. Die Würde und die Majestät, die sie ausstrahlte, waren Ehrfurcht gebietend. Sie würde diesen Grünschnabel verschlingen wie eine Eidechse ein schreckensstarres Insekt.

Mein Vater schaute auf. »Die Königin von England ist sehr majestätisch«, sagte er mit ausdrucksloser Stimme. »In der Tat, ja, das ist sie.«

»Sie sieht auch einigermaßen passabel aus«, fügte Charles zögernd hinzu. »Wenn Ihr es also wünscht, meine geliebte Mutter ...«

Throckmorton hatte den verdutzten Blick eines Mannes, dem gerade eben die Zimmerdecke auf den Kopf gefallen war. Sei es nun wegen des vielen Weins, den er heute Abend schon getrunken hatte, oder wegen des völlig unerwarteten Vorschlags, der in seinen Augen zudem absolut grotesk war – er konnte die gesagten Worte nicht ernst nehmen. Und vielleicht glaubte er ja auch wirklich, dass dies einer der Scherze war, die Katharina von Medici gern mit ihren Mitmenschen trieb, um sich zu amüsieren. Daher reagierte er in einer zwar natürlichen, aber verheerenden Art und Weise.

Der englische Gesandte lachte.

Kapitel zwölf

Als der Gesandte seinen Fehler bemerkte, war es zu spät, um die Lage zu retten.

»Allergnädigste Hoheit«, beeilte er sich zu sagen, »ich leide schon seit drei Tagen an Kopfschmerzen und meine Gedanken sind völlig durcheinander.«

»Ihr könnt gehen, Sir«, gab ihm Katharina von Medici in eisigem Ton zur Antwort.

Throckmorton, dem nun erst so richtig klar geworden war, welchen Fehler er begangen hatte, versuchte, sich herauszureden. »Eure Majestät«, wandte er sich flehentlich an den König, »vergebt mir. Ich dachte nur … ähm, meine Königin ist in einem gewissen Alter und Ihr seid …« Er unterbrach sich, als er den Abgrund bemerkte, auf den er zusteuerte. Er konnte die Situation nicht mehr retten, ohne die eine oder die andere Seite zu beleidigen. Er fing an zu hüsteln. »Ich fürchte, ich habe etwas gegessen, ein Stück Brot vielleicht … es steckt mir im Halse fest.« Throckmorton hielt sich die Hand vor den Mund. »Ich bitte, mich in meine Gemächer zurückziehen und morgen noch einmal vorstellig werden zu dürfen.« Der unglückselige Mann eilte davon.

»Er selbst ist es, der *mir* im Halse steckt!« Katharina von Medici kochte vor Wut. »Und ich werde ihn ausspucken!« Sie lief im Schlafgemach des Königs auf und ab und schlug mit der geballten Faust in die flache Hand. »Wie kann er es wagen, sich über mich lustig zu machen? Wie kann er es wagen, meine guten Absichten zu durchkreuzen?«

»Das ist doch völlig unwichtig«, versuchte der König, seine Mutter zu beruhigen. »Wir finden leicht eine andere Partie für mich.«

»Seht Ihr denn nicht, dass er Euch beleidigt hat? Dass

er uns alle beleidigt hat?« Katharina von Medici hörte auf, durchs Zimmer zu gehen, und starrte Charles und ihre anderen Kinder mit zorniger Herablassung an. »Hat denn keiner von euch eine Ahnung von Staatskunst? Erkennt ihr denn nicht die Ziele, auf die wir zustreben?« Als sie keine Antwort erhielt, stöhnte sie verzweifelt auf und riss sich den Haarschleier vom Kopf. »Warum versteht keiner, worum es mir geht?«

Ihre Kinder saßen kerzengerade auf ihren Stühlen. Mir fiel auf, dass alle, besonders aber Prinzessin Margot, ihre Mutter fürchteten. Das Mädchen blickte erschrocken drein und war kreideweiß im Gesicht. Sie saß reglos da, mehr eingeschüchtert als ein Diener in Gegenwart seines grausamen Herrn.

»Ich werde mich an dieser widerlichen Kröte und seiner irrgläubigen Königin rächen«, verkündete Katharina von Medici.

Gaspard Coligny hüstelte.

Aber die Thronregentin hörte ihn entweder nicht oder zog es vor, ihn zu missachten, so zornig war sie. Coligny hielt es sicherlich für klüger, nicht darauf hinzuweisen, dass, wenn Elizabeth von England einer Irrlehre anhing, auch er selbst es tat, ebenso wie der junge Prinz von Navarra.

Katharina von Medici setzte sich wieder an ihren Platz und aß weiter. Obwohl sie dem Mahl schon reichlich zugesprochen hatte, aß sie nun noch mehr und noch schneller und stopfte sich den Mund mit Süßigkeiten voll. Das schien sie zu beruhigen, und sie versuchte, die Unterhaltung wieder aufzunehmen, aber alle am Tisch waren niedergedrückt und verspürten wenig Lust, sich daran zu beteiligen.

Bald darauf bat auch Nostradamus, sich zurückziehen zu dürfen. Er brauche Ruhe, sagte er, weil er weitere Voraussagen für die Königin machen wollte. Schwer auf seinen silbernen Gehstock gestützt, verließ er das Gemach auf dem gleichen Wege, den auch wir benutzt hatten. Als sich jedoch Gaspard Coligny und der Prinz von Navarra erhoben, um zu gehen, bestand die Königin darauf, dass sie wie schon zuvor einen Geheimgang benutzten.

Charles, der inzwischen schon viele Gläser Wein geleert hatte, störte diese Heimlichkeit. »Habe ich denn in meinem eigenen Königreich nichts mehr zu sagen?«, rief er schrill, »dass die Gäste, die ich eingeladen habe, nicht mehr kommen und gehen dürfen, wann und wie ich will?«

»Es wäre unklug, mein König.« Das Benehmen seiner Mutter wandelte sich blitzschnell, als sie ihren Sohn dazu überreden wollte, das zu tun, was sie für richtig hielt. »Und Ihr seid doch kein unkluger Herrscher. Es wäre töricht, das Haus Guise in aller Öffentlichkeit zu sehr zu brüskieren. Denkt daran, sie haben eine große Zahl bewaffneter Männer und sie haben die Unterstützung der Bürger von Paris und vieler katholischer Franzosen.«

»Sire, ich habe nicht vor, durch die Reihen der Männer in Euren Vorzimmern Spießruten zu laufen«, scherzte Prinz Henri. »Und überhaupt, mir sind Geheimgänge lieber. Erinnert Ihr Euch nicht«, er wandte sich an Prinzessin Margot, »wie wir als Kinder in einem Geheimgang im Schloss von Blois gespielt haben?«

Margot nickte fröhlich. Allmählich kehrte die Farbe in ihre Wangen zurück. Ungestüm lief sie auf ihren Vetter zu, umarmte ihn und lehnte den Kopf an seine Schulter.

Henri lachte und zog sie scherzhaft an den Haaren. Mir wurde klar, dass er seine Kindheitserinnerungen hervorgekramt hatte, um die Spannung zu lösen, und ich merkte auch, dass der Prinz von Navarra, ganz anders als Katharina von Medici, der geborene Diplomat war.

Charles regte sich weiter auf und beschwerte sich, bis er schließlich dem Wunsch seiner Mutter Folge leistete.

Neben dem Bett des Königs wurde ein Vorhang beiseitegezogen, der eine Geheimtür verdeckte. Hinter ihr führte ein verschlungener Weg in die äußeren Schlosshöfe, wo bereits Reitpferde auf Prinz Henri und Gaspard Coligny warteten. Auf diese Weise, so hoffte man, würde die Familie der Guise nicht auf ihre Gegenwart im Palast und auf die Privataudienz, die ihnen der König gewährt hatte, aufmerksam.

Charles umarmte seinen Vetter und verabschiedete sich mit den Worten: »Lieber Prinz, mein Vetter, ich wünschte, wir könnten die Unterschiede, die uns trennen, ein für alle Mal überwinden.«

Doch nicht nur, was ihren Glauben anbetraf, waren die beiden unterschiedlich, dachte ich im Stillen bei mir. Obwohl er jünger war als Charles, hatte Prinz Henri dichtes, lockiges Haar, und ihm spross bereits der Bart. Die Haare des Königs waren dünn und strähnig. Obgleich größer als sein Vetter, war er schlanker und wirkte neben der stämmigen Figur Henris schmächtig. Auch ihre Kleidung unterschied sich deutlich. Das feierliche Gewand, das Henri zum Essen trug, war von schlichtem Grau, während Charles' Kleider in leuchtendem Gelb gehalten und an Armen und Beinen mit Spitzen besetzt waren. In seinem Ohr funkelte ein Diamant und noch mehr Edelsteine blitzten an seinen Fingern und um seinen Hals. Aber statt majestätisch wirkte er nur geckenhaft neben der ernsthaften Gestalt des Jüngeren.

»Ich hoffe, wir werden mehr Zeit füreinander haben«, stimmte ihm der Prinz zu. »Mir hat die Jagd mit meinem Leoparden heute gut gefallen.«

Als er die Jagd erwähnte, wurde der König lebhafter. »Was für eine prächtige Beute.« Er schaute hinüber zum Tisch, wo Paladin und Melchior standen, reglos wie zwei Statuen. »Ich würde so gerne wieder mit einem so einzigartigen Tier auf die Jagd gehen.«

Prinz Henri warf Coligny einen Blick zu, der nickte kaum wahrnehmbar mit dem Kopf. Später habe ich mich gefragt, ob das, was dann geschah, bereits im Voraus abgesprochen worden war.

»Mein liebster Vetter«, sagte Henri, »warum behaltet Ihr den Leoparden nicht einfach bei Euch, solange Ihr im Süden Frankreichs seid?«

»Eine glänzende Idee!«, warf Gaspard Coligny wie nebenbei ein. »Der Junge und der Leopard werden Euch gute Dienste leisten. Später, wenn Ihr wieder nach Norden, nach Paris reist, werden wir es so einrichten, dass der Leopard zu uns zurückgebracht wird.«

Freudentränen rannen über Charles' Wangen. »Dann werden wir uns wieder treffen und gemeinsam auf die Jagd gehen!« Dankbar umarmte er seinen Vetter.

Als der Prinz und Coligny schließlich gegangen waren, erklärte der König, dass er zu Bett gehen wolle. Er entließ uns alle und rief seine Kammerdiener herbei.

»Ich werde noch ein bisschen bleiben«, sagte seine Mutter. »Wir haben etwas zu besprechen.« Ihre Augen funkelten, als sie sich wieder an den Tisch setzte.

Erleichtert verließen mein Vater, meine Schwester und ich das Schlafgemach des Königs. Ich weiß nicht genau, was meinem Vater durch den Kopf ging, denn ich hatte später niemals die Gelegenheit, ihn danach zu fragen, aber ich für meinen Teil wusste, dass ich von Herzen froh darüber war, diesen Ort der Intrige und der Falschheit verlassen zu können.

Kapitel dreizehn

Am Nachmittag des darauffolgenden Tages wusste der gesamte Hof, dass der hugenottische Prinz von Navarra und Admiral Gaspard Coligny, der inoffizielle Anführer der französischen Protestanten, am Vorabend mit König Charles vertraulich zu Abend gespeist hatten.

»Jeder weiß es«, erzählte ich Chantelle, als wir unsere Lieder am Nachmittag zusammen mit unserem Vater im Garten probten. »Die Gespräche drehen sich um nichts anderes, von der Küche im Keller bis zu den Schlafkammern unterm Dach.«

»Ich wünschte, du würdest nicht so reden, Mélisande«, tadelte mich Vater. »Man könnte dich für ein klatschendes, altes Waschweib halten.«

»Es tut mir leid, Papa«, antwortete ich. »Aber wie kann es sein, dass alle etwas wissen, was die Königin doch geheim halten wollte?«

»Du musst erst noch lernen, wie es am Hofe zugeht«, antwortete mein Vater. »Der König kann nicht einmal in seinen Nachttopf pinkeln, ohne dass zwei Minuten später die ganze Welt davon weiß.«

»Armand sagt, dass jeder bedeutende Edelmann ein ganzes Netz von Spionen hat«, sagte Chantelle.

»Und die Spione haben wiederum ihre eigenen Spione.« Mein Vater lachte. Er erhob sich und schaute nach Nordwesten. »In dieser Richtung, hinter Toulouse, liegt die Isle de Bressay. Wenn du verheiratet und bei Armand in Sicherheit bist, Chantelle, werde ich Mélisande dorthin mitnehmen, damit sie sich etwas von dieser vergifteten Umgebung hier erholen kann.«

Plötzlich hörte man den Hufschlag von Pferden und gleich

darauf ein lautes Geschrei am Haupttor. Mein Vater trat an die Mauerbrüstung und sah hinunter in den Hof.

»Wieder ein Bote, der schlimme Nachrichten bringt, wette ich.«

Mit einem Mal war die laute Stimme des Kardinals von Lothringen zu vernehmen. »Frevel!«, schrie er. »Im Namen Gottes! Was für ein schändliches Verbrechen!«

Noch mehr Hufgetrappel war zu hören, dann das Weinen und Schluchzen von Frauen. Chantelle und ich beeilten uns, um zu sehen, was der Grund für diesen Aufruhr war. Begleitet von einigen Bauern und Dorfleuten, war eine Gruppe Nonnen eingetroffen. Ihre Ordenstrachten waren blutverschmiert und zerfetzt. Man hatte ihnen die Schleier vom Kopf gerissen und ihre geschorenen Köpfe waren mit Beulen und blutigen Flecken übersät. Sie drängten sich dicht aneinander, weinten herzzerreißend und brachen in noch lauteres Schluchzen aus, als mehrere Wagen hinter ihnen durch das Schlosstor rumpelten, auf denen die Leichen ihrer Mitschwestern lagen.

»Heilige Mutter Gottes«, stieß Chantelle hervor.

Männer und Frauen kamen aus dem Palast gestürmt. Der Kardinal von Lothringen lief auf die Nonnen zu und segnete sie, spendete jeder Einzelnen Trost. Dann raffte er sein Gewand und kletterte auf den ersten Wagen. Er schreckte nicht vor den Blutlachen zurück, sondern spendete denen, die auf dem Wagen waren, das Sakrament der Letzten Ölung.

Ein paar Minuten später kam der Herzog von Guise von den Ställen mit einer Abteilung Soldaten herangaloppiert. Die Männer waren bis an die Zähne bewaffnet und hielten nur an, um sich mit dem Kardinal zu besprechen, ehe sie geradewegs durch das Haupttor preschten.

Mein Vater verzog ahnungsvoll das Gesicht und murmelte

leise: »Jedem Hugenotten, der ihnen heute über den Weg läuft, dem gnade Gott.«

Es war schon Abend, als der Trupp zurückkehrte. Wir musizierten gerade zum Abendessen im großen Saal, als die Türen mit Getöse aufflogen. Die Soldaten des Herzogs schleiften zwei Männer herein und warfen sie mitten in den Raum, wo sie auf die Knie stürzten.

»Wir haben diese beiden mordenden Ketzer gefangen«, erklärte der Herzog von Guise, »und sie hierhergebracht, damit der König das Urteil über sie fälle.«

Der König erhob sich etwas von seinem Platz. »Das ist eine Unverschämtheit«, sagte er. »Ich speise gerade. Ich werde morgen mein Urteil sprechen. Oder … oder dann, wenn es mir beliebt …«

Seine Mutter zupfte ihn am Ärmel. Er wollte ihre Hand abschütteln, aber sie ließ nicht locker. »Tut wenigstens so, als wolltet Ihr sie anhören«, gab sie ihrem Sohn leise zu verstehen.

Der König war in schwächlicher Verfassung und konnte nicht stehen, ohne sich aufzustützen. Er ließ sich wieder in seinen Sessel fallen. »Lasst hören, was Ihr vorzubringen habt«, sagte er und machte uns ein Zeichen, damit wir mit dem Musizieren aufhörten.

Der Herzog von Guise zählte die Vergehen der Männer auf.

»Diese Leute sind Hugenotten«, sagte er. »Heute ist Sonntag. Wir haben sie dabei erwischt, wie sie zusammen mit ein paar anderen in einer Feldscheune ihren Gottesdienst abhielten. Hugenotten ist es nicht gestattet, am Sabbat zu beten. Auch dürfen sie nur in ihren eigenen Häusern zum Gebet zusammenkommen, doch sie waren an einem öffentlichen Ort. Dieser Ort ist zudem ganz in der Nähe des Klosters vom Kind der Hoffnung, in dem die barmherzigen Schwestern abgeschlachtet und geschändet wurden.«

»Die Scheune, in der wir unsere Gottesdienste feiern, liegt auf meinem eigenen Grund und Boden und ist meilenweit entfernt vom Kloster vom Kind der Hoffnung«, sagte einer der Gefangenen auf Knien. »Ich spende den Schwestern dort Korn. Ich würde ihnen genauso wenig Schaden zufügen wie meiner Frau und meinen Kindern«, fügte er mit erstickter Stimme hinzu, »meiner Frau und meinen Kindern, die von Euren Soldaten ohne Gnade ermordet wurden.«

»Zwanzig gottesfürchtige Nonnen wurden abgeschlachtet!«, rief der Herzog von Guise mit lauter Stimme dazwischen. »Dieser Mann hat noch Blut an seinem Ärmel.«

»Das kommt davon, weil Ihr mich mit Eurem Schwert verwundet habt, Herr. Es ist mein eigenes Blut, das Ihr hier seht. Könnt Ihr nicht die Nonnen herkommen lassen und sie fragen, ob wir diejenigen waren, die sie überfallen haben?«

Der Herzog von Guise trat vor und schlug dem Mann mitten ins Gesicht. »Wie kannst du es wagen, hier noch Forderungen zu stellen, du dreckiger Hundesohn. Glaubst du denn, wir würden heilige Frauen, Frauen, die du entehrt hast, in deine Nähe bringen? Schon die Frage allein ist schändlich und beweist deine Schuld.«

Nun meldete sich der andere Gefangene, ein junger Bursche von ungefähr fünfzehn Jahren, zu Wort. »Wir sind unschuldig«, sagte er. »Und darf ich Euch erinnern: ›Die Rache ist mein, spricht der Herr‹?«

»Wir suchen keine Rache.« Der Kardinal von Lothringen war neben seinen Neffen getreten. »Die Katholiken Frankreichs suchen ihr Recht. Das Recht des Königs.«

Der König fällte sein Urteil am nächsten Tag. Die beiden Gefangenen sollten auf dem Scheiterhaufen verbrannt werden.

Alle Höflinge und auch die Würdenträger aus dem Ausland wurden gezwungen, der Hinrichtung beizuwohnen. Throckmorton, der englische Gesandte, musste sich ganz in die Nähe der Königin setzen. Katharina von Medici hatte sich wie zu einem großen Staatsakt gekleidet, mit einem Collier aus funkelnden Edelsteinen und einem weißen Hermelinmantel, der ihr bis zu den Knöcheln reichte. Ihre Witwentracht aus schwarzem Taft war mit einem ausladenden Kragen aus steifen weißen Spitzen geschmückt, der hinter ihrer Haube aufragte, ihr Gesicht umrahmte und ihr eine majestätische Erscheinung verlieh. Man hatte den Scharfrichter aus Carcassonne herbeibefohlen. Dieser Mann stand im Ruf, äußerst grausam zu sein, und im Schlosshof von Cherboucy bewies er, dass er diesen Ruf zu Recht hatte. Er erdrosselte die beiden Männer nicht mitleidig, ehe sie verbrannt wurden, sondern schlitzte ihnen die Bäuche auf, als sie gefesselt auf dem Scheiterhaufen standen, ehe er mit der Fackel den Holzstoß entzündete. Das Schreien und Stöhnen der Männer übertönte das laute Schwatzen der Zuschauer. Mein Vater ließ Chantelle und mich möglichst weit hinter die Menschenmenge treten, die um einen guten Platz zum Zuschauen rangelten.

»Gewiss glaubt niemand, dass diese beiden die Nonnen angegriffen haben«, flüsterte ich meinem Vater zu. »Weshalb hat der König sie dann zum Tode verurteilt?«

»Sehr wahrscheinlich hat seine Mutter, Katharina von Medici, ihm dazu geraten, um die katholische Partei zu beruhigen, die ohnehin argwöhnt, sie hätte ein geheimes Einvernehmen mit den Protestanten«, flüsterte mein Vater. »Vielleicht ist es auch, um Throckmorton, dem englischen Gesandten, der sie beleidigt hat, zu beweisen, dass sie zu allem fähig ist. Es kann sogar sein, dass sie glaubt, ihr Sohn brauche etwas

Abwechslung in den nächsten Tagen, weil seine schwächliche Gesundheit es ihm nicht erlaubt, auf die Jagd zu gehen.«

Jetzt erinnerte ich mich wieder daran, wie gebannt der König zugesehen hatte, als der Leopard dem Hirsch die Kehle aufriss.

»Wer weiß schon die wahren Beweggründe«, sprach mein Vater weiter. »Wir müssen jedenfalls zusehen, dass Chantelles Hochzeit bald stattfindet. Wenn sie dem Hause Ferignay verbunden ist, wird sie unter dem Schutz des Comte stehen, und wenn die Feier vorbei ist, werden wir beide zur Isle de Bressay aufbrechen.«

Weshalb mussten wir überhaupt weggehen?, fragte ich mich. Was hatten wir zu fürchten? Wir hatten doch nichts Unrechtes getan.

Kapitel vierzehn

Weit und breit wurde über diese Gräueltat gesprochen. Der König von Spanien, der die katholische Sache unterstützte, zollte Frankreich Beifall, weil man so schnell und entschlossen mit den Irrgläubigen verfahren war. Ein zorniger, aber der Form nach höflicher Brief kam von Königin Jeanne von Navarra. Sie verlangte Auskunft darüber, weshalb man den Gefangenen ein Gerichtsverfahren verwehrt habe, obwohl den Hugenotten doch der volle Schutz der französischen Gesetze zugesagt worden sei.

Ihrem königlichen Abgesandten soll Katharina von Medici geantwortet haben: »Sowohl die Katholiken als auch die Protestanten stellen meine Geduld tagtäglich auf die Probe.«

König Charles schützte Krankheit vor und zog sich in seine Gemächer zurück. Dies hielt man allerdings nur für eine Ausrede, weil er sich der Flut von zustimmenden wie auch verurteilenden Botschaften entziehen wollte. Alle diese politischen Machenschaften hielten uns nicht davon ab, Chantelles Hochzeit vorzubereiten.

»Papa hat erlaubt, dass ich mit Armand spazieren gehe, um unsere Verlobung bekannt zu machen«, erzählte mir Chantelle eines Nachmittags. »Aber ich soll nicht alleine gehen. Du musst mich als Anstandsdame begleiten.«

Wir umarmten uns und kicherten. Ich, eine Anstandsdame!

Ich tat so, als nähme ich meine Pflichten furchtbar ernst. »Du musst dir einen Schleier aufsetzen«, belehrte ich Chantelle. »Und achte auf deine Kleidung. Sie ist viel zu freizügig. Was glaubst du, wer du bist? Die Herzogin Marie-Christine vielleicht?«

Sittsam zog Chantelle an ihrem Halsausschnitt, um den Ansatz ihrer Brüste zu verbergen.

»Das ist doch schon viel besser«, sagte ich geziert. Ich hielt ihr meinen Arm hin. »Nun können wir gehen, um deinen Verehrer zu treffen.«

Armand stand unter einem Torbogen im Schlosshof. Als er uns erblickte, kam er rasch auf uns zu.

»Es gibt einen Ort, den ich dir zeigen möchte, Chantelle.« Er machte eine knappe Verbeugung vor mir. »Wenn deine Anstandsdame es erlaubt.«

Ich nickte und genoss meine neu gewonnene Macht.

Armand führte uns durch den großen Schlosshof, vorbei an den Stallungen. Neben der geöffneten Tür eines Pferdestalls stand ein älterer Mann. Es war der Seher Nostradamus. Er wartete, bis man seinem Pferd die Satteltaschen umgeschnallt hatte. Sie waren bis obenhin mit Büchern und Dokumenten vollgestopft und nicht etwa mit vornehmen Kleidern oder gar Edelsteinen. Für jemanden, der bei Katharina von Medici in so hohem Ansehen stand, reiste er wirklich sehr bescheiden.

»Mélisande«, sprach er mich an.

Ich blieb stehen. Armand und Chantelle gingen weiter, als hätten sie nichts gehört. Ich schaute ihnen nach. Es war meine Pflicht, in ihrer Nähe zu bleiben. Ich durfte nicht trödeln und dennoch …

Neugierig schaute ich Nostradamus an.

»Ich frage mich, ob es dir etwas ausmachen würde, mir zu sagen, wie alt du bist«, sagte er nachdenklich.

»Ich bin im dreizehnten Lebensjahr«, antwortete ich.

»Und an welchem Tag und in welchem Monat bist du auf die Welt gekommen?«

»Am fünfzehnten Tag des Monats Januar.«

»Kann das möglich sein?« Er murmelte diese Worte so leise vor sich hin, dass ich sie kaum verstand. Dann sprach er weiter, nun etwas lauter. »Fünf mal drei ist fünfzehn und der Januar ist der erste Monat des Jahres.«

»Ja«, antwortete ich, denn ich konnte dem, was er gesagt hatte, nicht widersprechen; aber ich fühlte mich unbehaglich, wie ich so neben ihm stand, deshalb fragte ich ihn: »Ihr reist schon wieder ab?«

»Der König und die Regentin haben mir erlaubt, in mein Haus in Salon zurückzukehren«, antwortete er.

Auf einmal hatte ich es sehr eilig, von ihm wegzukommen. Wie ich so in der hellen Frühlingssonne stand, kamen mir seine Vorhersagen und das Unbehagen, das sie mir bereitet hatten, ganz unwirklich vor. Zudem waren Chantelle und Armand inzwischen beinahe nicht mehr zu sehen, und ich wusste nicht, wohin Armand uns führen wollte.

»Ich werde in mein Haus in Salon zurückkehren«, wiederholte er. »Salon liegt in der Provence.«

»Ich wünsche Euch eine unbeschwerte Reise, Herr«, sagte

ich und lief davon, um meine Schwester und ihren Verlobten einzuholen.

Sie waren zu einem kleinen und kaum benutzten gepflasterten Innenhof gelangt. Wir überquerten ihn und gingen zu dem gegenüberliegenden Turm, den wir durch eine Holztür betraten. Weiter und immer weiter hinauf folgten wir Armand auf der Wendeltreppe, bis er schließlich, auf dem obersten Stockwerk, mit einer überschwänglichen Geste die Tür öffnete.

»Ich habe mich an den königlichen Haushofmeister gewandt, und er hat uns gestattet, diese Räume zu nutzen.«

»Es kommt mir so eigennützig vor, jetzt wo der König erkrankt ist, an unsere Hochzeit zu denken«, sagte Chantelle.

»Seine Ärzte meinen, es sei Sumpffieber, nichts weiter«, erwiderte Armand. »Obwohl der Comte sagt, die Medici hätten das Blut der Könige von Frankreich verseucht. Comte de Ferignay glaubt, die Regentin sei an den andauernden Krankheiten des Königs und seiner jüngeren Brüder schuld.«

Niemand verlor ein Wort darüber, dass Prinzessin Margot, König Charles' Schwester, sich bester Gesundheit erfreute. Mir schien es, als wolle man Katharina von Medici für alles Unglück verantwortlich machen, das die Familie traf, aber für das Glück zollte ihr niemand Dank.

Doch an diesem Nachmittag machten wir uns dann doch wenig Gedanken um das Wohlergehen des Königs. Wir waren so damit beschäftigt, die beiden Zimmer zu erkunden, die Armands und Chantelles erstes Heim sein würden. Die innere Kammer war sehr klein, aber groß genug, wie Armand hervorhob, um ein Bett hineinzustellen.

»Ich habe schon eine Wollmatratze bestellt und der Zimmermann wird in den nächsten Tagen ein Bettgestell machen.«

Chantelle senkte den Kopf und errötete. Ich ging zum Fenster und schaute hinaus. Es war schwindelerregend hoch. Unter uns lag der Hof vor den Stallungen, wo die Hufschmiede und Stallburschen als kleine Gestalten hin und her liefen und sich um die Pferde kümmerten.

»Ich werde die holde Jungfrau im Turm sein«, sagte Chantelle verträumt und trat näher, um aus dem Fenster zu schauen.

»Und ich werde dein Prinz sein«, murmelte Armand und vergrub sein Gesicht in ihrem Haar.

Ich zog mich unbemerkt in das größere Zimmer zurück und ließ die beiden allein. Es war zwar kein passendes Verhalten für eine Anstandsdame, aber sie würden ja ohnehin bald heiraten, und Armand war unbedingt vertrauenswürdig.

Das Fenster in diesem Raum war viel größer. Vor hier aus konnte ich die Stadt Carcassonne sehen, die von einem doppelten Ring aus Stadtmauern mit Türmen und zinnenbewehrten Befestigungen umgeben war. Zwischen der Stadt und uns erstreckte sich die Landschaft des Languedoc mit Wäldern, Feldern und einem Fluss. In meiner Vorstellung war meine Schwester tatsächlich eine Prinzessin, und es passte sehr gut, dass sie gerade hier heiraten sollte, im Land ihrer Mutter, im Land eines freien Volks mit einer ruhmreichen Vergangenheit. Ich würde eine Ballade als Hochzeitsgeschenk für sie schreiben, nahm ich mir vor. Darin würde ich von den zarten Liebesbanden zwischen Armand und Chantelle erzählen, und zwar in der Form eines Wechsellieds, dessen Strophen abwechselnd von zwei Sängern vorgetragen werden.

Ich stellte mir vor, wie sie hier am Fenster säßen, Chantelle spielte auf ihrer Laute und sänge mit ihrer melodischen Stimme, und Armand würde keinen Blick von ihr wenden und aus seinen Augen und seinem Herzen spräche nichts als

Liebe. Die Worte flogen mir wie von selbst zu, sie passten zu der herrlichen Aussicht, die vor mir lag, waren Teil der Natur und ihrem Überfluss, dem Wein und den Kräutern und dem Gesang der Vögel, in dem der Name meiner Schwester zu erklingen schien.

Armand müsste beginnen, dann würde ihm meine Schwester antworten.

»O holde Jungfrau im Turmgemach,
wem eilen deine Blicke nach?
Du harrest voller Sehnsucht dort,
sag, was siehst du von diesem hohen Ort?

Ich sehe einen feinen Kavalier,
wie der Wind kommt er geritten zu mir,
von den Mauern der Stadt eilet er her,
mein Herz zu erobern mehr und mehr.«

Beinahe wie von selbst klopften meine Finger den Takt auf den Fenstersims. Ich wollte das Lied auf der Stelle niederschreiben, solange es noch frisch in meinen Gedanken war. Voller Ungeduld wartete ich nun darauf, von hier wegzukönnen. Ich brauchte ein Instrument, etwas, mit dem ich die Melodie einfangen konnte, ehe sie wieder verloren ging. Ich durchquerte das Zimmer und klopfte energisch an die Tür, ehe ich sie öffnete. Da standen sie eng umschlungen am Fenster.

Erschrocken wich Armand zurück.

Ich musste lachen, als ich diesen gut aussehenden Kavalier sah, der sich von einem jungen Mädchen derart in Verlegenheit bringen ließ.

Chantelles Gesicht strahlte vor Liebe.

Wenn ich heute an meine Schwester denke, dann habe ich

genau dieses Bild vor Augen – nicht das andere, schreckliche Bild, das sich mir ebenfalls ins Gedächtnis eingebrannt hat. Dieser Tag ist es, an den ich mich erinnern möchte, als sie beschützt und glücklich in den Armen ihres Liebsten lag.

Kapitel fünfzehn

Während der nächsten Woche, in der Papa den Heiratsvertrag aufsetzte, richteten Chantelle und ich ihr Liebesnest ein.

Ich kaufte einige Ellen Musselin und wir nähten gemeinsam Fenstervorhänge für die Turmzimmer. Comte de Ferignay hatte ihr einen Tisch und zwei Stühle geschenkt, Armands Freunde hatten einen kleinen Ofen gekauft. Mein Vater besorgte eine Eichentruhe und bezahlte die Teppiche aus geflochtenen Binsen. Am Morgen von Chantelles Hochzeitstag war alles fertig.

Chantelle wollte von ihrem Turm aus zur Hochzeitsfeier gehen. Obwohl wir meinen Vater angefleht hatten, vor dem Fest zusammen dort übernachten zu dürfen, weigerte er sich strikt. Deshalb mussten Chantelle und ich sehr früh am Morgen ihres Hochzeitstags aufstehen und die Kleider und alles andere, was wir benötigten, aus unserer Kammer im Haupttrakt des Schlosses zum Turm bringen. Über unseren Nachthemden trugen wir nur Reiseumhänge und kicherten, während wir aufgeregt über den Schlosshof liefen.

Auf einem dieser Gänge machte ich mich davon und lief in den Garten, um Artemas zu pflücken, die hier wuchsen. Sie waren Chantelles Liebessymbol und ich wollte sie in ihre Haarbänder einflechten.

Mein neuer Freund, der kleine Küchenjunge, brachte

uns eine Schaufel voll glühender Kohlen für den Ofen, auf dem wir sogleich Wasser kochten. Zitternd vor Kälte, zogen wir unsere Nachthemden aus. Dann wuschen wir uns, ehe wir uns ankleideten. Chantelle streifte sich ihr Hochzeitskleid über und ich flocht ihr Haar vom Scheitel aus zu vielen schmalen Zöpfen, um die ich weiße Bänder schlang. Dazwischen steckte ich die wilden rosafarbenen Blümchen. Das meiste ihres dunkel glänzenden Haars ließen wir jedoch über die Schulter fallen, sodass die Locken die feinen Stickereien ihres Kleides umspielten.

»Du bist so schön, dass mir das Herz wehtut«, sagte ich zu ihr.

Chantelle kam in die Schlafkammer und verstreute die übrig gebliebenen Blümchen auf dem Hochzeitsbett. Dann öffnete sie das Fenster. Der Musselinstoff flatterte in der Brise, die von der weiten Ebene hereinwehte. Chantelle nahm mich in den Arm und drückte mich fest.

»Wir werden immer zusammen sein«, schwor sie. »Du wirst mich oft besuchen, wenn ich mit dem Hof reise. Armand wird dafür sorgen, dass Vater zustimmt.«

Wir beide lachten darüber, dass sie nun in ihrer neuen Rolle als Ehefrau des Gefolgsmanns eines mächtigen Adeligen über meinem Vater stand. Sie versprach auch, auf die Isle de Bressay zu kommen, sobald sie schwanger war, um dort das Kind auf die Welt zu bringen. Wir fassten uns an den Händen und gingen in das äußere Zimmer zurück.

Es war nicht mehr leer. Mitten im Raum stand der Comte de Ferignay. Und an der Tür, die zur Treppe hinausführte, hatte sich Jauffré, sein Leibwächter, postiert.

»Aber nein, mein Herr«, sagte Chantelle überrascht, »es ist abgemacht, dass mich mein Vater zur Hochzeit führt. Zudem wird die Zeremonie erst in einer Stunde stattfinden.«

»Ich bin nicht gekommen, um dich zur Hochzeit zu begleiten, Mädchen. Ich bin hier, um mein Recht einzufordern – *Droit de Seigneur.*«

»Wie?« Chantelle war bleich geworden.

»Ich wollte dich schon letzte Nacht nehmen, hätte dein lästiger Vater nicht immer sorgfältig darauf geachtet, dass deine Zimmertür gut verschlossen ist.«

»Ich verstehe Euch nicht.« Chantelle schaute verzweifelt zur Tür, wo Jauffré mit einem hämischen Grinsen stand.

»Ich denke schon, dass du mich verstehst«, sagte der Comte. »Deine Schwester hier mag etwas weniger erfahren sein, aber zumindest du kennst dich in der Welt gut genug aus, um zu wissen, dass ein Lehnsherr am Vorabend der Hochzeit die Frau seines Gefolgsmannes fordern darf.«

»Mein Herr, Ihr sagt das nur, weil Ihr Euren Spott mit mir treiben wollt.« Aus Chantelle sprach nun die pure Angst.

»Nein, das tue ich nicht. Obwohl ich glaube, du willst meine Leidenschaft nur noch mehr anstacheln, indem du das Unschuldslamm spielst.«

»Das tue ich nicht!«, schrie Chantelle auf. Es war dieser Schrei, der mich aus meiner Erstarrung löste und mich zwang, etwas zu unternehmen. Denn ich begriff, dass dieser Mann meiner Schwester in höchst schändlicher Weise ein Leid antun wollte.

»Ich gehe und hole meinen Vater«, rief ich und rannte auf die Tür zu. Doch Jauffré kam ins Zimmer und packte mich grob an den Handgelenken.

»Sei vernünftig«, befahl der Comte meiner Schwester. »Dann wird dir nichts geschehen.«

»Ich werde Euch nicht zu Willen sein!«, rief sie entschlossen.

»Oh doch, das wirst du«, entgegnete der Comte.

»Das wird sie nicht!« Armand Vescault stieß Jauffré mit dem Ellbogen beiseite und betrat den Raum.

»Armand!«, rief Chantelle und wollte sich in seine Arme stürzen.

Ferignay packte sie am Arm und zerriss dabei das Kleid. Mit Gewalt stieß er sie in eine Ecke des Zimmers und zog sein Schwert aus der Scheide. Armand war unbewaffnet, dennoch zögerte er keinen Augenblick. Er lief und stellte sich vor Chantelle, um sie zu beschützen.

»Das dürft Ihr nicht tun«, beschwor er Ferignay. »Am Hof gibt es viele Damen, die es als eine Ehre erachten würden, Euch zu Gefallen zu sein. Lasst mich und meine Braut in Frieden, ich bitte Euch.«

»Aus dem Weg!«, knurrte der Comte. »Ich lasse mich nicht von einem Lehnsmann niedrigster Herkunft herumkommandieren.«

Jauffré war ein paar Schritte nach vorn gekommen, um seinem Herren beizustehen, und ich beschloss, die Gelegenheit zu nutzen, um mich wegzustehlen und Hilfe zu holen.

Doch wieder war Jauffré schneller als ich und zerrte mich an den Haaren zurück.

Ich schrie auf, Chantelle ebenso. Armand warf sich auf Ferignay, und da er schneller und stärker war, gelang es ihm, dem älteren Mann das Schwert zu entreißen, ehe er damit ausholen konnte. Armand schleuderte das Schwert zur Seite und kämpfte mit dem Comte.

Jauffré warf mich mit einer solchen Wucht auf einen Stuhl, dass ich damit nach hinten kippte und halb betäubt auf dem Boden aufschlug.

»Lasst ab von Eurem Tun!«, schrie Armand. »Der Spielmann steht in der Gunst des Königs. Er wird nicht zulassen, dass seine Tochter geschändet wird.«

»Töte ihn!«, befahl Ferignay Jauffré. »Töte ihn! Los!«

Jauffré zog seinen Dolch aus dem Gürtel und stieß ihn Armand tief in den Rücken.

Armand taumelte nach vorn und umklammerte Ferignay. Aber er hatte schon keine Kraft mehr und der Comte stieß ihn mit Leichtigkeit von sich.

Überall war Blut, so viel Blut. Auf Armands weißem Hemd breitete sich am Rücken ein immer größer werdender Fleck aus. Armand fiel vornüber aufs Gesicht und noch immer strömte das Blut, jetzt quoll es auch aus seinem Mund.

»Ihr habt ihn getötet«, schluchzte Chantelle. Sie fiel neben Armand auf die Knie, hob seinen Kopf und drückte ihn an sich. Das Blut ihres Liebsten sickerte auf das weiße Hochzeitskleid und färbte es dunkelrot.

»Das war meine Absicht«, erwiderte der Comte kalt. Er strich seine Kleider glatt und sagte zu Chantelle: »Und nun werde ich das tun, wozu ich gekommen bin.«

»Armand ist tot.« Chantelle hob den Kopf und starrte mich an. »Armand ist tot, Mélisande, was soll ich nur tun?«

»Ich habe dir gesagt, was du tun sollst.« Ferignay schnallte seine Schwertscheide ab und legte sie auf den Tisch. Auch er war aufgewühlt und zugleich entschlossener denn je, sein verruchtes Vorhaben zu Ende zu bringen.

Chantelle starrte ihn an. Langsam schienen ihre Sinne zurückzukehren. Sie blickte auf Armand, dann wieder zum Comte.

»Ja«, antwortete sie. »Jetzt weiß ich, was ich tun muss. Wenn Ihr mir einen Augenblick mit meiner Schwester allein gewähren würdet?«

Ich begriff nicht, was Chantelle damit sagen wollte. Mir tat der Kopf so weh, dass ich es kaum aushalten konnte.

Chantelle kam zu mir. Sie beugte sich vor und küsste mein Gesicht. »Adieu, meine liebste Mélisande«, flüsterte sie. Dann strich sie mir mit den Fingern über die Wangen. »Lebe wohl, meine liebe Schwester.«

Ich hob den Kopf und sah, wie Chantelle mit ruhigem

Schritt in die Bettkammer ging. Es konnte nicht sein, dass sie sich diesem Unmenschen hingab. Niemand kannte meine Schwester besser als ich. Wir hatten uns immer alles erzählt und unsere Geheimnisse miteinander geteilt. Sie war nicht nur meine Schwester, sie war auch meine beste Freundin, und nachdem unsere Mutter gestorben war, war sie auch wie eine liebende Mutter für mich gewesen. Ihr Herz war rein. Sie war nicht so unbesonnen und tollkühn wie ich, besaß jedoch einen stillen Mut. Was hatte sie vor? Es gab keine Waffe in dem Zimmer, mit der sie sich hätte verteidigen können. Nicht einmal einen Tisch oder Stühle. Nichts war dort, nur das Bett und das Fenster.

Das Fenster.

»Chantelle!«, schrie ich entsetzt. »Chantelle!«

Kapitel sechzehn

Auf Knien rutschte ich in die Schlafkammer.

Der Raum war leer, vor dem offenen Fenster bauschte sich der Musselinvorhang. Ich taumelte vorwärts und schaute hinaus. Unten auf den Pflastersteinen lag meine Schwester mit zerschmetterten Gliedmaßen. Sie hatte nicht geschrien, als sie sich hinabstürzte, daher war auch niemand herbeigeeilt. Aber *irgendjemand* schrie. Dann merkte ich, dass ich es war. Ich presste die Faust vor den Mund und biss auf meine Knöchel.

Schritte waren im Zimmer zu hören.

Ich wirbelte herum. Hinter mir stand der Comte. Für den Bruchteil einer Sekunde dachte ich, er würde mich aus dem Fenster stoßen, doch dann drehte er sich abrupt um und ging. Ich hörte, wie er nach seinem Leibwächter rief.

»Schaff die Leiche dieses verrückten jungen Burschen von hier weg, ehe diese kleine Teufelin den gesamten Palast in Aufruhr versetzt.«

Schwankend drehte ich mich wieder zum Fenster hin. Unten liefen die Leute zusammen und schauten nach oben. Ich wiegte mich hin und her. »Chantelle, Chantelle«, heulte ich auf. Dann wurde mir klar, was ich zu tun hatte. Ich hielt mich mit den Händen an den Fensterflügeln fest und stieg hinaus. Ich war entschlossen, meiner Schwester zu folgen.

Aber plötzlich packte mich jemand. Mit aller Kraft kämpfte ich dagegen an. Ich biss und kratzte und trat nach dem Mann, der mich festhielt und den ich für ihren Mörder hielt, aber dann sah ich, dass es mein Vater war, der mich umklammerte.

»Mélisande.« Er hielt mich fest, bis ich mich ein wenig beruhigt hatte. »Ein Küchenjunge kam und polterte gegen meine Tür und sagte mir, ich solle schnell hierherkommen. Was ist geschehen? Wo ist Chantelle?«

Ich antwortete nicht, sondern fing zu weinen an und deutete zum Fenster.

Ein Ausdruck des Entsetzens trat in Vaters Gesicht. Er schob mich zur Seite und sah hinaus. Dann drehte er sich wieder um, er war aschfahl im Gesicht. Er zitterte am ganzen Körper und brachte kein einziges Wort hervor. »Was ist passiert?«, flüsterte er schließlich. »War es ein Unfall?«

»Kein Unfall«, stammelte ich. »Kein Unfall. Chantelle starb von der Hand des Comte. Er kam her und machte als Armands Herr sein Recht auf die Braut geltend. Armand starb, als er ihr beistehen wollte. Auf Ferignays Befehl hin hat ihn sein Handlanger erdolcht. Als dies geschehen war, hat sich Chantelle aus dem Fenster gestürzt. Mord!«, kreischte ich und trommelte mit den Fäusten gegen die Brust meines Vaters. »Es war Mord!«

Mein Vater legte den Arm um meine Schulter und führte mich weg. Wir stiegen die Wendeltreppe hinab, es war die gleiche Treppe, die Chantelle und ich erst vor einer Stunde so fröhlich hinaufgestiegen waren. Wir traten auf den Hof hinaus, zwischen den Leuten erkannte ich das entsetzte Gesicht des kleinen Küchenjungen. Die Menschen wichen zurück, um uns durchzulassen.

Der Leibarzt des Königs, Ambroise Paré, war bei meiner Schwester.

»Ich fürchte, sie ist tot«, sagte er zu meinem Vater. »Vielleicht ist es ein Trost, dass sie gewiss sehr schnell gestorben ist. Durch den Sturz hat sie sich das Genick gebrochen.«

»Ich danke Euch, mein Herr«, entgegnete mein Vater matt. Er suchte in seiner Tasche nach einem Geldstück, denn es war üblich, den Arzt zu bezahlen, der zu einem Sterbenden gerufen wird.

Monsieur Paré legte seine Hand auf die meines Vaters. »Lass es gut sein, Spielmann. Spar dein Geld für die Beerdigungskosten deiner Tochter. Aufgrund der Pestgefahr muss sie so schnell wie möglich bestattet werden.«

Wir konnten uns nicht einmal damit trösten, dass Chantelle und Armand nebeneinander im Grab liegen würden. Von Armands Leiche fehlte jede Spur. Der Comte de Ferignay verkündete, dass Armand Vescault am Morgen seines Hochzeitstags verschwunden wäre. Er sagte, sein Lehnsmann habe ihm erzählt, er habe seine Meinung geändert und beabsichtige nicht länger, ein Mädchen von so niederem Stand zu heiraten. Er selbst habe gesehen, wie Armand aus dem Palasttor geritten sei. Vermutlich habe Chantelle Selbstmord begangen und sich aus dem Fenster gestürzt, da sie eine solche Schmach nicht ertragen konnte.

Aber davon hörten wir erst, nachdem wir von dem Ort

zurückgekommen waren, an dem wir Chantelle beerdigt hatten.

»Wir werden zum König gehen und Gerechtigkeit verlangen«, sagte ich zu meinem Vater. Er lief in unserer Kammer hin und her, stopfte Notenblätter in eine Mappe und Kleider in die Satteltaschen.

»Wir müssen das Schloss verlassen, ehe ein weiterer Tag ins Land geht«, gab er zur Antwort.

»Das Schloss verlassen?« Ich blickte mich in der Kammer um, die Chantelle und ich geteilt hatten und aus der wir an diesem Morgen so frohgemut weggegangen waren. Unser Nähkorb stand noch offen da, die bunten Fäden, mit denen wir Chantelles Hochzeitskleid bestickt hatten, hingen heraus. Auf dem Reiseschreibtisch lag der Federkiel. Die Notenblätter lagen noch da, auf denen ich die ersten Zeilen des Hochzeitslieds für Chantelle und Armand niedergeschrieben hatte. »Wir können nicht gehen, ehe nicht Ferignay für die Morde an Chantelle und Armand zur Rechenschaft gezogen wurde.«

»Ohne Zeugen wird es keine Verhandlung geben.«

»Es wird jemanden geben, der es bezeugt.«

»Jemanden, der gegen Ferignay aussagt? Das glaube ich nicht.«

»*Ich* kann bezeugen, was geschehen ist.«

»Mélisande«, sagte mein Vater entschieden. »Wir werden noch in dieser Stunde aufbrechen.«

»Papa!«, schrie ich, erzürnt über das, was ich für Schwäche meines Vaters hielt. »Papa! Hast du Chantelle denn nicht geliebt?«

Er fing an zu weinen. »Ich habe sie vergöttert. So wie ich dich vergöttere. Und nur aus Liebe zu dir müssen wir diesen Weg einschlagen.«

»Was hat deine Liebe zu mir damit zu tun, dass wir fortgehen?«

»Mélisande …« Aus seiner Stimme sprach Verzweiflung. »Die Verwicklungen bei Hofe sind viel zu abgründig, als dass jemand wie du sie verstehen könnte.«

Ich stampfte mit dem Fuß auf. »Ich bin kein Kind mehr. Ich bin eine Frau, und wenn du davonlaufen willst, werde ich eben allein gehen und den König um Gerechtigkeit bitten.«

»Nein! Das darfst du nicht!«

»Ich werde es aber tun!«, schrie ich wie von Sinnen. »Ich tu's! Ich tu's! Ich tu's!«

Da tat mein Vater etwas, das er in all den Jahren zuvor noch nie getan hatte. Er gab mir eine Ohrfeige.

Ich taumelte rückwärts und presste beide Hände aufs Gesicht.

»Erkennst du denn nicht, dass du jetzt diejenige bist, die in Gefahr schwebt?«

Ich schüttelte den Kopf, unfähig, etwas zu sagen.

Mein Vater zog die Gurte der Satteltaschen zu. »Ich werde zum Schatzmeister des Königs gehen und ihn um das Geld bitten, das mir zusteht. Ich kann froh sein, wenn er mir auch nur die Hälfte davon gibt. Aber das muss reichen, solange wir nur genug haben, um bis zur Isle de Bressay zu kommen. Während ich weg bin, verbarrikadierst du die Tür, Mélisande, und lässt niemanden herein. Zieh dich um und mach dich reisefertig. Du kannst deinen Reiseumhang und deine Mandoline mitnehmen, mehr nicht. Inzwischen hole ich mein Pferd aus dem Stall und schnalle ihm die Satteltaschen um. Dann komme ich wieder hierher und hole dich ab, damit wir diesen Ort noch bei Abenddämmerung in aller Stille verlassen können.« Er nahm die Mappe und die Satteltaschen und eilte hinaus.

Ich setzte mich auf den Rand meines Betts. Ich war wie taub und konnte nicht mehr weinen. Mein Vater wollte

Armand und meine Schwester verraten, und ich konnte nichts tun, um dies zu verhindern. Ich musste ihm gehorchen. Also steckte ich meine Mandoline in die Gämsenledertasche. Dann suchte ich nach meinem Reisemantel. Da fiel mir ein, dass er noch im Turmzimmer war. Um bei der Rückkehr meines Vaters reisefertig zu sein, musste ich unverzüglich gehen und ihn holen.

Ich nahm die Mandoline und ging zur Tür, zögerte jedoch. Rasch drehte ich mich um, nahm die große Schere aus unserem Nähkorb und steckte sie in meinen Gürtel. Erst dann öffnete ich die Tür und ging vorsichtig hinaus.

Alles war still, denn die Hofgesellschaft versammelte sich jetzt im großen Saal zum Abendessen. Ich eilte zu dem Turmzimmer. Mein Reiseumhang lag neben dem Stuhl. Ich nahm ihn, stopfte ihn in meine Mandolinentasche und schulterte sie wieder. Dann stieg ich die Treppe hinab, denn ich wollte diesen unglücklichen Ort so schnell wie möglich verlassen.

Zurück im Haupttrakt des Schlosses, betrat ich den ersten Korridor. Aber hier gab es kein Weiterkommen.

Ein Mann versperrte mir den Weg.

Es war der Comte de Ferignay.

Kapitel siebzehn

Lasst mich vorbei«, sagte ich.

Mein Zorn auf diesen Mann war so gewaltig, dass ich in diesem Moment keinerlei Furcht verspürte.

»Wir müssen miteinander reden, du und ich.« Er schaute sich im Gang um, dann packte er mich am Arm und zerrte mich in eine nahe gelegene Nische. Er musterte mich von

Kopf bis Fuß. »Jetzt da die Ältere nicht mehr da ist, muss ich wohl mit dir vorliebnehmen.«

»Ich weiß nicht, wovon Ihr sprecht«, sagte ich. »Gestattet, dass ich gehe.«

Er hielt mich noch immer am Arm fest und jetzt schüttelte er mich grob. »Du hast überhaupt keine ansehnliche Figur. Dein Gesicht ist hässlich. Du bist für ein Mädchen viel zu dreist und eigensinnig, aber das werde ich dir bald mit der Peitsche austreiben.« Er lachte. »Es wird vielleicht sogar Spaß machen, dich zu bändigen.«

»Was habt Ihr vor?« Verzweifelt versuchte ich zu verstehen, worauf dieser Mann aus war. »Ich weiß, Ihr habt meine Schwester begehrt. Als wir Euch vorgestellt wurden, habe ich bemerkt, wie Ihr sie angeschaut habt.«

»Es wäre sicher eine nette Dreingabe gewesen, sie zu besitzen, aber ein Mann, der so große Schulden hat wie ich, kann es sich nicht leisten, wählerisch zu sein.«

»Ihr wollt *mich*?« Ich starrte ihn ungläubig an.

»Du glaubst doch nicht etwa, dass ich dich um deiner selbst willen haben möchte, du dummes Ding?«, sagte er. »Es ist dein Besitz, der dich begehrenswert macht. Nur um das Land zu erhalten, habe ich der geplanten Heirat meines Gefolgsmanns zugestimmt. Armand Vescault war so einfältig, dass ich ihm danach das Land mit Leichtigkeit abgenommen hätte. Unglücklicherweise hat in diesem Fall meine Gier über meinen klaren Verstand gesiegt. Sie war eine außergewöhnliche Schönheit, deine Schwester, anders als diese geschminkten Dirnen hier am Hofe, derer ich so überdrüssig bin.«

Als ich hörte, wie er von Chantelle sprach, überkam mich der blanke Zorn. Ich riss mich aus seinem festen Griff los, aber er verstellte mir den Weg und ließ mich nicht entkommen.

»Die Sache ist doch ganz einfach«, fuhr er fort. »Jetzt da deine Schwester tot ist, wird der gesamte Besitz dir zufallen, wenn du heiratest. Die Isle de Bressay verspricht reichen Ertrag für jemanden, der sein Eigentum schlauer verwalten kann als dein Vater. Er scheint nicht zu wissen, dass die Pächter das Land für ihren Herren bewirtschaften sollten und nicht für sich selbst. Ich habe Mittelsmänner geschickt, die sich dort umgesehen haben, als dein Vater erstmals von der Mitgift deiner Schwester sprach. Du und ich, wir werden heiraten. Dann werde ich dein Land in Besitz nehmen; das wird mir helfen, meine Schulden zu begleichen und mir ein Zusatzeinkommen verschaffen.«

Diese Unverschämtheit verschlug mir die Sprache, aber zugleich begriff ich, dass es ihm ernst war und ich in großer Gefahr schwebte. Aber wenn ich um Hilfe rief, wer würde kommen, um mich zu retten? Im ganzen Korridor vernahm ich keinen einzigen Schritt. Der Hofstaat hatte sich zum Abendessen versammelt. Selbst wenn sie mich schreien hörten, würde keiner der Diener es wagen, einem Edelmann in die Quere zu kommen, erst recht nicht, wenn er Beziehungen zum Hause Guise hatte.

»Eure Frau ist noch am Leben«, wandte ich ein. Vielleicht konnte ich Zeit schinden, währenddessen mein Vater in unsere Kammer zurückkehren, mich dort nicht vorfinden und sich auf die Suche nach mir machen würde.

»Gerade noch«, erwiderte Ferignay. »Sie hängt zäh an ihrem Leben, aber Monsieur Paré sagt, dass sie in höchstens ein, zwei Tagen tot sein wird. Wir beide können in einer Woche verheiratet sein.«

»Ich heirate Euch ganz bestimmt nicht«, sagte ich.

»Dir wird nichts anderes übrig bleiben.«

Er stürzte sich auf mich. Da fiel mir die große Schere ein, die ich in meinen Rockbund gesteckt hatte, und schon hatte ich sie in der Hand. Ferignay zog mich so grob zu sich heran, dass mein Kleid zerriss, doch ich drückte ihm entschlossen die Klingenspitze an die Kehle.

»An dieser Stelle ist eine Ader«, keuchte ich. »Wenn ich zustoße, dann verblutet Ihr, noch ehe Ihr um Hilfe rufen könnt.«

»Das wirst du nicht tun«, sagte er, klang jedoch verunsichert.

»Oh doch«, antwortete ich, und in diesem Augenblick hätte ich es sicherlich auch getan, und sei es auch nur, um meine Schwester zu rächen.

Er musste offenbar meine Entschlossenheit herausgehört haben, denn er sagte beschwichtigend: »Hör zu. Du bist töricht. Wenn du mich tötest, wird man dich dafür hängen, und deinen Vater mit dazu, denn man wird annehmen, dass er ebenfalls seine Hand im Spiel hatte.«

Er spürte wohl, dass ich zu zaudern begann. Deshalb schlug er vor: »Wir beide können ja ein Abkommen schließen. Heirate mich und ich werde dich nicht behelligen. Ich habe genügend Gespielinnen, und du kannst deine eigenen Liebschaften haben, solange du verschwiegen bist. Ihr beide, du und dein Vater, werdet in Sicherheit leben, denn ein mächtiger Edelmann wird euch beschützen. Anderenfalls wirst du zur Mörderin. Dann müsst ihr fliehen, aber man wird euch dennoch aufspüren. Überleg es dir also gut.«

Ich ließ mir Ferignays Worte durch den Kopf gehen. Wenn ich ihn heiratete, wären mein Vater und ich gegen die übrige Welt geschützt. Er hatte ja recht: Wenn ich ihn jetzt tötete, würde es uns nie gelingen, aus dem Palast zu entkommen. Ich musste wieder daran denken, wie grausam die beiden hugenottischen Bauern bestraft worden waren, die nichts anderes verbrochen hatten, als Gott nach ihrer eigenen Art und Weise zu lobpreisen.

»Du kannst sogar weiterhin deine alberne Musik spielen, wenn dir das Spaß macht«, fügte Ferignay hinzu. »Das gilt auch für deinen Vater, diesen törichten, nutzlosen Gimpel.«

Seine letzten Worte brachen den Bann. Was auch immer man meinem Vater vorhalten mochte, dass er zurückhaltend und unscheinbar war, dass er zu viel trank, vielleicht auch seine Leidenschaft fürs Spiel, so war er doch weder töricht noch nutzlos. Sein Herz war erfüllt von Liebe zum Leben und zur Musik. So wie meines auch.

»Nein«, sagte ich. »Ich werde Euch niemals heiraten.«

Ohne es zu merken, hatte ich den Druck gelockert und hielt die Schere nicht mehr ganz so fest an seinen Hals. Sofort nutzte der Teufel seine Chance. Er umklammerte meine Hand und packte mich zugleich an der Hüfte.

»Du wirst tun, was ich dir befehle, Mademoiselle. Wenn du versprichst, dich gut zu betragen, dann werde ich dich vielleicht nicht jeden Tag auspeitschen – sondern nur jeden zweiten.«

Mit meiner freien Hand versuchte ich, ihn zu kratzen. Meine Fingernägel zerkratzten sein Gesicht, und ich brachte ihm einen langen, gezackten Riss bei, der vom Auge bis zum Kinn reichte.

»Du Wildkatze«, heulte er auf und presste beide Hände auf die Wunde. »Du Luder! Ich werde dich kriegen und dann setzt es Schläge für den Rest deiner Tage!«

Ich schaffte es schließlich, mich aus seinem Griff zu befreien, und ohne auch nur eine Sekunde zu zögern, rannte ich davon. Während ich lief, überlegte ich, was ich tun könnte. Der Hof saß zu Tisch. Ich würde in die große Halle gehen. Dorthin, wo die königliche Familie speiste. Ich würde zum König gehen, zu unserem König, der vor dem Altar heilige Eide geschworen hatte, sein Volk zu beschützen, und ich würde ihn um Gerechtigkeit bitten. König Charles, der meinen Vater stets mit Wohlwollen behandelte, würde mir gewiss zuhören.

Ich hatte jedoch vergessen, dass der König krank war. Es war Katharina von Medici, die Thronregentin, die heute der Tafel vorsaß und anstelle des Königs Recht sprach.

Kapitel achtzehn

Gerechtigkeit!«, schrie ich, als ich in die große Halle rannte und mich vor dem königlichen Tisch auf die Knie warf. »Im Namen des Königs, ich fordere Gerechtigkeit!«

»Wer ist dieses Kind?«

Katharina von Medici, die gerade ihren Löffel zum Mund führen wollte, hielt mitten in der Bewegung inne.

Der Höfling, der hinter ihr stand, beugte sich vor und sagte mit leiser Stimme: »Das ist die jüngere Tochter des Spielmanns. Die Ältere ist heute Morgen gestorben; sie hat sich selbst von einem Turm des Palasts herabgestürzt, weil das Heiratsversprechen, das man ihr gegeben hatte, nicht gehalten wurde.«

»Ach ja.« Die Königin betrachtete mich nicht ohne Mitgefühl. »Meine Hofdamen haben den ganzen Tag lang von nichts anderem gesprochen. Wie die Männer uns doch hintergehen. Welch ein unseliger Tod.«

»Es war kein unseliger Tod«, sagte ich unter Tränen. »Der Comte de Ferignay ist schuld am Tod meiner Schwester und ihres Verlobten.«

Bei diesen Worten warfen sich der Herzog von Guise und der Kardinal von Lothringen, die beide in der Nähe der Thronregentin saßen, bedeutungsvolle Blicke zu. Der Herzog rief nach seinem Diener, sagte etwas zu ihm und der Mann eilte davon.

»Willst du andeuten, deine Schwester hätte sich nicht selbst vom Turm gestürzt, um sich zu töten?«, fragte mich Katharina von Medici.

»Sie hat sich selbst vom Turm gestürzt, Eure Hoheit, aber es war der Comte, der sie dazu gezwungen hat.« Meine Stimme bebte, aber nachdem ich mich nun schon so weit vorgewagt hatte, war ich entschlossen, alles zu sagen. »Sie hat sich das Leben genommen, nachdem ihr Verlobter, Armand Vescault, vor ihren Augen vom Comte de Ferignay getötet worden ist.«

Katharina von Medici betrachtete mich mit ernster Miene. »Das ist ein schwerwiegender Vorwurf.«

»Das weiß ich. Aber ich klage den Comte dennoch an.«

»Mélisande!« In die Menschenschar am Rand des Saals kam Bewegung. Mein Vater hatte meinen Namen gerufen. Er wollte zu mir, aber einige Männer in der Livree des Hauses Guise, die sich in der Halle postiert hatten, hinderten ihn daran.

Königin Katharina schaute sich um. »Wo ist Ferignay? Er soll vortreten.«

»Klagt man mich allen Ernstes an, meinen eigenen Gefolgsmann, Armand Vescault, erstochen zu haben?« Ferignay gab sich verblüfft und kam in die Mitte des Saals. »Dieses Mädchen ist noch außer sich vor Schrecken über den Tod ihrer Schwester. Armand war das Kind meines Vetters und ich hatte ihn in meine persönliche Obhut genommen. Er war jung, verwaist und ohne Vermögen und ich behandelte ihn wie meinen eigenen Sohn.«

»Ihr habt nicht selbst zugestochen, aber Ihr habt Eurem Leibwächter befohlen, ihn zu töten, als er seiner Braut, meiner Schwester, zu Hilfe kommen wollte, weil Ihr sie in ehrloser Weise bedrängt habt.«

»Dummes Zeug«, erwiderte der Comte. »Armand Vescault hat das Schloss heute Morgen verlassen. Ich sah, wie er wegritt.«

»Sagt mir doch, weshalb habt Ihr diese Kratzwunde im Gesicht, Ferignay?«, fragte Katharina von Medici.

»Ach.« Der Comte bedeckte die rote Schramme, die ich ihm zugefügt hatte, mit der Hand.

Jetzt haben wir ihn, dachte ich triumphierend, denn es war offensichtlich, was der Grund dieser Verletzung war. Insgeheim pries ich die Thronregentin für ihre scharfen Augen und ihren scharfen Verstand.

»Es ist mir unangenehm, darüber zu sprechen, Eure Hoheit.« Der Comte senkte den Kopf.

»Ich bestehe aber auf einer Antwort«, erwiderte die Königin.

»Ich hatte ein Stelldichein mit einer Dame am Hofe. Und sie hat eine ganz eigene Art, ihre Leidenschaft zu zeigen.«

Was für ein Lügner dieser Mann doch war! Hatte er sich das in der kurzen Zeit, die vergangen war, seit ich ihn verletzt hatte, ausgedacht, oder ging ihm diese Falschheit ohne nachzudenken von der Zunge?

Die Zuschauer kicherten. »Die Gräfin Marie-Christine pflegt ihre Eroberungen auf diese Weise zu kennzeichnen«, stichelte ein Witzbold.

»Ihr hattet diese Verabredung, während Eure Frau im Sterben liegt?«, bemerkte Katharina von Medici trocken.

»In Zeiten wie diesen braucht ein Mann etwas Trost«, erwiderte der Comte.

»Vielleicht ist es eher Eure Frau, die Euren Trost in ihren letzten Stunden nötig hat«, sagte die Königin schneidend.

»Ich verdiene Euren Tadel, Hoheit.« Ferignay senkte scheinbar reumütig den Kopf.

»Die Geschichte, die er erzählt, ist nicht wahr«, sagte ich

nun etwas lauter. »Der Comte lügt. Sein Gesicht ist zerkratzt, weil …«

Der Comte de Ferignay ließ mich nicht weiterreden. Als er sprach, klang er viel dreister und selbstsicherer als zuvor. »Ja, Eure Majestät, hier werden Lügen aufgetischt. Und man muss sich fragen, warum. Ehe er wegging, machte mir Armand ein Geständnis. Er sagte mir, dass er immer weniger geneigt sei, die Schwester dieses Mädchens zu heiraten. Seit sie an unserem Hofe weilten, war er mehrmals Zeuge von Gesprächen in dieser Familie geworden. Ihm kamen die Beweggründe, weshalb diese Musikanten sich hier aufhielten, verdächtig vor. Jedermann weiß, dass sie erst kürzlich vom Hofe Elizabeths von England zurückgekehrt sind, wo sie für diese hinterlistige Königin gespielt haben, die Frankreich Feindschaft geschworen hat. Und nun haben sie sich das Wohlwollen Seiner Majestät erschlichen und Zutritt zu den königlichen Gemächern. Wer weiß, was sie Schlimmes im Schilde führen?«

»Bringt mir den Spielmann her!«, befahl Katharina von Medici.

Mein Vater trat vor. Als ich sah, dass ihn zwei bewaffnete Gefolgsleute der Guise in die Mitte genommen hatten, verließ mich der Mut. In welche Lage hatte ich ihn mit meiner unbedachten Dummheit gebracht!

»Erkläre dich, Spielmann«, befahl die Königin.

»Eure Hoheit«, erwiderte mein Vater. »Zuerst war ich am Hof in Paris, wo meine ältere Tochter Chantelle sich in Armand Vescault verliebte und er sich in sie. Ich brachte sie von dort weg, damit sie sich darüber klar werden konnte, ob sie diesen Mann wirklich heiraten wollte. Es sollte eine Probe sein, ob ihre Liebe auch aufrichtig wäre. Ich wollte nicht, dass sie heiratet und diesen Entschluss später bereut, da sie ja noch so jung war.«

Die Königin antwortete nichts darauf. Vielleicht war auch Katharina von Medici nicht angetan von dieser neumodischen Vorstellung, dass eine Frau sich ihren Ehegatten auswählte. Ihre eigene Hochzeit mit dem damaligen König von Frankreich war arrangiert worden, als sie selbst noch sehr jung war.

»Wir wurden an den Hof Königin Elizabeths eingeladen, um für den Earl von Henlay aufzuspielen anlässlich der Taufe seines Sohnes«, fuhr mein Vater fort.

»Diese Taufe«, unterbrach ihn der Kardinal von Lothringen, »war sie tatsächlich ein Sakrament, das die Kirche spendet, oder war es eine falsche Zeremonie eines fehlgeleiteten Glaubens?«

Jetzt hatten Ferignay und seine Unterstützer wieder Oberwasser. Obgleich die Thronregentin Sympathien für die Protestanten hegte, bedrängten sie die Guise immer wieder in aller Öffentlichkeit, den katholischen als den einzigen Glauben in Frankreich anzuerkennen.

Mein Vater, der kein gewandter Redner war, ließ sich davon aus der Fassung bringen und zögerte mit seiner Antwort.

»Eure Eminenz, das weiß ich nicht. Meine Töchter und ich haben nicht an dem Gottesdienst teilgenommen. Es war erst später, bei der Feier, als wir aufgefordert wurden zu musizieren.«

»Ach ja, dann lasst uns doch einmal die Gelegenheiten betrachten, bei denen dieser Mann seine Musik gespielt hat«, sagte der Herzog von Guise. »Neulich hat er abends vor dem König in dessen Privatgemächern musiziert und jetzt ist unsere Majestät krank. Sag, bist du in die Nähe des Essens gekommen, das an diesem Abend aufgetragen wurde?«

Katharina von Medici war mit einem Mal ganz Ohr. »Dir und deinen Töchtern hat man erlaubt, von den Resten des

Mahls zu essen«, sagte sie. »Ich erinnere mich, euch dort gesehen zu haben. Und« – sie machte eine Pause – »du hast von der außergewöhnlichen Würde gesprochen, die Elizabeth von England ausstrahlt, nicht wahr?«

Jetzt begann ich zu verstehen, weshalb mich mein Vater vor den Fallstricken des Hoflebens gewarnt hatte. Er konnte ja nicht in aller Offenheit sagen, dass er lediglich der Königin beigepflichtet hatte, als sie sagte, Elizabeth von England sei eine passende Gemahlin für ihren Sohn. In diesem Fall würde er etwas preisgeben, von dem die Königin ganz offensichtlich nicht wollte, dass es die Anhänger der Guise erfuhren.

Ich sah, wie die Königin einmal mehr ihre Augen durch den Saal schweifen ließ. Die weitaus meisten der Bewaffneten waren Gefolgsleute der Guise. Sie wandte sich direkt an den Herzog. »Glaubt Ihr, dass hier ein Komplott im Gange ist?«

»Ich glaube, die Lage erfordert gründliche Nachforschungen«, antwortete der Herzog von Guise. Er warf Ferignay einen unwirschen Blick zu. Seine eigenen verschwörerischen Absichten waren durch diese Angelegenheit durchkreuzt worden, trotzdem blieb ihm nichts anderes übrig, als seinen Verwandten zu verteidigen.

»Eure Hoheit«, sagte ich, »ich bin gekommen, damit Ihr den Tod meiner Schwester und den Mord an Armand untersucht.«

»Das sind fahrende Spielleute«, mischte sich der Comte de Ferignay ein. »Sie hatten keine Erlaubnis vom König zu gehen, aber als ich in ihre Kammer kam, um ihnen meine Anteilnahme an dem schweren Verlust auszusprechen, der sie getroffen hatte, packten sie gerade, um das Schloss zu verlassen. Vielleicht interessiert es Euch, dass der Spielmann einen Landsitz auf der Isle de Bressay hat, die unweit der Grenze zu Navarra liegt.«

»Ist das wahr?«, fragte die Königin meinen Vater.

»Ja, aber …«, begann er.

Sie hob die Hand. »Ich will unser Abendessen nicht länger hinauszögern. Morgen werden Seine Majestät und der Hof an einen geeigneteren Ort umziehen, wo man den König besser pflegen kann und er sich wieder den Staatsgeschäften widmen wird. Dort wird man diesen Fall anhören. In der Zwischenzeit wird es das Beste sein, wenn man dich und deine Tochter unter Bewachung hält. Und zwar«, hier warf sie dem Herzog von Guise einen kühlen Blick zu, »von meinen eigenen Soldaten. Lasst Eure Männer wegtreten. Auch Comte de Ferignay darf den Hof nicht verlassen, bis die Angelegenheit geklärt ist.«

Mein Vater bemühte sich, zu mir zu kommen, denn ich stand einfach nur da und konnte das alles nicht fassen. Der Mörder blieb in Freiheit, während wir unter strenge Bewachung genommen wurden! Wie einfach wäre es, uns umzubringen oder ins Verlies zu sperren und uns die nächsten zwanzig Jahre einfach zu vergessen. Sie konnten uns sogar ohne jedes Gerichtsverfahren hinrichten, so wie man es mit den beiden Hugenotten getan hatte.

Mein Vater streckte die Hand nach mir aus, und unter dem Vorwand, mir übers Haar streichen zu wollen, flüsterte er mir zu: »Wenn du eine Gelegenheit siehst, beim Wechsel der Bewacher zu fliehen, dann lauf, Mélisande, und rette dich.«

Und diesmal gehorchte ich ihm ohne Widerrede. Es herrschte eine gereizte Stimmung zwischen den beiden Gruppen von Soldaten, die Männer rempelten und stießen sich gegenseitig an, als sie uns durch das Haupttor hinausdrängten. Dort hatten sich viele Menschen versammelt, um den Vater und die Schwester des Mädchens zu sehen, das sich aus Liebe selbst getötet hatte. Mitten unter ihnen erspähte ich den kleinen Küchenjungen. Er gab mir mit der Hand ein

Zeichen und rief: »Eine Ratte! Ich sehe eine Ratte. Eine riesige Ratte. Dort, auf dem Tisch!«

Die Menschen, die dort saßen, sprangen erschrocken auf und warfen dabei ihre Stühle um. Mein Vater stieß die Soldaten, die uns umringten, beiseite und rannte weg; er tat so, als wolle er fliehen. Ich duckte mich hinter dem Wachmann, der mir am nächsten stand, und rannte in die andere Richtung durch einen Nebeneingang davon. Vor mir ging eine Treppe nach oben, daneben war eine Tür, die ins Freie führte. Sie war geschlossen. Als ich sie öffnen wollte, packten mich plötzlich zwei kräftige Arme und umklammerten meinen Oberkörper.

Dann presste mir jemand die Hand auf den Mund.

Kapitel neunzehn

Eine Stimme ganz nah an meinem Ohr.

Ein Flüstern, mehr nicht.

»Ich bin's, Melchior.«

Er zog mich zur Wand und dann die Stiege hinauf.

»Wenn wir nach oben gehen, sind wir im Palast gefangen«, raunte ich leise.

Er legte einen Finger auf die Lippen. »Vertrau mir«, sagte er.

Und das tat ich.

Er zeigte nach oben, und ich folgte ihm so schnell und so leise, wie ich nur konnte. Wir hörten Leute, die durch die Tür unter uns ins Freie stürmten. Höher und höher stiegen wir, bis wir ganz oben anlangten, und da war, genau wie ich es befürchtet hatte, kein Ausgang.

»Wir sitzen in der Falle«, sagte ich.

»Keineswegs.« Melchior schüttelte den Kopf. »Hier hinein.«

Im Fußboden befand sich eine lange, schmale Öffnung. Er bückte sich und zwängte sich hindurch. Dann streckte er mir seine Hand entgegen. »Komm.«

Für mich war es viel schwieriger als für ihn, denn die Tasche, in der meine Mandoline und der Reiseumhang steckten, behinderte mich, aber ich wollte sie nicht, ich konnte sie nicht zurücklassen, denn dann würde man ja wissen, welchen Weg wir genommen hatten. Und schon war der Lärm von vielen Schritten zu hören, die die Treppe heraufkamen. Ich kniete mich nieder und zwängte mich neben Melchior in den engen Spalt.

»Folge mir einfach«, sagte er und kroch weiter.

In völliger Dunkelheit kroch ich hinterher. Wir gelangten an eine Stelle, wo der schmale Gang sich öffnete. Jetzt war es nicht mehr so eng und auch nicht mehr so dunkel. Und dann war da plötzlich kein Boden mehr. Ich schaute hinunter und eine Welle von Schwindel erfasste mich. Wir befanden uns hoch oben unter der Decke der großen Halle.

Melchior streckte die Hand aus. »Wir müssen auf die andere Seite hinüber.«

»Wie denn?«

Er zeigte auf die freiliegenden Dachbalken, die sich von uns aus bis zur gegenüberliegenden Seite des Saals erstreckten.

Ich schüttelte den Kopf und wich zurück.

»Gib mir deine Hand.«

Er sagte es weder bittend noch befehlend, sondern streckte mir nur seine Hand hin. Ich schaute erneut nach unten und spürte, wie es in meinem Kopf zu schwirren begann; mein Körper wurde förmlich in die Tiefe gesogen.

»Schau mich an!« Diesmal klang er eindringlicher. Ich

blickte ihm in die Augen. Sie waren ganz ruhig, aber tief in ihnen sah ich, wie entschlossen er war. »Du schaffst das«, sagte er. »Du *schaffst* das.«

Ich gab ihm meine Hand.

Melchior trat auf den Balken hinaus. Er hielt das Gleichgewicht so leicht wie eine Katze.

»Sei vorsichtig, wo du hintrittst«, sagte er.

Ich blickte nach unten, um zu sehen, wohin ich meinen Fuß setzen musste.

Der gähnende Abgrund sprang mich an wie ein Tier.

»Du darfst nicht runterschauen!« Das war ein Befehl. »Du musst deinen Weg mit den Füßen ertasten.«

Aber ich konnte nicht anders, ich musste einfach hinunterschauen.

In der Halle unter uns kippten die Soldaten Tische und Stühle um und suchten nach mir. Wenn nur einer von ihnen nach oben geblickt hätte, wäre ich verloren gewesen.

Wir beide wären verloren gewesen.

Mir wurde plötzlich klar, welch große Gefahr Melchior auf sich genommen hatte, um mir zu helfen. Ferignay hegte ohnehin schon einen Groll gegen ihn. Er glaubte, Melchior habe die Hunde absichtlich erschreckt und ihn vor dem König blamiert. Der Comte wäre froh um jede Gelegenheit, deretwegen er Melchior bestrafen könnte.

Wir hatten die Mitte der Halle erreicht, wo sich die Dachbalken kreuzten. Hier konnten wir eine Pause einlegen und uns erholen. Ich klammerte mich an dem Holz fest und holte tief Luft. Vor uns hing der riesige Kronleuchter. Das Licht von vielen hundert Kerzen flackerte und er schwang leicht hin und her, während unten die aufgeregte Suche weiterging. Die kunstvollen Halterungen warfen ihre Schatten in den Raum.

»Wir müssen dorthin.« Melchior deutete auf einen schrägen Dachbalken.

Ich starrte ihn an. Der Balken neigte sich schief nach unten. Ich konnte unmöglich darauf laufen.

»Es geht nicht anders. An der Stelle, an der er an der Dachkante verankert ist, befindet sich eine Öffnung, durch die wir auf die andere Seite des Palasts gelangen.«

Ich sollte mich allen Ernstes dort hinüberschwingen und den Balken entlangrutschen, behindert durch mein Kleid und meine Mandoline? Undenkbar.

»Es ist der Weg in die Freiheit. Du wirst es tun.« Melchior nickte mir aufmunternd zu. Und dann tat er etwas gänzlich Unerwartetes: Er grinste mich an.

Ich war wie vom Donner gerührt. Der gewohnte Ernst wich aus seinem Gesicht. Seine Zähne glänzten blendend weiß und in seinen Augen blitzte der Schalk auf. Ich konnte nicht anders, ich lächelte zurück.

Und ich dachte bei mir, dass ich zumindest einen der Gründe kannte, weswegen Melchior mir half. Meine Flucht verschaffte ihm die Genugtuung, jene, die uns jagten, zu überlisten, jene, die glaubten, unser Leben läge in ihrer Hand. Er und sein Leopard waren weiterhin gefangen, aber ein Teil von ihm würde mit mir fliehen.

Obwohl ich mich in höchster Gefahr befand, ging mir ein verrückter Gedanke durch den Kopf: Darüber sollte man ein Lied schreiben – wie der Gejagte den Jäger überlistet.

»Ich gehe zuerst.«

Melchior hangelte sich mit Leichtigkeit hinüber und saß rittlings auf dem Balken, so wie der Leopard auf dem Ast im Wald. Dann streckte er einen Arm aus, um mir beim Hinüberspringen zu helfen.

Wir krochen in den Spalt an der Unterseite des Dachs. Er war gerade weit genug, um zwischen dem dicken Mauerwerk des Palasts und dem Dachüberhang hindurchzukommen. Melchior war gelenkig, sein Körper genauso geschmeidig wie der seiner Raubkatze. Es dauerte nicht lange und wir befanden uns draußen auf den Dachziegeln. Melchior ergriff meine Hand und wir kletterten hinauf zu den Kaminen. Er zog mich hoch und setzte sich neben mich auf einen Schornstein des Küchentrakts.

»Da hinunter«, sagte er.

Ich schaute in den Schlot. Da war nichts, wo Füße hätten Halt finden können.

»Es gibt einen Weg hinab, du musst dich nur ganz fest gegen die Seitenwände stemmen. Ich gehe zuerst und zeige es dir.«

Bei seinen Worten schoss es mir durch den Kopf, dass er auf diese Weise meinen Fall aufhalten würde, sollte ich den Halt verlieren.

»Wir werden in jedem Stockwerk, an dem wir vorbeikommen, deine Verfolger hören, die dich dort suchen.«

Er schaute zu mir hoch und lächelte, seine Zähne leuchteten weiß in der Dunkelheit. Ich fasste Mut. Und ich begann zu glauben, dass ich weiterleben würde.

Tatsächlich hörten wir die Wachleute und Ferignays Männer, denen sich schon bald andere auf der Jagd nach mir angeschlossen hatten. Da sie keine andere Abwechslung hatten, betrieben sie dies als abendliches Amüsement. Und während ich ihnen zuhörte, ließ mich die Vorahnung des Schicksals, das meinem Vater bevorstehen würde, erbeben. Aber er hatte gewollt, dass ich fliehe, und ich versuchte, nicht an das zu denken, was geschehen würde, wenn mich die Soldaten aufgriffen. Ich wusste nicht, ob ich auch so tapfer sein könnte wie meine Schwester und den gleichen Ausweg wählen würde.

Ich begann zu wanken, als ich an sie, an meine Chantelle, dachte. Tränen füllten meine Augen.

»Ist etwas nicht in Ordnung?«, hörte ich Melchior tief unter mir flüstern. »Wir dürfen uns nicht unnötig aufhalten«, sagte er. »Wir müssen unser Ziel erreichen, bevor die Soldaten dort sind.«

Wohin brachte er mich eigentlich? Ich hatte nicht daran gedacht, ihn danach zu fragen.

Der Palast von Cherboucy war nicht so groß, als dass man sich lange Zeit unentdeckt hätte verstecken können. Wir waren beinahe in der Küche angekommen. Nachdem sie das Abendessen zubereitet hatten, nahmen die Bediensteten nun ihre eigene Mahlzeit ein, Küchenjungen und Köche saßen, wo sie gerade Platz fanden, stritten sich mit den Hunden und Katzen im Haus um die Krümel und Reste. Wir krochen aus dem Schornstein im hintersten Winkel der Küche. In zerrissenen Kleidern und rußverschmiert herumzulaufen, war hier nichts Ungewöhnliches. Ich folgte Melchior auf leisen Sohlen.

Jetzt wusste ich, wohin wir gingen.

Zum Stall des Leoparden.

»Ferignay ist ein heimtückischer und bösartiger Mensch«, sagte ich, als Melchior die Tür zu dem Kellerraum öffnete. »Er wird mich überall suchen, auch hier.«

»Es gibt einen Ort, wo du dich verstecken kannst und er nicht suchen wird.«

»Wo?«, fragte ich ihn.

Er antwortete mit einer Gegenfrage. »Wie mutig bist du?«

Und dann streckte er mir die Hand entgegen und öffnete den Verschlag des Leoparden.

Ich wich zurück.

Die Raubkatze stand auf und trottete auf uns zu. Ich versteckte mich hinter Melchiors Rücken.

»Tu das nicht«, sagte er. »Zeig nie einem wilden Tier, dass du dich vor ihm fürchtest.«

Melchior trat beiseite, sodass wir nun wieder nebeneinander standen. Dann legte er mir den Arm um die Schulter. »Was nur wenige wissen: Der Leopard betrachtet den Menschen nicht als Beute. Kleine Kinder, ja, die frisst er schon.« Melchior musterte mich. »Aber du bist kein Kind mehr, Mélisande, oder?«

Ich schüttelte den Kopf.

»Also gut. Ich will, dass du mit mir in den Käfig kommst.«

Ich zögerte. Mein Herz schlug mir bis zum Hals.

»Du hast keine andere Wahl«, sagte Melchior. »Entweder du gehst in den Käfig oder du bleibst hier und wirst von Ferignays Leuten aufgespürt.« Er neigte den Kopf zur Seite. »Hör doch nur, sie sind schon in der Küche.«

Wir vernahmen das Geschrei, hörten, wie Geschirr zerbrach und Töpfe und Pfannen gegen die Wände geworfen wurden.

Melchior schaute mich an. Dann ging er in den Leopardenkäfig.

Und ich folgte ihm.

Kapitel zwanzig

Der Leopard stellte die Ohren auf.

»Zeig keine Furcht«, sagte Melchior leise.

Er kniete sich nieder und blies seinen Atem in das Gesicht des Tiers. Dann löste er den Maulkorb und legte ihn zur Seite.

Der Leopard öffnete sein Maul und gähnte. Ich sah seine Zähne und konnte ihm tief in den Rachen schauen. Ich spürte, wie mir vor Angst übel wurde. Der Leopard drehte den Kopf und schaute mich an.

»Wenn Paladin den Maulkorb umhat, könnten die Soldaten auf die Idee kommen, in den Käfig zu gehen und unter dem Stroh zu suchen.« Melchior deutete auf einen Haufen, der in einer Ecke lag. »Das Stroh, unter dem du dich verstecken wirst. Jetzt gleich.« Er drängte mich zur Eile, da die Schritte immer näher kamen. Rasch kniete ich mich hin und kroch unter den Strohhaufen.

Ich hörte, wie Melchior den Käfig wieder verschloss. Da wurde auch schon die halbhohe Tür aufgetreten.

»Was für ein Gestank!«, sagte einer der Soldaten. »Hier sind nur der Junge und sein Leopard, aber es ist schwer zu sagen, wer von beiden was ist.«

Seine Kumpane grölten laut, als sie Melchiors Pritsche in die Luft warfen und sein Geschirr wegstießen. Paladin fing an zu knurren.

Ein Soldat stieß mit dem Schaft seines Spießes gegen die Gitterstäbe des Käfigs. »Ruhig«, befahl er. »Nicht einmal du bist von den Gesetzen des Königs ausgenommen, obwohl du ein wildes Tier bist.«

»Aber der König liebt diesen Leoparden, weißt du das nicht?«, sagte ein anderer Soldat ängstlich. »Verstöre ihn nicht. Wenn das Tier beim nächsten Mal nicht jagen will, wird man uns die Schuld daran geben.«

»Es hieß, wir sollten überall suchen«, sagte der Anführer. »Wer also geht in den Käfig?«

Ich zitterte vor Angst. Wenn sie tatsächlich hereinkamen, gab es keinen Ausweg mehr für mich.

Dann hörte ich, wie Melchior dem Leoparden etwas zuwisperte. Im nächsten Augenblick stieß Paladin ein furchterregendes Gebrüll aus.

»Ich geh da nicht rein«, sagte der erste Soldat.

»Haha! War doch nur ein Spaß.« Der Anführer lachte.

Ihre Schritte verhallten, aber ich wartete reglos, bis Melchior in den Käfig kam und Paladin wieder den Maulkorb umband.

Dann setzten wir uns hin und versuchten, einen Weg zu finden, wie ich den Palast verlassen könnte.

»Die Hofgesellschaft bricht morgen auf«, sagte Melchior. »Man hat schon Diener vorausgeschickt, um im nächsten Schloss alles herzurichten. Vielleicht könntest du mit einer Gruppe von ihnen hinausgelangen. Ich werde gehen und mich an den Schlosstoren umschauen.«

Es dauerte mehr als eine Stunde, ehe Melchior zurückkehrte. Er hatte ein Bündel Kleider mitgebracht.

»Die niedrige Dienerschaft versammelt sich im Schlosshof«, berichtete er. »Alle werden durchsucht, wenn sie auf die Fuhrkarren steigen. Und noch etwas habe ich in Erfahrung gebracht. Morgen, wenn der König abgereist ist, werden Soldaten zurückbleiben und jeden Winkel des Schlosses durchsuchen, bis sie dich gefunden haben.«

»Dann muss ich mich so gut verstecken, wie's nur geht«, erwiderte ich. »Vielleicht in einem der Kamine. Ich bin schlanker als die Männer. Ich komme an Orte, an die sie nicht gelangen können.«

Melchior schüttelte den Kopf. »Sie haben bestimmt Spürhunde. Du weißt doch, Ferignay hat seine eigene Meute. Und du hast genügend Kleidungsstücke zurückgelassen, anhand derer sie deine Witterung aufnehmen können.«

Mein Blick glitt zum Leopardenkäfig. »Mich unter dem Stroh zu verstecken, hilft diesmal auch nicht weiter«, überlegte ich. »Bei Tageslicht wird man mich sicher darunter entdecken.«

»Das ist wahr«, sagte Melchior. »Aber du könntest auf eine andere Weise aus dem Schloss fliehen.« Er hielt das Bündel Kleider hoch. »Und zwar als Diener verkleidet.«

»Aber du hast doch gesagt, sie durchsuchen jeden, der auf

die Wägen steigt«, wandte ich ein. »Sie werden sofort erkennen, wer ich bin.«

»Sie suchen nach einem Mädchen«, sagte Melchior. »Aber du wirst kein Mädchen sein.«

In dieser Nacht schnitt Melchior meine Haare ab. Er machte es so, dass sie noch in die Stirn fielen und gerade noch meinen Nacken bedeckten. Als er fertig war, zeigte er sich mit seinem Werk zufrieden.

»Schon jetzt erkennt man dich nicht wieder.« Er grinste mich an und reichte mir die Männerkleider.

Als ich anfing, mich auszuziehen, ging Melchior anstandshalber. Er stieg in den Leopardenkäfig, um die Tasche mit meiner Mandoline und dem Reisemantel unter dem Stroh zu verstecken. Ich zog die Hose an, die Tunika, die Kappe und die Sandalen, die er für mich gestohlen hatte.

»Ich bin fertig«, sagte ich dann.

Melchior drehte sich um, neigte den Kopf zur Seite und betrachtete mich. Dann ging er einmal um mich herum, bückte sich und fuhr mit den Fingern über die Erde. Er richtete sich auf, nahm mein Kinn fest in die Hand und beschmierte mich mit Schmutz. Schließlich sagte er: »Jetzt musst du das Gleiche mit deinen Händen und mit deinen Beinen machen.«

Bei diesen Worten war sein Gesicht dem meinen ganz nahe. Ich konnte ihm tief in die warmen braunen Augen blicken. In ihnen flackerte eine ungewohnte Wildheit.

»Ja«, sagte ich, und meine Stimme klang rau.

Er hielt mein Kinn noch immer fest. Und ich tat nichts, um mich aus seinem Griff zu befreien.

Seine Augen wanderten langsam über mein Gesicht, meine Stirn, meine Nase, meine Wangen, meinen Mund.

Dann kamen seine Lippen den meinen immer näher.

»Mélisande«, hauchte er meinen Namen.

Angespannt und mit klopfendem Herzen folgte ich Melchior in den Küchenhof des Schlosses. Wir hatten so lange gewartet, bis die Nacht am schwärzesten war und wir annehmen konnten, dass die Wachen weniger achtsam wären. Unter den Bögen einer Arkade warteten wir den passenden Augenblick ab. Als eine zankende Schar Küchenjungen und Laufburschen an uns vorbeikam, stieß mich Melchior an.

»Jetzt geh«, flüsterte er. »Und schau dich nicht nach mir um.«

Ich tat, was er sagte, aber im letzten Moment, bevor ich losging, griff ich mit der Hand hinter mich, und einen winzigen Augenblick lang berührten sich unsere Fingerspitzen.

Melchior murmelte etwas. Es stimmte so genau mit dem überein, was auch mir gerade durch den Kopf ging, dass ich später niemals sagen konnte, ob Melchior tatsächlich gesprochen hatte, oder ob es nur meine eigenen Gedanken waren, die ich zu hören glaubte.

Ich trat unter dem Torbogen hervor und gesellte mich zu den anderen Jungen. Mit zitternden Knien ging ich in einer Reihe mit ihnen weiter. Der Küchenmeister, der die Aufsicht über diese Schar hatte, gähnte, hielt seine Laterne hoch und musterte einen nach dem anderen. Als er mich sah, runzelte er die Stirn.

»Du bist keiner von uns«, stellte er fest.

Meine Zunge und mein Hals waren so trocken, dass ich ihm keine Antwort geben konnte.

Er hielt die Laterne näher an mich heran.

»Gehörst du zu dem spanischen Koch, diesem Alvaro?«

Ich nickte.

Er schaute ärgerlich drein und machte einen weiteren Strich auf seine Liste. »Verschwinde beim ersten Halt wieder von diesem Wagen und suche dir deinen eigenen«, knurrte er.

Wieder nickte ich.

Die Jungen kletterten auf den Wagen, und dabei balgten sie miteinander und trieben so grobe Spiele, wie ich es nicht gewohnt war. Zuerst wich ich vor ihnen zurück, aber dann wurde mir klar, dass man mich vielleicht zurücklassen würde, und ich packte denjenigen, der mir am nächsten war, am Arm und zog mich auf die Karre. Es gelang mir, einen Platz zu ergattern, indem ich es den Jungen nachmachte und mich rücksichtslos in ihre Mitte drängte.

Am Tor leuchtete der Wachmann mit der Laterne in den Wagen hinein. Er hatte keine Lust, uns zu durchsuchen. Er überprüfte lediglich, ob die Anzahl der Leute auf dem Wagen mit der Zahl auf dem Blatt übereinstimmte, das ihm der Wagenlenker hinhielt. Seine Frage, ob sich ein Mädchen auf dem Wagen befände, wurde mit Pfiffen und derben Sprüchen beantwortet. Er winkte uns durch, und als die Morgendämmerung sich am Himmel zeigte, ratterten wir aus dem Palasttor von Cherboucy.

Später, als die Sonne aufgegangen war, sah ich, dass hinter uns der Leopardenkäfig auf seinem rollenden Gestell fuhr.

Wir hatten ausgemacht, dass Melchior beim ersten Halt kommen und mir meine Tasche geben würde, damit ich mich heimlich davonstehlen konnte. Der Hof zog nach Nordwesten Richtung Toulouse. Das war die gleiche Straße, die zur Isle de Bressay führte.

Die Isle de Bressay. Meine Heimat. Der Ort, an den uns mein Vater bringen wollte.

Aber ich würde diese Richtung nicht einschlagen. Ich hatte die ganze Nacht lang Zeit gehabt, über meine Lage nachzudenken. Gegen Morgen stand mein Entschluss fest. Wenn sich mir eine Gelegenheit böte zu fliehen, würde ich einen anderen Weg wählen. Ich wusste, wohin ich gehen und mit wem ich sprechen musste. Ich würde jene Person aufsuchen, die mir mehr über den Tod meiner Schwester sagen und mir helfen konnte, die Ehre unserer Familie wiederherzustellen und meinen Vater zu retten. Jene Person, deren Worten Katharina von Medici Glauben schenken würde.

TEIL 2

Das Haus des Nostradamus

Kapitel einundzwanzig

An dem Tag, an dem ich in der Stadt Salon in der Provence ankam, war gerade Frühjahrsmarkt.

Es drängten sich so viele Menschen in den Straßen, dass ich mich unbemerkt unter die Leute mischen konnte, die in die Stadt zogen, um ihre Waren anzubieten. Ich gesellte mich zu einigen Bauern und ihren Frauen und Knechten, die das Vieh vorantrieben, volle Körbe schleppten und Handkarren schoben. Es herrschte Festtagsstimmung, ihre lauten Neckereien mischten sich mit dem Schnattern der Gänse und dem Blöken der Ziegen und machten die letzten Meilen zu einer vergnüglichen Wegstrecke. Obwohl ich seit meinem Abschied von Melchior in Scheunen und unter Hecken schlafen musste, hatte ich doch auf mein Äußeres geachtet, meine Kleider jeden Morgen ausgeschüttelt und mir Gesicht und Hände gewaschen. Troubadoure und Jongleure waren an Markttagen kein ungewohntes Bild, daher würde ein weiterer Wandermusikant kaum den Argwohn der Stadtwachen wecken.

Warum ist man von einigen Orten, so wie auch von einigen Menschen, schon beim ersten Anblick beeindruckt? Mein Vater behauptete, er könne, kaum dass er ein Stadttor erreichte, allein schon an den Gerüchen erkennen, welche Leute an dem Ort wohnten. Chantelle hatte in die Gesichter der Menschen geschaut. An den Augen, pflegte sie zu sagen, könne man den wahren Wert eines Menschen ablesen. Ich hingegen hielt mich an die Geräusche. Mein Ohr war empfindlich und nahm fast alles wahr, die Geräusche der Natur wie auch jene von Menschen gemachten. Meine Stimmung hing sehr von dem Ort ab, an dem ich mich befand. Bei Hof hatte ich mich unwohl gefühlt. Beide, die Regentin wie auch der König, waren umgeben von eigensüchtigen Höflingen, deren Worte voller Lug und Trug waren. Auf dem Land aber, wo die Vögel herrschten, die Tiere regierten, da ging es mir gut. Und trotzdem liebte ich den Glanz der Städte: das laute Geschrei der Straßenhändler, die Witzeleien der Botenjungen, das Gelächter der Frauen. Daher hätte ich frohgemut sein müssen, als ich die Mauern dieser geschäftigen Stadt vor mir sah.

Aber das war ich nicht.

Das Gedränge wurde immer dichter, und unter all den Leuten befanden sich auch einige wüste Gestalten: bewaffnete Söldner, grell geschminkte Frauen, Männer in Bettlerkleidung, die zu hinken anfingen, sobald sie in Sichtweite der Torwachen kamen. Ihre Redeweise war derb, sogar in Gegenwart von Kindern, und ich überlegte schon, ob ich nicht besser wieder umkehren sollte. Wenn ich erst einmal die Stadt betreten hatte, würde ich mich ganz alleine durchschlagen müssen, ohne den Schutz der Bauern. Einzig mein Wunsch nach Gerechtigkeit für Chantelle und meinen Vater veranlasste mich weiterzugehen. Und so ließ ich mich einfach treiben, inmitten der Menge, bis zum äußeren Stadttor.

Oben auf den Zinnen stand ein Mann und beobachtete die Menschen, die das Tor passierten. Er war älter als ich, vielleicht dreimal so alt, und hatte ein leicht gebräuntes Gesicht und sonnengebleichte weizenblonde Haare. Den Umhang hatte er zurückgeschlagen und darunter trug er einen schwarzen, kunstvoll in Rot bestickten Waffenrock. Geschickt hatte er sich an einer Stelle postiert, von wo aus er mit scharfem Blick die Gesichter der Menschen betrachten konnte. An seiner Seite stand ein bewaffneter Wachsoldat, der geschäftig umhereilend seine Befehle ausführte.

Ich schaute mich um und plötzlich begriff ich. Der Mann – es musste sich bei ihm um einen Adeligen handeln – deutete hin und wieder auf eine Person, die er für fragwürdig hielt, und sofort wies sein Begleiter die Soldaten an, den Unglückseligen festzunehmen und abzuführen, egal wie laut dieser auch Einspruch erhob.

»Das ist Graf Thierry.« Der Bauer, der neben mir herging, hatte mein Interesse bemerkt. »Salon gehört zu seinem Lehen, und er nimmt es sehr genau damit, wer in seine Stadt hinein- und wieder hinausdarf.«

Als der Edelmann seinen Blick erneut über die Menge schweifen ließ, begann mein Herz, heftig zu schlagen. Ich kannte diesen Graf Thierry nicht, was aber nicht hieß, dass er mich nicht in Cherboucy gesehen hatte. Sein entschlossenes Eingreifen, um mögliche Unruhestifter von der Stadt fernzuhalten, konnte verschiedene Gründe haben. Vielleicht machte er es ja an jedem Markttag so, aber angenommen der Comte de Ferignay hatte alle Gesetzeshüter der Umgebung benachrichtigt, dass sie nach mir Ausschau halten sollten? Aber selbst wenn dies der Fall war, würden sie nach einem Mädchen suchen. So wie ich im Augenblick gekleidet war – den Reiseumhang fest um mich geschlungen, die Mütze tief ins Gesicht gezogen –, gab es keinen Grund, warum dieser Mann auf mich aufmerksam werden sollte.

Ich fing an, eine kleine Melodie zu summen, um mich zu beruhigen. Ein junger Spielmann mit seiner Mandoline, was sollte daran verdächtig sein? Ich war fast am Tor angekommen. Es wäre töricht, jetzt umzukehren, und würde nur Misstrauen erregen.

Ich stand fast direkt unter ihm, als er mich ansah.

Unsere Blicke trafen sich.

Ich hätte zu Boden sehen müssen. Aber irgendetwas zwang mich dazu, seinen gebieterischen Blick zu erwidern. Später bereute ich meinen Übermut und hörte in Gedanken die Stimme meines Vaters: *Mélisande, du bist zu freimütig und dein Blick ist zu kühn. Sei vorsichtig, mit so einem Benehmen handelst du dir nur Schwierigkeiten ein.*

Die Leute hinter mir drängten nach vorn, deshalb trat ich unter dem Torbogen hindurch und kam auf der anderen Seite wieder heraus.

So, das wäre geschafft. Ich war wohlbehalten in der Stadt angekommen.

Ich drehte mich um und warf einen Blick zurück.

Graf Thierry war auf die Innenseite der Mauerzinnen gekommen und beobachtete mich. Ich schluckte und diesmal senkte ich den Blick sofort. In der Nähe war ein Marktstand. Ohne Hast schlenderte ich darauf zu, denn ich war mir sicher, dass der Edelmann mich keine Sekunde aus den Augen ließ. Ich wählte einen reifen Apfel aus und versprach der jungen Obstverkäuferin, sie zur Heldin meiner nächsten Ballade zu machen, falls sie ihn mir schenken würde. Sie errötete und nickte, dann kicherte sie und nannte mir ihren Namen. Ich baute darauf, dass der Mann auf der Stadtmauer nichts weiter sah als einen jungen Burschen, der mit einem Mädchen scherzte. Ich rief mir die Tändeleien in Erinnerung, die ich so manchen Herrn am Hof zu den Damen sagen hörte, und tauschte einige dieser Sätze mit dem Mädchen aus. Dann biss ich in den Apfel und verabschiedete mich. Gern hätte ich mich nach Graf Thierry umgedreht, aber ich zwang mich dazu weiterzugehen, langsam, ganz langsam, vorbei an einer Ladenauslage mit Wolle und Garn, dann eine schmale Gasse entlang bis hin zu einem kleinen offenen Platz.

Ich wartete. Nichts deutete darauf hin, dass mir jemand folgte. Graf Thierry hatte offenbar seinem Adjutanten nicht befohlen, die Wachleute hinter mir herzuschicken. Ich überquerte den Platz. Nun, da ich abseits der Hauptstraßen war, fühlte ich mich ein wenig sicherer. Allerdings kannte ich mich nicht aus, und es war auch niemand da, den ich hätte fragen können. Bestimmt tummelten sich jetzt alle auf dem Marktplatz. Ich ging weiter. Die Straßen wurden immer schmaler, die Häuser immer schäbiger. Ich war am Flusskanal, in einer Gegend, die selbst ich in meiner jugendlichen Unvernunft als gefährlich erkannte. Daher beschloss ich, umzukehren und in die Stadtmitte zu gehen, um jemanden nach dem Weg zu fragen. Gerade wollte ich losmarschieren, als zwei junge Männer aus einer Taverne traten. Der eine ganz in meiner Nähe fing an zu torkeln. Sein Gefährte packte ihn, geriet jedoch selbst ins Stolpern und beide stießen gegen mich.

»Holla! Wen haben wir denn da?« Der größere der jungen Männer kam mit seinem vom Weingenuss geröteten Gesicht ganz nah an mich heran.

Ich wollte vorbeigehen, aber da packte er mich an der Schulter. Um meine Mandoline zu schützen, nahm ich sie rasch und drückte sie an meine Brust.

»Ah, ein munterer Spielmann«, sagte der andere Mann spöttisch. Er machte einen schlaueren und gewitzteren Eindruck als der Erste.

»Genau das bin ich, mein Herr«, sagte ich. Meine Jahre am Hof hatten mich gelehrt, dass man Betrunkenen am besten recht gab, so gut es ging.

»Spiel uns ein Lied vor«, sagte der Größere.

»Vielleicht ein andermal. Ich muss zu einer Verabredung.« Ich lachte leicht, wich jedoch ein paar Schritte zurück.

Meine Antwort passte ihm ganz und gar nicht. »Weißt du überhaupt, wer ich bin?«

Ich schüttelte den Kopf und bemühte mich, so viel Abstand wie möglich zwischen die Männer und mich zu bringen. Ich musste fürchten, dass sie meine Verkleidung durchschauen würden, wenn sie näher kamen und mich noch einmal anfassten. Und wenn sie erst einmal herausgefunden hatten, dass ich ein Mädchen war, allein und ohne Begleitung, würden sie sich nicht damit begnügen, zu krakeelen und ihren Spott mit mir zu treiben.

Der Größere baute sich drohend vor mir auf. »Ich bin der Herzog von Marcy, und ich *befehle* dir, ein Lied zu spielen«, lallte er. Sein Gesicht war puterrot, was nicht nur vom zu vielen Wein herrührte, sondern auch, weil meine Weigerung ihn erzürnte.

»Nun gut, werter Herr.« Ich verbeugte mich vor ihm. »So will ich denn Euren Wunsch erfüllen.«

Ich nahm die Mandoline aus der cremefarbenen Ledertasche und spielte ein Lied, eine einfache, aber gern gehörte Melodie, die sie leicht aufnehmen und mitsingen konnten. Der Schlauere der beiden begann sofort, mit den Füßen zu stampfen und mit den Fingern zu schnippen.

»Das gefällt mir«, rief er.

Seinem Geschmack entsprechend, wechselte ich zu einer alten Ballade, die etwas lebhafter war. Er fing an zu tanzen und torkelte mitten auf der Straße umher.

Ich lächelte aufmunternd und schlug mit dem Fuß den Takt. Wenn ich die beiden dazu brachte, sich ganz dem Tanz hinzugeben, konnte ich mich vielleicht unbemerkt davonstehlen.

Inzwischen waren weitere Leute an die Tür der Taverne gekommen und fingen an zu klatschen und zu rufen.

Die Musik verfehlte ihre Wirkung auf den Mann, der sich Herzog von Marcy nannte, nicht. »Tanzt!«, rief er. »Kommt alle herbei und tanzt!«

Jetzt musste ich nur noch den richtigen Augenblick abwarten, um in einer nahe gelegenen Gasse zu verschwinden, für die ich mich als Fluchtweg entschieden hatte.

»Das ist eine durstige Angelegenheit«, sagte ich zu dem Gast, der mir am nächsten stand.

»Wein für den Spielmann!«, rief er daraufhin sofort. »Einen Schluck für den jungen Burschen hier!«

Der Begleiter des Herzogs von Marcy sah ihn mit gewitztem Blick an und rief: »Einen Schluck für uns alle!« Er beugte sich vor und versetzte dem Herzog einen Schlag auf den Rücken.

»Ja. Ja. Einen Schluck für uns alle!«, stimmte dieser ihm ohne Zögern zu. »Sagt dem Wirt, die Rechnung geht auf mich!«

»So also verschwendet Ihr das Geld Eures Vaters«, unterbrach eine kalte Stimme das lustige Treiben.

Ich hörte auf zu spielen und legte die Hand auf die Saiten. Dann drehte ich mich um. Hinter mir stand ein schwarz gekleideter Mann mit rot besticktem Überrock. Es war der Edelmann vom Stadttor.

Mein Herz schwirrte wie eine Mandolinensaite.

»Das ist Graf Thierry …« Ein Raunen ging durch die Reihe der Gäste.

Der Graf sah mich wohlwollend an. »Du hast zweifellos mehr Talent als die meisten anderen Wandermusikanten.«

Sein durchdringender Blick glitt über meine Sandalen, meine Kleider, die Mandoline. Als er schließlich wieder zu meinem Gesicht zurückkehrte, zog ich unwillkürlich den Kragen meines Umhangs höher. Meine Kehle war vor Angst wie zugeschnürt. Ich zuckte die Schultern und tippte mit einem Finger an meine Stirn, um mich für das Kompliment zu bedanken.

»Ich werde mir von einem Emporkömmling keine Vorschriften machen lassen«, sagte der Herzog von Marcy empört. »Gastwirt!«, brüllte er dann. »Bring mir einen Krug mit Wein.«

»Diese Versammlung wird hiermit aufgelöst«, sagte Graf Thierry mit fester Stimme. »Hier ist schon mehr als genug Wein geflossen.«

»Ich ganz allein entscheide, wann der Tanz vorüber ist und wie viel getrunken wird«, widersprach der Herzog.

»Es ist meine Pflicht, den Frieden in der Stadt zu wahren«, sagte Thierry. »Und genau das werde ich tun.«

»Und uns mit Eurer sauertöpfischen Hugenottenart jeden Spaß verbieten?«, blaffte der Herzog angriffslustig.

Die Umstehenden schnappten erschrocken nach Luft. Graf Thierry runzelte die Stirn. »Das hat nichts mit Glaubensdingen zu tun. Es geht darum, Eigentum zu schützen und die Sicherheit der Bevölkerung sicherzustellen.«

»Sire«, mischte sich der schlaue Begleiter des Herzogs ein und packte ihn am Arm, »wir vergnügen uns einfach anderswo.«

»Lass mich, Bertrand«, wehrte der Herzog ihn unwirsch ab.

Der Wirt der Taverne erschien mit einem frischen Krug Wein. Sofort griff der Herzog von Marcy danach und nahm einen tiefen Schluck.

Graf Thierry wandte sich an den Gastwirt. »Du verkaufst diesen jungen Leuten mehr, als gut für sie ist. Dabei weißt du genau, dass das gegen die Schankgesetze der Stadt verstößt.«

»Es ist Markttag, Herr«, sagte der Mann und breitete verständnisheischend die Hände aus. »Ich habe mir nichts Böses dabei gedacht.«

»Du hast nur an deine eigene Geldbörse gedacht.« Graf Thierry ergriff einen Trinkbecher, den jemand auf einem Fensterbrett abgestellt hatte. Er nahm einen Schluck daraus und spuckte ihn sofort wieder aus. »Der Wein ist mit Wasser um die Hälfte verdünnt, kostet dafür aber doppelt so viel, nehme ich an.«

Der Gescholtene sah die umstehenden Gäste, die den Wortwechsel verfolgt hatten, mit besorgter Miene an und verschwand dann schleunigst in seinem Wirtshaus. Die Neuigkeit von dem gepanschten Wein machte rasch die Runde, und man musste kein Hellseher sein, um zu ahnen, dass Ärger drohte. Ich beschloss, mich schleunigst aus dem Staub zu machen, und bückte mich nach der Ledertasche für meine Mandoline.

Graf Thierry bemerkte sofort meine Absicht und sagte: »Ich möchte noch ein Wort mit dir reden.«

Ich ließ die Tasche, wo sie war, und nickte. Er sollte nicht denken, dass ich etwas zu verbergen hatte.

»Du bist ein begabter Musikant. Ich möchte, dass du auf meine Burg Valbonnes kommst, ich könnte dir dort eine Anstellung geben ...«

Er hielt inne, denn nun war im Gasthaus das laute Klirren von Geschirr zu hören. Gleich darauf kam der Wirt herausgerannt. Er blutete im Gesicht. Aus dem Schankraum hörte man ein lautes Krachen, als eine Bank umkippte.

Mit wutverzerrter Miene tastete der Herzog von Marcy nach seinem Schwert. »Ihr habt mir den Nachmittag verdorben. Ich werde Euch dafür zur Rechenschaft ziehen.«

Thierry zog sein Schwert, und zugleich blies er in eine Pfeife, die er um den Hals trug. Sofort zerstreuten sich die Leute in alle Richtungen und auch ich ging eilig davon.

Als ich schwere Stiefelschritte auf den Pflastersteinen hörte, versteckte ich mich rasch in einem Hauseingang. In der Hoffnung, dass es sich dabei nur um den Wachhauptmann und seine Soldaten handelte, die durch die Straßen patrouillierten, huschte ich ganz dicht an den Häuserwänden entlang, und sobald die Luft rein war, rannte ich weiter, bis ich außer Atem war. Ich musste so schnell wie möglich das Haus finden, wonach ich suchte; erst dort war ich in Sicherheit.

An der gegenüberliegenden Straßenecke stand eine alte Frau, eine Hausiererin. Ich fragte sie nach dem Weg, und sie wusste auf Anhieb, um wen es sich handelte.

»Was willst du dort?«, fragte sie mich neugierig.

»Ich brauche ein Heilmittel«, erwiderte ich, denn mir fiel so schnell nichts Besseres ein. »Um ein Leiden zu lindern.«

»Sieh her«, sie zeigte auf die Waren, die sie feilbot, »auch ich habe Arzneien anzubieten. Daraus lassen sich wirkungsvolle Heiltränke machen. Lavendel verhilft dir zu besserem Schlaf, Kamille beruhigt, oder wie wär's mit Rosmarin und Wiesenkerbel?«

»Ich habe kein Geld«, sagte ich.

»Es sind ausgezeichnete Arzneien und mehr wert als jedes Gold, trotzdem würde ich sie dir für ein paar Münzen überlassen.«

Ich kannte die Kräuter – ihr betörender Duft erfüllte die Luft des Languedoc und der Provence und ihre Blüten leuchteten zwischen Büschen, auf Feldern und Bergwiesen.

»Ich weiß, dass sie bei so mancher Krankheit helfen. Aber mein Leiden ist nicht von dieser Art.« Ich zögerte. Es war klüger, ihr einen triftigen Grund zu nennen, deshalb fügte ich hinzu: »Ich brauche Rat in einer sehr persönlichen Angelegenheit.«

»Nein, nein, junger Mann.« Sie schüttelte den Kopf. »Deshalb musst du nicht erst dorthin gehen.« Sie griff nach meiner Hand. »Zeig mir deine Handfläche.« Misstrauisch schaute sie die Straße auf und ab, um sicher zu sein, dass niemand uns beobachtete. Die Kirche hatte die Handleserei als heidnische

Unsitte verboten. »Ich kann dir die Zukunft vorhersagen so gut wie jeder andere auch.«

»Nein«, wehrte ich ab. »Ich muss ihn wirklich dringend sprechen.« Ich hatte nur noch zwei Münzen in meiner Börse und in meiner Verzweiflung gab ich ihr alle beide.

»Der Ort, den du suchst, ist in der Stadtmitte«, sagte die Alte daraufhin. »Im Schatten von Schloss Emperi, wo Graf Thierry residiert, wenn er Salon einen Besuch abstattet.«

Sie führte mich durch verwinkelte Gassen und Sträßchen, bis wir zu einer kleinen Anhöhe gelangten, auf der sich das Stadtschloss erhob.

»Da.« Sie deutete auf ein Haus. »Das ist es.«

Ich hatte mir ein beeindruckendes Gebäude vorgestellt, aber obwohl es etwas größer war als die umliegenden Häuser, war es doch sehr schlicht und einfach.

»Man sieht ihn häufig auf seiner Dachterrasse stehen. Besonders nachts, wenn Vollmond ist. Und dann diese Geräusche …«

»Welche Geräusche?«

»Ich weiß auch nicht, ein Knirschen und Stöhnen. Das Wehklagen gequälter Seelen.« Sie machte ein Kreuzzeichen auf Stirn und Brust. »Sei also besser auf der Hut«, warnte sie mich.

Aber ich hatte keine Angst. Ich hatte den Tod gesehen. Ich war Zeuge eines heimtückischen Mordes geworden. Im Geiste sah ich ihn vor mir, den zerschmetterten Leib meiner Schwester auf den Pflastersteinen das Palasthofs. Und ich war fest entschlossen, mehr über die Hintergründe in Erfahrung zu bringen.

Und so ging ich auf das Haus zu, in dem der Seher Nostradamus wohnte.

Kapitel zweiundzwanzig

Ich bewegte den schweren Türklopfer.

Drinnen hörte ich ein Kind jammern. Eine Frau öffnete mir. Sie hatte den erschöpften Blick einer Mutter, die viele Kinder aufgezogen hat. Ihr Gesicht war zerfurcht, ihre Schürze verknittert und im Arm hielt sie ein kleines Mädchen.

»Ich bin gekommen, um mit dem Seher Nostradamus zu reden …«, sprach ich sie an.

»Mein Mann ist zu erschöpft, er kann heute niemanden empfangen«, erwiderte sie und schlug mir die Tür vor der Nase zu.

Ich klopfte noch einmal, doch obwohl ich drinnen Leute hin und her laufen hörte, kam niemand zur Tür.

Ich schaute an dem Haus hinauf. In einem Zimmer unterm Dach brannte Licht. Wenn ich laut rief, würde man mich dort hören? Ich sah mich um. Die Bettlerin war gegangen und die Straße lag verlassen da, aber wie lange noch? Dies war eine gut bewachte Stadt, das wusste ich inzwischen. Ich konnte es nicht riskieren, einen Aufruhr zu verursachen, ohne dass die Wachen kämen und nachforschten. Neben dem Haus entdeckte ich ein Gässchen. Ich folgte ihm bis auf die Rückseite des Gebäudes. Die obere Hälfte der Küchentür stand offen, und ich hörte das Kind schreien, lauter als zuvor. Die Frau hielt das kleine Mädchen im Arm, lief mit ihm auf und ab und versuchte, es zu beruhigen. Als sie mich sah, verfinsterte sich ihr Blick.

»Verschwinde. Was kommst du hierher und belästigst mich?«

»Bitte«, flehte ich sie an. »Ich muss mit Nostradamus sprechen und sei es auch nur für einen Augenblick.«

»Das sagen alle. Immer heißt es: nur für einen Augenblick.« Sie setzte das Kind auf die Hüfte und sah mich an. »Aber es dauert meist viel länger. Die Leute verlangen immer mehr, sie wollen dies, sie wollen jenes wissen. Sie nehmen und zehren an seinen Kräften. Und wenn er ihnen nicht sagt, was sie hören wollen, werden sie auch noch wütend.«

»Ich will keine Weissagung von ihm«, erwiderte ich.

»Was willst du dann?«

»Er hat bereits eine Prophezeiung gemacht. Damals habe ich nicht verstanden, dass sie meine Schwester betraf, aber die Vorhersage hat sich inzwischen erfüllt …« Ich verstummte. Ich hatte Angst zusammenzubrechen, wenn ich über das Schicksal meiner Schwester Chantelle sprechen müsste.

»Also willst du dich beschweren?«

»Nein, das nicht. Ich möchte nur verstehen.«

»Da gibt es nichts zu verstehen. Aber das wollen die Leute nicht wahrhaben. Nicht einmal *er* versteht die Hälfte seiner Weissagungen«, sagte die Frau müde und machte Anstalten, die Tür zu verschließen.

Und ich – allein gelassen mit den qualvollen Erinnerungen an Chantelle, erschöpft von den verschiedenen Etappen meiner Flucht und voller Angst, nachts durch die Straßen einer fremden Stadt laufen zu müssen und dort womöglich erneut auf Graf Thierry zu treffen oder auf eine Bande rabiater junger Burschen –, ich tat, was jedes andere Mädchen in dieser Lage getan hätte. Ich brach in Tränen aus.

»Na, na«, sagte die Frau. »Kein Grund zu weinen. Ich kann es nicht mit ansehen, wenn jemand weint. Und für einen Jungen schickt es sich auch nicht.«

»Meine Schwester«, schluchzte ich. »Meine Schwester ist gestorben. Ich kann den Kummer nicht ertragen.«

»Ja, ja, es ist sehr traurig, eine Schwester zu verlieren. Aber wir leben nun mal in schweren Zeiten. Allein im letzten Jahr raffte die Pest sechshundert Seelen unserer Kirchengemeinde dahin. Sechshundert! Und viele von ihnen waren Kinder, Brüder, Schwestern.«

»Es war keine Krankheit, ganz und gar nicht. Sie hätte nicht sterben müssen. Sie war so jung und schön und sie war ein so guter Mensch.«

»Wie dem auch sei ...«, sagte die Frau nun energisch, »ein junger Mann in deinem Alter sollte nicht weinen. Wie alt bist du eigentlich?«

»Nicht sehr alt«, schluchzte ich. Ich hatte vergessen, meine Stimme zu verstellen. Aber das war mir jetzt egal.

»Irgendetwas stimmt hier nicht«, hörte ich sie murmeln, als ich nicht aufhören konnte zu weinen. »Was ist los mit dir?«

»Meine Schwester ...« Ich wollte ihr erzählen, was geschehen war, aber ich brachte es einfach nicht über die Lippen.

»Du bist ja selbst noch ein Kind, nicht wahr?«

Ich nickte und schluckte die Tränen und den Rotz hinunter.

»Ich gebe dir heiße Milch, aber mehr kann ich nicht für dich tun, nur dass du's weißt. Danach musst du wieder gehen. Dem Herrn Nostradamus ist heute unwohl. Er ist ein alter Mann und wird immer schwächer, denn ihn plagen Ängste und Anfälle. Da sollten ihm nicht auch noch Besucher zusetzen.« Sie nahm mich am Arm. »Komm hier entlang. Da drüben dürfen die Leute Platz nehmen, die darauf warten, mit ihm zu sprechen.«

Sie führte mich zu einem Verschlag an der Gartenmauer, in dem eine lange Bank stand. Ich ging hinein, legte meine Mandoline auf den Boden und setzte mich. »Ich werde meiner ältesten Tochter auftragen, sich um die Kleine zu kümmern, dann komme ich wieder.«

Nach ungefähr zehn Minuten kehrte die gute Frau zurück und brachte mir einen Becher mit warmer Milch.

»Trink«, ermunterte sie mich. Sie hielt mir den Becher an den Mund, und als ich ausgetrunken hatte, sagte sie: »Nun hör zu. Wenn es Meister Nostradamus wieder besser geht, pflegt er an jedem ersten Montag eines Monats die einfachen Leute zu empfangen. Er verlangt dann kein Geld für seine Ratschläge. Wie du dir vorstellen kannst, bildet sich schon am Tag vorher eine lange Menschenschlange vor dem Haus, deshalb musst du sehr früh am Morgen kommen oder schon am Abend zuvor.«

»Schickt mich nicht weg«, flüsterte ich. »Ich weiß nicht, wohin ich gehen soll.«

»Geh nach Hause, zu deiner Mutter.«

»Meine Mutter ist tot. Sie starb schon, als ich noch klein war.«

»Dann eben zu deinem Vater. Wo ist der?«

Ich konnte ihr nicht erzählen, dass mein Vater auf Befehl des Königs gefangen gehalten wurde und dass ich auf der Flucht vor einem mächtigen Edelmann war, der geschworen hatte, mich zu jagen und zur Strecke zu bringen.

Ich schüttelte den Kopf. »Ich habe keinen.«

»An der Brücke am Kanal ist eine Herberge. Ich sehe, dass du eine Mandoline bei dir hast. Du kannst dort für dein Essen aufspielen. An den Markttagen sitzt den Leuten das Geld locker. Du spielst sicher gut genug, um dir ein Bett und eine Mahlzeit zu verdienen.«

Ich begriff, dass es sinnlos war, weiter in sie zu dringen, und stand enttäuscht auf.

Ein langer Schatten fiel in den Raum.

Die Frau drehte sich um. »Ach nein«, rief sie, »dir geht es viel zu schlecht, um aufzustehen.«

Meister Nostradamus stand unsicher auf den Beinen und

stützte sich mit dem Arm gegen den Türrahmen, um nicht zu fallen.

Seine Frau kam ihm zu Hilfe.

»Bring das Mädchen ins Haus«, befahl Nostradamus.

»Bester Gatte, du bist verwirrt. Hier ist kein Mädchen. Nur ein Gassenjunge.«

Als Antwort deutete Nostradamus auf mich. »Das ist Mélisande, die Tochter des Spielmanns. Ich habe sie erwartet.«

Seine Frau starrte abwechselnd ihn und mich an.

»Lass sie ins Haus«, sagte Nostradamus. »So ist es vorherbestimmt.«

Kapitel dreiundzwanzig

Nostradamus' Frau hieß Anne Ponsarde, und obwohl ihr die Wendung der Ereignisse nicht behagte und sie argwöhnisch machte, stritt sie dennoch nicht mit ihrem Mann. »Komm mit«, befahl sie mir kurz angebunden, während sie Nostradamus ins Haus half.

Ich wischte mir mit der Hand übers Gesicht und bückte mich, um meine Mandoline aufzuheben. Erst da merkte ich es. In meiner Eile, der Rauferei auf der Straße zu entgehen, hatte ich die Lederhülle vergessen, die meine Mandoline vor der Witterung schützte. Ich spürte, wie mir wieder die Tränen in die Augen traten. Mein Vater hatte eine ansehnliche Summe für die Mandoline samt Tasche ausgegeben, sie war ein Geschenk zu meinem zwölften Geburtstag. Für mich war sie immer ein Zeichen dafür gewesen, dass ich jetzt kein Kind mehr war, und ich hatte geschworen, mich niemals von ihr zu trennen. Und nun hatte ich die Hülle aus feinstem Leder verloren.

»Trödle nicht«, schalt mich die Frau des Sehers. »Es ist gleich Zeit für das Abendessen, und ich muss meinem Mann gut zureden, damit er ein paar Bissen zu sich nimmt. Er hat den ganzen Tag nur Wasser getrunken.«

Wir betraten das Haus durch die Küche, und dabei fiel mir ein, wie ich der Frau von Nutzen sein konnte. »Ich könnte ja ein paar Eier verrühren und mit Kräutern ein heißes Getränk zubereiten, das Meister Nostradamus gewiss hinunterschlucken könnte.«

Sie schaute mich misstrauisch über die Schulter an. Irgendwo im Haus quengelte ein kleines Kind, und eine Stimme war zu hören, die beruhigende Worte sprach. »Meine älteste Tochter kümmert sich um die Kleine, sonst würde ich ja sie fragen ...« Frau Anne hielt inne, und schließlich begriff ich, weshalb sie zögerte. Als junger Mann hatte ich in ihren Augen sicher keine Ahnung von Küchendingen. Ich nahm meine Mütze ab und strich mein zerzaustes Haar glatt, und mit meiner normalen Stimme sagte ich zu ihr: »Meine Schwester hat mir beigebracht, wie man einfache Gerichte aus Kräutern zubereitet.«

»Nun gut«, gab sie nach. »Wenn du damit fertig bist, bringe es in das Erdgeschoss. Klopf an die Flügeltür und warte.«

»Nein«, mischte sich Nostradamus ein. »In das oberste Stockwerk, Anne. Mélisande soll das Essen in mein Studierzimmer ins oberste Stockwerk bringen.«

Seine Frau stöhnte verzweifelt auf.

»Du solltest in deine Schlafkammer gehen und dich ausruhen«, sagte sie. »Dir geht es nicht gut genug, um zu arbeiten.«

»Ich muss«, flüsterte er. »Wenn du sehen könntest, was ich sehe, dann wüsstest du, dass ich nicht rasten kann.«

Das Haus hatte drei Stockwerke. Den Becher mit heißem Eierpunsch in der Hand, stieg ich die steinerne Wendeltreppe bis ins Obergeschoss hinauf.

Die Stufen ins oberste Stockwerk waren steil und eng. Ich kam zu einem Treppenabsatz, von dem aus man durch einen Bogen zu mehreren Zimmern gelangte. Als ich mich dem Eingang zum ersten Zimmer näherte, hörte ich, wie sich Nostradamus und seine Frau im Flüsterton unterhielten. Er wehrte sich gegen ihre Fürsorge und sagte, er fühle sich schon viel besser. Sie schalt ihn, aber nicht in einem wütenden Ton, sondern eher wie eine Mutter, die ihren Lieblingssohn tadelt.

Den Becher vorsichtig in der Hand haltend, trat ich durch die offene Tür.

Und blieb wie angewurzelt stehen.

Draußen ging die Abenddämmerung in die Nacht über, aber im Zimmer war es taghell. Der Grund dafür war ein Meer aus brennenden Kerzen. Es müssen hundert oder mehr gewesen sein, die dort brannten, und alle waren aus teurem Bienenwachs. Sie waren in Lampen an der Decke, in großen Kerzenständern auf dem Boden und in noch mehr Kerzenhaltern überall im Raum, auf Tischen, Fenstersimsen und Regalen verteilt. In diesem Stockwerk konnte man von einem Zimmer ins nächste gehen, die Türen dazwischen standen offen. An den Wänden hingen eng beschriebene Schriftrollen mit alten Texten und Bildern, aber auch Spiegel in jeder Größe und Form. Und an der Decke, zwischen den Regalen und in Zimmerecken war gefärbtes Glas angebracht worden. Das erweckte den Eindruck, man habe eine Welt betreten, in der sich alles bewegte und glitzerte, in der sich alles tausendfach spiegelte und drehte.

Mit offenem Mund stand ich schwankend da und staunte.

»Hier herein«, hörte ich Anne Ponsarde aus einem der hinteren Zimmer rufen.

Ich trat einen Schritt vor. Im gleichen Augenblick bewegte sich auch eine schmächtige Gestalt mit zerzaustem Haar direkt vor mir. Eine Gestalt, die einen Becher in der Hand hielt, den sie fest an ihre Brust drückte. Ich bewegte meinen Kopf. Die Gestalt tat es mir nach.

Ich blieb stehen.

Sie blieb ebenfalls stehen.

»Ach«, stöhnte ich. Die Gestalt war ich selbst. Ich betrachtete mein Spiegelbild wie das Bild einer Fremden. Sah ich wirklich so aus? So struppig und gebückt? Ich reckte mich, und als Frau Anne mich zum zweiten Mal rief, ging ich rasch weiter.

Meister Nostradamus saß, von Kissen gestützt, auf einem Sofa in einer Zimmerecke, und Anne wickelte eine Decke um seine Füße. Ich ging auf die beiden zu und ungefähr ein Dutzend Spiegelbilder von mir begleiteten mich.

Seine Frau streckte die Hand aus. »Gib mir den Becher«, sagte sie, dann nahm sie ihn und hielt ihn ganz dicht vor seinen Mund, damit er trinken konnte.

Nostradamus' Gesicht war grau und zerfurcht, aber seine großen Augen unter den schweren Lidern hatten nichts von ihrem Glanz verloren. »Komm her zu mir, Mélisande«, forderte er mich auf.

Ich trat näher. Nachdenklich blickte er mich an. Dann hob er den Becher an die Lippen und trank das dickflüssige gelbe Getränk. »Es schmeckt gut«, sagte er. »Du hast mehr als nur eine Begabung.«

Seine Frau Anne lächelte erleichtert, weil er endlich etwas zu sich genommen hatte. Sie wollte mir gerade den leeren Becher geben, damit ich ihn wegtrüge, als er ihr Einhalt gebot.

»Weißt du, weshalb du in dieses Haus gekommen bist?«, fragte er mich.

»Ich bin wegen meiner Schwester gekommen«, antwortete ich.

»Deine Schwester?«

»Ja, meine Schwester Chantelle.«

»Was will deine Schwester von mir?«

Ich starrte ihn an. Weshalb fragte er mich das? Wusste er denn nicht, dass Chantelle tot war?

Seine Frau holte tief Luft. »Ihre Schwester …«, sie zögerte, dann fuhr sie fort: »Mélisandes Schwester ist vor Kurzem gestorben.«

»Und Ihr habt ihren Tod vorhergesagt«, fügte ich hinzu. »Erinnert Ihr Euch nicht mehr? In der großen Halle von Cherboucy. In Gegenwart des Königs?«

»Ach, ja.« Er fuhr sich mit der Hand über die Augen. »Das ältere Mädchen, das dort tanzte. Jetzt erinnere ich mich. Der Schatten des Todes lag auf ihr.«

»Ihr habt *tatsächlich* etwas gesehen?«, schrie ich auf. »Ich muss wissen, was es war und warum Chantelle sterben musste. Deshalb bin ich hier.«

Er schüttelte den Kopf. »Nein, Mélisande. Das ist nicht der Grund, weswegen du hier bist.«

Gewiss würde er es merken, wenn man ihm nicht die ganze Wahrheit erzählte, außerdem nahm ich an, dass er eine Ahnung hatte, auf welche Weise Chantelle gestorben war. Deshalb erzählte ich ihm meine ganze traurige Geschichte. Und ich konnte sie nicht erzählen, ohne Tränen zu vergießen, und sogar seine Frau, die mir zuvor nicht viel Mitleid entgegengebracht hatte, presste die Hand auf ihren Mund, als ich berichtete, was mit meiner Schwester geschehen war.

»Mein Vater wird vom König gefangen gehalten, um sich vor Gericht wegen der falschen Anschuldigungen des Comte de Ferignay zu verantworten«, endete ich. »Ich weiß, Katharina von Medici gibt viel auf Euer Wort, und ich hatte gehofft, dass Ihr mir in irgendeiner Weise helfen könntet. Dies, Meister Nostradamus, ist der Grund, weshalb ich hierhergekommen bin.«

Nostradamus schüttelte den Kopf. »Nein«, sagte er, und seine Stimme klang merklich kräftiger. »Nein, Mélisande, das ist nicht der Grund, weshalb du hier bist.«

Er lehnte sich in die Kissen zurück und schloss die Augen.

Seine Antwort machte mich ratlos. Für mich gab es keinen anderen Grund, ihn aufzusuchen, als meinen Vater zu retten und Gerechtigkeit für meine Schwester zu fordern.

»Du *denkst* vielleicht, das sei der Grund, weswegen du gekommen bist«, fuhr Nostradamus mit geschlossenen Augen fort, und dabei schien er mehr mit sich selbst als mit irgendjemandem im Raum zu sprechen. »Aber dem ist nicht so. Etwas ganz anderes hat dich zu mir geführt.«

Draußen war es inzwischen dunkel.

Hier drinnen brannten die Kerzen und spendeten ihr warmes Licht, aber ich verspürte eine eisige Kälte, die mir bis ins Mark drang.

»Welches Quartier hast du hier in Salon bezogen?« Nostradamus war wieder aus seinem Dämmerschlaf erwacht.

»Keines«, antwortete ich.

»Hast du keinen Platz, wohin du gehen kannst?«

»Ich kenne niemanden in dieser Stadt.«

»Anne«, wandte er sich an seine Frau. »Dann müssen eben wir Mélisande Obdach gewähren.«

Seine Frau schnalzte missbilligend mit der Zunge, offensichtlich war sie über diesen Vorschlag nicht gerade sehr erfreut. Ich überlegte, wie vielen Heimatlosen sie wohl schon aufgrund der Großherzigkeit ihres Mannes Unterschlupf gewähren musste.

Nostradamus schien wieder schläfrig zu werden, deshalb ließen wir ihn allein und schlichen auf Zehenspitzen aus dem Zimmer. Unten zeigte mir Frau Anne einen großen Dielenschrank. Darin lagen ein paar Matten und alte Kissen.

»Damit musst du vorliebnehmen«, sagte sie.

»Ich danke Euch dafür.« Ich war so erschöpft, dass ich sogar auf dem nackten Steinfußboden in der Küche geschlafen hätte.

Das nörgelnde Kind, das eine Zeitlang still gewesen war, begann, kläglich zu wimmern.

Ich zeigte auf meine Mandoline. »Wenn Ihr mir erlauben würdet«, sagte ich zu der Frau, »ich kenne ein Schlaflied, das Euer Kind vielleicht beruhigen wird.« Es war ein Wiegenlied, das ich in der Normandie gehört hatte, eine sehr einfache Melodie aus drei Akkorden.

»Wenn du willst, meinetwegen«, sagte Frau Anne achselzuckend und nahm mich mit in die große Stube im ersten Stock, wo das Kind mit gerötetem Gesicht in seiner Wiege lag und sich jammervoll eine Seite des Köpfchens rieb. Sie ging hinaus, als ich die Saiten meiner Mandoline zupfte.

Leise, Kindlein, leise,
still, mein Schatz, ganz still,
leise, Kindlein, leise,
hör, was ich dir sagen will.
Der Vater kehrt nach Haus zurück,
von langer Reise, großer Fahrt.
Du bist sein Stern, sein größtes Glück,
erfüllst ihn ganz mit Lieb so zart.
Über sein Kindlein er sich freut,
auf den Knien wiegt er es sacht,
nicht Tränen will er sehen heut,
sein Herz jauchzt, wenn es fröhlich lacht.

Leise, Kindlein, leise,
still, mein Schatz, ganz still,
leise, Kindlein, leise,
hör, was ich dir sagen will.
Kuchen bäckt die Mutter dein,
zu lindern jeden Schmerz,
ohne Kummer sollst du sein,
solche Lieb erfüllt ihr Herz.
Über ihr Kindlein sie sich freut,
auf den Knien wiegt sie es sacht,
nicht Tränen will sie sehen heut,
ihr Herz jauchzt, wenn es fröhlich lacht.

Ich schaukelte die Wiege mit den Füßen und spielte das Lied so oft, bis dem Kind die Augen zufielen und es einschlief. Dann schlich ich mich auf Zehenspitzen hinaus, ging nach unten und suchte meinen Schlafplatz auf. Kaum hatte ich mich hingelegt, als die Tür des Schranks geöffnet wurde und Frau Anne mir eine Decke zuwarf, dann ging sie wieder.

Ich blieb im Dunkeln zurück, und obgleich es kalt war, sogar unter der Decke, schlief ich ein, denn ich fühlte mich hier sicherer als in all den Wochen zuvor.

Im Hause war es ruhig. Ich flüsterte mein Nachtgebet in die Stille und bat Gott darum, dass Chantelle und Armand sich im Himmel wiederfinden mögen und dass Er Seine schützende Hand über meinen Vater hielte, bis ich bei ihm wäre und ihn rettete.

Langsam schlummerte ich ein. Ja, ich fühlte mich geborgen in diesem Haus. Niemand würde mich hier angreifen. Was das anging, brauchte ich mir keine Sorgen zu machen. Aber ein Gedanke ging mir nicht aus dem Kopf und nistete sich auch in meine Träume ein – der Gedanke an die rätselhaften Worte, die Nostradamus gesprochen hatte.

»Nein, Mélisande, das ist nicht der Grund, weshalb du hier bist. Etwas ganz anderes hat dich zu mir geführt.«

Kapitel vierundzwanzig

Liebste Schwester.«

Ich schlug die Augen auf. Chantelle stand in der Tür. Sie trug ihr Brautkleid. Im ganzen Raum duftete es nach den frischen Blumen, die ihr Haar schmückten, und ihre Wangen waren mit dem zarten Rosa der Morgenröte überzogen.

»Liebste Schwester«, sagte sie wieder. Ihre herrliche Stimme erfüllte mich durch und durch.

»Chantelle!«, stieß ich hervor. Ich hob den Kopf und konnte meinen Blick nicht von ihr abwenden, so überwältigt war ich vor Freude und Erleichterung.

»Mélisande«, flüsterte Chantelle. Es schien, als wolle sie in das Zimmer treten, aber irgendetwas hinderte sie daran.

Ich sah, dass ihr Brautkleid weder befleckt noch zerrissen war. Ihr Mieder war sauber, und auch die winzigen Perlen, die den Kragen umsäumten, waren alle noch da. Nichts war zerschlissen, keine Blutspritzer besudelten das makellose Gewand, keine Kratzer oder Blessuren zeichneten ihr Gesicht oder schmälerten ihre Anmut.

All meine wilden Gedanken und die gewalttätigen Ereignisse der letzten Wochen waren also nichts anderes gewesen als ein schlimmer Traum. Ein furchtbarer Albtraum, den mir ein tückisches Fieber geschickt hatte.

Ich kniete in meinem Bett. Chantelle war von Licht umhüllt, und ich wusste nicht, woher es kam.

»Wo ist Armand?«, fragte ich sie.

»Er ist hier.«

»Ich sehe ihn nicht.«

Sie lachte sanft. »Er ist bei mir, das kann ich dir versichern.«

Ich streckte die Arme nach ihr aus.

»Du darfst mich nicht berühren, Mélisande«, sagte Chantelle freundlich.

Ich begann zu weinen.

»Still, meine liebe Schwester. Sei nicht besorgt. Du lebst nun dein eigenes Leben.«

»Aber das will ich nicht. Ich möchte bei dir sein. Damit wir wieder gemeinsam glücklich sind.«

»Ich bin grenzenlos glücklich. Und du«, sagte sie, »du, Mélisande, du hast deine eigene Lebensspanne, deinen eigenen Weg, den du gehen wirst, und eine ganz besondere Aufgabe, die du erfüllen musst.«

Aber ich hörte ihr kaum zu. Mich verlangte so sehr danach, sie an mich zu drücken, ich wollte so sehr, dass sie mir übers Haar strich, so wie sie es immer gemacht hatte, als ich noch ganz klein und sie Mutter und Schwester zugleich für mich gewesen war.

Ich *musste* sie einfach berühren.

Ich richtete mich in meiner Bettstatt auf, streckte die Hände aus und warf mich in ihre Arme. Mit einem dumpfen Schlag fiel ich gegen die Schranktür und ich erkannte mein Abbild in einem länglichen Spiegel an der Innenseite dieser Tür. Ich war es, ich ganz allein, und mir dämmerte die fürchterliche Gewissheit, dass ich geschlafen hatte und nun aufgewacht war. Was ich gerade erlebt hatte, war ein schöner Wunschtraum gewesen, mehr nicht. Die schreckliche Wahrheit war eine andere: Chantelle war tot und ich würde sie in dieser Welt niemals wiedersehen.

Ich brach in Tränen aus. Verzweifelt kniete ich mich hin und schlug mit den Fäusten auf den Boden. Doch dann hielt ich erschrocken inne. Wenn ich nicht aufhörte zu weinen, würde das kranke Kind wieder aufwachen und zu schreien anfangen, und dann würde Frau Anne kommen und mich hinauswerfen.

Ich hockte zusammengekauert auf den Fersen, als es mir plötzlich auffiel. Da war dieser süße Geruch nach Blumen, der sowohl im Schlafen als auch im Wachen die Luft erfüllte. Ich schaute nach unten. Neben meinem Knie lag eine zerdrückte Blüte, eine Artema. Es war eine der Blumen, die ich am Morgen von Chantelles Hochzeitstag gepflückt hatte. Ich hob sie auf. Sie hatte sich wohl während meiner langen Reise nach Salon in meiner Kleidung verfangen, und erst als ich mich am vergangenen Abend schlafen legte, war sie herausgefallen.

Wie sonst hätte die Blume hierherkommen sollen?

Ich konnte jetzt nicht wieder einschlafen, das wusste ich genau. Behutsam legte ich die Blume in den hohlen Bauch meiner Mandoline. Es war noch sehr früh am Morgen, deshalb bemühte ich mich, ganz leise zu sein, als ich die Hintertür aufschloss und nach draußen zur Latrine ging. Als ich danach mein Gesicht wusch und die Haare mit den Fingern kämmte, musste ich immerzu an die Worte meiner Schwester denken: *»... du hast deinen eigenen Weg, den du gehen wirst, und eine ganz besondere Aufgabe, die du erfüllen musst.«*

Ich kannte den besonderen Weg, den ich gehen musste, und ich hatte bereits herausgefunden, wohin er mich führte. Meine besondere Aufgabe bestand darin, meinen Vater zu finden und ihn vor dem Gefängnis oder gar Schlimmerem zu bewahren.

Kapitel fünfundzwanzig

Auf meinem Rückweg bemerkte ich, dass sich ein Brunnen im Garten befand. Ich schöpfte ein paar Eimer, trug das Wasser ins Haus und schüttete es in den Kessel, der über dem Herd hing. Ich stocherte in der Asche. Es war noch genug Glut da, um ein paar Späne zu entzünden, deshalb holte ich einige Scheite von dem Holzstoß vor der Tür und legte sie auf den Feuerrost. Als das Haus langsam erwachte und Frau Anne in der Küche erschien, brodelte das Wasser schon vor sich hin.

Sie warf einen Blick zum Herd und nickte zufrieden. »Ich sehe, dass du kein faules Kind bist, und das gefällt mir, auch wenn ich eine Küchenmagd habe, die jeden Morgen kommt, um mir zu helfen.«

»Möchtet Ihr, dass ich noch einen Eierpunsch für Meister Nostradamus zubereite?«, fragte ich.

»Er schläft«, sagte sie müde. »Er war fast die ganze Nacht über wach. Ich habe gehört, wie er oben in seinen Räumen hin und her gelaufen ist. Es wird ihm guttun, noch eine Weile zu ruhen. Außerdem müssen wir beide noch etwas erledigen.«

Ich schaute sie erstaunt an, während sie weiterredete. »Wir müssen uns überlegen, was wir den Leuten erzählen, weshalb du in diesen Haushalt gekommen bist. Die verfeindeten Protestanten und Katholiken in Salon sind immer darauf aus, Zwietracht zu säen. Sie haben überall ihre Spitzel, die mit jeder noch so unbedeutenden Nachricht zu Graf Thierry laufen oder zum Bischof und dessen Freund, dem Herzog von Marcy. Denken wir uns also eine einleuchtende Geschichte über deine Herkunft aus, ehe Diener oder Besucher anfangen, über dich zu tratschen und Mutmaßungen anzustellen.«

»Vielleicht tut man das bereits«, sagte ich. Ich erzählte ihr von der Rauferei vor der Schänke am Nachmittag des vergangenen Tages und wie ich mich davongestohlen und eine alte Bettlerin mir den Weg zu Nostradamus' Haus gewiesen hatte.

»Ich glaube, ich weiß, wer die Alte ist«, sagte Frau Anne. »Sie wandert durch die Straßen und tut niemandem etwas zuleide, aber sie ist sehr arm und hat keine Kinder, die sie unterstützen. Wenn sie hört, dass Graf Thierry auf der Suche nach einem jungen Spielmann ist, wird sie bestimmt auf eine kleine Belohnung hoffen und dem Hauptmann der Stadtwache erzählen, dass sie so einen Jungen zu meinem Haus geführt hat.« Frau Anne schaute mich kritisch an. »Wir müssen überlegen, was wir mit dir machen.«

»Mit mir machen?«, fragte ich. »Wie meint Ihr das?«

»Pah, Kind. Schau dich doch nur an. Du bist schmutzig und du siehst noch immer aus wie ein Junge.«

»Der König und der Comte de Ferignay suchen nach einem Mädchen«, überlegte ich. »Deshalb wäre es am besten, wenn ich ein Junge bliebe.«

»Nicht hier«, sagte Frau Anne nachdenklich. »Nein. Du warst in dieser Stadt in einen Vorfall verwickelt, bei dem Graf Thierry zugegen war. Er ist ein äußerst scharfsinniger Mann, und wenn er dich als Spielmann bewundert hat und wollte, dass du auf seine Burg in Valbonnes kommst, um ihm vorzuspielen, dann wird er versuchen, dich zu finden. Du musst wissen, er gehört zu den Menschen, die, wenn sie einmal damit begonnen haben, jemanden oder etwas zu suchen, nicht eher ruhen, bis sie fündig geworden sind.«

Ich musste an den scharfen Blick des Mannes denken, als er in seinem schwarzroten Waffenrock auf den Wällen der Stadtmauer stand, und auch daran, wie er mich später angeblickt hatte, während er die rauflustigen Kerle vor der Schänke in Schach hielt.

»Ich glaube, es wäre das Beste, wenn wir diesen wandernden Spielmannsjungen zu Grabe tragen«, fuhr Frau Anne fort, »und du wieder ein Mädchen würdest. Das heißt auch, dass wir einen einfachen und naheliegenden Grund nennen können, weshalb du hier in meinem Haus bist. Ich habe eine Zwillingsschwester und in unserer Familie gibt es viele Basen und Vettern. Ich denke, wir werden dich als Lisette ausgeben, die vom Land gekommen ist, damit sie etwas über das Apothekerhandwerk lernt – wir haben eine Apotheke in einem der vorderen Zimmer des Hauses. Ja …«, sie nickte, »so machen wir es. Ich suche dir Kleidung und ein passendes Kopftuch, das du dir umbinden kannst, um dein kurzes Haar zu verstecken, bis es wieder nachgewachsen ist.«

Ich sah ein, dass sie recht hatte. Zweifellos war es am vernünftigsten, ein Kleid anzuziehen und wieder ein Mädchen zu werden. Aber in diesen Entschluss mischte sich auch Bedauern. Ich hatte mich schon fast daran gewöhnt, ein Junge zu sein, und genoss das Gefühl, ohne Begleitung oder Anstandsdame auf die Straße gehen zu können, die Freiheit, einen Spaß oder eine Bemerkung machen zu können, wie es mir beliebte, und kommen und gehen zu können, wie und wann ich wollte.

»Noch eines …« Frau Anne streckte die Hand aus. »Du musst mir deine Mandoline geben.«

Ich weigerte mich rundheraus. »Nein. Das kann ich nicht.«

»Du musst«, sagte sie, jetzt in einem freundlicheren Ton. »Mélisande, deine Mandoline ist das Einzige, was in allen Beschreibungen von dir übereinstimmt. Die vom Comte de Ferignay gesuchte Tochter des Spielmanns hat ebenso eine wie der unbekannte Junge, der in dieser Stadt auftauchte und vor Graf Thierry, der hier das Gesetz ist, davongelaufen ist, obwohl er nichts Unrechtes getan hat.« Wieder streckte sie ihre Hand aus.

Ich ging zu dem Schrank, in dem ich die Nacht verbracht hatte, und holte meine Mandoline. Frau Anne nahm sie mir aus der Hand und sagte: »Wenn es dunkel ist und alle schlafen, kannst du darauf spielen. Aber am Tag darf sie niemand sehen.«

Sie schob den Küchentisch zu den Regalen an der Wand, stellte einen Stuhl auf den Tisch, kletterte hinauf, legte meine Mandoline auf das oberste Regalbrett und schob sie bis ganz an die Wand, sodass niemand, der in der Küche stand, sie sehen konnte.

»So«, sagte sie. »Du bist größer als ich; wenn du es so machst wie ich gerade, kannst du sie jederzeit wieder herunterholen. Aber ich bitte dich, sei nicht leichtsinnig. Wir können hier keine Nachforschungen gebrauchen. Es ist schon schwer genug, sich aus allen Schwierigkeiten herauszuhalten, wir brauchen keine zusätzliche Last auf unseren Schultern.«

»Welche Schwierigkeiten denn?«, fragte ich, während wir den Tisch an seinen Platz zurückstellten. Ich brannte darauf, mehr zu erfahren. Ich hatte angenommen, dies sei eines der sichersten Häuser in ganz Frankreich. Unter dem Schutz der höchsten Dame im Land, was hatte Frau Anne da Schlimmes zu befürchten?

»Katharina von Medici hat Meister Nostradamus immer hoch geschätzt und wir stehen in ihrer Gunst«, bestätigte sie. »Aber hier, im Süden Frankreichs, ist die Macht des französischen Hofes gering. Selbst wenn die Regentin überzeugt davon ist, dass manche Menschen die Gabe haben, die Zukunft vorherzusagen, gibt es doch auch andere, die dem nicht so wohlwollend gegenüberstehen. Manche halten es für das Werk dunkler Mächte. Es braucht nicht viel und man verleumdet uns bei der Inquisition.«

Die Inquisition!

Einmal hatte ich erlebt, was die Inquisition anrichtete.

Papa, Chantelle und ich waren gerade in eine Stadt kurz hinter der spanischen Grenze gekommen, in der wenige Tage später ein Fest gefeiert werden sollte. Wir hofften, dort ein wenig Geld zu verdienen, indem wir in den Straßen für die Leute aufspielten. Als wir in die Nähe des Marktplatzes kamen, mussten wir einer langen Prozession von Menschen Platz machen. Außen gingen schwarz gekleidete Gestalten. In den Händen hielten sie brennende Pechfackeln, und ihre Köpfe waren mit schwarzen Hauben bedeckt, die schmale Sehschlitze hatten. In der Mitte gingen zwei Männer und eine Frau, denen man Kreuze auf den Rücken gebunden hatte. Der Frau hatte man die Nase abgeschnitten, ein wahnsinniger Blick lag in ihren blutunterlaufenen Augen. Die Menge, die diesem Zug folgte, wuchs schnell an, viele bespuckten die Unglücklichen und riefen ihnen schreckliche Worte zu. Die Frau antwortete darauf mit einem durchdringenden Kreischen, es klang wie der Schrei eines Esels. Mir blieb der Mund offen stehen, so sehr entsetzten mich die Laute, die aus der Kehle der Frau kamen. Erst später erfuhr ich, dass man ihr auch die Zunge herausgeschnitten hatte. Einer der Männer sang. Seine Stimme war nicht angenehm, aber sie hatte so viel Kraft, dass sie auf dem ganzen Platz zu hören war. Der andere Mann schlurfte so schwerfällig, als würde er jeden Augenblick zusammenbrechen.

»Ich wette, diesmal kommt kein Simon von Cyrene und trägt das Kreuz für sie«, sagte mein Vater bitter.

Einer aus der Menge rempelte ihn unsanft an. »Warum tust du es dann nicht, wenn du so schlau bist und alles besser weißt? He? He?«

Ein paar Leute drehten sich um und begafften uns. Einer der Männer warf Chantelle anzügliche Blicke zu. »Das ist aber eine Hübsche, die du da bei dir hast.« Er redete meinen Vater an. »Wie viel willst du für sie?«

Mein Vater fasste Chantelle und mich an den Händen und wir machten uns schleunigst aus dem Staub.

»Nur für eine Stunde«, rief der Mann uns nach. »Dann bringe ich sie dir zurück, damit du dich selbst vergnügen kannst.«

Zwischen den derben Reden und den unanständigen Angeboten hörte ich das Kreischen der gequälten Frau, das Brüllen des Sängers, den Gesang der Vermummten und das durchdringende Geräusch der hölzernen Klappern. Ich war jung und neugierig und wollte wissen, was da vor sich ging, deshalb drehte ich mich um, aber Chantelle hielt mir die Hand vor die Augen, und mein Vater zog uns an sich. Dann verließen wir auf schnellstem Wege die Stadt.

Jedermann wusste, dass die Macht der Inquisitoren weit reichte; sie reisten durchs Land, hielten Gerichtsverfahren ab und verurteilten jene, die man der Ketzerei beschuldigte. Mir fiel ein, wie die Bettlerin sich gestern auf der Straße umgeblickt hatte, bevor sie mir anbot, die Zukunft aus meinen Handlinien zu lesen. Ein Mann wie Nostradamus musste sicher besonders auf der Hut sein, um nicht die Aufmerksamkeit jener zu erregen, die die Macht hatten, ihn zu verurteilen.

»Und tatsächlich«, Frau Anne schaute zum Fenster hinaus, »hier kommt schon jemand, dem Klatsch und Tratsch viel lieber sind als Arbeit.«

Eine untersetzte Frau, bei der es sich wohl um die Dienerin handelte, die jeden Morgen kam, hastete den Weg herauf.

»Schnell jetzt.« Frau Anne nahm mich am Arm, zog mich in die Diele und schob mich vor sich her die Treppe hoch in ihr Schlafzimmer. »Wir müssen Kleider für dich herrichten und deine Geschichte proben, ehe Berthe dich zu Gesicht bekommt.«

Kapitel sechsundzwanzig

Du bist sehr mager«, sagte Frau Anne, als ich mich auszog und meine Sandalen, meine Hose und die Tunika ablegte.

»So war ich schon immer«, antwortete ich rasch. Tatsächlich aber hatte ich abgenommen, da ich seit einer Woche oder noch länger keine richtige Mahlzeit mehr bekommen hatte. Vorher hatte ich mich wenig um das Essen gekümmert. Mein Vater sorgte immer dafür, dass Chantelle und ich genug davon hatten. In den letzten Jahren hatten wir an den Höfen von England und Frankreich gespielt, wo es Essen im Überfluss gab. Deshalb war es eine neue Erfahrung für mich, den nagenden Hunger kennenzulernen, der Körper und Geist niederdrückt.

Als ob sie meine Gedanken erahnen würde, sagte Frau Anne: »Das Leben, das wir hier führen, ist ganz anders als in den großen Palästen und nicht so, wie du es vielleicht gewohnt bist. Wir müssen für sechs heranwachsende Kinder sorgen, und obwohl Katharina von Medici meinem Gatten eine königliche Leibrente gewährt, ist nicht genug Geld da, um dich wie eine Dienstmagd zu entlohnen.«

»Das erwarte ich auch nicht«, versicherte ich ihr. »Ich werde Euch helfen, so gut ich kann, und ich bin für alles Essen dankbar, das übrig ist, wenn sich Eure Familie satt gegessen hat.«

»Red keinen Unsinn, Kind.« Sie schnalzte missbilligend mit der Zunge. »Du wirst mit uns gemeinsam essen. Lass uns mal sehen, was wir mit dir machen. Diese Kleider …« Sie rümpfte die Nase, während sie meine Sachen aufsammelte. »Sie sehen aus, als hättest du damit in einem Heuhaufen übernachtet!«

Ich hatte keine Lust, Frau Anne zu erzählen, dass ich in der Tat die letzten Nächte in Heuschobern verbracht hatte. »Mein Umhang ist noch ganz brauchbar«, sagte ich daher lediglich.

»Aber viel zu auffällig.« Frau Anne befühlte die rostbraune Wolle und den goldbestickten Kragen. »Hast du mit deiner Schwester zusammen dieses Muster gestickt?«

Ich senkte den Kopf, weil mich sehnsuchtsvolle Erinnerungen erfüllten. Ich dachte daran, wie Chantelles geschickte Hände meine Finger geführt hatten, wie sie mir gezeigt hatte, wie man das Muster auf dünnes Papier zeichnet und es auf den Stoff überträgt.

»Ich weiß, wie es ist, wenn man ein Herz und eine Seele mit seiner Schwester ist«, sagte Frau Anne mitfühlend. »Ich habe eine Zwillingsschwester, und als wir junge Mädchen waren, teilten wir alle Geheimnisse und tuschelten miteinander, während wir gemeinsam in der Nachmittagshitze nähten.«

Eine dicke Träne kullerte über meine Wange.

»Das Leiden deiner Schwester hat ein Ende«, sagte Frau Anne mit fester Stimme. »Lass dir das ein Trost sein.«

Fast hätte ich Frau Anne von dem Traum der vergangenen Nacht erzählt, als Chantelle zu mir gekommen war und gesagt hatte, dass sie glücklich sei. Aber irgendetwas hielt mich zurück. Ich verspürte ein seltsam bedrückendes Gefühl. Die Wände dieses Hauses schienen unter der Last der Träume und des Ungesagten zu ächzen.

Frau Anne breitete meinen Umhang aus und schlug darin meine Kappe, meine Sandalen, meine Hose und meine Tunika ein. Dann klappte sie den Deckel einer Truhe am Fußende ihres Bettes auf und ließ das Bündel zusammen mit meinen übrigen Habseligkeiten darin verschwinden.

»Und hier ist deine Geschichte. Merk dir gut, was ich dir

sage, damit wir beide das Gleiche erzählen. Du bist Lisette Ponsarde. Siehst du, ich habe dir meinen eigenen Familiennamen gegeben. Und du bist gerade erst von einem Bauernhof in der Nähe von Montvieulle nach Salon gekommen.«

»Da war ich schon«, sagte ich. »Wir reisten durch diesen Landstrich, ehe wir zum Hof in Cherboucy kamen.«

»Sehr gut. Je genauer du die Gegend und die Landschaft beschreiben kannst, desto eher wird man dir glauben, dass du von dort kommst. Mein Vetter Guillem hat dort einen kleinen Bauernhof, auf dem er mit seiner Frau und seiner großen Familie lebt. Er hält Vieh und Hühner und verkauft Eier. Sie besitzen keine Reichtümer, aber sie müssen auch nicht hungern. Als du größer wurdest, bemerkte mein Vetter, dass du recht begabt bist. Ich werde sagen, dass er mich gefragt hat, ob ich dich in der Apotheke anlernen würde. Als Gegenleistung für Verpflegung und Unterkunft sollst du mir im Haushalt zur Hand gehen.«

Während sie noch sprach, nahm Frau Anne einen Korb Kleider aus einem Schrank in ihrem Zimmer und sah sie durch. Zuerst zog sie ein blassblaues Kopftuch hervor und dann ein Paar Holzschuhe. Die Schuhe waren schon ganz abgetragen und viel zu groß für mich, aber wenn ich sie an den Zehen mit etwas Stroh ausstopfte, würden sie wohl passen. Als Nächstes holte sie ein langes dunkelblaues Kleid mit einer Reihe von Knöpfen am Mieder hervor.

»Wem hat dieses Kleid gehört?«, fragte ich.

»Mir. Bevor ich meinem Mann sechs Kinder gebar, hatte ich eine Taille, die man mit zwei Händen umfassen konnte.« Sie seufzte. »Diese Zeiten sind leider vorbei.«

Ich legte das Kleid über meine Schulter und hielt es vor mich. Es reichte nur bis über die Knöchel.

»Du kannst den Saum später auftrennen und wenn nötig eine Borte ringsherum nähen.« Sie nahm das blassblaue Tuch und band es mir um den Kopf. »Wie groß deine Augen sind, Mélisande«, sagte sie. »Entschuldige, ich muss daran denken, dich Lisette zu nennen.« Sie lächelte mich an. Es war das erste freundliche Lächeln, das sie mir gönnte, seit wir uns zum ersten Mal begegnet waren. »Schau nicht so ängstlich drein. Wenn du niemandem deine wahre Geschichte erzählst und dich zusammennimmst, dann bist du hier in Sicherheit.«

Ich schaute an ihr vorbei in den Spiegel hinter der Schranktür. Wieder einmal erkannte ich mich selbst kaum. Ich war jetzt nicht mehr der einfältige Spielmannsjunge und erst recht nicht die wagemutige, unschuldige Mélisande, die ich am königlichen Hofe gewesen war. Jetzt war ich Lisette, blass im Gesicht und schlicht gekleidet, und wenn man Frau Anne Glauben schenken durfte, ein Mädchen von niederer Herkunft, das niemand sonderlich beachten würde. Aber ich bildete mir ein, dass der Lisette, die mir aus dem Spiegel entgegenblickte, der Kummer ins Gesicht geschrieben stand und dass dies jedem aufmerksamen Beobachter auffallen würde.

Frau Anne nahm mich bei der Hand. »So, und jetzt machen wir dich mit Berthe, der Küchenmagd, bekannt. Ich muss ihr sagen, was sie heute erledigen soll, oder sie wird die Füße zum Ofen strecken und gar nichts tun.«

Ehe sie das Zimmer verließ, hielt sie inne und dämpfte die Stimme zu einem Flüstern. »Ich sag es dir noch einmal: Sei besonders achtsam, wenn Berthe im Haus ist. Ihre Ohren sind länger als die eines Feldhasen und ihren Augen entgeht nichts.«

Kapitel siebenundzwanzig

Berthe kämpfte sich vom Stuhl hoch, als wir die Küche betraten. Sie hatte sich dicht an den Herd gesetzt, mit geschürzten Röcken, und ihre Waden waren schon rot gefleckt von der Hitze. Schnell griff sie nach dem Kessel und zog ihn vom Feuer.

»Das Wasser kocht schon, Frau Anne«, sagte sie.

Ich merkte gleich, sie war eine schlaue Person, diese Berthe. Aber ihre Herrin ließ sich nicht davon täuschen, dass sie nun so tat, als hätte sie ihre Pflichten erfüllt.

»Ich bin schon hier unten gewesen, Berthe«, gab Frau Anne kurz angebunden zurück. »Es war Mél…«, in ihrem Ärger hätte sie beinahe meinen Namen verraten, »es war Lisette, die Tochter meines Vetters, die das Wasser vom Brunnen geschöpft und zum Kochen gebracht hat.«

Berthe warf mir einen kurzen, feindseligen Blick zu, und so stand unsere Bekanntschaft von Anfang an unter einem schlechten Stern, denn zweifellos machte sie mich insgeheim für diesen Rüffel verantwortlich.

»Nun ja«, sagte sie, »ich wusste schon, dass jemand anderer seit gestern hier arbeitet.«

Frau Annes Lippen wurden schmal. »Wie das?«, fragte sie.

»Der Tisch ist verstellt.« Berthe grinste verschlagen. »Man sieht noch die Abdrücke auf dem Boden, wo er ursprünglich gestanden hat.«

Ich blickte nach oben, wo meine Mandoline versteckt lag.

Frau Anne sah dies und schüttelte beinahe unmerklich den Kopf.

Berthe beobachtete uns beide. Hatte sie gesehen, dass ich auf den obersten Regalboden geschaut hatte?

Mit ihren nächsten Worten drosch Frau Anne auf Berthe ein wie auf eine große Fliege. »Ich bin erstaunt, dass du uns auch noch auf deine schlampige Arbeit aufmerksam machst«, rief sie. »Wenn du den Küchenboden jeden Abend geschrubbt hättest, dürfte man nicht bemerken, ob der Tisch verschoben wurde. In Zukunft stellst du den Tisch und die Stühle beiseite, damit du nicht nur um die Möbel herumwischst, sondern auch darunter.«

»Jawohl, Frau Anne.« Berthe senkte den Kopf angesichts dieser Schelte.

»Lisette ist vom Bauernhof ihres Vaters in Montvieulle gekommen und wird eine Weile bei uns bleiben. Mein Vetter möchte, dass sie lernt, in der Apotheke auszuhelfen, aber sie kann kommen und gehen, wann sie will, und du wirst sie wie eine Tochter des Hauses behandeln.«

»Jawohl, Frau Anne«, wiederholte Berthe. Sie hob den Kopf gerade so viel, dass sie einen prüfenden Blick auf mein Gesicht und meine Kleider werfen konnte.

»Koche zuerst die eingeweichten Haferflocken.« Frau Anne deutete auf ein zugedecktes Gefäß, das auf der Anrichte stand. »Danach vermengst du etwas Mehl. Ich möchte eine Pastete backen für …«

Sie wurde von ihrer älteren Tochter unterbrochen, die mit dem kranken Kind im Arm ins Zimmer kam. Das kleine Mädchen war anscheinend gerade aufgewacht und jammerte, quengelte und warf sein Köpfchen von einer Seite auf die andere. Als es seine Mutter sah, rief das Kind: »Mama! Mama!« und fing laut zu schreien an.

»Gleich, gleich.« Frau Anne nahm einen dicken Wollschal von einem Haken in der Küche, wickelte die Kleine hinein und versuchte, sie zu beruhigen. »Zieh dich an und mach dich für deine Unterrichtsstunden fertig«, wies sie das ältere Mädchen an. »Berthe wird das Frühstück für uns bereiten und es uns bringen. Lisette …«, wandte sie sich dann an mich, »geh in die Apotheke und mache dich mit Giorgio bekannt, der Meister Nostradamus' geschätzter Apotheker ist. Giorgio ist bestimmt schon da, obwohl es noch sehr früh am Tage ist. Lass dich von seinem Benehmen nicht abschrecken, er ist ein gelehrter Mann, der viele Fähigkeiten besitzt. Sag ihm, was los ist, und frag ihn, ob er etwas hat, um die Schmerzen meiner Kleinen zu lindern.« Das Kind jammerte wieder, schüttelte den Kopf, schrie und griff nach dem Gesicht der Mutter. »Sag ihm, sie schreit wie vom bösen Geist besessen.«

Bei diesen Worten bekreuzigte sich Berthe, und als Frau Anne mit ihren Kindern die Küche verlassen hatte, murmelte sie: »Besessen mag das Kind wohl sein. Ich sage, das ist eine Strafe Gottes für diejenigen, die sich in Dinge einmischen, die sie nichts angehen.« Sie schaute mich durchdringend an. »Was meinst du dazu, Bauernmädchen?«

Ich gab ihr keine Antwort, sondern trat hinaus in den Gang. Ich ging an dem Schrank vorbei, in dem ich die vergangene Nacht verbracht hatte, zur vorderen Seite des Hauses. Neben mir befand sich die Treppe, die in die oberen Stockwerke führte, vor mir die Eingangstür, und zu meiner Linken war eine weitere Tür, in deren Schloss ein Schlüssel steckte. Ich schloss auf und öffnete die Tür und stand in einem langen, schmalen Raum mit Fenstern und einer eigenen Tür zur Straße hinaus.

Das Zimmer war Geschäft und Werkstatt zugleich. Vor mir stand ein Tresen, an dem die Kunden warteten, wenn sie etwas kauften. Dahinter, rechts und links von der Tür, in der ich stand, reihte sich Regal an Regal, darauf Dutzende von Töpfen und Flaschen und darunter Schränke mit Schubladen verschiedenster Größe. Alle waren säuberlich beschriftet und nummeriert. An einem Ende, halb verdeckt hinter einer Trennwand, standen ein Ofen, mehrere Spülbecken, ein Tisch und Werkbänke. Ein Mann beugte sich gerade über eine davon. Mit einem Löffel füllte er Puder in eine kleine Holzkiste, aber als ich die Tür öffnete, hielt er inne und schaute auf.

»Ah, ein neues Gesicht«, sagte er. »Komm herein. Komm herein. Was ist dein Anliegen?« Er winkte mir, näher zu kommen.

Er blieb so gebeugt wie zuvor, und ich sah, dass er gar nicht aufrecht stehen konnte. Sein Rücken war verkrümmt, obwohl er nicht bucklig war. Als ich zögerte, trottete er auf mich zu. Dabei schlenkerten seine Glieder, als wären die Knochen nicht fest miteinander verbunden.

»Und wer ist das Mädchen, das sein gutes Benehmen vergessen hat und den armen Giorgio so unhöflich angafft?«

Ich wurde rot, und ich sprudelte hervor: »Ich bin – ich bin Lisette. Ich bin eine Verwandte von Frau Anne, die Tochter ihres Vetters, der in Montvieulle lebt, und ich werde eine Zeitlang hier wohnen.«

»Wie? Noch ein Zufluchtsuchender, um den sich diese ohnehin schon von Kummer geplagte Familie sorgen muss?«

»Nein, nein«, erwiderte ich sofort. »Ich werde für meinen Lebensunterhalt arbeiten. Ich kann ebenso gut zupacken wie jeder andere auch. Ich soll Euch helfen. Und gerade heute Morgen hat mich Frau Anne hierhergeschickt, um zu fragen, ob Ihr ein Mittel habt gegen die Schmerzen ihres jüngsten Kindes.«

»Nun, denn …« Giorgio stand ganz nah bei mir, und da er kleiner war als ich, blieb ihm nichts anderes übrig, als zu mir aufzuschauen. »Mal sehen, ob du mir hier in der Apotheke irgendwie nützlich sein kannst. Welche Art von Schmerz hat denn das Kind?«

»Ich, ich weiß nicht, was Ihr meint«, stammelte ich.

Er humpelte an seinen Platz zurück, nahm den Löffel in

die Hand und fuhr mit seiner Tätigkeit fort, die er unterbrochen hatte, als ich den Raum betrat.

»Denk über die Frage nach, die ich dir gestellt habe, dann gib mir Antwort.«

»Ihr wollt, dass ich den Schmerz beschreibe, der das Kind quält?«

Er nickte. Obwohl er in seine Arbeit vertieft war, sah ich, dass er mich aufmerksam beobachtete.

Ich dachte daran, wie laut das Kind geschrien hatte. »Es waren schlimme Schmerzen.«

»Ah!«, sagte Giorgio in einem Ton, als würde ihn das erstaunen. »Ein *schlimmer* Schmerz. Das macht die Sache schon viel klarer.«

»Macht Euch nicht lustig über mich«, sagte ich unwirsch. »Mir fehlt das nötige Wissen, um zu beschreiben, wie es dem Kind geht. Statt diesen Umstand zu nutzen, um mir eine Lektion in Bescheidenheit zu erteilen, wäre es besser, Ihr würdet mir erklären, wonach Ihr sucht. Das Kind leidet und wir verschwenden hier unsere Zeit.«

»Oho!« Er legte den Kopf schräg. »Eine erstaunlich scharfzüngige Antwort von einem einfachen Landmädchen.«

Er schüttelte das restliche Pulver vom Löffel und zeigte damit auf die Regalreihen. »Hier stehen Dutzende von Arzneien, die Schmerzen lindern. Einige davon könnten das Kind sogar so betäuben, dass es stirbt. Um so gut wie möglich helfen zu können, muss ich herausfinden, was genau den Schmerz *verursacht*. Das ist es, was ich von dir wissen wollte.« Bei jedem Punkt, den er nun aufzählte, streckte er einen Finger aus. »Wo ist der Schmerz? Wie stark ist er? Ist er beständig oder kommt und geht er? Ist es ein dumpfer oder ein stechender Schmerz? Speit das Kind? Sind die Därme weich und fühlbar? Ist ein Fieber dabei oder schwitzt das Kind normal?« Er machte eine Pause und schaute mich durchdringend an. »Nun sprich, dann werden wir schon sehen, wie gut du aufgepasst hast, Mademoiselle Lisette.«

Ich leierte meine Antworten im gleichen Ton herunter, in dem er mir seine Fragen gestellt hatte, und zählte sie auch an den erhobenen Fingern ab. »Der Schmerz scheint vom Kopf des Kindes herzurühren. Er ist sehr heftig. Er kommt und geht, aber wenn er kommt, dann muss das Kind sich die Schläfen reiben und schreit. Soweit ich weiß, hat die Kleine nicht gebrochen und leidet auch nicht unter Durchfällen. Aber sie hat Fieber, ja.«

»Gut. Sehr gut.« Während ich ihm Rede und Antwort stand, hatte Giorgio eine Holzleiter hervorgeholt und schubste sie vor sich her die Regalreihe entlang.

Er machte es recht geschickt, auch wenn es ungelenk aussah, aber ich glaubte, ihn schon genug zu kennen, um ihm erst gar nicht meine Hilfe anzubieten.

»Gibt es noch irgendwelche andere, wenn auch noch so kleine Hinweise, mit denen du mir bei meiner Diagnose helfen könntest? Das unbedeutendste Ereignis, das dir anfangs völlig unwichtig erscheinen mag, kann bedeutsam sein.«

Ich schüttelte den Kopf.

»Hat das Kind in der Nacht überhaupt geschlafen?«

»Ja, aber erst nach langer Zeit. Ich spielte …« Vor Angst spürte ich einen Stich im Herzen. Beinahe hätte ich verraten, dass ich für das Mädchen musiziert hatte! Rasch änderte ich meinen Satz ab. »Ich habe es mit einem Schlaflied beruhigt.« Giorgio schien merkwürdigerweise nicht das Mindeste bemerkt zu haben, aber zur Sicherheit versuchte ich noch, einen Witz zu machen, um ihn abzulenken. »Dann hat sie geschlafen, die arme Kleine. Aber ich glaube, es lag daran, dass sie vom Weinen erschöpft war und nicht an meiner Sangeskunst.«

Giorgio lehnte seine Leiter an ein Regal. Er hangelte sich ein oder zwei Sprossen in die Höhe, öffnete eine große Flasche und holte etwas heraus, das aussah wie ein Stück Baumrinde. »Hat Frau Anne eine Vermutung, was ihr fehlen könnte?«

»Nein«, sagte ich, doch dann, in der Hoffnung, ihm zu beweisen, dass ich ebenso wenig auf den Kopf gefallen war wie er, setzte ich hinzu: »Aber die Küchenmagd Berthe hat eine. Sie meint, es sei eine Strafe Gottes.«

»Und ich«, sagte Giorgio, während er die Leiter herunterstieg, »meine, dass es Ohrenschmerzen sind. Und damit«, er hielt das Stück Rinde hoch, »können wir dem Kind Linderung verschaffen.« Er sah mich mit einem berechnenden Blick an. »Nun, Mademoiselle Lisette. An wessen Urteil würdest du dich halten? An das Urteil Gottes oder das Urteil Giorgios?«

Ich wich ein paar Schritte zurück. Es war eine Frage, die ebenso gut ein Inquisitor hätte stellen können.

Als Giorgio meine Verwirrung bemerkte, lachte er. »Würden wir denn Gottes Willen zuwiderhandeln, wenn wir einen Trank aus Weidenrinde bereiten, der diesem Kind hilft?« Er sprach über die Schulter, während er zu seinem Arbeitsplatz zurückschlurfte.

»Es kann nicht Gottes Wille sein, dass ein Kind leidet«, sagte ich und folgte ihm, weil ich neugierig war und sehen wollte, was er tat.

Ich hatte viele Ärzte und Apotheker an den Höfen von England und Frankreich getroffen, aber die meisten von ihnen gaben ihre Geheimnisse nicht preis.

Giorgio gab mir die Baumrinde und ein kleines metallenes Reibeisen zum Aufstellen. »Hoble ein paar dünne Späne von der Innenseite«, wies er mich an, dann fuhr er in seinen Überlegungen fort. »Da gibt es diejenigen, die sagen, wenn Gott ein Unheil sendet, dann muss der Mensch demütig den Kopf beugen und es ertragen wie Hiob im Alten Testament.«

»Gott ließ die Pflanzen wachsen, damit wir sie nutzen«, erwiderte ich ihm. Ich nahm das Reibeisen und gab mir Mühe, die Späne so fein wie möglich abzuhobeln.

Giorgio brach ein Stück von einer Honigwabe ab und warf es zusammen mit den Spänen in einen kleinen Wasserschwenker, der auf dem Ofen vor sich hin köchelte.

»Und der gleiche Gott hat Euch den Verstand gegeben, dieses Gebräu herzustellen«, fügte ich hinzu.

»Und hat er dir auch so viel Verstand geschenkt, Lisette, dass du dich an die Zutaten und deren Menge erinnern wirst, sodass du etwas Ähnliches zusammenbrauen kannst, wenn es nötig ist?« Giorgio verschränkte die Arme und wartete.

Ich sagte ihm das Rezept auf und wurde dafür mit einem Blick belohnt, in dem, wie ich meinte, ein Hauch von Anerkennung lag. Aber auf eine freundliche Bemerkung wartete ich vergebens. Ich machte sehr rasch die Erfahrung, dass Giorgio mit Komplimenten äußerst sparsam umging. Als die Mixtur ein paar Minuten gekocht hatte, seihte er sie in eine Tasse und fügte einen Teelöffel goldgelber Flüssigkeit hinzu, die wie Met roch. Er gab mir das Getränk und sagte: »Bring dies zu Frau Anne und sag ihr, dass das Kind alles austrinken muss.« Er griff unter den Ladentisch und nahm den Deckel von einer großen Dose, die dort im Verborgenen stand. »Hier ist ein Lutscher für das Kleine. Damit überredet sie es leichter, die Medizin zu schlucken.«

Ich nahm alles entgegen und ging, um zu tun, was er mir aufgetragen hatte. Ich wusste, dass er mich genau beobachtete, deshalb stellte ich die Tasse auf der Theke ab, während ich die Tür zu den Wohnräumen öffnete, um nur ja keinen Tropfen zu verschütten.

Berthe, das Küchenmädchen, plumpste gegen mich. Sie hatte sich offenbar an die andere Türseite gelehnt.

»Frau Anne sagte, ich solle euch zweien das Frühstück bringen«, sagte sie und ging schnell mit zwei Schalen Haferbrei an mir vorbei.

Hatte sie draußen herumgelungert, um uns zu belauschen? Wenn ja, wie lange stand sie schon da? Hatte sie mit angehört, wie Giorgio und ich uns in einer Art unterhielten, die manche als gotteslästerlich bezeichnen würden?

Ich fand Frau Anne in der Wohnstube im oberen Stock, wo sie ihr quengelndes Kind auf den Knien schaukelte. »Ach«, sie sah mich erleichtert an und streckte die Hand nach der Medizin aus, »ich wusste ja, dass mich Giorgio nicht im Stich lassen würde.«

Ich half ihr dabei, das kleine Mädchen zu überreden, die Arznei zu trinken.

»Hat dich Giorgio in der Apotheke freundlich empfangen?«, fragte mich Frau Anne und gab mir den leeren Becher zurück.

»Er ist ein außergewöhnlicher Mensch«, antwortete ich.

Frau Anne lächelte. »Ja. Das ist er ganz bestimmt. Er hat seine eigene Art, mit dem Leben zurechtzukommen. Aber wenn du gut aufpasst, wirst du eine Menge von ihm lernen.«

Kapitel achtundzwanzig

Während der folgenden Zeit lernte ich in der Tat eine Menge von Giorgio.

Von Anfang an hat er mich nie so behandelt, als könnte ich nicht viel mehr als Staub wischen und die diversen Instrumente säubern. Vielmehr war er bestrebt, mich wie einen richtigen Gesellen auszubilden. Als ich an diesem Morgen mit dem leeren Becher in den Laden zurückkehrte, wies er mich an, mir eine Schürze umzubinden und eine große Menge der Flüssigkeit herzustellen, die er *Salix verum* nannte.

»Entzündungen im Innenohr müssen oft mehr als einmal behandelt werden, damit sie völlig ausheilen«, erklärte er, während er darüber wachte, wie ich die Lösung aufkochte. »Deshalb müssen wir einige Röhrchen davon vorrätig haben, falls das Kind wieder krank wird. Und wundere dich nicht, wenn wir den Laden heute öffnen und einige Leute ihre Kinder mitbringen, die ähnliche Symptome haben. Nach meiner Erfahrung breitet sich eine solche Krankheit in der ganzen Gemeinde aus. Das ist etwas, das du dir hinter die Ohren schreiben solltest, Mademoiselle Lisette. Weil wir gerade davon sprechen«, fügte er hinzu. »Ich nehme an, dass du ein wenig lesen kannst. Aber kannst du auch schreiben?«

Ich nickte.

»Sehr schön. Ich werde dir ein unbeschriebenes Notizbuch geben, dann kannst du alles aufschreiben, was dir wichtig erscheint. Ich warne dich, es gibt viel zu lernen, und ich habe keine Lust, mich ständig zu wiederholen.« Giorgio ging zu einem der Schränke im Laden und nahm ein ledergebundenes Notizbuch heraus, an dem an einem dünnen Faden ein Bleistift hing. »Nimm das und hab es stets zur Hand.«

Ich steckte das Buch in meine Schürzentasche und machte mir immer wieder Notizen, während ich in der Apotheke arbeitete. Kaum hatten wir am Abend zugeschlossen, schlug ich das Buch auf und las die neuen Rezepte, die ich gelernt hatte, um sie mir fest ins Gedächtnis einzuprägen. Tagsüber hatte ich nie die Muße dazu. Jeden Morgen, selbst bei schlechtestem Wetter, wartete gewöhnlich ein Kunde draußen vor der Tür auf Einlass. Und wenn wir zur Mittagspause schlossen, nutzte Giorgio diese Stunden oft, um noch mehr Arzneien zu mischen und zuzubereiten. Die meisten Kräuter, die wir brauchten, stammten aus Nostradamus' eigenem großen Kräutergarten. Einige davon kannte ich, weil Chantelle mir beigebracht hatte, wie sie wirkten: Umschläge aus Beinwell gegen Prellungen, Minze und Majoran gegen Erkältungen und Halsschmerzen, Rosmarin und Anis, um die Verdauung zu fördern. Andere hingegen waren mir unbekannt, denn sie waren aus Samen und Pflanzen gezogen, die aus dem Morgenland oder aus der Neuen Welt stammten. Ich lernte, welche medizinischen Eigenschaften sie hatten, wie man sie genau abwiegt und zerhackt oder mit dem Stößel im Mörser zermahlt.

In meinen ersten Wochen im Hause des Meisters war Nostradamus zu schwach, um sich von der Liege in seinem Studierzimmer zu erheben, und seine Frau verbot jedem, auch nur in seine Nähe zu kommen. Mich quälten Ungeduld und Sorge. Ich wollte so bald wie möglich mit dem Seher sprechen und ihn bitten, sich beim König und der Thronregentin für mich zu verwenden. Und ich wollte ihn fragen, was er damit gemeint hatte, als er sagte, dass ich aus ganz anderen Gründen in sein Haus geführt worden sei. Frau Anne sorgte hingebungsvoll für ihn. Ich lief die vier Treppen auf und ab, erneuerte die abgebrannten Kerzen, brachte Essen und Trinken, Arzneien und Umschläge. Aber meistens blieb ich im Vorzimmer und hörte nur ihr Murmeln, wenn sie ihn anflehte, etwas zu essen. Einmal rief sie nach mir, damit ich ihr half, Meister Nostradamus daran zu hindern, von seinem Krankenlager aufzustehen.

Der Abend senkte sich gerade nieder, und ich zündete wie immer die Kerzen und Lampen an, als plötzlich seine

Stimme laut wie ein Felssturz donnerte: »Seht, wie die Welt kopfsteht! Die Länder im Westen! Feuer und Zorn werden von den Himmelspforten herabregnen!«

Meinte er die Neue Welt? Jene Länder, die erst vor Kurzem im fernen Westen hinter dem großen Meer entdeckt worden waren und auf die manche Könige und Königinnen schon jetzt Anspruch erhoben?

»Bei einem Baum hat der Mensch das Leben empfangen und durch einen Baum wird er zugrunde gehen!«

Meinte er etwa den Baum im Garten Eden?

»Bist du das, Mädchen?« Das war die Stimme von Frau Anne. »Wenn ja, dann komm, ich brauche deine Hilfe.«

Ich rannte in das hinterste Zimmer. Dieser Raum war das Allerheiligste des Sehers, in dem er über seinen rätselhaften Texten brütete und wo er alles aufbewahrte, was er für seine Prophezeiungen brauchte. Die Fensterbretter bogen sich unter der Last von Büchern und Aufzeichnungen, wovon einige schon morsch vom Alter waren. An den Wänden hingen Abbildungen von menschlichen Körpern und Sternbildern. Man munkelte, Nostradamus habe in seinem Wissensdrang Leichen aufgeschnitten. Mir schauderte, als ich zwei große Abbildungen von menschlichen Skeletten sah. Eine davon zeigte einen Mann, der mich aus leeren Augenhöhlen anstarrte. Die andere zeigte eine Frau, lange Haare fielen über ihren Körper und bedeckten ihre Scham. An der Decke waren die Zeichen des Tierkreises abgebildet, und daneben standen viele Zahlen und Symbole, solche, die ich kannte, und solche, die ich noch nie gesehen hatte. Oben an der Wand waren die Planeten mit ihren Namen abgebildet: Mars, Venus, Jupiter und wie sie alle hießen. Während ich sie betrachtete, glaubte ich geradezu, den Einfluss der Gestirne zu spüren. Mein Blick fiel auf Zeichnungen, die Nostradamus mit eigener Hand angefertigt hatte. Sie zeigten die Bahnen der

Planeten, den Weg, den sie am Himmel über uns beschrieben. Und auf dem großen Schreibtisch befand sich sein Astrolabium mit den halb fertigen Horoskopen. Der Gänsekiel lag achtlos daneben, die Tinte an der Federspitze war eingetrocknet. Neben seinem Bett lehnte sein silberner Gehstock.

Nostradamus hatte die Decke beiseitegeworfen und stieß seine Frau von sich, die ihn mit aller Kraft daran hindern wollte aufzustehen. Sein Gesicht war eingefallen, die Haut grau. Er schien zu schwach zu sein, um sich gegen sie zu wehren, doch als er mich sah, riss er die Augen auf und versuchte erneut aufzustehen.

»Wer ist sie? Ist es jene, die mit der brennenden Fackel der Hoffnung kommt, während der Todesengel ihr dicht auf den Fersen ist?«

Erst jetzt bemerkte ich, dass ich noch immer eine brennende Wachskerze in der Hand hielt.

»Ruhig, ruhig.« Frau Anne redete so geduldig auf ihn ein, wie sie sonst mit ihrem jüngsten Kind sprach. »Du hast einen Albtraum, das kommt von deinem Fieber.«

»Habe ich Fieber?« Nostradamus nahm ihre Hand und drückte sie an seine Schläfe. »Sag mir die Wahrheit. Habe ich Fieber?«

Sie biss sich auf die Lippe. »Nein. Es ist nicht sehr hoch.«

»Dann ist es also kein Albtraum, sondern eine Vision, die ich sehe. Jammern und Wehklagen werden über unser Land kommen.« Es gelang ihm, sich aufrecht hinzusetzen, und er rief mit einer schreckenerregenden Stimme aus: »Habt Erbarmen mit den Kindern, denn sie werden niedergemetzelt werden! Den Unschuldigen wird man die Schuld geben. Die Straßen von Paris werden sich rot färben von Blut!« Er zeigte mit seinem langen, knochigen Finger auf mich. »Die Frauen schreien um Hilfe, und du, Mélisande, kannst nichts tun, um ihnen zu helfen.«

Ich stand da, unfähig, mich zu rühren. Das war die gleiche Weissagung, die er bereits im Palast von Cherboucy kundgetan hatte, damals als er Chantelles Tod vorhersagte. Erschöpft ließ er sich in seine Kissen zurücksinken, und Frau Anne gab mir ein Zeichen, ich möge sie allein lassen.

Ich ging in den Laden zurück und machte mich leise wieder an meine Arbeit. Giorgio sah mich neugierig an, sagte aber nichts. Ich kannte ihn gut genug, um zu wissen, dass er die Stimmung, in der sich jemand befand, sehr feinsinnig wahrnahm. Es war eine der Fähigkeiten, die er brauchte, um Krankheiten zu erkennen. Es konnte ihm also nicht entgangen sein, dass ich innerlich aufgewühlt war, deshalb sagte ich, um seiner Frage zuvorzukommen: »Meister Nostradamus scheint heute in bedrückter Stimmung zu sein.«

Giorgio blickte mich von der Seite an. »Mir scheint, das bist du auch.«

»Er hat ein großes Unglück vorausgesagt.«

»Meister Nostradamus liebt es, sich einer eindrucksvollen Sprache zu bedienen.«

»Er sagte, Tod und Zerstörung würden das ganze Land heimsuchen.«

»Seit undenklichen Zeiten herrschen Tod und Zerstörung auf der Erde«, stellte Giorgio trocken fest. »Das ist der Lauf der Dinge.«

»Er sagte, das Blut Unschuldiger werde vergossen werden.«

»Vom Blut der Unschuldigen wurde schon immer mehr vergossen als vom Blut der Bösewichte. Gerade weil sie Schurken sind, gelingt es ihnen ja, der Gerechtigkeit zu entgehen.«

Ich merkte, dass er meine schlechte Stimmung vertreiben wollte, dennoch missfielen mir seine Worte. Auch meine Schwester Chantelle hatte mir erklärt, dass bestimmte Dinge einfach passierten, egal ob sie vorhergesagt worden waren oder nicht.

Aber Chantelle war jetzt tot.

»Du weißt doch, dass man sich solche Visionen auch einbilden kann«, fuhr Giorgio fort. »Wenn du nur lange genug in den Mond schaust, wirst du dort eine Gestalt sehen, die mit dir spricht.«

»Glaubt Ihr etwa nicht an die Vorhersagen von Meister Nostradamus?«, fragte ich überrascht. Ich war immer davon ausgegangen, dass Giorgio als sein engster Vertrauter auch an die Prophezeiungen glaubte.

Er zuckte die Schultern.

»An was glaubt *Ihr* dann?«, fragte ich neugierig.

»Ich glaube an die Wirkkraft der Medizin. Ich glaube, dass die Natur für jede Krankheit wenn nicht ein Heilmittel, so doch ein Mittel bereithält, das Linderung verschafft. Manchmal auch nur, um uns unseren Weg durch dieses Leben zu erleichtern.«

»Oder den Weg aus unserem Leben«, erwiderte ich.

»Für ein schlichtes Bauernmädchen hast du einen bemerkenswerten Witz.«

Erschrocken schlug ich die Augen nieder, aber Giorgio schlurfte näher zu mir heran. Ich wollte ihm ausweichen, doch er verstellte mir den Weg. Warum nur konnte ich meinen Mund nicht halten? Frau Anne hatte mich vor Berthe gewarnt, aber von Giorgio hatte sie nichts gesagt. Entweder glaubte sie, er sei nicht an mir interessiert, oder aber sie vertraute ihm mehr als der Magd. Wenn sie ihm die Schlüssel zur Apotheke überließ, dann musste sie ihm ja wohl vertrauen.

»Etwas an dir ist mir aufgefallen, Mademoiselle Lisette. Als ich dir zusah, wie du mir bei der Arbeit geholfen hast.« Giorgio ergriff meine Hände und drehte die Handflächen nach oben. »Deine Hände sind nicht schwielig und rau von der Landarbeit. Sie sehen aus, als gehörten sie zu einer Dame am Hofe.«

Einen Moment lang sagte ich nichts. Dann lachte ich. »Mein Vater hat mich verwöhnt«, antwortete ich rasch, »denn er hielt mich für klug. Das hat er sich immer für mich gewünscht: Dass sich ein Ritter des Königs für mich interessiert und eine vornehme Dame aus mir wird.«

Giorgio hob mein Kinn mit den Fingern hoch. Ich schlug die Augen nieder, aber nicht ehe wir einen kurzen Blick gewechselt hatten. »Spiel mir nicht die Unschuld vom Lande vor«, sagte er. »Diese Augen blitzen geradezu vor Klugheit und Mutterwitz. Die Art und Weise, wie du dich gibst, strafen deinen Stand und deine Herkunft Lügen.«

»So wie auch in Eurem Fall, mein Herr«, konterte ich. »Ihr müsst woanders eine viel bedeutendere Stellung innegehabt haben, ehe Ihr hier Apothekengehilfe wurdet.«

Er zuckte zusammen, und da wusste ich, dass ich ins Schwarze getroffen hatte. Also bohrte ich weiter. »Was wart Ihr, ehe Ihr nach Salon kamt?«

»Ich war Leibarzt bei Hofe.«

Mein Herz stockte, aber ich wusste, ich musste die nächste Frage stellen, alles andere hätte seltsam gewirkt. »Und an welchem Hof?«

»An dem bewunderungswürdigsten Hof von ganz Europa«, antwortete er.

Diese Ehre beanspruchte der französische Hof für sich, ebenso aber auch der Hof Elizabeths von England.

»England? Frankreich?«

»Es war kein königlicher Hof.« Er schüttelte den Kopf. »Ich sagte, es war der *bewunderungswürdigste* Hof Europas, nicht der reichste oder der prächtigste oder prunkvollste. Dieser Hof förderte und beauftragte die größten Genies, dort entstanden die begehrtesten Kunstwerke der ganzen Welt. Es war der Hof der Medici in Florenz.«

»Am Hof der Familie Katharinas von Medici?«

»Eben dieser.« Er neigte den Kopf. »Doktor Giorgio war dort einer der geachtetsten Ärzte.«

»Also habt Ihr Katharina von Medici schon gekannt, ehe sie mit dem König von Frankreich vermählt wurde?«

»Das habe ich. Ich kannte sie schon als Kind. Ich bin nicht viel älter als sie.«

Dennoch wirkte er älter, er ging gebückt, zog seine Beine nach wie ein Greis.

Er schien meine Gedanken erraten zu haben und sagte traurig: »Ach ja, aber ich bin nicht mehr so kräftig wie ehedem. Das habe ich der Freundlichkeit des *Signor Strappado* zu verdanken.«

Er bemerkte meine Verwunderung und fuhr fort: »Der *Strappado* ist ein Folterinstrument, das in Florenz sehr beliebt ist. Dem Gefangenen wird ein Seil um die Handgelenke gebunden, das über einen hohen Balken geworfen wird. Dann ziehen sie das Seil hoch und lassen den Körper wieder bis kurz über den Erdboden herunterfallen. Das wiederholen sie viele Male, bis die Knochen aus ihren Gelenken springen. Ich hatte Glück. Meine Bestrafung endete, ehe jede einzelne Sehne von den Knochen gerissen wurde.«

»Was habt Ihr denn verbrochen?«

»Nichts. Ein Edelmann hatte Fieber bekommen und wurde sehr krank, er spuckte grüne Galle. Zu meinem Glück hat er sich wieder erholt, aber man hatte mich im Verdacht, ihn vergiftet zu haben.«

»Und, habt Ihr ihn vergiftet?«

»Nein. Hätte ich das getan, wäre ich nach allen Regeln der Kunst vorgegangen und hätte gewiss keine Spuren hinterlassen.«

»Das ist keine Geschicklichkeit, derer man sich rühmen könnte.« Ich musste lachen.

»Ich verstehe so viel von Gift wie jeder aus dem Hause Medici und die sind wahrlich geschickte Giftmischer. Jener besagte Graf war vergiftet worden, aber man ging dabei sehr ungeschickt vor. Es sah eher so aus, als steckte die Familie der Borgia dahinter, die einst über die päpstlichen Besitztümer regierten. Sie benutzten ein weißes Pulver, Mendoril, das sie in die Suppe oder die Saucen mischten. Man schmeckt es nicht und man riecht es nicht, aber das Opfer bekommt Speianfälle und Durchfall, und daran kann man klar erkennen, dass Gift im Spiel ist. Die Medici aber und alle, die in ihren Diensten stehen, kennen elegantere Methoden …«

»Zum Beispiel?« Das war zwar kein Thema, für das sich ein junges Mädchen interessieren sollte, aber meine Neugier war geweckt.

»Es gibt eine besondere Mixtur, die ganz leicht über die Haut in den Körper eindringt. Sie kann in eine Schönheitssalbe gemischt werden oder in eine Creme, die Flecken auf der Haut entfernt. Sobald die Mixtur verabreicht wurde, gibt es keine Rettung mehr. Sogar wenn man Brechmittel oder ein Klistier einsetzt, lässt sich das Gift nicht mehr aus dem Körper entfernen. Das Opfer wird zu einem wandelnden Leichnam.«

»Und es gibt nichts, woran man erkennen könnte, dass derjenige vergiftet wurde?«

»Oh ja, wenn du ein scharfes Auge hast, dann entdeckst du vielleicht blasse Flecken am Nacken, die Haut am Handrücken färbt sich gelblich, du spürst einen zarten Duft wie nach Kirschen. Aber es ist gleichgültig, welche Symptome du entdeckst, es gibt kein Gegenmittel. Das Gift der Medici wirkt schnell und zuverlässig.«

Ein bestimmtes Gerücht, das am Hof die Runde gemacht

hatte, kam mir wieder in den Sinn, und ich wiederholte es laut: »Man sagt, als die Königin von Italien nach Frankreich kam, habe sie ihren eigenen Giftmischer mitgebracht.«

Giorgio fuhr hoch. Er warf einen beunruhigten Blick auf die innere Tür.

»*Duftmischer*, meinst du wohl!«, sagte er scharf. »Ein Parfumeur, ja«, bestätigte er entschieden, »ich habe auch gehört, dass die Königin ihren eigenen Parfumeur aus Italien mitgebracht hat.«

Ich folgte seinem Blick zur Tür, und mir fiel ein, dass Berthe im Haus war, die uns vielleicht belauschte. »Ja«, stimmte ich eilig zu. »Das habe ich auch gehört. Die Königin interessiert sich sehr für Parfum.«

Mit pochendem Herzen begann ich, die Regale abzustauben. Giorgio humpelte langsam zur Tür, öffnete sie, schaute sich im Korridor und im Treppenhaus um. Mir war aufgefallen, dass Giorgio Berthe immer mit besonderer Vorsicht behandelte. Jeden Morgen brachte uns die Küchenmagd eine Schale Haferbrei mit Honig und einen Krug Milch. Er war stets höflich zu ihr und verbeugte sich dankend, wenn er den Brei entgegennahm. Ich konnte mir zwar nicht vorstellen, dass sie ihn für einen Verehrer hielt, aber man merkte deutlich, dass seine Umgangsformen und seine Höflichkeit ihr schmeichelten. Und ich erinnerte mich auch daran, wie jemand bei Hofe einmal die ungleiche Verbindung zwischen einer grausamen, aber einflussreichen alten Frau und einem jungen Mann infrage gestellt hatte.

»Liebe macht eben blind«, hatte einer der Höflinge darauf geantwortet.

»Ebenso die Furcht«, hatte mein Vater weise hinzugefügt.

Wenn der *Strappado* Giorgios Körper und Geist gebrochen hatte, dann würde er die Folter, nachdem er sie bereits kennengelernt hatte, umso mehr fürchten. Der Anblick der

Frau und der beiden Männer in Spanien auf ihrem Weg zum Scheiterhaufen kam mir wieder in den Sinn.

Giorgio schloss die Tür und kehrte in den Laden zurück.

»Es gibt Menschen, die mehr auf die Prophezeiungen des Meister Nostradamus geben als auf seine Arzneien und Heilmittel«, fuhr er fort. »Ich wünschte, ich könnte ihn von seinen Visionen befreien. Sie schwächen ihn und erregen mehr Aufmerksamkeit, als gut ist. Die Leute mengen ihre eigene Auslegung hinein und erfinden Geschichten von den seltsamsten Vorgängen, die sich angeblich hier im Haus abspielen.« Giorgio deutete aus dem Fenster. »Schau, dort drüben steht eine Mühle. Die Schaufelräder drehen sich und das Mahlwerk quietscht und ächzt wie bei jeder Mühle. Aber im ganzen Land ist man davon überzeugt, dass die Geräusche von den Geistern kommen, die der Zauberer Nostradamus herbeiruft.«

Genau das, fiel mir ein, hatte auch die Hausiererin gesagt, als sie mir den Weg zeigte. Sie sprach von unheimlichen Geräuschen, die aus dem Hause drangen, und behauptete, sie stammten von gepeinigten Seelen.

»Aber seine Vorhersagen sind doch wahr«, warf ich ein. »Hat er nicht auch den Tod des Gatten der Königin und ihres erstgeborenen Sohns richtig vorhergesagt?«

»Manche behaupten das«, antwortete Giorgio unbestimmt.

Beinahe wäre mir herausgerutscht, dass Nostradamus auch den Tod meiner Schwester genau vorausgesehen hatte. Aber ich hielt mich zurück. Nicht etwa weil ich glaubte, dass Berthe uns belauschte, sondern eher weil Frau Anne wollte, dass niemand die wahre Geschichte meines Lebens erführe.

Kapitel neunundzwanzig

Trotz der von Giorgio zubereiteten Arzneien und der Fürsorge Frau Annes dauerte es bis in die erste Woche des Monats Juni, ehe Meister Nostradamus sich wieder so weit erholt hatte, dass er sein Krankenlager verlassen konnte.

Ich merkte schnell, wie viel Arbeit in einem Haus wie diesem anfiel. Allein die Lampen und Kerzen nicht ausgehen zu lassen, war eine Aufgabe für sich; aber es war die Aufgabe, die ich am meisten liebte. Besonders gern sah ich nach den Kerzen im oberen Stockwerk. Kurz bevor die Apotheke in den Abendstunden wieder geöffnet wurde, ging ich hinauf, um die Dochte zu kürzen, das Öl aufzufüllen und jede Lampe und Kerze nach der anderen anzuzünden. Dabei hatte ich Muße, die Bücher, die Wandzeichnungen und die astrologischen Instrumente zu betrachten, die in Nostradamus' Vorzimmern standen.

Ich berührte die Versteinerungen und die fremdartigen Mineralien, die er von seinen Reisen mitgebracht hatte. Ich betrachtete die zerklüfteten Küstenlinien der Neuen Welt auf seinem riesigen Globus, der nahe an der Feuerstelle stand. Hier war es, wo nach Meister Nostradamus' Vision Feuer und Tod vom Himmel regnen würden. Was mochten das für Menschen sein, die dort lebten? Hatten sie auch Propheten und Seher, die sie vor der bevorstehenden Katastrophe warnten? An den Wänden hingen viele Tabellen, in denen Zahlen in Zeilen, Spalten und Kreisen angeordnet waren. Ich verstand ihren Sinn nicht und sie faszinierten mich auch nicht so wie die Abbildungen der Himmelsgestirne. Immer wieder kam ich zu diesen Karten zurück und bestaunte ihre Geheimnisse und ihre Erhabenheit und überlegte, welche Rolle wohl wir in ihrem Treiben spielen mochten.

In seinen Räumen bewahrte er auch die Abschriften der Werke auf, die er veröffentlicht hatte, die *Prophezeiungen.* Die verschiedenen Offenbarungen, die meist aus vier Zeilen ohne Reim bestanden, weshalb man sie auch Quartette nannte, boten der ganzen Welt und auch mir Anlass zu Spekulation und Bewunderung. Warum begann mein Herz, schneller zu schlagen, wenn ich meinen Blick über die Seiten schweifen ließ und seine Worte las? Ihnen wohnte eine furchtbare Kraft inne, die einen Spalt in meine Seele sprengte. Ich bemühte mich, die Zukunftsschau zu verstehen, die seinem fiebernden Geist entsprang. Schrieb er das nieder, was er wirklich sah, was er wirklich hörte, oder hatte er sich das alles nur eingebildet?

Im Laden unten arbeiteten Giorgio und ich meistens alleine. Bevor ich ins Haus gekommen war, hatten Frau Anne und die älteren Kinder ausgeholfen. Doch von den sechs Kindern, die Frau Anne und Meister Nostradamus hatten, waren zurzeit nur vier zu Hause. Der älteste Sohn war mit einem Onkel ins Ausland gereist, und eines der Mädchen war ausgezogen, um eine Weile bei einer Tante zu wohnen. Die beiden jüngeren Söhne gingen jeden Tag in die Schule, während das Mädchen einen Lehrer hatte, der ins Haus kam. Neben der Pflege ihres Mannes beanspruchte das Jüngste der Kinder, Diane, die noch immer kränkelte und ihre Mutter stets um sich haben wollte, Frau Annes Zeit am meisten.

Nostradamus fehlte in der Apotheke, denn er hatte, wie ich von Giorgio erfuhr, die Angewohnheit, zwei- bis dreimal in der Woche am Morgen die Kranken anzuhören. Wenn der Laden geöffnet war, tat er dies in einem kleinen Raum hinter einer Trennwand. Jetzt stellte Giorgio jeden Morgen die Diagnose. Manchmal waren unsere Kunden Edelleute, die eigens nach Salon gereist waren, um den berühmten Nostradamus zu treffen. Ihre Diener drängelten sich vor und verlangten, der Meister höchstpersönlich müsse sich ihres Herrn oder ihrer Herrin annehmen. Wenn Giorgio ihnen daraufhin erklärte, dass Nostradamus dazu augenblicklich nicht in der Lage sei, dass jedoch auch er, Giorgio, ein erfahrener Arzt sei, der die Behandlung zu einem niedrigeren Preis durchführen könne, beachteten sie ihn kaum. Ich empfand ein gewisses Mitgefühl für diese enttäuschten Menschen, die niedergeschlagen wieder davonzogen, denn mehr als alles andere wünschte auch ich, mit dem Seher unter vier Augen sprechen zu können.

Aber Giorgio war geduldig, sogar den ärmlichsten Bittstellern gegenüber. Er behandelte die einfachen Menschen oft umsonst, als Ersatz für die ausgefallenen Sprechstunden des Meisters an jedem ersten Montag im Monat. Einige kamen und suchten ein Mittel gegen Leiden, die es nur in ihrer Einbildung gab. Mir schien, als widmete Giorgio diesen Kunden mehr Zeit als nötig, denn es war offensichtlich, dass sie sich nur ihren Kummer von der Seele reden wollten. Er empfahl ihnen eine Vielzahl von Tinkturen, die eigentlich nur aus Wasser bestanden. Er ersann dann immer lange und verwickelte Geschichten von den Heilungserfolgen der betreffenden Arznei: Wie dieser Trank den jüngsten Sohn einer spanischen Prinzessin geheilt hatte, die in der Thronfolge an der achten Stelle stand, oder wie diese Mixtur der Lieblingsfrau des zweiten Sultans von Arabien geholfen hatte. Je verwickelter die Geschichte war, umso wirksamer erachteten manche Patienten die Arznei.

Ich fragte Giorgio danach und sagte: »Diese Aufgüsse, die Ihr den Patienten gebt, bestehen doch aus nichts anderem als Wasser, in dem Süßholzwurzeln aufgekocht wurden.«

»Sie richten keinen Schaden an«, erklärte er mir. »Und bisweilen heilt bereits der Glaube daran, dass sie helfen.«

Aber es kamen auch die Verzweifelten und Hoffnungslosen und einmal waren wir beide für den Rest des Tages tief bedrückt. Jemandem in die Augen zu schauen und ihm zu sagen, dass es keine Heilung für eine tödliche Krankheit gibt, ist eine traurige Aufgabe. So kam eines Tages eine Frau, die ihren toten Säugling zu uns brachte. Sie legte das beklagenswerte Kind auf die Theke und bat, dass Nostradamus ihrer Tochter die Hand auflegen möge, da sie glaubte, er könne ihre Tochter wieder zum Leben erwecken.

»Du musst zu einem Priester gehen«, sagte Giorgio zu ihr. Selbst er, der sicherlich schon viele Tote gesehen hatte, war bestürzt. »Nur der allmächtige Gott vermag, Leben zu spenden. Ärzte können den Tod hinauszögern, und Meister Nostradamus ist darin sehr erfahren, aber sie können keine Wunder wirken.«

Als es sich herumsprach, dass der Seher erkrankt sei, kamen weniger Kunden, und es wurde stiller im Laden. Am Ende der Woche zählte Giorgio die Einnahmen zusammen und sagte: »Alle glauben, dass wir hier ein Vermögen verdienen. Aber die Zutaten, die wir brauchen, sind teuer. Und wir sollen immer Arzneien vorrätig haben, deshalb müssen wir Geld vorstrecken, auch wenn unsere Einnahmen zurückgehen.«

Am teuersten war das Rosenwasser, das nach Nostradamus' eigenem Rezept hergestellt und in großen Krügen geliefert wurde. Der Rosenbauer, von dem es stammte, durfte an niemand anderen liefern als an Nostradamus; er brauchte Tausende von Rosenblüten, um es herzustellen.

»Mir scheint es eine Verschwendung von so vielen Rosen«, bemerkte ich einmal. »Weshalb bezahlt man es so teuer, es ist doch nur ein Stoff, der den Körper schön macht, während andere sterben, weil es ihnen an der richtigen Medizin mangelt?«

»Meister Nostradamus ist ein guter Arzt und ein weiser Mann«, erwiderte Giorgio. »Rosenwasser braucht man auch für die Pillen, um die Pest zu vertreiben. Seine erste Frau und ihre beiden Kinder wurden von der Pest dahingerafft, er konnte nichts tun, um sie zu retten. Deshalb hat er es sich zur Aufgabe gemacht, ein Heilmittel für diese schlimme Krankheit zu finden. Und von dem Geld, das die Reichen für ihre Schönheitswässerchen ausgeben, bezahlt er die Arzneien für die, die weniger haben.«

Und es waren die, die weniger hatten, denen Giorgio am meisten zu helfen versuchte. Er hatte immer eine Zuckerstange für die zerlumpten Kinder der armen Kunden übrig, und manchmal, wenn sonst niemand im Laden war, unterhielt er sie mit simplen Zauberkunststücken. Er kannte viele davon. Mit den Fingern, die er vor einer Lampe bewegte, ließ er den Schatten von Tieren auf den Fensterläden herumhüpfen. Er zeigte ihnen Eier, die nicht zerbrachen, und kleine Kunststücke mit Spielkarten. Einmal setzte er sogar mich in Erstaunen, als eine Münze quer über die Ladentheke auf ihn zurutschte, weil er sie zu sich herangewinkt hatte. Nachdem das Kind gegangen war, enthüllte er sein Geheimnis: Er hatte ein kleines Stück von einem Magnetstein abgebrochen und es in seiner Hand verborgen; das zog das Metall in der Münze an und ließ sie auf ihn zuwandern.

Inzwischen hatte Frau Anne mein Bett aus dem Schrank in eine hinter einem Vorhang verborgene Nische in der Wohnstube im oberen Stockwerk gebracht. Dort durfte ich die Kerzenstummel benutzen, um abends nach dem Essen noch zu lesen. Es war die Zeit des Tages, in der ich mich am meisten nach meiner Mandoline sehnte. Meine Finger zuckten und wollten die Saiten zupfen und die Luft mit Tönen erfüllen. Aber ich musste mich damit zufrieden geben, in meinen Gedanken zu spielen und die Nase in meine Notenbücher zu stecken.

Dann, eines Tages gegen Mittag, erschien Frau Anne im Laden und teilte uns mit, dass ihr Mann aufgewacht sei und er danach verlangt hätte, ein Hühnchen zu essen. Berthe hatte einen Tag freibekommen, um ihre Mutter zu besuchen, deshalb wollte Frau Anne, dass ich zum Marktplatz ging, wo es einen Geflügelhändler gab, bei dem ich einen Hühnerbraten für zwei Kupfermünzen kaufen konnte. Ich steckte das Geld in meine Schürzentasche und ging, um zu tun, was man mir aufgetragen hatte. Als ich das Haus verließ, zog Giorgio die Fensterläden zu und schloss die Tür zur Straße ab.

»Ich gehe auch weg«, sagte er. »Ich habe gehört, dass ein fahrender Händler in der Stadt ist, der einen besonderen Steinfruchtsamen aus Marrakesch feilbietet. Das ist eine seltene Gelegenheit, die man nutzen muss; ich möchte etwas davon kaufen, ehe mir die anderen Apotheker alles wegschnappen.«

Giorgio ging regelmäßig für eine Stunde oder länger weg, wenn der Laden geschlossen war, um seltene Zutaten zu besorgen. Es zeigte, wie sehr man ihm vertraute, dass er für diese Einkäufe so viel Geld aus der Kasse nehmen konnte, wie er wollte.

Der Laden des Geflügelhändlers war leicht zu finden. Wie alle anderen Krämer in Salon auch, baute er seinen Verkaufsstand im Freien auf und spannte eine Plane zum Schutz vor der Sonne darüber, sobald der Juni gekommen war. Ich suchte mir ein frisches Hühnchen aus, und während der Händler es einwickelte, legte ich meine zwei Münzen auf den Tisch.

Er schaute erst mich an, dann das Geld.

»Zwei Kupfermünzen!«, schrie er auf. »Das kann nicht wahr sein! Ein so prächtiges Huhn kostet viel mehr als zwei Kupfermünzen!«

Ich war bestürzt. Frau Anne hatte mir nur zwei Münzen

mitgegeben. Dann fiel mir ein, dass ich noch ein oder zwei Münzen in meiner Schürze haben musste, denn hin und wieder kam ein dankbarer Kunde, der uns ein Geldstück für unsere Dienste zusteckte. Ich durchwühlte die Taschen meiner Schürze und holte alles Geld hervor, das ich bei mir hatte – drei weitere Kupfermünzen.

»Ist das alles, was du hast?«, fragte der Ladenbesitzer streitlustig.

Ich wurde rot und nickte.

»Du ruinierst mich«, verkündete er lauthals, »aber ich fürchte, ich muss mich damit begnügen.«

Fünf Münzen waren mehr als das Doppelte, das Frau Anne mir mitgegeben hatte. Aber ich hatte noch nie im Leben auf dem Marktplatz um Lebensmittel gefeilscht, deshalb wusste ich auch nicht genau, welcher Preis angemessen war. Und Meister Nostradamus hatte ja ausdrücklich nach Hühnchen verlangt, deshalb wollte ich ihn nicht enttäuschen. Dennoch zögerte ich.

Der Mann schaute an mir vorbei. »Schnell«, drängte er, »sonst verlange ich noch mehr.«

Ich blickte über die Schulter, um zu sehen, was die Aufmerksamkeit des Händlers erregt hatte. Eine hochgewachsene Gestalt kam die Straße entlang aus der Richtung, in der sich das Schloss Emperi befand. Es war Graf Thierry. Begleitet wurde er von einem bewaffneten Wachmann, der eine schwere längliche Kiste trug.

Unter den Händlern kam unwilliges Gemurmel auf.

»Wo will unser edler Graf wohl heute seine Nase hineinstecken?«

»Seht nur! Sein Wachhund hat die Kiste mit den festgesetzten Gewichten dabei. Er will sicher prüfen, ob unsere Waagen stimmen.«

»Bestimmt macht er uns wieder Scherereien. Warum kann

er ehrbare Händler nicht in Frieden ihren Geschäften nachgehen lassen?«

Ich wollte fragen, weshalb sie sich vor einer Überprüfung ihrer Waagen und Gewichte fürchteten, wenn sie doch ehrbare Händler wären, aber inzwischen hatte auch mich ein Gefühl der Unruhe befallen. Seit dem Frühjahrsmarkt und meiner ersten Begegnung mit dem Grafen Thierry waren Wochen vergangen. Mein Haar war ein bisschen länger geworden, und ich hatte die Kleider von Frau Anne geändert, sodass sie mir besser passten, dennoch wollte ich dem Grafen aus dem Weg gehen und seinen argwöhnischen Blick nicht auf mich ziehen.

»Komm schon, Mädchen!«, sagte der Geflügelhändler zornig. »Willst du nun das Hühnchen oder nicht?«

Nicht nur er hatte es eilig, den Handel abzuschließen, sondern auch ich, wenn auch aus gänzlich anderen Gründen. Ich kratzte mein Geld zusammen und wollte es ihm gerade geben, als sich eine Hand auf meine legte.

»Halt!«

Ich drehte mich blitzschnell um. Neben mir stand Giorgio. »Steck dein Geld wieder in deine Schürze«, sagte er zu mir. Dann wandte er sich an den Händler. »Das ist ein aberwitziger Preis für ein Hühnchen. Du solltest dich schämen, ein junges Mädchen so übers Ohr zu hauen.«

»Das habe ich nicht, das habe ich nicht«, widersprach der Mann. »Wir haben um den Preis gefeilscht, mehr nicht.«

»Dann lass mich an ihrer Stelle darum feilschen«, erwiderte Giorgio schroff. »Ich gebe dir eine Kupfermünze, eine einzige Münze für dieses Hühnchen. Und wenn du es nicht auf der Stelle hergibst, werde ich so schreien, dass es Graf Thierry hört. Dann mag er entscheiden, ob du von diesem unschuldigen jungen Mädchen einen gerechten Preis verlangt hast oder nicht.«

Der Mann warf mir das Hühnchen zu und steckte meine Münze ein. Als ich mich umwandte, um mich bei Giorgio zu bedanken, war er schon in der Menge untergetaucht. Was würde er jetzt von mir denken? Jedem, der den Vorfall mit angesehen hatte, musste klar sein, dass ich kein Bauernmädchen war, da ich nicht einmal den Preis eines Hühnchens kannte. Bei dem Leben, das ich bisher geführt hatte, konnte ich lediglich einschätzen, wie viel für ein Haarband oder ein Stück Stoff angemessen wäre, aber was Fleisch und andere Lebensmittel kosteten, davon hatte ich keine Ahnung.

Jetzt kamen Graf Thierry und sein Wachmann zu den Verkaufsständen in meiner Nähe. Ich drückte mich schnell in einen Tordurchgang. Sie gingen dicht an mir vorbei, und ohne nachzudenken, beugte ich mich hinaus, um ihnen hinterherzuschauen. Sogar von hinten war Graf Thierry ein stattlicher Mann, der Überlegenheit ausstrahlte. Sein blondes Haar hob ihn von der Menge der dunkelhaarigen Menschen aus dem Süden ab. Er blickte über die Schulter und ich trat hastig einen Schritt zurück.

Dann machte ich mich auf den Heimweg. Als ich das Hühnchen auswickelte, kam Frau Anne in die Küche. »Ich werde es selbst für meinen Mann zubereiten«, sagte sie. »Komm jetzt mit mir nach oben. Meister Nostradamus hat nach dir gefragt. Er will mit dir sprechen.«

Kapitel dreissig

Nostradamus saß in einem großen Lehnstuhl im hintersten Zimmer.

Sein Gesicht war ausgemergelt, aber seine Wangen hatten wieder etwas Farbe angenommen und seine Augen waren unter den schweren Lidern nicht mehr ganz so fiebrig. Auf einem kleinen Tischchen neben ihm stand sein Astrolabium, daneben lag das unvollendete Horoskop, an dem er gearbeitet hatte, ehe er krank geworden war.

»Wie ich höre, bist du während der letzten Wochen sehr fleißig gewesen«, sagte er, als ich vor ihn hintrat. »Meine Frau berichtete mir, dass du viel in der Apotheke gearbeitet und dich ganz besonders um meine Räume gekümmert und jeden Morgen und jeden Abend die Kerzen versorgt und das Öl nachgefüllt hast. Dafür möchte ich dir danken, Mélisande.«

»Lisette.« Seine Frau schaute zur Tür und legte einen Finger auf die Lippen. »Denk daran, sie Lisette zu nennen, und auch an die Geschichte, die wir uns für sie ausgedacht haben. Wir wissen doch, dass Berthe nichts lieber tut, als über das zu klatschen, was hier im Haus geschieht.«

»Aber Berthe hat in diesem Stockwerk nichts zu suchen«, entgegnete Nostradamus.

»Mein Lieber, sie schleicht über die Stiegen und lauscht an den Türen.«

Nostradamus lächelte mich an. »Meine Frau passt gut auf mich auf. Immerzu fürchtet sie, dass es Menschen gibt, die mich aus der Welt schaffen wollen, obwohl ich niemandem etwas zuleide tue.«

»Auch meine Schwester, die voller Güte war, hat niemandem etwas zuleide getan«, erwiderte ich. »Dennoch musste sie sterben.«

»Ach, ich entsinne mich, sie war der Grund, hast du gesagt, der dich zu mir führte. Deine Schwester. Sie hieß …?«

»Chantelle«, sagte ich. »Ich glaube, Ihr habt ihren Tod vorausgesagt.«

»Ja«. Er fuhr sich mit der Hand über die Stirn. Schon diese Bewegung strengte ihn an, und ich erkannte, wie ermattet er war. »Sie war zierlich, während du hochgewachsen bist. Ihr Gesicht war rundlicher und …« Er stockte.

»Und was?«

»Nichts. Es fällt mir schwer, mich an manche Einzelheiten zu erinnern. Das hängt von vielem ab. Und jetzt … jetzt habe ich häufiger Visionen als sonst und sie sind verwirrender als je zuvor. Ich sehe Dinge im Schlaf, ich sehe Dinge im Wachen und ich kann nicht mehr zwischen beiden unterscheiden. Sie nehmen mich völlig in Besitz, ich kann nichts dagegen tun.«

»In jener Nacht«, beharrte ich. »Im Palast von Cherboucy. Was habt Ihr da gesehen?«

»Cherboucy … Cherboucy. Das war vor Ostern, nicht wahr?«

Ich nickte.

»Ich habe eine Weissagung gemacht, die den König betraf.« Wieder machte er eine Pause. »Den wahren König von Frankreich.« Er verzog das Gesicht. »Immer öfter habe ich Visionen, die sich um die Herrscher Frankreichs drehen …«, er zögerte, »und um die Herrscher der Welt. Dieser unserer Alten Welt … und der anderen. Es gibt jene, die Macht an sich reißen wollen, und jene, denen sie aufgebürdet wird. Ich sehe, dass denen, die herrschen, der Tod auf den Fersen folgt. Immer. Er belauert sie auf den Straßen, in ihren Palästen, in den Karossen, in denen sie fahren. Nehmt euch in Acht, die ihr nach Herrschaft drängt!«

»Meine Schwester«, sagte ich und versuchte, seine Gedanken auf das zu lenken, was ich von ihm wissen wollte.

»Liebster Gatte.« Seine Frau beugte sich zu ihm. »Vielleicht möchtest du ein andermal weiterreden, wenn es dir wieder besser geht?«

»Nein«, sagte er, und seine Stimme klang viel kräftiger. »Es bleibt nicht mehr viel Zeit. Dieses Mädchen muss eine Antwort auf seine Fragen bekommen.« Er nahm die Hand seiner Frau. »Lass uns allein. Bitte«, fügte er hinzu, als sie zögerte. »Um deiner eigenen Sicherheit und der unserer Kinder willen.«

Sofort stand sie auf und verließ den Raum.

Nostradamus forderte mich auf, mich zu ihm zu setzen. »Im Palast von Cherboucy spürte ich die Gegenwart des Todes«, begann er. »Ich spürte, wie der Schatten der ewigen Nacht sich langsam über den Saal legte. Er legte sich über alle, die dem Haus der Guise angehören. Er legte sich über die Nachkommen der Medici. Er legte sich auf den Thron selbst. In jener Nacht, von der wir sprechen, war der Schatten sehr deutlich. Ich sah, wie die Flügel des Todesengels sich über dem ganzen Saal ausbreiteten.«

Und ganz plötzlich, auf einem Stuhl zu seinen Füßen sitzend, begriff ich, was Nostradamus gesehen hatte.

Er hielt inne, als ich aufstöhnte und die Hand vor den Mund schlug. Ich war im Geiste wieder mit Melchior auf dem Balken. Ich roch den beißenden Rauch, sah die brennenden Fackeln, die umgestürzten Bänke auf dem Boden liegen.

»Sieh nicht nach unten«, hatte Melchior befohlen. »Du darfst nicht nach unten sehen.« Und Melchior hatte mich bei der Hand gefasst. Seinen Arm gegen meinen gedrückt, so hatte er mir Halt gegeben.

Aber ich hatte doch nach unten geblickt.

Unter mir die große Halle. Wir beide hoch oben, zwischen dem Dachgebälk, direkt über dem riesigen Kronleuchter in der Mitte des Saals.

Hundert Kerzen oder mehr brannten in ihren Halterungen. Wieder sah ich das Schattenmuster, das ihr Licht warf. Es waren zwei weit gespreizte Flügel eines großen Engels.

Nostradamus fasste mich bei der Hand. »Du siehst es auch?«, schrie er. »Nicht wahr, du siehst es auch!«

Ich nickte. »Ja«, antwortete ich, »aber …«

»Und am äußersten Rand«, unterbrach mich Nostradamus, »gerade an der Spitze des Engelsflügels, dort stand deine Schwester, als ich meine Weissagung für den König machte.«

Das stimmte. Wir hatten hinter einem Pfeiler gestanden, und Chantelle war einen Schritt zurückgewichen, als der Seher an uns vorbeiging. So war sie selbst an die Stelle getreten, auf die der Schatten fiel.

»Als ich die Halle verließ«, sagte Nostradamus weiter, »ging ich dicht an ihr vorbei, und Kälte erfasste meine Seele.« Er fuhr sich mit der Hand übers Gesicht. »Ich spürte, dass sich ihr Schatten von ihrem Körper trennen würde. Dass sich ihre Seele anschickte, den Leib zu verlassen.« Erschöpft sank er in seinem Sessel zusammen.

Es waren so viele Dinge, die ich jetzt wissen wollte. Wie war es ihm möglich, allein aus seinen Gefühlen und Ahnungen heraus etwas vorherzusagen? Aber darüber hätte man lange sprechen müssen, und ich sah, dass er jetzt Ruhe brauchte. Aber etwas wollte ich dennoch wissen.

»Meine Schwester Chantelle war verliebt«, sagte ich. »Sie liebte Armand Vescault mit wahrer Leidenschaft und er hat ihre Gefühle erwidert.«

»Das glaube ich dir«, erwiderte Nostradamus.

»So sind sie also jetzt zusammen?«, fragte ich ihn. »Bitte, sagt mir, dass sie jetzt zusammen sind.«

»Was ich nicht weiß, kann ich dir nicht sagen.«

»Sie *müssen* aber zusammen sein«, sagte ich verzweifelt.

»Wenn dich dieser Gedanke tröstet, dann sei es auch so«, sagte er.

»Ich glaube daran.«

»Dann halte auch daran fest.«

»Warum konntet Ihr Chantelles Tod nicht verhindern?«, fragte ich ihn.

»Es gibt sehr wenig, was ich verhindern kann«, antwortete

Nostradamus. »Manchmal nehmen die Geschehnisse ihren Lauf, und ich habe nur die Gabe zu erkennen, was sein wird, was sein muss. Und selbst wenn man den Lauf der Dinge ändern könnte, wie sollte man das ins Werk setzen? Man könnte die Menschen warnen. Aber sie werden nicht hören. Sie wollen nicht hören. Anderenfalls müssten sie nämlich ihr Leben ändern, und …«, er machte eine Pause, »und auch das Leben anderer.« Er schaute mich eindringlich an. »Man muss ein außergewöhnlicher Mensch sein, um den Lauf der Dinge zu verändern.«

Sein Blick war forschend, und mir kam es vor, als suchte er etwas in meiner Seele. Nach einer Antwort vielleicht? Aber er hatte ja gar keine Frage gestellt. Vielleicht kannte er selbst nicht die Frage, die er mir stellen wollte.

»Ein außergewöhnlicher Mensch«, wiederholte er und schloss die Augen. Im Raum wurde es ganz still. Nur die Kerzendochte flackerten laut, ihr Geräusch war das Einzige, das zu hören war.

Eine Stimme, die nicht die seine zu sein schien, aber dennoch aus seinem Munde kam, sagte laut und vernehmlich: »Und wenn es einen solchen Menschen wirklich gibt, dann muss er selbst entscheiden, was er tut. Man kann ihn nicht drängen oder zwingen. Manchmal muss man sein eigenes Leben opfern, um ein anderes Leben zu retten.«

»Ich hätte mein Leben gegeben, um das meiner Schwester zu retten!«, schrie ich.

Nostradamus antwortete: »Aber das Schicksal wollte es anders. Vielleicht solltest du am Leben bleiben, um eine größere Aufgabe zu erfüllen.« Er schien zu grübeln und verfiel in eine Art Tagtraum. Nach ein paar Minuten sagte er, ohne die Augen aufzuschlagen: »Es wäre das Beste, wenn du mich für eine Weile alleine lassen würdest, denn ich muss nachdenken über …«

Er führte den Satz nicht zu Ende, denn Frau Anne kam in größter Aufregung die Treppe herauf.

»Graf Thierry steht vor der Tür«, sagte sie. »Ich habe ihm erklärt, dass du noch immer nicht völlig von deiner Krankheit genesen bist, aber er besteht darauf, dich zu sehen.«

Kapitel einunddreissig

Entsetzt sprang ich auf.

»Was hast du, Kind?«, fragte mich Nostradamus.

»Ich bin diesem Mann schon begegnet und das soll mir nicht noch einmal passieren.«

»Etwa bei Hofe? Bist du dir sicher? Graf Thierry pflegt seine Zeit nicht dort zu verbringen, er verabscheut das höfische Treiben mit all der Unaufrichtigkeit und Sittenlosigkeit. Erst vor Kurzem ist er von einer Reise zurückgekehrt, die ihn viele Jahre durch den Orient geführt hat. Du musst dich täuschen.«

»Nein, sie hat ihn nicht bei Hofe getroffen«, mischte sich seine Frau ein. »Bei Mélisandes Ankunft in Salon war gerade Frühlingsmarkt und Graf Thierry hat sie vor einer Horde Betrunkener gerettet.«

Ich nickte. »Er bat mich, kurz zu warten, denn er wollte, dass ich als Spielmann in sein Schloss komme. Aber ich lief davon.«

»Damals warst du wie ein Junge gekleidet«, sagte Nostradamus. »Er wird dich heute nicht mehr erkennen.«

Seine Worte klangen einleuchtend, trotzdem fühlte ich mich unwohl. Ich musste daran denken, wie Graf Thierry meine Kleider gemustert hatte und auch, wie er dem Gastwirt auf die Schliche gekommen war, der gepanschten Wein verkaufte. Wie Frau Anne ganz richtig gesagt hatte: Er war ein Mann, der scharfsinniger war als andere.

»Du kannst jetzt nicht weggehen«, sagte Frau Anne. »Unsere Tochter ist bei ihm, um ihm Mantel und Handschuhe abzunehmen. Er wird in einer Minute hier sein. Wenn du dich jetzt davonstiehlst, wirst du ihm unweigerlich auf der schmalen Treppe begegnen. Bleib einfach in der Ecke stehen, ich werde dich bei der ersten Gelegenheit unter einem Vorwand wegschicken.«

Sie hatte recht. Schon hörten wir seine Schritte auf der Stiege. Ich stellte mich in eine Zimmerecke, gerade als der Graf in der Tür erschien.

Frau Anne eilte ihm entgegen. »Seht es meinem Gatten nach, dass er sich nicht erhebt, um Euch zu begrüßen, mein Herr«, sagte sie. »Aber er war in den vergangenen Wochen sehr krank.«

»Solche Höflichkeiten sind für mich belanglos.« Graf Thierry nickte Nostradamus zu. »Ich bin erfreut, Euch endlich kennenzulernen.«

Bei seinen Worten fiel mir auf, welch ein Unterschied zwischen ihm und dem Comte de Ferignay bestand, der stets darauf pochte, dass sich andere, deren Rang er als nicht ebenbürtig erachtete, ihm gegenüber unterwürfig zeigten, und der meinen Vater damals warten ließ, bis es ihm endlich gefiel, ihn anzusprechen.

»Womit kann ich Euch dienen, mein Herr?«, fragte Nostradamus.

»Ihr kennt mich?«

»Euer Name ist hochgeachtet in dieser Stadt.«

Thierry schnaubte. »Von einigen vielleicht. Von anderen hochgeschmäht.«

Von meinem Platz aus konnte ich den Mann genauer betrachten. Er schien jünger zu sein, als ich zuerst geglaubt hatte. Sein Gesicht war von der Sonne gebräunt, und er hatte kleine Fältchen um die Augen, aber das kam nicht vom Alter, sondern wohl eher davon, dass er viel Zeit im Freien verbrachte.

»So wie der meinige«, sagte Nostradamus.

»Scharf beobachtet«, gab Thierry zurück.

»Seid Ihr gekommen, um einen Rat von mir einzuholen?«

Der Graf schüttelte den Kopf. »Ich brauche keine Wahrsagereien.«

»Glaubt Ihr nicht an diese Dinge?«

»Im Gegenteil«, antwortete Thierry ernst, während er seinen Blick durchs Zimmer schweifen ließ und die vielen Bücher und Karten betrachtete. »Ich würde über keine Weissagung spotten, die in guter Absicht erstellt wurde. Ich habe viele Länder bereist und Dinge gesehen – würde ich hier davon berichten, jeder, der mich hörte, würde glauben, ich sei von Sinnen oder besessen. Nein, es ist nicht so, dass ich Euren Prophezeiungen keinen Glauben schenkte. Ich ziehe es nur vor, nicht zu wissen, was die Zukunft für mich bereithält.«

»Wie kann ich Euch dann helfen?«, fragte Nostradamus.

»Ah«, sein Blick ruhte kurz auf mir, während ich still in der Ecke stand, dann redete er weiter: »Ich dachte, Ihr besäßet vielleicht ein Buch, das mich interessiert. Es heißt *De viribus quantitatis* und wurde von Lucas Pacioli verfasst.«

»Lisette …«, Nostradamus winkte mich heran, »das Buch muss irgendwo im dritten Regal rechts vom Fenster stehen.«

Ich überflog die Titel, bis ich das Gewünschte gefunden hatte. Den Blick fest auf das Buch geheftet, reichte ich es dem Grafen.

»Ein Dienstmädchen, das lesen kann?«, fragte er sichtlich überrascht.

»Sie ist eine Verwandte meiner Frau«, erklärte Nostradamus. »Eigentlich ist sie keine Dienstmagd, sondern meine und Giorgios Gehilfin in der Apotheke. Ihr könnt das Buch ausleihen, wenn es Euch beliebt«, fügte er hinzu.

»Ich fühle mich geehrt, dass Ihr mir dieses wertvolle Buch anvertraut. Seid versichert, ich werde es unversehrt zurückbringen.«

»Ist das alles, was Ihr wünscht?«

Graf Thierry wog das Buch in seiner Hand. »Da ist noch etwas«, sagte er. »Ich bin auf der Suche nach einem jungen Spielmann.«

Einen Augenblick lang setzte mein Herzschlag aus. Langsam wiederholte Nostradamus die letzten Worte: »Einem jungen Spielmann?«

»Herr, ich bin sicher, wenn Ihr an einem Markttag durch die Stadt geht, werdet Ihr so viele Troubadoure finden, wie Ihr nur wollt.« Frau Anne war es, die ihm mit einem Lächeln diesen Vorschlag machte.

»Der, den ich suche, ist aber kein gewöhnlicher Spielmann«, erwiderte der Graf. »Am Tag des Frühjahrsmarktes beendete ich eine Rauferei auf der Straße, bei der er ein unbeteiligter Zuschauer war. Ich forderte ihn auf zu warten, bis ich mit den Missetätern fertig wäre, doch als ich mich umdrehte und ihn suchte, war er verschwunden. Später wurde er gesehen, wie er an Eure Tür klopfte.«

Die alte Hausiererin, die mir den Weg gewiesen hatte! Sie hatte also ihr Wissen ausgeplaudert, genau wie Frau Anne es vorhergesagt hatte.

»Viele Menschen klopfen an unsere Tür, um zu betteln oder meinen Mann um Rat zu bitten«, erwiderte Frau Anne. »Aber ich entsinne mich nicht, dass an jenem Tage ein Junge zu uns gekommen wäre.«

»Ich wurde just vor Ostern krank und meine ganze Familie musste sich um mich kümmern.« Nostradamus blickte seine Frau Hilfe suchend an.

»Ja«, pflichtete sie ihm bei. »Es war am Palmsonntag, an dem sowohl mein Mann als auch mein jüngstes Kind mit Fieber daniederlagen. Beide waren danach noch sehr lange krank.«

»Sucht man diesen Jungen wegen eines Vergehens?«, wollte Nostradamus wissen.

»Soweit ich weiß, nicht.« Graf Thierry wandte keinen Blick von Frau Anne, als er fortfuhr: »Obwohl es seltsam ist, dass er sich vor seinem Retter aus dem Staub macht, besonders da ich ihm eine Anstellung versprach und er den Eindruck machte, als hätte er etwas Geld und Essen bitter nötig.«

»Seid Ihr ganz sicher, dass Ihr ihn nicht wegen eines Vergehens bestrafen wollt?«, beharrte Nostradamus auf seiner Frage.

»Ganz gewiss nicht.«

»Warum sucht Ihr dann nicht einen anderen Spielmann? Bald ist Sommerjahrmarkt, dort wird sicher einer wie er zu finden sein.«

»Einer wie er? Das glaube ich kaum.«

»Weshalb?«

»Er spielte ganz ausgezeichnet auf seiner Mandoline. Die Hülle, in der er sein Instrument trug, ist von erlesener Beschaffenheit. Ich habe sie bei mir.« Aus einem großen Beutel an seinem Gürtel zog Thierry meine Gämsenledertasche hervor.

Ich hatte Glück, dass ich mich dieses eine Mal beherrschen konnte und keinen Laut von mir gab, geschweige denn mich nach vorn beugte, um sie in Augenschein zu nehmen.

Nostradamus nahm die Hülle in die Hand, und auch seine Frau trat vor, um sie zu bewundern. »Wie Ihr sagtet, es ist ein kostbares Leder«, stimmte er dem Grafen zu.

Thierry nickte. »Dieser Spielmann achtet also sehr auf sein Instrument, und ich glaube, er liebt die Musik über alles.«

»Tatsächlich?«, fragte Frau Anne mit gespieltem Interesse.

»In der Tat«, antwortete Thierry. »Das erste Lied, das er spielte, war ein altbekanntes Volkslied, doch dann sang er eine Ballade, die aus der Zeit stammt, in der das *Chanson de Roland* gedichtet wurde. Nur sehr wenige kennen diese Ballade, und es gibt kaum noch jemanden, der sie spielen kann. Und er hat sie ausgezeichnet gespielt. Er muss einen vorzüglichen Lehrmeister gehabt haben.«

Der Graf hatte sich zwar von meiner Verkleidung täuschen lassen und mich für einen Jungen gehalten, aber was sein Urteil über meine Musik anging, irrte er nicht. Ich hatte in der Tat einen einzigartigen und höchst begabten Lehrer gehabt: meinen Vater. Bei diesem Gedanken traten mir Tränen in die Augen.

»Wenn die Tasche so wertvoll ist, dann hätte Euer Spielmann sicher nicht an unsere Tür pochen müssen«, bemerkte Frau Anne.

Thierry verzog das Gesicht.

»Mir scheint«, sagte Nostradamus, »Ihr braucht diesen Spielmann mehr als er Euch.«

»Ihr seid ein schlauer Mann«, erwiderte Graf Thierry. Er faltete die Tasche aus Gämsenleder zusammen und steckte sie zurück in den Beutel an seinem Gürtel. »Ich liebe Musik. Sie hebt meine Stimmung, wenn ich gereizt oder trübsinnig bin. Dieser Bursche hat muntere Weisen gespielt, und er kennt zumindest ein außergewöhnliches Lied, das sonst kaum einer kennt. Das ist selten. Ich weiß es, denn ich habe viele Lieder gehört in all den Ländern, die ich bereiste.«

»Ich hoffe, Ihr findet, wonach Ihr sucht. Aber ich darf Euch noch einmal versichern: Kein junger Mann hat an unsere Tür geklopft.«

»Meister Nostradamus, ich besuche Euch heute zum ersten Mal«, sagte Graf Thierry, »denn ich musste nach der Rückkehr von meiner langen Reise zuerst auf meinen Ländereien nach dem Rechten sehen. Aber schon aufgrund unserer kurzen Bekanntschaft hätte ich meine Hand dafür ins Feuer gelegt, dass Ihr die Wahrheit sagt.«

»Was ich gesagt habe, ist die Wahrheit«, bekräftigte Nostradamus mit fester Stimme.

»Was Ihr gesagt habt, ist die Wahrheit«, wiederholte Thierry seine Worte. »Und dennoch …« Er sprach nicht weiter.

Niemand erwiderte etwas darauf, deshalb fügte er schließlich hinzu: »Jemand, der keinen Grund hat, mich zu belügen, sagt, er habe gesehen, wie der junge Spielmann an Eure Tür geklopft hat.« Er wandte sich schnell um und schaute mich eindringlich an. »Vielleicht hat ja das Kind Eurer Base etwas von diesem Jungen gesehen oder gehört?«

»Lisette«, rief Frau Anne, und dann noch einmal: »Lisette!«

Ich hob den Kopf. »Graf Thierry fragt, ob du irgendetwas von diesem Spielmannsjungen weißt.«

»Ich weiß nichts«, erwiderte ich mit zitternder Stimme und tröstete mich damit, dass es wohl jedem Mädchen vom Lande in Gegenwart eines vornehmen Herrn so gehen würde.

»Dachte ich's mir doch«, sagte Frau Anne. »Aber höre ich da nicht unsere Kleine weinen? Ihre ältere Schwester hat sie schon den ganzen Tag lang gehütet. Wärst du so gut, Lisette, und gingst hinunter, um ihr zu helfen?«

»Selbstverständlich, Tante Anne«, antwortete ich. Mit gesenktem Kopf schickte ich mich an, das Zimmer zu verlassen.

Zu diesem Zweck musste ich ganz nahe an dem Grafen vorbeigehen. Als ich dies tat, streckte er die Hand aus und berührte mich am Arm. Wie ein Blitzschlag durchfuhr es uns beide. Es war, als hätte er einen Nerv berührt, und darüber war er mindestens ebenso verblüfft wie ich.

»Herr?«, sagte ich mit stockender Stimme.

»Ich habe dich heute Morgen auf dem Marktplatz gesehen, nicht wahr?«

»Lisette macht oft Besorgungen für den Haushalt«, mischte sich Frau Anne rasch ein.

»Also gehst du auch aus dem Haus und in die Stadt, Lisette?«

Ich nickte, hielt den Blick jedoch gesenkt.

»Wenn du bei deinen Besorgungen …« Er machte eine Pause. »Wenn du dem Spielmannsjungen begegnest, wäre ich dir dankbar, wenn du ihn zu mir schicken würdest.«

»Ja, Herr.« Ich nickte.

»Sag ihm, ich suche ihn.«

»Ja, Herr.«

Ich wagte es nicht, den Kopf zu heben, denn ich wollte es nicht riskieren, dass sich unsere Blicke wieder trafen.

»Du kannst dem Jungen sagen«, fügte er höflich hinzu, »dass ich ihm nichts Böses will. Ich liebe Musik sehr und er hat schön gespielt. Er ist sehr talentiert.«

Er wartete, aber ich erwiderte nichts.

»Wenn er in meine Dienste träte, würde ich ihn gut behandeln«, fuhr Graf Thierry fort. »Wenn es irgendetwas gibt, vor dem er sich fürchtet, wenn er etwas Unrechtes getan, vielleicht etwas gestohlen hat, dann sag ihm, dass ich hier in dieser Gegend das Gesetz vertrete und dass ich keinen armen kleinen Dieb verfolge.« Wieder hielt der Graf inne. Aber auch jetzt sagte ich nichts.

»Wirst du ihm das mitteilen, wenn du ihm begegnest?«

»Ich kenne die Person nicht, von der Ihr sprecht«, antwortete ich unsicher.

»Nein, natürlich nicht.« Seine Stimme hatte einen sonderbaren Ton angenommen. Ich spürte geradezu, wie nahe er mir war, ich konnte ihn riechen, den Schweißgeruch eines Mannes, sah mit gesenktem Kopf auf seine Finger, die auffallend schmal waren. Ich ballte meine Finger zu Fäusten und hoffte, dass ihm, anders als Giorgio, nicht auffallen würde, dass meine Haut nicht von der Sonne gebräunt war.

»Du kannst jetzt gehen«, sagte er schließlich.

»Ich danke Euch, Herr.« Ich zwang mich, ohne Hast das Zimmer zu verlassen.

Ich war oft genug in diesen Räumen gewesen, und ich wusste, wo die Spiegel waren. Ich wusste, wo jeder einzelne hing und welches Bild man darin sah. Ich konnte nicht anders, ich musste in den großen ovalen Spiegel blicken, der an der Tür hing, die zur Treppe hinausführte. Ich erblickte darin mein Spiegelbild, aber darüber hinaus konnte ich in das Zimmer schauen, aus dem ich gerade gekommen war.

Graf Thierry schaute mir nach.

Weshalb nur? Hatte ich seinen Verdacht erregt? Beobachtete dieser Mann einfach jeden? Oder gab es vielleicht noch einen anderen Grund? Hatte er einfach zuschauen müssen, wie ich mich zurückzog, so wie auch ich nicht anders konnte, als ihm noch rasch einen Blick zuzuwerfen?

War es wie bei dem Magneten, den Giorgio mir gezeigt hatte? Jener Stein, den er Magnetit nannte und der die Fähigkeit hatte, Eisen anzuziehen. Eisen und Stein, beide sind machtlos. Es ist ihre Natur. Der Stein zieht das Eisen immer und immer wieder an.

Und das Eisen kann nichts dagegen tun.

Kapitel zweiunddreissig

Ich flüchtete mich in die Sicherheit der Apotheke.

Falls Giorgio mein gerötetes Gesicht bemerkt hatte, machte er jedenfalls keine Bemerkung darüber. Er gab mir ein Tablett mit Pillen, die gegen Magenwürmer wirkten, und bat mich, sie zu verpacken und zu beschriften. Ich stellte mich dazu an den Ladentisch, während er aus seinen Pülverchen weitere Pillen drehte. Wir arbeiteten gemeinsam, bis wir hörten, wie die Haustür mit lautem Krach zugeschlagen wurde und ein Pferd davontrottete.

»Unser erlauchter Besucher, der edle Graf Thierry, hat uns also verlassen«, sagte Giorgio und blickte zur Tür.

»Woher habt Ihr gewusst, wer zu Besuch gekommen ist?«, fragte ich ihn. »Die Fenster im Laden gehen doch nur auf das Gässchen zu dieser Seite des Hauses hinaus.«

»Ach herrje …«, seufzte er. »Jetzt hat mich das Fräulein Lisette ertappt.« Er legte den Kopf schräg. »Sie weiß zwar nicht, was ein Brathuhn kostet, aber ihr scharfer Verstand argwöhnt sofort, wie es denn sein kann, dass Giorgio weiß, wer ins Haus gekommen ist, um sich bei Meister Nostradamus Rat zu holen. Komm mit, ich zeig es dir«, sagte er, ehe ich etwas erwidern konnte.

Er schlurfte zur Tür, die vom Laden ins Haus führte, und zeigte mit dem Finger darauf. »Was siehst du da?«, wollte er von mir wissen.

Ich betrachtete die Tür mit den kunstvoll geschnitzten Blumen und Blättern. »Ich sehe ein Schlüsselloch«, sagte ich, »aber Ihr könnt nicht hindurchschauen, denn der Schlüssel steckt ja immer im Schloss.«

»Dann schau dir die rechte Seite mal etwas genauer an«, forderte er mich auf.

Ich trat näher.

»Fahre mit den Fingern über die Tür, so etwa in Augenhöhe.«

Das tat ich und sogleich entdeckte ich zwischen den Schnitzereien ein winziges rundes Guckloch.

Ich presste mein Auge dagegen und spähte hindurch. Ich sah die Haustür, die Treppe und einen Teil der Diele bis hin zur Küche.

Jeder, der sich hier auf die Lauer legte, wusste genau, wer kam und ging, und bekam auch viel von dem mit, was in der Familie vor sich ging. Ich machte eine entsprechende Bemerkung zu Giorgio.

»Denk daran, man kann von beiden Seiten durch ein Guckloch schauen«, erwiderte er.

»Natürlich!«, rief ich aus. »Berthe!«

Wenn sie von der anderen Seite spionierte, konnte die Küchenmagd alles beobachten, was sich in der Apotheke abspielte. Sie wusste, wer nach welchem Mittel für welche Krankheit fragte. Auf diese Weise konnte sie mancherlei über die Bewohner der Stadt in Erfahrung bringen. Es kam mir damals nicht in den Sinn, dass das Guckloch viel zu hoch für Berthe war. Und wenn sie dieses Loch gebohrt hätte, dann hätte sie sich nicht vor die Tür stellen und lauschen müssen, so wie sie es immer machte, wenn sie wissen wollte, was im Laden vor sich ging.

»Was hat Euch dazu bewogen, durch das Loch zu schauen?«, fragte ich Giorgio.

»Als ich die Steinfruchtsamen gekauft hatte und nach Hause zurückkehrte, habe ich den Grafen Thierry in der Seitengasse gesehen. Und als kurz darauf der Türklopfer betätigt wurde, schaute ich nach, um mich zu vergewissern, ob der Herr Graf uns die Ehre seines Besuches widerfahren lässt. Bei dem Geschäft, das wir hier betreiben, und angesichts der Tatsache, dass er ein sehr wissbegieriger Mann ist, empfiehlt es sich zu erfahren, was er im Schilde führt.«

»Aber in unserem Laden helfen wir sehr vielen Menschen«, entgegnete ich. »Wir verkaufen Dinge, die Krankheiten und Schmerzen lindern.«

»Aber wir verkaufen auch dies.« Giorgio deutete auf eine große Zahl von Büchern, die auf einem Regal hinter der Theke aufgereiht standen.

»Die Almanache?« Ich ging an das Regal, schlug eines der Bücher auf und überflog die Seiten. »Hunderte davon werden in ganz Europa verkauft. Die Menschen wollen einen Almanach haben, weil sie Rat in allen Lebenslagen suchen.«

»Aber wenn Meister Nostradamus sie zusammenstellt, enthalten sie weit mehr Wissen als jene, die man sonst wo kaufen kann. Nimm einen und lies selbst, und du wirst sehen, es stimmt, was ich sage.«

Ich steckte eines der Bücher in meine Schürzentasche, um später darin zu lesen.

»Mögt Ihr Graf Thierry denn nicht?«, fragte ich.

Giorgio antwortete mit einer Gegenfrage: »Hat er etwas Neues von seinem jungen Spielmann gehört?«

Ich zuckte zusammen. Woher wusste Giorgio, dass der Graf einen Spielmann suchte?

Giorgio bemerkte meinen erstaunten Blick und legte den Finger an die Nase. »Graf Thierry selbst mag vielleicht verschwiegen sein, sein Wachhauptmann und die Soldaten sind es jedenfalls nicht. Man erzählt sich in der ganzen Stadt, dass es am Tag des Frühjahrsmarktes einen Aufruhr gab, in den auch ein junger Spielmann verwickelt gewesen sein soll. Es heißt, der Junge habe den Tumult dazu benutzt, dem Herzog von Marcy etwas zu stehlen. Dieser wiederum soll von Graf Thierry verlangt haben, dass er den Jungen finde, andernfalls werde er sich beim König darüber beschweren, wie schlecht Thierry über die Einhaltung der Gesetze wacht.«

»Was soll er denn gestohlen haben?«, fragte ich entsetzt. »Was erzählt man sich darüber?«

»Einen Ring oder eine Anstecknadel, jedenfalls ein Schmuckstück. Sehr wahrscheinlich hat es der Junge bereits verkauft und sich etwas zum Trinken besorgt. Ich persönlich kann es kaum glauben, dass irgendjemand Marcy etwas stehlen könnte, wo doch dieser wieselflinke Halunke Bertrand seinem Herrn nie von der Pelle weicht. Aber man wird den Jungen sicher finden. Thierry ist geduldig und ausdauernd genug, er gibt nicht so schnell auf.«

»Er sagte, er suche den Spielmannsjungen, weil dieser ein begabter Musikant sei«, warf ich ein und dachte dankbar daran, wie klug es von Frau Anne gewesen war, meine Mandoline und meine Kleider zu verstecken.

»Nun, das mag ich gerne glauben«, sagte Giorgio. »Graf Thierry soll ebenso musikalisch wie belesen sein. In seiner Burg in Valbonnes hat er eine umfangreiche Bibliothek, in der er auch die Sammlungen der Lieder berühmter Troubadoure und Handschriften aus der Zeit der Tempelritter aufbewahrt.«

»Dann sollte er sich selbst in Acht nehmen«, sagte ich. »Wurden die Schriften der Templer nicht von Kirche und König mit einem Bann belegt?«

»Nicht hier bei uns«, erwiderte Giorgio. »Im Süden und im Westen Frankreichs war man schon seit jeher … *aufsässiger* als im Norden. Aber«, fügte er hinzu, »er besitzt auch viele der neuen gedruckten Bücher, und die sind ganz bestimmt verdächtig.« Er schaute mich aufmerksam an. »Was hast *du* von ihm gehört?«

»Dass er den Protestanten wohlgesonnen ist, dass er vielleicht selbst gar ein Hugenotte ist.«

»Ein Hugenotte! Ein Hugenotte!« Dieser Gedanke amüsierte Giorgio köstlich. Er prustete vor Lachen. »Das ist ein großartiger Witz!«, sagte er kopfschüttelnd. »Die Hugenotten halten ihn für einen Parteigänger des Papstes. Die Katholiken glauben, dass er mit den Protestanten gemeinsame Sache macht. Aber in Wirklichkeit ist er ein sehr wachsamer Hüter des Gesetzes und ein gerechter Richter, und er strebt danach, beide Gruppen in Schach zu halten. Aber …«, Giorgio schlurfte zu seiner Werkbank zurück, »nicht einmal er wird es verhindern können, dass sich beide Parteien gegenseitig zerfleischen werden.«

Kapitel dreiunddreissig

Es vergingen einige Tage, ehe der Seher mich wieder zu sich rufen ließ.

Es dunkelte draußen schon, Nostradamus stand am Fenster seiner hinteren Studierstube und betrachtete aufmerksam den aufgehenden Mond.

»Ich habe über das, worüber wir neulich gesprochen haben, nachgedacht«, sagte er, als ich das Zimmer betrat. »Und ich habe dir alles über die Vorahnungen gesagt, die ich vom Tode deiner Schwester Chantelle hatte, und auch das, woran ich mich sonst noch erinnern kann, aber ich sehe ganz deutlich, dass es noch etwas gibt, eine Verbindung zwischen dem, was geschehen ist, und dem, was noch kommen wird. Etwas aus der Vergangenheit hat Bedeutung für die Zukunft. Vielleicht war deine Schwester das Mittel, das dazu diente, dich hierherzubringen. Vielleicht ist dein Schicksal auch mit dem Mann verknüpft, der unmittelbar für ihren Tod verantwortlich ist, mit dem Comte de Ferignay.«

Als er den Grafen erwähnte, fühlte ich mich einer Ohnmacht nahe. »Ihr meint, ich werde ihn wieder treffen? Das möchte ich auf keinen Fall.«

»Das ist etwas, was wir in Erfahrung bringen müssen. Überdies müssen wir herausfinden« – als er dies sagte, ging Nostradamus ein paar Schritte von mir weg, und seine Stimme klang düster –, »ob du auch wirklich die Eine, die Auserwählte bist.«

Der Prophet ging in die Zimmerecke und zog einen Vorhang beiseite, der vor einer Nische hing. Dahinter verbarg sich eine Tür, die zu einer schmalen Treppe führte.

»Ich habe all meine Bücher und heiligen Texte befragt, und das Einzige, was sie mir über dich, Mélisande, offenbart haben, sind die immer gleichen Zahlen, die alle durch drei teilbar sind. Aber sosehr ich mich auch bemüht habe, ich vermag keinen Sinn in ihnen zu erkennen. Nun muss ich auf einem anderen Wege nach Erleuchtung suchen. Wir werden uns unter die Sterne stellen.« Er winkte mir, ihm zu folgen. »Heute ist der Himmel klar und es ist Vollmond; kein Wölkchen verdunkelt seinen Lichtschein.«

Die Stufen führten auf ein kleines Podest auf dem Dach. Ein Fernrohr stand darauf und ein kleiner eiserner Tisch, auf dem sich ein Krug Wasser und eine Schale befanden.

Ich stellte mich neben Nostradamus und betrachtete die unermesslich vielen Sterne, die am Nachthimmel funkelten. Manche davon waren mir vertraut: Gemini, die Zwillinge, Beteigeuze und Bellatrix im Orion, dem mächtigen Jäger mit Gürtel und Schwert. Mein Vater hatte sie mir gezeigt, die sagenhaften Helden und Heldinnen, deren Namen für immer unvergesslich sind. Das Versprechen der alten Götter, die Aussicht auf Unsterblichkeit, war für jene, die sie liebten, in Erfüllung gegangen.

»Der Tisch ist aus Eisen«, erklärte Nostradamus. »Der

Krug und die Schale sind aus Silber. Ich habe mir frisches Flusswasser kommen lassen. Es ist aus einem Fluss, der frei von allen unreinen Stoffen ist und mitten aus dem Herzen eines Berges entspringt.«

Aus dem Krug goss er Wasser in die silberne Schale. »Ich habe die reinsten Substanzen genommen, die ich besitze. Nur auf diese Art können wir uns auf die Suche nach der Wahrheit machen – ohne unreine Metalle oder Materialien.« Er hob die Stimme. »Und ohne unreine Wünsche, nur geleitet von dem Begehren, Gutes zu tun.«

Aus seinem Umhang zog er einen langen, dünnen Stock und legte ihn auf den Tisch.

»Dies hier ist ein Stab aus der Wurzel einer Eberesche. Die Beeren dieses Baums sind ein Symbol des Feuers, das den Menschen vom Himmel gesandt wurde.«

Nostradamus nahm seine Haube ab. Sein Haar und sein Bart leuchteten schlohweiß.

»Nimm dein Kopftuch ab«, befahl er mir.

Das tat ich und sofort wehte mir das Haar ins Gesicht.

»Nun sieh auf meinen Mondsteinring.«

Ich schaute angestrengt auf den durchscheinenden Edelstein, und während ich dies tat, schien es mir, als würde er immer größer werden, als würde er mich einhüllen und umschließen.

Dann streckte Nostradamus die Hände hoch über seinen Kopf. Dabei schien er größer und stärker zu werden.

»Hebe deine Augen zum Mond empor und lass die Strahlen all deine Sinne durchdringen!«

Er sagte dies mit einer solchen Überzeugungskraft, dass jeder Widerspruch undenkbar war. Als ich die Augen hob, spukten Giorgios Worte in einem Winkel meines Verstandes. Wenn man nur lange genug in den Mond schaute, hatte er gesagt, dann würde er unweigerlich zu einem sprechen. Doch hier war alles um mich herum, das Licht, die magische Kraft des Sehers, so überwältigend, dass sogleich alle Zweifel verflogen; was blieb, war das Licht …

Nostradamus breitete die Hände über die Schale und sprach Worte in einer Sprache, die ich nicht verstand. Das Mondlicht spiegelte sich im Wasser. Ich schaute in den Nachthimmel, dann auf das Gefäß, auf die Wasseroberfläche, die durchsichtig und ohne Kräuseln dalag, dann wieder in den Himmel.

Nostradamus tauchte die Hände hinein, formte eine Schale und schöpfte etwas Wasser heraus. Er murmelte weiter vor sich hin, während er seine linke Schulter und seinen rechten Fuß damit benetzte. Dann streckte er die Hände nach mir aus und ließ die restlichen Tropfen auf meinen Kopf fallen, und ich vernahm ganz deutlich, wie er meinen Namen sagte.

»Mélisande.«

Er nahm den Stab aus Ebereschenholz fest in beide Hände und rührte das Wasser in der Schale um.

Dreimal nach links.

Dreimal nach rechts.

Tausende Lichtfünkchen tanzten vor meinen Augen.

Ich konnte nicht mehr unterscheiden, was ich wirklich sah und was sich vor meinem inneren Auge abspielte. Ich hörte, wie der Seher wieder und wieder dieselben Worte sprach. Wieder und wieder, bis sie ein Teil von mir selbst wurden, eins mit dem Rhythmus meines Atems, im Gleichklang mit dem Schlag meines Herzens, dem trägen Pochen des Bluts in meinem Kopf.

Dunkelheit senkte sich über mich herab und wieder war ich im Palast von Cherboucy.

Ich stand hoch über dem großen Saal. Am höchsten Punkt des Dachgiebels. Unter mir schwang der große Kronleuchter. Viele Reihen von Kerzen brannten, jede einzelne Flamme sandte ihren rötlichen Schein aus und alle zusammen erstrahlten in einem blendend hellen Licht.

In den hinteren Winkeln der Halle herrschte Dunkelheit. Die düsteren Schatten, die das Licht des Kronleuchters warf, nahmen die Umrisse von Flügeln an. Es waren die Flügel eines Racheengels.

Der gesamte Hof war versammelt. Zwei Thronsessel waren da. Einer für König Charles, der andere, etwas seitlich dahinter versetzt, für Katharina von Medici. Er war so platziert, dass sie ihrem Sohn jederzeit etwas leise ins Ohr raunen konnte. Ich hörte ein Flüstern, ein leises Murmeln in meinem Kopf. Immer lauter rauschte das schwarze Taftkleid der königlichen Witwe, immer lauter und lauter, wie riesenhafte Flügel.

Die Höflinge drängten sich um sie, sie wollten alles sehen und hören, was vor sich ging. In einem freien Rund stand Nostradamus vor dem König. Zu seinen Füßen lagen Goldmünzen verstreut.

Da!

Ich konnte es ganz deutlich erkennen.

Die Säule, an der Chantelle und ich standen. Chantelle ließ ihren Blick durch den Raum schweifen. Ich stand neben ihr. Das Licht fiel auf unsere Gesichter.

Doch nein!

Jetzt tritt sie zurück. Meine liebste, allerliebste Schwester, tu es nicht!

Ich strecke die Hand nach ihr aus, kann es aber nicht verhindern. Sie tritt zurück in den Schatten.

Chantelle ist auf immer für mich verloren. Ein Schluchzen kommt über meine Lippen. Jetzt weiß ich, dass ich sie nie wiedersehen werde. Sie hat uns für immer verlassen.

Dann sehe ich etwas anderes.

Im Schatten.

Ein Stöhnen entringt sich meiner Brust.

Nostradamus lässt mich nicht aus den Augen.

Der Schatten bewegt sich.

Es ist der Seher. In dem Augenblick, in dem Nostradamus Chantelle streift, spüre ich, wie mir das Blut aus dem Kopf weicht. Alles dreht sich …

Nostradamus streckte die Hand nach mir aus.

»Du hast es also gesehen?«

Ich wollte seinem Blick ausweichen, aber sein Gesicht war dicht vor meinem.

»Du hast es gesehen.« Diesmal war es keine Frage.

Ich nickte. »Ich habe es gesehen.«

Der Schatten, der meine Schwester umgab, hatte sich ausgedehnt und eine weitere Person eingehüllt.

Ein Windstoß, der durch die offene Tür des großen Saals gedrungen war, hatte Nostradamus erschaudern lassen und den Kronleuchter in Bewegung versetzt. Dessen Schatten war weiter geglitten und auf den Propheten gefallen.

Die ausgebreiteten Flügel des Todesengels hielten nun auch Nostradamus umfangen.

Kapitel vierunddreissig

Hätte Nostradamus mich nicht gestützt, ich wäre zu Boden gesunken.

»Komm«, sagte er. »Setze dich hierher.«

Er führte mich zu einer Holzbank am Schornstein des Hauses. Dann träufelte er etwas Wasser auf mein Kopftuch und brachte es mir. Ich zitterte, als ich mir damit übers Gesicht fuhr.

»Ihr wusstet es schon«, sagte ich.

»Ja«, erwiderte Nostradamus. »Vor neun Monaten, als ich anfing, an den Almanachen dieses Jahres zu arbeiten, sah ich Planetenpositionen im Monat Juni, deren Sinn sich mir nicht erschloss. Ich wusste anfangs nicht, was sie bedeuten sollten. Sie bezeichneten keine Missernte, kein Unglück, keine Geburt in der königlichen Familie. Da ich diese schwierige Frage nicht lösen konnte, stellte ich sie hintan und fuhr fort, meine Voraussagen für die letzten sechs Monate dieses Jahres zu treffen. Ich sah die üblichen Ereignisse, dazu einige, die ich prophetisch deuten musste. Aber es gab einen bemerkenswerten Unterschied.« Nostradamus setzte sich erschöpft neben mich. »In der Vergangenheit habe ich mich immer selbst in meinen Zukunftsschauen gesehen. Aber in der zweiten Jahreshälfte des Jahres 1566 *komme ich einfach nicht vor*.«

Er lehnte sich gegen die Hauswand und schloss die Augen.

Ich betrachtete sein Gesicht, seinen langen Bart, die hohe Stirn, die Adlernase. Die tiefen Falten um seine Augen. Seine Augen selbst, die mehr Teufelswerk und mehr Katastrophen gesehen hatten, als ein einzelner Mensch vertragen kann.

»Ich glaube, dass ich nicht mehr lange auf dieser Erde leben werde.«

Ich legte unwillkürlich meine Hand auf die seine.

»Ihr wusstet es seit dem vergangenen Jahr«, sagte ich zu ihm. »Wie konntet Ihr dies nur ertragen?«

Nostradamus wandte den Kopf, in seinem Gesicht, das nun auf Augenhöhe mit meinem war, lag der Ausdruck tiefster Trauer. »Nicht jedem ist es gegeben, den Tag seines Todes im Voraus zu wissen, obwohl dieses Datum in jedem Jahr genauso sicher wiederkehrt wie der Tag unserer Geburt.«

Dieser Gedanke war neu für mich, und es war eine Vorstellung, die mir nicht behagte.

»Es ist nichts, wovor man sich allzu sehr fürchten müsste«, versicherte er mir. »Bald werde ich entweder gar nichts mehr wissen oder ich werde alles wissen. Darüber nachzusinnen, tröstet mich.«

»Wenn Ihr schon im Voraus wusstet, dass Ihr sterben werdet, weshalb habt Ihr dann mich gefragt, was ich im Palast von Cherboucy gesehen habe?«, wollte ich wissen.

»Ich habe vermutet, dass meine Zeit auf dieser Welt zu Ende geht, aber ich wollte Gewissheit erlangen.« Nostradamus sprach mit ruhiger Stimme. In ihr schwang Bedauern mit, doch keine Furcht.

»Was hat Euch veranlasst zu glauben, dass gerade *ich* Euch diese Gewissheit bringen könnte?« Die Erkenntnis, die in mir heraufdämmerte, ängstigte mich.

»Ich suche noch immer zu ergründen, wohin dein Leben dich führen wird, Mélisande«, antwortete er. »Erinnere dich an unser erstes Gespräch: Damals sagtest du, auch du habest den Engel des Todes gesehen, wie er seine Flügel über die große Halle von Cherboucy breitete.«

»Nein!«, flüsterte ich. Ich weigerte mich zu glauben, was er damit andeuten wollte, nämlich dass auch ich eine Vorahnung gehabt hatte. Ich wollte diese Gabe, diesen Fluch nicht besitzen. Ich wollte nicht sein wie Nostradamus, der keine Zeit mehr hatte, über sein eigenes Leben nachzudenken, sein eigenes Leben zu genießen, und dessen Tage eine Abfolge von Albträumen und verwirrenden Visionen waren. »Ich habe nur den Schatten gesehen, den der Kronleuchter warf. Ich habe nicht die Gabe, in die Zukunft zu schauen!«

»Vielleicht nicht.« Er legte mir die Hand auf die Schulter. »Ich kann nicht sagen, ob du tatsächlich die Gabe der Vorausschau besitzt. Aber wenn doch, dann wisse, du kannst sie selbst mit stärkster Willenskraft nicht unterdrücken.« Er drehte sich ganz zu mir und sagte ernst: »Eines ist gewiss. Das Schicksal hat dich aus einem ganz bestimmten Grund zu mir gesandt. Und nicht nur, damit du mir sagst, was ich ohnehin schon vermutete, nämlich dass ich bald sterben werde. Es gibt noch einen anderen Grund, aus dem sich unsere Wege gekreuzt haben und ein Stück gemeinsam verlaufen. Du hast eine Aufgabe, die du erfüllen musst, und ich bin derjenige, der dir dabei helfen soll.«

»Meine Aufgabe ist es, meinen Vater zu retten«, schluchzte ich und sank in mich zusammen. »Das ist alles, was ich will.«

»Vielleicht wird es dir gelingen«, sagte Nostradamus. »Nichts in meinen Prophezeiungen deutet darauf hin, dass du diesen Weg nicht beschreiten sollst. Aber du hast noch einen anderen Auftrag, den du erfüllen musst.«

»Was soll das sein?«, rief ich. »Sagt mir, was ich tun muss.«

»Das vermag ich noch nicht zu erkennen«, erwiderte er müde. »Ich brauche noch etwas Zeit, um es herauszufinden.«

Wir standen beide auf und sahen uns beunruhigt an. Denn wir beide wussten, dass das Einzige, was er *nicht* hatte, Zeit war.

Kapitel fünfunddreissig

Gegen den Widerstand seiner Frau bestand Nostradamus darauf, sich eines späten Vormittags in der darauffolgenden Woche wieder mit mir zu besprechen.

Giorgio brannte vor Neugier und fragte, was so wichtig sei, dass ich meine Aufgabe in der Apotheke vernachlässigte. Er sah mich forschend an, als ich seine Frage einfach abtat.

»Nichts Wichtiges«, sagte ich. »Ich habe Meister Nostradamus etwas über die Sterne gefragt. Als ich nicht recht verstand, was er mir sagte, versprach er mir, es bei anderer Gelegenheit noch einmal zu erklären.«

»Das muss aber eine schwierige Frage gewesen sein, wenn ausgerechnet du, Lisette, sie dir zweimal erklären lassen musst«, rief Giorgio mir nach, als ich aus der Apotheke eilte.

Ich ging hinauf in das hinterste Zimmer. Ein Platz war dort freigeräumt worden. In seine Mitte hatte Nostradamus einen Dreifuß gestellt, auf den ich mich setzen sollte.

»Einen solchen Stuhl benutzte auch das Orakel von Delphi«, belehrte er mich. »Sobald die Mittagsstunde anbricht, werde ich ein Gefäß mit Weihrauch entzünden und es zu deinen Füßen aufstellen.«

Ich setzte mich genau so, wie der Seher es wollte, direkt unter das Abbild einer Sonne mit feurigem Strahlenglanz. Als ich den Kopf nach hinten beugte, um hinaufzuschauen, schlug mir Hitze entgegen.

Aber das war ganz und gar unmöglich.

Zwar war es ein sehr heißer Tag, aber wir waren hier ja im Inneren des Hauses.

Ein grellweißes Licht stach mir in die Augen. Ich schrie auf vor Schmerz, schaute zu Boden und kniff die Augen ganz fest zu. Ich sah nur noch wirbelnde rote Sterne vor mir. Gepeinigt presste ich die Hände vors Gesicht, dann öffnete ich langsam wieder die Augen. Mein Blick fiel auf einen Spiegel an der gegenüberliegenden Wand. Ich hatte ihn zuvor nicht bemerkt. Er war größer als die anderen Spiegel, und seine Oberfläche war nicht poliert, sondern matt.

»Wie ich sehe, Mélisande, hast du den Spiegel gefunden, und zwar ganz ohne mein Zutun«, sagte Nostradamus anerkennend. »Ich habe ihn vor vielen Jahren in den Ruinen der alten Stadt Salon ausgegraben. Er hat ganz besondere Eigenschaften und nicht einmal ich habe alle zu enträtseln vermocht. Für gewöhnlich verhänge ich den Spiegel, aber heute werden wir zulassen, dass das unerbittliche Licht der Mittagssonne durch den Spiegel auf dich fällt. Dann werden wir sehen, was er uns vielleicht enthüllt.«

Der Schmerz in meinen Augen ließ nach und ich wagte einen Blick in den Spiegel. Mein Ebenbild darin war kaum mehr als ein Schatten.

»Wir haben versucht, mithilfe des Wassers und mithilfe des Mondlichts in die Zukunft zu sehen«, sagte Nostradamus. »Jetzt soll die Sonne die Wahrheit auf uns herunterbrennen.«

Er zog an einer Kordel neben dem Fenster. Irgendwo dort musste ein Seilzug versteckt sein, denn die Hitze über meinem Kopf wurde stärker, vielleicht gab es eine Öffnung im Dach, die man nach Belieben auf- und zumachen konnte.

Nostradamus drückte mir eine runde flache Scheibe aus poliertem Kupfer in die linke Hand. »Halte sie so.« Er zeigte mir, wie ich die Scheibe neigen musste, damit sich das Licht, das von oben einfiel, in ihr sammelte und auf mein Spiegelbild richtete.

Ich dachte daran, wie ich mich einmal selbst in einem Spiegel in Cherboucy betrachtet hatte, der hell glänzte und funkelte.

Die mattdunkle Fläche des Spiegels vor mir leuchtete auf.

»Sieh nur!«, sagte Nostradamus. »Der Schleier lüftet sich.«

Aus dem Dunkeln tauchte mein Bildnis auf. Ich blickte gebannt auf diese Mélisande, auf die Umrisse ihres Gesichts, auf ihren Mund, ihre Augen, ihr Haar …

Ich nahm das Kopftuch ab und ließ mein Haar herabfallen.

Mein Herzschlag verlangsamte sich.

Die Gegenstände in dem Raum, in dem ich mich befand, lösten sich langsam auf. Die Zeit schien flüssig geworden zu sein und mich zu umströmen. Ich schaute in eine andere Richtung. Nur langsam folgte mein Spiegelbild der Bewegung. Kam dies von der abgrundtiefen Müdigkeit, die mich plötzlich überfiel?

Nostradamus war neben mir. In der Hand hielt er seinen Stab aus Ebereschenwurzel. Er deutete damit auf mein Spiegelbild.

»Sprich laut aus, was immer dir auch in den Sinn kommt.«

»Sie ist ein paar Jahre älter als ich, diese Mélisande«, sagte ich.

»Welche Mélisande?«

»Die dort im Spiegel.«

Ich wollte die Hand heben und auf sie zeigen, doch ich spürte eine solche Mattigkeit im ganzen Körper, dass es mir schier unmöglich war.

Die Mélisande im Spiegel schaute mich mit großen, aufgerissenen Augen an. Sie hatte schon mehr gesehen als ich in meinen jungen Jahren. Mein Atem ging schneller.

Ah! Diese Mélisande sah Schreckliches, unaussprechlich Schreckliches.

Hinter ihr zwei Gestalten im Halbdunkel. Eine von ihnen trat nach vorn.

»Papa!«, flüsterte ich.

Ich sprang auf.

»Geh nicht zu nahe heran«, warnte Nostradamus mich in scharfem Ton.

»Sprich!«, befahl er meinem Bild, das nicht mein Bild war.

Aber die andere Mélisande blieb stumm.

Sie schüttelte langsam den Kopf, und ich bemerkte, dass auch ich den Kopf schüttelte.

Die glänzende Kupferscheibe fiel mir aus den Händen.

Nostradamus stellte sich hinter seinen Tisch.

»Tröstet es dich, deinen Vater zu sehen, dort in der Zukunft, wenn du eine junge Frau geworden bist?«

»Es erfüllt mich mit Hoffnung«, antwortete ich. »Aber in welchem Jahr war dies und wo?«

»Ich kann dir nicht sagen, wann es war«, entgegnete Nostradamus. »Aber ich glaube, dass du dann in Paris sein wirst. Die Träume von einem furchtbaren Gemetzel dort, in dem sogar der König selbst den Tod finden könnte, suchen mich nun schon seit drei Jahren heim, seit der Sonnenwende des Jahres 1563. Und das ist, wie du bemerkt haben wirst, *drei* Jahre her. In jedem Traum, den ich von diesem schrecklichen Ereignis hatte, in jeder Weissagung, kommt immer die Zahl Drei vor. Die Drei oder ein Vielfaches davon.«

»Die Drei ist eine magische Zahl«, wiederholte ich die Worte, die Katharina von Medici im Schlafgemach des Königs in Cherboucy gesprochen hatte.

Nostradamus legte den Kopf schief.

»In meinen Träumen warst du bei mir, Mélisande, und als wir uns dann in Cherboucy begegnet sind, war mir klar, dass das Schicksal es so wollte, dass sich unser beider Lebenswege kreuzen. Jetzt« – Nostradamus zeigte auf ein Papier auf seinem Schreibpult – »beginne ich mit deinem Horoskop, und jeder Eintrag, den ich mache, wird verdeutlichen, welch große Rolle du in dieser Weissagung spielst. Geboren bist du also am fünfzehnten Tag des ersten Monats des Jahres 1553 ...«

»Ich bin im Jahre 1554 geboren«, verbesserte ich ihn.

Nostradamus sah mich verblüfft an. »In Cherboucy habe ich dich gefragt, wie alt du bist, und du hast mir zur Antwort gegeben, du wärst in deinem dreizehnten Lebensjahr.«

»Wie alle jungen Leute wollte ich ein wenig älter erscheinen«, erklärte ich ihm. »Ich bin in meinem dreizehnten Jahr, aber ich hatte erst zwölfmal Geburtstag.«

»Zwölf«, murmelte Nostradamus. »Wieder ein Vielfaches von drei. Als meine Träume einsetzten, müsstest du also neun gewesen sein. Noch ein Vielfaches von drei.«

Er nahm seine Feder und änderte das Jahr meiner Geburt im Horoskop und las es laut vor. *»1554.«*

»1554«, wiederholte er noch einmal.

Er beugte sich über das Zahlenwerk und ich stellte mich neben ihn.

»Drei führt zur Fünfzehn im Kreis bleibt die Eins.«

Er hob den Kopf und sein Blick wurde starr. »Die Planeten mögen in ihren Bahnen wanken, nicht jedoch die Zahlen. Zahlen können nicht lügen. Das Jahr, in dem du zur Welt gekommen bist, war demnach 1554. Zählt man die Ziffern dieser Jahreszahl zusammen, ergeben sie fünfzehn. Das Jahr, in dem meine Vorahnungen von einem fürchterlichen Gemetzel einsetzten, ist 1563. Auch die Summe dieser Ziffern ergibt 15.«

Er fing an zu rechnen.

»Das nächste Jahr, dessen Ziffern in Summe 15 ergeben, ist 1572. Das ist in sechs Jahren. Schon wieder ein Vielfaches von drei.«

1572.

»Die Zahlen ergeben einen Sinn«, flüsterte er. »Zum ersten Mal seit all den Monaten, in denen mich diese Bilder verfolgen, ergeben die Zahlen einen Sinn.«

»Welche Zahlen?«, fragte ich ihn.

Er schrieb die Zahlen in seiner gestochenen Handschrift nieder.

»In sechs Jahren schreiben wir das Jahr 1572«, sagte er und wiederholte noch einmal: »1572. Nicht nur, dass die Summe 15 ergibt. Wenn man die Ziffern von rechts nach links liest und sie dabei voneinander abzieht … siehst du! Achte auf das Ergebnis!

Nimm 2 von 7 – bleibt 5.

Nimm 5 von 5 – bleibt 0.

Nimm 0 von 1 – bleibt 1.

Ist dir klar, was das bedeutet, Mélisande?«

Nostradamus zeigte mit zitterndem Finger auf die eine Zahl, die er mitten auf die Seite geschrieben hatte.

»Die Eins.«

»Es stimmt also«, sagte er feierlich. »Jemand wird der Eine sein.«

Ich sah zu, wie der Prophet fortfuhr, die Zahlen zu vergleichen.

Er stand über sein Pult gebeugt, und von Zeit zu Zeit hielt er inne, um ein anderes Manuskript hervorzuholen oder eine uralte Tabelle aus einem Regal zu ziehen.

Er wirkte kein bisschen müde. Jetzt wo er glaubte, das Rätsel entschlüsseln zu können, durchpulste ihn vielmehr eine unbekannte, glühende Kraft, die mich ebenso ängstigte wie erstaunte.

Was, wenn Nostradamus recht hatte mit dem, was er mir soeben anvertraut hatte? War am Ende *ich* dazu ausersehen, den König zu retten – den Menschen, den Gott eingesetzt hatte, damit er seine Geschöpfe hier auf Erden vor Schaden bewahrte und für ihr Wohlergehen sorgte? War *ich* ein Werkzeug, um diese geheiligte Person zu schützen?

Ich sprach meine Gedanken laut aus.

»Wenn es stimmt, was Ihr behauptet, dann sollte ich mich so schnell wie möglich aufmachen und den König warnen.«

»Du hast gesehen, was passiert ist, als ich es versuchte«, erwiderte Nostradamus. »Ich hatte schon zuvor mit der Thronregentin darüber gesprochen, als sie mich im Jahre 1564 hier in Salon aufgesucht hat, ein Jahr, nachdem ich meine erste Vorahnung von diesen Dingen hatte.«

»Aber Katharina von Medici würde es sicherlich brennend interessieren, dass Ihr inzwischen mehr herausgefunden habt«, sagte ich.

»Dennoch warte ich ab.« Nostradamus schaute mich eindringlich an. »Ein Gefühl der Angst zwingt mich zu warten, ein Vorgeschmack des Untergangs, der mir sagt, dass Katharina von Medici erst davon erfahren sollte, wenn du die Gelegenheit hattest, das Leben des Königs zu retten. Die Zahlen werden es mir kundtun, wann für dich die Zeit zum Handeln gekommen ist.«

»Weshalb seid Ihr dann nach Cherboucy gekommen, um Eure Warnung auszusprechen?«, fragte ich.

»Obwohl ich damals noch keine Einzelheiten kannte, glaubte ich, dass Katharina von Medici und ihr Sohn auf mich hören würden. Obgleich die Thronregentin mir zuhörte, lachte mich der König aus und gab nichts auf meine Worte. Jetzt bin ich davon überzeugt, dass der Grund, der mich bewog, von meinem Haus nach Cherboucy zu reisen, nicht der war, meine Prophezeiung auszusprechen, sondern damit sich unsere Lebenswege kreuzen, Mélisande. So wie ich jetzt davon überzeugt bin, dass die Zeit des Handelns in sechs Jahren, im Jahre 1572, gekommen sein wird.«

»Sechs Jahre!«, stöhnte ich auf. »So lange werde ich nicht warten, um meinen Vater zu retten. Ich möchte, dass Ihr mir einen Brief schreibt, den ich der Thronregentin und dem König überbringen kann und in dem steht, dass weder mein Vater noch ich uns eines Verbrechens schuldig gemacht haben.«

»Könntest du den König in seiner Not im Stich lassen, um zu deinem Vater zu gehen?«

»Ja!«, schrie ich. »Ja, das könnte ich!«

Ein Schauder überlief Nostradamus. Er trat einen Schritt zurück und hob abwehrend beide Hände.

»1572 wird eine abscheuliche Pest durch Paris rasen. Der Mond wird in das Haus des Todes eintreten, im Aspekt mit dem kriegerischen Mars. Der große König von Frankreich geht dem sicheren Tod entgegen. Wehrlos steht er da, wehrlos gegenüber den Mächten, die ihn zu überwältigen drohen. Zum Wohle seines ganzen Volks und all seiner Untertanen muss er gerettet werden.«

»So lange kann ich nicht warten, bis ich meinen Vater wiedersehe.« Ich fing an zu weinen.

»Auch nicht, wenn du ihn dann ganz sicher lebend vorfindest?«

»Ich verstehe nicht«, schluchzte ich. »Was wollt Ihr mir damit sagen?«

»Ich will damit sagen, dass ich glaube, dass ihr euch beide wiederfinden und er am Leben sein wird, im Jahre 1572.«

»Aber nicht früher?«

Nostradamus schüttelte den Kopf.

Ich schaute ihn forschend an. »Ihr habt mehr in dem Spiegel gesehen als ich. Was war es? Was habt Ihr gesehen?«

»Ich habe König Charles gesehen. Er stand an einem Fenster im Louvre in Paris. Und du warst bei ihm, Mélisande.« Nostradamus hielt inne und lächelte mich an. »Ich habe dich gesehen und dein Vater stand neben dir. Glaub mir, wenn du das Leben ihres Sohnes rettest, wird sich die Thronregentin dankbar zeigen. Sie wird dafür sorgen, dass man dir und deinem Vater jedes Vergehen vergibt, das ihr begangen haben mögt.«

Ich schniefte und wischte mir die Tränen aus dem Gesicht.

»Aber denk daran«, mahnte mich Nostradamus. »Nichts von alledem wird geschehen, ehe nicht das nächste Jahr der Fünfzehn angebrochen ist.«

»Ich muss mehr wissen«, beharrte ich. »Sicher gibt es noch andere Dinge, die ich erfahren sollte. Wie werde ich nach Paris kommen? Wie werde ich meinen Vater wiedersehen?«

»Die Planeten sprechen eine deutliche Sprache«, sagte Nostradamus. »Ich werde mich bemühen zu erkunden, auf welche Weise dein Schicksal mit ihren Einflüssen verwoben ist. Eines muss ich dir jedoch noch sagen.«

Er legte mir die Hände auf beide Schultern.

»Ich glaube, dass du die Eine bist, Mélisande«, sagte Nostradamus feierlich. »Und ich glaube, dass dir ein Weg vorgezeichnet ist, der dich zu großen Taten führt. Aber ich muss dich warnen: Der Mensch, der dies auf sich nimmt, geht Hand in Hand mit dem Tod.«

Kapitel sechsunddreissig

Während der Juni ins Land ging, arbeitete Nostradamus fieberhaft an seinen Tabellen und Prophezeiungen. Das Wetter war drückend heiß. Und mit der Hitze kam die Pest.

Sie begann in den Straßen, wo der Kanal aus dem Norden in die Stadt mündete. Dort hausten die Ärmsten der Armen, Menschen, die kaum genug zu essen hatten und bestimmt kein Geld, um sich Arzneien zu kaufen. Die ersten beklagenswerten Opfer waren fünf Kinder, die aus ein und derselben Familie stammten, noch keines von ihnen war acht Jahre alt. Sobald Giorgio davon hörte, ließ er eine Schachtel der teuren Rosentabletten in die Gegend bringen und dort verteilen. Das war sehr großherzig von ihm, denn sobald sich die Nachricht verbreitet hatte, dass die Pest in Salon wütete, mussten wir auf das Geld unserer reichen Kunden verzichten. Niemand, der nicht unbedingt musste, reiste jetzt in eine Stadt, in der der Schwarze Tod seine Opfer forderte. Von Anfang Juni an hatten wir sehr wenige wohlhabende und vornehme Besucher und sogar unsere gewöhnlichen Kunden kamen nun nicht mehr so häufig. Die Leute blieben in ihren Häusern und auf den Straßen wurde es stiller. Giorgio und ich arbeiteten Tag und Nacht, um die teuren Tabletten herzustellen, von denen Nostradamus glaubte, dass sie diese fürchterlichste aller Krankheiten abwehren konnten.

Eines Tages kam Berthe mit der Nachricht, Graf Thierry habe sämtliche Stadttore schließen lassen.

»Er will, dass wir alle hier eingesperrt sind und sterben, während er sicher in Valbonnes ist«, murrte sie und spülte dabei die leeren Frühstücksschalen im Küchenabguss aus.

»Graf Thierry hat Meister Nostradamus einen Brief geschrieben«, erwiderte Frau Anne kurz angebunden. »Darin teilt er mit, dass er sich in Schloss Emperi aufhalten wird, bis die Gefahr gebannt ist. Er wird sich selbst um alles sorgen. Du tätest also gut daran, dich um deine Arbeit zu kümmern und keine falschen Beschuldigungen gegen einen ehrenwerten Mann zu erheben.«

»Nicht *ich* habe das gesagt«, erwiderte Berthe. »Der Herzog von Marcy hat dies auf dem Stadtplatz verkündet. Er sagt, Graf Thierry sei ein Handlanger der reformierten Kirche und ein Feind des wahren katholischen Glaubens. Heute Abend halten die Brüder aus dem Kloster Cloise eine Prozession ab, um Buße zu tun und Gott zu bitten, dass er die Stadt verschone.« Sie warf Frau Anne einen Blick zu. »Alle gottesfürchtigen Gläubigen sollen vor ihren Haustüren knien und beten, wenn die heiligen Männer vorbeiziehen.«

Ich kehrte in den Laden zurück und überbrachte Giorgio diese Nachricht. »Der Bischof wird den Kanal mit Weihwasser besprengen«, erzählte ich ihm.

»Sie sollten das Wasser lieber abkochen, statt es zu segnen«, bemerkte er trocken. »Ich persönlich würde dann schon eher auf die Kur mit Fledermausblut vertrauen, das die Hausierer jetzt auf dem Marktplatz anbieten.«

»Kein Wort mehr, Giorgio!« Frau Anne war so unvermittelt vom Haus in den Laden getreten, dass wir sie nicht einmal hatten kommen hören.

Nie zuvor hatte ich erlebt, dass sie so mit ihm gesprochen hätte. Ganz sicher war sie beunruhigt und ängstlich. Auch wenn Meister Nostradamus mir streng befohlen hatte, niemandem zu sagen, dass er bald sterben werde, musste seine Frau dennoch spüren, wie seine Kräfte immer mehr schwanden. Sie waren schon so lange verheiratet, und sie hatte ihm sechs Kinder geboren, sie erahnte bestimmt auch die todesdüstere Stimmung, in der er sich befand.

Giorgio senkte den Kopf. »Madame«, sagte er.

»Wir müssen besonders vorsichtig sein«, sagte sie und versuchte, ihren schroffen Ton zu rechtfertigen. »Jetzt wo die Pest in der Stadt ist, haben die religiösen Spannungen noch zugenommen. Beide Seiten behaupten, die Pest sei die Rache Gottes für die Irrlehren und Untaten der anderen. Gewalttätige Übergriffe häufen sich, und du weißt ja, diesen Fanatikern genügt der kleinste Anlass, um jemanden anzugreifen. In der Werkstatt, in der unsere Almanache gedruckt werden, wurden die Fenster eingeworfen und das Dach in Brand gesteckt. Der Drucker berichtete, Bertrand, der Handlanger des Herzogs von Marcy, habe ihm gesagt, dass jeder, der Warnungen vor kommendem Unheil druckt, dieses Unheil damit erst heraufbeschwört.«

»So ist es immer«, erwiderte Giorgio ruhig. Er schien an ihrer Schelte keinen Anstoß genommen zu haben. Aber bei Giorgio konnte man nie wissen, was er gerade dachte. »Wenn sie Angst haben, schlagen sie oft auf die ein, die ihnen gerade über den Weg laufen. Sogar auf jene, die ihnen helfen würden, wenn sie könnten.«

Zwei rote Flecken traten auf Frau Annes Wangen, als ihr der tiefere Sinn von Giorgios Antwort klar wurde.

»Du könntest mir jetzt tatsächlich helfen, Giorgio«, sagte sie steif. »Mein Mann, der kaum aus eigener Kraft aufstehen kann, ging gestern Abend weg, um sich um den Schleusenwärter am Kanal, der in dem Haus neben dem Tor nach Avignon wohnt, zu kümmern. Als er zurückkam, arbeitete er bis spät in die Nacht und stellte Arzneien her, die nun ausgeliefert werden können.« Sie deutete auf ein kleines Fläschchen und ein Päckchen, die auf der Arbeitsplatte standen. »Wärst du so gut und würdest dies bitte dem Wärter bringen?«

Giorgio nahm schnell die Flasche und verließ den Laden, er hinkte stärker als sonst. Ich musste daran denken, wie unsicher die Umstände waren, unter denen er hier lebte. Mit seinen kaputten Gliedmaßen gab es wenig anderes, womit er seinen Lebensunterhalt verdienen konnte.

»Ich bleibe bei dir im Laden, bis Giorgio zurückkommt«, sagte Frau Anne. »Da mein Mann immer kränklicher wird, sollte ich mehr Zeit hier verbringen und mich mit dem vertraut machen, was hier vor sich geht.« Sie ging zu den Ausgüssen und den Arbeitstischen. Dann sagte sie tadelnd: »In seiner Eile hat Giorgio den Heilwickel vergessen, der zur Arznei gehört.«

»Ich bringe ihn hin«, bot ich an. »Ich kenne den Weg.«

Sie zögerte. »Ich will dich keiner Gefahr aussetzen.«

»Keine Sorge, ich begebe mich in keine Gefahr. Ich vertraue auf Meister Nostradamus, und er sagt, dass die Pest nicht durch die Luft, sondern durch Unsauberkeit und Ungeziefer verbreitet wird.«

»Der Schleusenwärter ist ein besonders guter Freund meines Mannes«, erklärte Frau Anne. »Er kam vergangene Nacht hierher und bat um Hilfe, denn sein Kind ist krank, und aus Furcht vor der Pest will kein Arzt in sein Stadtviertel kommen. Aber mein Mann ist der Ansicht, das Kind habe gar nicht die Pest, sondern nur eine Lungenentzündung.«

Ich nahm das Päckchen. »Wenn ich mich beeile, habe ich Giorgio eingeholt, ehe er weit gekommen ist.«

»Wenn du am Kanal bist, musst du dir deine Schürze vor Mund und Nase halten«, rief sie mir hinterher.

Ich kam nur bis zur nächsten Ecke, dort versperrten mir zwei Männer in der Uniform des Herzogs von Marcy den Weg.

»Diese Straße ist für die Prozession der Büßer gesperrt«, erklärte mir einer von ihnen.

»Und du solltest zu Hause sein und warten, bis sie vorbeizieht«, sagte der andere drohend. »Das ist ein Befehl des Herzogs.«

Der erste Soldat betrachtete mich argwöhnisch. »Bist du eine Hugenottin?«

»Wohl kaum«, erwiderte ich und zeigte auf mein leuchtend blaues Kopftuch.

Ich ging schnell zurück, lief durch ein Gässchen und über einen weiten Platz. Aber als ich auf der anderen Seite angelangt war, wurde mir der Weg schon wieder abgeschnitten. Diesmal erspähte ich die Männer des Herzogs, ehe sie auf mich aufmerksam wurden, und ich wich in eine andere Gasse aus. Ich ging wieder in Richtung Kanal und hoffte, einen Bogen um die Prozession zu machen. Schon hörte ich das rhythmische Schlagen der Schnarrtrommeln und den Lärm der Holzklappern. Jene andere Prozession, die ich als Kind in Spanien gesehen hatte, kam mir in den Sinn, und bei diesem Gedanken schnürte sich mir die Kehle zu. Ich kehrte um und rannte durch einen schmalen Durchgang, und als ich heraustrat, lief ich der Prozession direkt über den Weg.

Eine furchterregende Gestalt, ganz in Schwarz gekleidet, kam auf mich zu. Der Mann trug eine Mönchskutte und eine hohe Spitzkapuze, die sein ganzes Gesicht bedeckte, nur die Augen schauten durch Sehschlitze heraus. Um seinen Körper waren Ketten gewickelt, die bis auf den Boden reichten und die er hinter sich herschleifte, dabei setzte er mühsam einen Fuß vor den anderen und stöhnte und schrie und bat den Himmel um Vergebung. Hinter ihm, in Zweierreihen, lief ein Dutzend barfüßiger Männer in schwarzen, knielangen Hosen, von der Taille aufwärts waren sie nackt. Sie hatten kleine Peitschen aus verknoteten Schnüren bei sich, mit denen sie sich auf den Rücken schlugen.

»Geh aus dem Weg!«, riet mir eine Frau, die am Straßenrand stand und der Prozession zusah.

Ich drückte mich gegen eine Mauer. Auf der Straße wimmelte es nur so von Menschen. Alte Leute standen auf ihren Balkonen oder hinter den Fenstern, Männer und Frauen knieten vor ihren Häusern, Kinder wurden hochgehalten, damit sie das Schauspiel besser sehen und die Priester sie segnen konnten.

Als die Geißler an mir vorbeigingen, konnte ich die Rücken der Männer sehen. Sie hatten sich so sehr kasteit, dass sie von Wunden übersät waren. Die Knoten an ihren Peitschen waren von ihrem eigenen Blut rot gefärbt. Ihnen folgten Mönche, die ebenfalls in Schwarz gekleidet waren; sie hatten die Kapuzen ihrer Kutten tief ins Gesicht gezogen. Ihnen folgte eine weitere Gruppe; ihre Kleidung war nicht so düster, sie trugen blau-weiße Schärpen, die Farben der Heiligen Jungfrau. Auf einem großen hölzernen Podest trugen sie eine schwere Marienstatue mit sich, die mit Bändern und Blumen geschmückt war. Während sie an mir vorbeizogen, beteten sie Litaneien im Chor und sangen.

Ich ging in eine Seitenstraße, und es gelang mir, noch weiter ans hintere Ende der Prozession zu kommen. Ich blieb stehen, während die letzten der Büßer vorbeigingen, bis ich eine Lücke in den Reihen entdeckte. Ich packte die Gelegenheit beim Schopf und huschte quer über die Straße.

»Heda, Mädchen!« Eine Hand umklammerte meinen Arm. Ich erkannte Bertrand, den Schergen des Herzogs von Marcy. »Wie kommst du dazu, so etwas Gotteslästerliches zu tun?«

»Ich verstehe Euch nicht«, stammelte ich.

»Du sollst niederknien, wenn die Prozession an dir vorbeizieht, anstatt ihr die schuldige Ehrerbietung zu verweigern, indem du den Weg der Büßer kreuzt.«

»Ich habe Medizin für ein krankes Kind bei mir«, erklärte ich.

»Was ist das?« Er riss mir das Päckchen aus den Händen. »Von wem stammt es?«

»Es ist ein Heilwickel, den Meister Nostradamus gemacht hat ...«, begann ich.

»Aha!«, sagte er triumphierend. »Ein Zaubermittel von der Hand des Hexenmeisters selbst!«

»Das stimmt nicht!«, widersprach ich. »Das Kind ist krank und braucht Hilfe. Lasst mich durch.«

»Wenn das Kind krank ist, braucht es Gottes Erbarmen. Genau wie du.« Er stieß mich grob zu Boden. »Du sollst knien, so wie es der Herzog von Marcy befohlen hat.«

Ich wollte mich losreißen und fast hätte ich es auch geschafft. Sein Griff lockerte sich, denn er war nicht sehr stark, dieser Bertrand, und ich war genauso groß wie er. »Du Hexe«, knurrte er, als wir miteinander rangen. »Der Herzog ist am anderen Ende der Straße. Er soll sich selbst um dich kümmern«, sagte er und rief nach seinem Herren.

»Helft mir!«, flehte ich eine Frau an, die vor ihrer Tür stand. Als Antwort drehte sie sich um, ging ins Haus und schloss die Tür hinter sich.

Nun hatte ich wirklich Angst, denn die Straße hatte sich geleert, nachdem die Prozession vorbeigezogen war. Ich stand alleine da, ein schutzloses Mädchen, mit diesem Menschen und dem Herzog von Marcy, der berüchtigt dafür war, dass er Leute auf Nimmerwiedersehen einsperrte.

Ich riss mich los und rannte die Straße entlang. Bertrand schrie mir Flüche hinterher. Aber am Ende gab es keinen Ausweg für mich, denn die Straße mündete in eine andere, wo weitere Männer des Herzogs postiert waren. Deshalb wandte ich mich nach links und lief durch eine schmale Gasse. Ich hörte das Poltern der Stiefel hinter mir. Ich schwitzte und rang verzweifelt nach Atem. Da sah ich, dass die Seitentür einer Kirche offen stand. Ich rannte hinein.

Bertrand war dicht hinter mir, und gleich nach ihm kam sein Herr, der Herzog von Marcy.

»Gewährt mir Zuflucht, dies ist ein heiliger Ort«, stieß ich hervor und rannte die Stufen zum Altar hinauf. »Ich bitte um Schutz an dieser heiligen Stätte.« Ich schaute den beiden Männern in die Augen. »Ihr dürft mir hier nichts antun.«

Bertrand zögerte, nicht aber der Herzog. Obgleich er vorgab, ein frommer Katholik zu sein, missachtete er das Leben, das Gott seinen Geschöpfen schenkte. Er packte mich an den Schultern, zerrte mich von den Altarstufen und drückte mich gegen eine Säule. Mit dem unnachgiebigen Stein im Rücken spürte ich seine rohe Gewalt noch stärker.

»Lasst mich gehen«, bettelte ich. »Ich habe nichts Unrechtes getan.«

»Ob das stimmt oder nicht, entscheide ich«, sagte er hämisch. »Doch zuerst muss ich dich verhören.« Er riss mein Kopftuch herunter. »Das ist schon besser.« Er schaute mich prüfend an.

Mein Herz klopfte so laut in meiner Brust, dass ich meinte, er müsse es hören.

»Weshalb versteckst du solche Anmut?«, fragte er. »Die meisten Mädchen würden gerne ...«

Seine Worte erstarben, als sich ein Arm um seinen Hals legte und ihn von mir wegriss.

Es war ein älterer Priester, der Bertrand zur Seite gestoßen hatte und mir zu Hilfe gekommen war. Sein Zorn hatte ihm Stärke verliehen.

»Wie könnt Ihr es wagen, die Kirche mit Euren Gewalttaten zu entweihen?«, donnerte er.

»Lass mich los, du schwarze Krähe«, schrie der Herzog, wütend darüber, dass man ihm in die Quere kam. Er drehte sich schnell um und schlug dem Priester mit beiden Fäusten gegen die Brust.

»Ihr werdet dem Haus Gottes die schuldige Ehre erweisen und das Mädchen achten, das hier Zuflucht gesucht hat«, befahl der Priester.

»Dieses Mädchen pflegt Umgang mit jenen, die schwarze Künste ausüben«, antwortete der Herzog zornig. »Und ich werde mit ihr verfahren, wie es mir beliebt.«

»Ihr seid nicht das Gesetz«, erwiderte der Priester. »Und wenn Ihr diese Kirche nicht auf der Stelle verlasst, dann werde ich es dem Mann berichten, der das Gesetz vertritt: Graf Thierry.«

Als der Name seines verhassten Feindes fiel, packte den Herzog erst recht der Zorn. Er zog sein Schwert und holte zu einem Hieb aus, der die Schulter des Priesters treffen sollte. Dieser duckte sich jedoch und mit einem schmatzenden Geräusch bohrte sich das Schwert tief in seinen Nacken. Der Priester stieß einen lauten Schmerzensschrei aus und sein Blut spritzte wie aus einer Fontäne hervor.

»Ihr habt ihn umgebracht«, keuchte Bertrand entsetzt.

Ich kreischte entsetzt auf, als der Priester auf den Fliesen des Kirchenschiffs zusammensackte.

Der Herzog wich zurück, das blutverschmierte Schwert fiel ihm aus der Hand.

Bertrand stürzte auf den Priester zu und kniete sich neben ihn. Er atmete noch, aber sein Gesicht war das eines Toten.

»Dafür wird Euch Thierry hängen lassen«, sagte Bertrand.

Der Herzog schaute sich wie von Sinnen um. »Wir können den Leichnam verschwinden lassen und die Sache vertuschen.«

»Hier ist viel zu viel Blut«, sagte Bertrand. Er zitterte wie Espenlaub. »Es klebt am Teppich und an den Altartüchern.«

Und, wie ich sah, auch an meinen Händen. Einige Tropfen Blut waren auch auf mich gespritzt. Ich streckte die Hände so weit von mir weg, wie ich nur konnte.

»Was tun wir jetzt?«, schrie der Herzog Bertrand an. »Lass dir etwas einfallen.« Er ging auf seinen Schergen zu und schlug auf ihn ein. »Aus diesem Grund stehst du in meinen Diensten, du Hund. Lass dir etwas einfallen.«

»Ich weiß nicht, was«, schrie Bertrand zurück. »Ein Mord vor dem Altar des Herrn ist ein schlimmes Verbrechen. Sogar der Bischof, der Euch gewogen ist, wird Euch da nicht helfen können.«

»Wenn wir es nicht vertuschen können, müssen wir eben jemand anderem die Schuld in die Schuhe schieben.« Marcy gewann allmählich die Fassung zurück. »Wir werden sagen, wir hätten einen Hugenotten aus der Kirche davonlaufen sehen.« Er ging zum Altar und warf die Kerzenständer um. »Wir schlagen ein paar Sachen kaputt. Wenn man dann den toten Priester findet, wird jeder gute Katholik glauben, dies sei das Werk der Ketzer gewesen. Außer uns gibt es niemanden, der ausplaudern kann, was wirklich hier geschehen ist.«

Für einige Sekunden schienen sie mich vollkommen vergessen zu haben. Diese Zeit nutzte ich, raffte meine Röcke und rannte davon. Den Mittelgang entlang und zur Tür hinaus. Zurück durch die Gässchen. Ich rannte und rannte. Die Angst, genauso ermordet zu werden wie der Priester, ließ mich rennen, wie ich noch nie im Leben gerannt war. Kein einziges Mal blickte ich mich um. Ich hoffte, dass ihre Waffen sie am Laufen hindern würden und ich, die ich flinker war, den Laden erreichen könnte, ehe sie mich einfingen.

Giorgio war schon vor mir zurückgekommen. »Was ist los?« Er schaute verwirrt hoch, als ich die Ladentür hinter mir zuschlug. »Du tust ja gerade so, als wäre der Leibhaftige hinter dir her.«

Ich rannte wortlos hinter die Ladentheke und auf die Tür zu, die ins Haus führte. Überraschend flink sprang Giorgio auf, um mich zurückzuhalten.

»Wer hat dir etwas getan?«

Ich schüttelte den Kopf und wollte ihn beiseiteschieben.

»Niemand«, sagte ich. »Niemand.«

»An deinen Händen klebt Blut.« In seiner Stimme schwangen nun echte Angst und Sorge mit.

Draußen zerriss ein lauter Glockenton die Stille. Wir beide hielten inne und lauschten.

In der Stadt läutete die Sturmglocke.

Kapitel siebenunddreissig

Was ist geschehen?«

Giorgio hielt mich mit eisernem Griff an den Handgelenken fest. »Wenn ich dir helfen soll, dann musst du es mir sagen.«

Ich sprudelte drauflos und berichtete ihm, wie der Herzog von Marcy den Priester getötet hatte.

»*Jesu.*« Giorgio riss die Augen auf. »Das ist entsetzlich.«

»Ich wusste ja nicht, dass es sie so erzürnen würde, wenn ich vor der Prozession die Straße überquere«, schluchzte ich.

»Das ist nicht der wahre Grund, weshalb sie dich aufgegriffen haben. Du bist hübscher, als du ahnst, Kind, trotz deiner abgetragenen Kleidung, und auch wenn du deinen Kopf und dein halbes Gesicht verhüllst.«

Giorgio ließ meine Handgelenke los und lauschte zum Haus hin. Dann spähte er durchs Guckloch. »Frau Anne kommt.« Er schubste mich zu den Ausgussbecken hin. »Binde dein Kopftuch fest und wasch dir die Hände. Sag nichts von alledem, bis ich darüber nachdenken konnte, was wir jetzt am besten machen.«

Ich beugte mich über den Ausguss und schrubbte meine Hände, als Frau Anne in den Laden platzte.

»Hörst du denn die Sturmglocke nicht, Giorgio? Wir sollten die Fensterläden schließen.«

»Ja, natürlich.« Giorgio zog eine Schublade auf und holte den Schlüsselbund hervor.

»Lisette …«, sagte sie, als sie mich am Waschbecken stehen sah, »hilf Giorgio dabei. Je schneller die Läden verriegelt sind, desto besser. Es muss ein großes Unglück geschehen sein, sonst würde die Glocke nicht läuten.«

»Ich will nicht auf die Straße hinaus«, flüsterte ich Giorgio zu, als sie wieder gegangen war.

»Das brauchst du auch nicht«, sagte er. »Bleib im Laden. Wenn ich fertig bin, müssen wir miteinander reden.«

Ich sah vom Fenster aus zu, wie er nach draußen schlurfte, die Fensterläden zuklappte und sie mit einer Eisenstange verriegelte. Er war gerade beim letzten Fensterladen angelangt, als eine Schar junger Männer die Straße entlanggerannt kam.

Einer von ihnen rief laut: »Holla! Da ist Giorgio!« Sie fingen an herumzuhüpfen und äfften seinen hinkenden Gang und seine gekrümmte Gestalt nach.

Er beachtete sie nicht, aber sie kamen näher und schubsten und stießen ihn.

»Er ist Italiener, wisst ihr das nicht?«, sagte ein anderer. »Wie Katharina von Medici, die angeblich katholisch ist, aber mit den Hugenotten unter einer Decke steckt, dieses gerissene italienische Weibsbild.« Er zog Giorgio an den Ohren und drehte ihn um die eigene Achse, sodass dieser stolperte und hinfiel.

»Jetzt liegt er wie ein Käfer auf dem Rücken«, höhnte Giorgios Peiniger.

»Und wie einen Käfer sollte man ihn auch zermalmen.« Der erste Mann kam nach vorn und wollte Giorgio einen Stiefeltritt ins Gesicht versetzen.

Ehe ich recht wusste, was ich tat, war ich schon draußen auf der Straße. Die Männer waren so mit ihrem üblen Treiben beschäftigt, dass keiner von ihnen auf mich achtete. Ich hob das Eisenstück auf, das zu Boden gefallen war, und schwang es in weitem Bogen vor mir hin und her.

»Zurück!«, schrie ich. »Verschwindet von hier!«

Fast wären sie in alle Richtungen davongelaufen, aber dann merkten sie, dass ich ein Mädchen war, und fingen an zu lachen.

»Was für ein Hitzkopf!«, rief derjenige aus, der Giorgio am meisten gepiesackt hatte. »Die Kleine ist für uns ein viel größeres Vergnügen als der verkrüppelte Alte!«

Giorgio kam mühsam auf die Knie. »Geh in den Laden«, flehte er mich an.

Aber das brachte ich nicht über mich.

Die Männer stellten sich in einem Halbkreis um uns und bedrängten Giorgio und mich, bis wir uns mit dem Rücken zum Fenster befanden. Einer von ihnen sprang auf uns zu, es war eine Finte, mit er uns ablenken wollte. Ich stieß mit der Stange nach ihm. Sie traf ihn in den Magen und er krümmte sich vornüber. Sofort packte sein Kumpan die Stange am anderen Ende. Nun rang ich mit einem Mann, der viel stärker war als ich; die anderen umringten uns und lachten wie über einen gelungenen Scherz. Ich wusste, der Mann spielte nur mit mir, jeden Augenblick konnte er mir die Stange entreißen. Er grinste mich an und ich sah seine abgebrochenen Zähne. »Mein Mädchen, wenn wir uns schon balgen, dann komm doch ein wenig näher zu mir.« Er zog die Stange zu sich heran und mich mit dazu, während seine Gefährten Giorgio festhielten, der versucht hatte, mir zu Hilfe zu kommen.

»Nehmt euch vor der Sechsten Heimsuchung in Acht! Lasst ab von euren abscheulichen Taten!«

Laut dröhnte eine Stimme über unseren Köpfen.

Wir schauten alle nach oben. Nostradamus stand auf der Dachterrasse des Hauses.

»Es ist der Hexer«, sagte einer der Männer angstvoll.

»Lasst ab von euren abscheulichen Taten!«, wiederholte Nostradamus. Er hob die Hände hoch über den Kopf, die Ärmel seines Umhangs hingen rechts und links nach unten wie Flügel. »Feuer wird auf euer Haupt fallen!«, donnerte er. »Die Meeresfluten werden ansteigen und die Erde überschwemmen. Die Sonne wird wie tausend Feuer brennen. Von Menschenhand wird all dies geschehen!«

Die Bande wich zurück. Sogar der Kühnste von ihnen ließ die Stange los.

»Tausend Sonnen werden die Erde verbrennen! Das grüne Land wird verdorren wie eine unfruchtbare Wüste!«

Trotz der Hitze des Juninachmittags stieg plötzlich ein feiner gelblicher Nebel auf. Er quoll unter den Pflastersteinen hervor, hüllte unsere Füße ein, legte sich um unsere Beine, stieg höher, bis wir alle husten und würgen mussten.

»Seht ihr das?«, fragte einer der Männer mit zittriger Stimme.

Aber seine Freunde antworteten ihm nicht, sie rannten schon auf und davon.

Giorgio wirkte tief erschüttert. Allerdings schien es nicht die Grausamkeit der Männer gewesen zu sein, die ihn so aus der Fassung brachte. So wie auch mich hatten ihn Nostradamus' Worte im Innersten getroffen. Ohne Zweifel hatten die jungen Raufbolde geglaubt, der Seher drohe ihnen. Aber wir waren Zeuge von etwas anderem geworden. Nostradamus hatte eine Prophezeiung ausgesprochen:

Feuer wird auf euer Haupt fallen.

Die Meeresfluten werden ansteigen und die Erde überschwemmen.

Die Sonne wird wie tausend Feuer brennen!

Von Menschenhand wird all dies geschehen!

Was hatte seine rätselhafte Warnung zu bedeuten, die Welt solle sich vor der Sechsten Heimsuchung in Acht nehmen?

Ich schaute nach oben. Nostradamus war verschwunden.

Der Nebel hatte sich inzwischen verzogen, es war, als ob es ihn nie gegeben hätte. Aber Worte lösen sich nicht so einfach auf. Sie brennen sich in die Gedanken ein wie die Feuerspur eines Kometen am nächtlichen Himmel.

Kapitel achtunddreissig

Sobald wir wieder im Laden waren, verriegelte Giorgio die Tür von innen.

Dann drehte er sich zu mir um und sagte: »Ich danke dir, dass du dein Leben riskiert hast und gekommen bist, um mir beizustehen. Giorgio wird das nie vergessen.«

»Was soll ich jetzt tun, Giorgio?«, fragte ich ihn.

»Das Wichtigste ist, einen neuen Wickel zu machen«, erklärte Giorgio und machte sich sogleich an die Arbeit.

Ich folgte ihm. »Ich glaube, ich sollte mit Meister Nostradamus und seiner Frau sprechen und ihnen erzählen, was mir widerfahren ist.«

»Nein!« Giorgio schaute mich an. »Das wird die Last auf ihren Schultern nur vergrößern.« Er zögerte. »Du weißt doch, dass Meister Nostradamus sehr krank ist.«

»Ja«, antwortete ich und setzte mich auf einen Stuhl, erdrückt von meiner ausweglosen Lage. »Umso mehr muss ich sie warnen, dass Unannehmlichkeiten drohen. Der Herzog von Marcy und sein Spießgeselle Bertrand waren mir dicht auf den Fersen, sie haben vielleicht gesehen, wie ich in diese Straße gelaufen bin. Und sie wissen, dass ich eine Arznei bei mir trug, die Meister Nostradamus hergestellt hat. Wenn sie herausfinden, dass ich hier wohne, werden sie kommen und mich töten.«

»Hör zu«, sagte Giorgio. »Die Sturmglocke läutet immer noch. Das Gesetz der Stadt verlangt es, dass alle Bewohner in ihre Häuser gehen, wenn die Glocke schlägt, und danach ist es niemandem erlaubt, in der Öffentlichkeit Waffen zu tragen, bis eine schriftliche Anordnung von Graf Thierry das Verbot wieder aufhebt. Den Raufbolden, die mich da draußen angegriffen haben, macht es nichts aus, eine Nacht im Gefängnis zu verbringen, aber Marcy wird es nicht wagen, sich von dem Grafen so erniedrigen zu lassen. Vorerst bist du hier also in Sicherheit.«

»Aber …«

Er legte mir die Hand auf den Kopf.

»Beruhige dich«, sagte er. »Ich werde einen Wickel machen und ihn zum kranken Kind des Schleusenwärters bringen.«

»Aber man wird Euch festnehmen, wenn Ihr durch die Straßen geht.«

»Für Ärzte, die sich um die Kranken kümmern, gilt die Vorschrift nicht«, antwortete Giorgio. »Ich möchte, dass du hier wartest, bis ich wiederkomme. Willst du das mir zuliebe tun?«

Ich senkte den Kopf. »Ja«, sagte ich, denn ich wusste nicht, was ich sonst hätte tun sollen.

Doch als Giorgio gegangen war, grübelte ich weiter über meine missliche Lage nach. Der Herzog von Marcy musste den einzigen Zeugen seiner furchtbaren Tat loswerden. Er, oder, was wahrscheinlicher war, sein Handlanger Bertrand, würden sich hier irgendwo in der Nähe auf die Lauer legen und aufpassen, damit ich nicht fliehen konnte.

Fliehen.

Ich musste fliehen.

Wenn ich nicht mehr im Hause war, würden Meister Nostradamus und Frau Anne keine Schwierigkeiten bekommen. Nostradamus war krank, und er wurde immer kränker, während er vergebens nach einer Erklärung für seine Vorahnung suchte, die mir eine wichtige Rolle für die Geschicke Frankreichs zuschrieb. Er hatte gesagt, ich hätte eine Bestimmung zu erfüllen, aber ich wusste nicht, welche das sein könnte, und auch er wusste es nicht. Obwohl er über seinen Tabellen grübelte und mir mehrmals das Horoskop stellte, erschloss sich ihm nichts. Tag für Tag wurde er gebrechlicher. Indem er so versessen nach meiner Bestimmung suchte, beschleunigte er sein nahes Ende auch noch.

Wenn ich fortging, würde er damit aufhören, denn er würde glauben, ich wäre vor meinem Schicksal geflohen. Sobald er wusste, dass ich nicht mehr da war, müsste er auch nicht mehr nach dem Wissen forschen, das sich seinem Suchen entzog.

Mir blieb ja gar nichts anderes übrig, als zu gehen. Bei Graf Thierry konnte ich mein Recht nicht einfordern. Er war ein so spitzfindiger Mann, wenn ich ihm mein Anliegen schilderte, würde er sehr rasch herausfinden, wer ich wirklich war. Dann würde man mich unter Bewachung nach Paris schicken und Nostradamus dafür bestrafen, dass er jemandem, der sich dem Rechtsspruch des Königs entzogen hatte, Zuflucht gewährte. Wenn ich noch länger hier im Haus bliebe, würde ich Unglück über alle bringen.

Mich befiel eine abgrundtiefe Verzweiflung. Wegen meines unüberlegten Handelns war mein Vater im Gefängnis, und ein gütiger Priester, der mich beschützen wollte, war tot. Es war besser, sofort wegzugehen, ehe ich noch weitere Menschen in Lebensgefahr brachte.

Ich öffnete die Tür zum Haus. Der Flur war leer, also konnte ich mich durch die Küche und den Hinterausgang hinausschleichen. Ich stellte mir vor, wie ich, ein Mädchen, mutterseelenallein, wieder auf der Straße leben würde. In Jungenkleidern hatte ich mich viel sicherer gefühlt, und wenn ich mich wieder so anzog, konnte ich vielleicht Marcy und seinen Männern ein Schnippchen schlagen. Ich wusste ja, wo Frau Anne meinen Reiseumhang und die Spielmannskleidung aufbewahrte.

Leise schlich ich die Treppe hoch bis zum ersten Absatz und lauschte. Draußen dröhnte es noch immer dumpf. In der Wohnstube hörte ich die Kinder reden. Seitdem die Pest wieder wütete, hatten sie alle das Haus nicht mehr verlassen dürfen. Jetzt waren die Jüngeren in heller Aufregung, weil die Sturmglocke läutete, und die ältere Schwester mahnte sie streng, nicht ans Fenster zu gehen.

Ich klopfte an die Tür von Frau Annes Schlafkammer. Keine Antwort. Entweder schlief sie oder sie war oben bei ihrem Mann.

Die Tür knarrte, als ich sie öffnete. Das Zimmer war leer.

In einer Ecke stand die Truhe, in der die Kleider lagen, die Melchior mir gegeben hatte. Ich tappte durchs Zimmer und hob den Deckel der Truhe hoch. Trotz der großen Gefahr, in der ich mich befand, spürte ich, wie meine Zuversicht allmählich zurückkehrte. Hier lagen meine Spielmannskleidung und mein rostbrauner Reiseumhang. Ich streckte die Hand aus, um sie herauszunehmen.

Plötzlich polterte es an der Eingangstür.

Vor Angst ließ ich den Deckel fallen. Wieder klopfte es dröhnend.

»Macht auf! Macht auf!«

Ich rannte ans Fenster und schaute hinaus. Männer liefen auf der Straße hin und her. Bewaffnete Männer. Ich hörte Frau Anne rufen: »Ich komme!«, und gleich darauf eilte sie an meiner Tür vorbei die Stufen hinunter. Ich ging hinaus und schlich zum Treppenabsatz, von wo aus ich beobachten konnte, wie Frau Anne die Eingangstür öffnete.

Rasch duckte ich mich nieder. Es gab kein Entkommen, ich war gefangen von den Soldaten des Herzogs! Aber dann bemerkte ich, dass die Männer gar nicht die Uniform des Herzogs von Marcy trugen. Die Farben ihrer Waffenröcke waren schwarz und rot.

»Es hat einen Vorfall in der Stadt gegeben«, hörte ich einen der Soldaten sagen. »Graf Thierry hat mich geschickt, um sicherzustellen, dass Meister Nostradamus, seine Familie und seine Dienerschaft wohlbehalten sind.«

»Das sind wir«, sagte Frau Anne. »Bitte übermittelt dem Grafen in Valbonnes unseren Dank für seine Sorge um unser Wohlergehen.«

»Graf Thierry ist nicht auf seiner Burg, sondern im Stadtschloss«, antwortete der Soldat. »Er hat vor hierzubleiben, bis die Gefahr gebannt ist. Wir sollen vor Eurem Haus Posten beziehen und es bewachen, damit Euch kein Leid geschieht«, fuhr der Mann fort. »Ihr sollt die Tür von innen verriegeln wie auch alle anderen Eingänge des Hauses. Graf

Thierry hat befohlen, dass niemand das Haus betritt oder verlässt, bis er selbst kommen und mit Meister Nostradamus persönlich sprechen kann.«

Kapitel neununddreissig

Ich hörte, wie Frau Anne die Eingangstür schloss und in die Küche ging.

Diese Gelegenheit musste ich nutzen. Ich rannte die Treppe hinunter, zurück in den Laden. Als Giorgio plötzlich hinter der Tür erschien, kreischte ich erschrocken auf.

»Wo bist du gewesen?«, fragte er. »Du hattest doch nicht etwa die Absicht wegzulaufen, oder?«

»Ja. Nein. Ja.«

Giorgio schüttelte mich sanft. »Nur weil der Herzog von Marcy sich nicht blicken lässt, heißt das noch lange nicht, dass er nicht auf eine Gelegenheit wartet, um zuzuschlagen. Ich habe dir gesagt, du sollst hierbleiben, und du hast es auch versprochen.«

»Ich weiß, ich habe es versprochen«, antwortete ich kläglich, »doch dann dachte ich, wenn ich von hier wegginge, würde ich den Menschen, die mir so sehr geholfen haben, viel Kummer ersparen.«

»Meinst du, es wäre von großem Nutzen für uns, wenn man dich mit durchgeschnittener Kehle im Kanal fände?« Er lachte trocken. »Gegen dieses Leiden hat nicht einmal Nostradamus ein Mittel.«

Entsetzt griff ich an meinen Hals und dachte an das beklagenswerte Los des Priesters, der jetzt mitten in der Kirche in seinem Blute lag.

»Und überhaupt«, fuhr Giorgio fort, »es gibt keinen Ort,

wohin du gehen könntest. Die Stadt ist abgeriegelt. Die Stadttore sind verschlossen und werden es auch bleiben, bis der Graf sie wieder öffnen lässt.«

»Er hat Soldaten geschickt, die vor dem Haus Wache stehen«, berichtete ich ihm. »Einer von ihnen sagte zu Frau Anne, sie würden hier warten, bis Graf Thierry selbst käme, um mit Meister Nostradamus zu sprechen.«

Giorgio ging zum Fenster und lugte durch eine Ritze im Fensterladen. »Aha«, hörte ich ihn vor sich hin murmeln, »das also hat er vor.« Dann sagte er laut: »Ja, ich sehe sie draußen. Er ist sicher schon in seinem Schloss. Sein Banner weht vom Turm.«

Ich stellte mich neben Giorgio ans Fenster und schaute in die Richtung, in die er zeigte. Die schwarz-rote Standarte Graf Thierrys flatterte auf der höchsten Zinne. Das wuchtige Schloss Emperi thronte über der Stadt. Alle Bürger konnten die Flagge ihres Herrn sehen. Allein dieser greifbare Beweis seiner Anwesenheit würde genügen, um jeden Gedanken an Aufstand und Aufruhr zu unterdrücken. Seine Untertanen wussten, dass er über sie wachte. Ein Zittern durchlief mich. Ich spürte geradezu, wie das Auge dieses wachsamen Mannes auf mir ruhte.

»Nun denn …« Giorgio wandte sich vom Fenster ab. »Jetzt können wir ja beruhigt sein, weil du in Sicherheit bist.« Er warf mir einen Blick zu. »Jedenfalls solange du im Haus bleibst.«

»Das werde ich«, antwortete ich kleinlaut.

»Und wenn Graf Thierry hierherkommt, dann fragst du, ob du ihn sprechen kannst, und erzählst ihm, wie der Priester ermordet wurde.«

»Das kann ich nicht«, sagte ich erschrocken.

»Warum nicht?« Giorgio blickte mir forschend in die Augen. »Nur wenn die ganze Angelegenheit in seinen Händen ruht, wirst du dich von der Last befreien können.«

Ich sagte nichts darauf.

Giorgio schaute mich unverwandt an. Wie hätte er auch von meiner misslichen Lage wissen können? Wenn ich mit Graf Thierry sprach, würde er herausfinden, wer ich wirklich war. Diese Gefahr durfte ich nicht eingehen. Besser, ich wartete ab, bis ich meine Spielmannskleidung anziehen und mich davonstehlen konnte.

»Ich verstehe dich nicht, Mademoiselle … Lisette.«

Ich schaute auf, weil Giorgio bei meinem Namen stockte. »Nun gut«, sprach er weiter. »Ich werde nichts sagen. Du musst selbst entscheiden, ob du über das sprechen willst, was du mit angesehen hast.«

Er ging zu seinem Arbeitstisch und begann, die Schmelztiegel aufzuräumen. »Als ich unterwegs war, um die Arznei für das Kind abzuliefern, habe ich etwas gehört, das dich interessieren könnte. Weißt du noch, dieser Nebel, der plötzlich auf der Straße lag und uns beide verblüfft hat?«

Ich nickte.

»Offenbar hat Graf Thierry befohlen, ungelöschten Kalk und Ammoniaksalz in das unterirdische Kanalsystem zu schütten. Er hat dies auf seinen Reisen in den Ländern des Ostens gesehen. Dort verwendet man diese Mittel, um das Ausbrechen von Krankheiten zu verhindern. Seine Soldaten sind nun damit beschäftigt, Hunderte von toten Ratten aus dem Kanal zu fischen. Wie du siehst, findet hier eine wundersame Erscheinung wieder von selbst ihre Erklärung. Vor dem Laden fließt ein Abwasserkanal und ganz offensichtlich sind die Ammoniakdämpfe unter unseren Füßen aufgestiegen.«

»Just in dem Augenblick, als Meister Nostradamus seine Prophezeiung verkündete?«, fragte ich.

»Genau.« Giorgio arbeitete weiter vor sich hin. »Für uns war es ein glücklicher Zufall. So, und nun machen wir uns besser an die Arbeit und tun das Unsere, um diese Heimsuchung zu bekämpfen.«

Aber keiner von uns beiden war an diesem Nachmittag mit seinen Gedanken bei der Arbeit.

Am Abend wurden die Soldaten, die vor dem Haus Wache hielten, abgelöst, und obwohl es schwül war, hatten sie Pechfackeln bei sich. Sie stellten sie entlang der Straße auf, entlang der Seitengasse und rund um die Gartenmauer.

»Es sind so viele und sie sind so schwer bewaffnet«, sagte Frau Anne nervös, als wir beim Abendessen saßen. »Mir scheint, dies ist mehr als nur eine gewöhnliche Wache.«

»Meister Nostradamus ist auch kein gewöhnlicher Mann«, sagte Giorgio beschwichtigend. »Graf Thierry liegt sicher viel daran, dass Ihr gut beschützt seid.«

Als die Nacht hereinbrach, begaben wir uns alle zur Ruhe. Giorgio stellte sich eine Pritsche in der Apotheke auf. Die Kinder gingen in ihre Kammer und Frau Anne in ihr eigenes Schlafzimmer. Ich zog den Vorhang vor der Nische in der Wohnstube, wo mein Bett stand, zurück, behielt jedoch meine Kleider an. Dann nahm ich den Almanach zur Hand, der die Vorhersagen enthielt, die Nostradamus für dieses Jahr, das Jahr 1566, gemacht hatte.

Die Sonne stand glutrot im Westen. Ich brauchte keine Kerze beim Lesen, denn ich hielt das Buch dicht ans Fenster. Dann schaute ich hinaus in den prächtigen Sonnenuntergang, auf die letzten Strahlen, die uns Licht und Wärme und Leben spendeten. Was, wenn die Prophezeiung, die Nostradamus an diesem Morgen gemacht hatte, sich bewahrheitete? Könnte dieser riesenhafte Feuerball tatsächlich Unheil bringen? Aber wie sollte das von Menschenhand geschehen? Wie könnte man den Lauf der Natur so verändern, dass die Sonne unsere Erde verbrennt? Ich überflog die Seiten des Almanachs. Juni

1566. Ich war in den vergangenen Tagen so beschäftigt gewesen, dass ich kaum bemerkt hatte, dass die letzten Tage dieses Monats schon vergangen waren. Welche besonderen Hinweise mochte uns Nostradamus gegeben haben, damit wir diese schwierigen Zeiten überstehen konnten?

Ich fand keine.

Dreizehnter Juni.

Ich blätterte schnell weiter.

Erster Juli.

Heute.

Ich las den Eintrag.

Eine seltsame Wanderung.

Wanderung? Welche Wanderung? Die Wanderung einer menschlichen Seele?

Trotz der drückenden Hitze wurde mir kalt. Ich blinzelte und las die Worte ein zweites Mal.

Eine seltsame Wanderung.

Ein Schatten fiel auf das Blatt.

Ich schaute hoch.

Meister Nostradamus stand neben mir. Er streckte die Hand aus und sagte: »Es ist an der Zeit.«

Kapitel vierzig

Wie gebannt folgte ich Nostradamus über die Wendeltreppe nach oben.

Alle Kerzen brannten, die Lampen strahlten um die Wette, als wollten sie das Unvermeidliche bannen. Die Spiegel und das bunte Glas warfen das Licht zehnfach zurück.

»Komm mit in die Studierstube«, sagte der Seher zu mir.

Dort ging er zum Fenster und schaute hinaus. Die Röte

des Sonnenuntergangs durchflutete das Zimmer, aber als es dunkel wurde, änderte sich das Wetter plötzlich. Es wurde drückend, die Luft war schwül und aufgeladen. Blitze zuckten über den Horizont hinter dem Stadtrand, und während wir das aufziehende Gewitter beobachteten, schien der Sturm schon wieder nachlassen zu wollen, dann sammelte er neue Kraft. Der Donner rollte heran und die Blitze kamen immer näher.

»Du wirst das Haus heute Nacht verlassen, Mélisande, und dich an einen sicheren Ort begeben. Dort wirst du warten, bis die Zeit zum Handeln gekommen ist.«

Noch ehe ich ihn befragen konnte, zeigte Nostradamus auf sein Schreibpult und sagte: »Schau, was ich hier habe.«

Auf dem Pult lagen drei Rollen Papier.

Nostradamus sprach langsam und bedächtig. »Drei Schriftstücke werde ich dir nun geben, Mélisande.« Er nahm eine der Rollen und hielt sie hoch. »Dies ist das erste, doch in Wahrheit das letzte. Es ist die letzte Weissagung, die ich gemacht habe. Sie betrifft die Zeit, wenn du und ich schon längst nicht mehr auf der Erde sein werden, wenn die Menschheit die Warnungen, die ich hier niedergeschrieben habe, beherzigt oder aber die Folgen ertragen muss, die sie durch ihre eigene Narrheit heraufbeschworen hat. Je näher mein Ende rückt, desto mehr bedrückt mich der Gedanke an jene Zeit, in der die Menschheit zugrunde gehen wird.«

»Aber die Menschen werden doch nicht völlig von der Erde verschwinden?«, fragte ich ängstlich. »Der Herr wird wiederkommen, ehe dies geschieht.«

»Wir verschleudern die Schätze, die uns geschenkt wurden.« Nostradamus hatte Mühe beim Sprechen, so erschöpft war er. »Die Segnungen, die uns zuteil wurden, die Früchte des Meeres und der Erde, die uns geschenkt wurden, damit wir sie nutzen: Wir haben sie mit unseren Gedanken verschlungen. Die Berge und die Flüsse wurden geschaffen, auf dass wir uns an ihnen erfreuen, genauso wie die Tiere des Feldes und des Waldes und die Vögel in den Lüften. Doch wir gehen nicht sorgsam mit ihnen um, noch teilen wir unsere Güter gerecht zwischen uns auf.«

Bei seinen Worten kam mir das Leben am Hofe in den Sinn. Edelleute wurden von ihren mit Juwelen überladenen Kleidern fast zu Boden gedrückt, während zur gleichen Zeit die Bauern hinter der königlichen Jagdgesellschaft herliefen, auf der Suche nach ein bisschen Essen, um nicht zu verhungern. Während Nostradamus redete, bildete ich mir ein, ich würde all dies vor mir sehen. Es waren Bilder von dem, was vergangen war, Bilder von dem, was auf uns zukommen sollte, die vor meinem inneren Auge abliefen. Nie gesehene, bizarre Bilder, nie zuvor gehörte Töne. Unvorstellbare Geräusche, das Geschrei aus vielen Kehlen, das Schnauben schwerer Maschinen, von marschierenden Männern, lautes Dröhnen wie von einer gewaltigen Kanone. Ich sah Feuer, das ohne Unterlass wütete, riesige Wolkenpilze mitten unter einer großen Schar geflügelter Ungeheuer, die am Himmel flog, Kutschen aus Eisen, die höher in die Lüfte stiegen als Adler und in die Tiefen des Meeres stürzten.

Ich kniff die Augen zu und presste mir die Hände auf die Ohren.

»Ach, Mélisande«, seufzte Nostradamus, als er mich so sah. »Auch du verfügst über die Gabe der Vorausschau und kannst, so wie ich, die Sechste Heimsuchung und das Ende aller Tage sehen.« Er ließ die Schultern so ermattet sinken, dass ich schon fürchtete, er würde hinstürzen. »Es gibt nichts, was ich dagegen tun könnte. Auch du kannst nichts dagegen tun.« Er gab mir seine Aufzeichnungen. »Aber ich trage dir hiermit auf, einen sicheren Ort zu finden, an dem du meine letzte Weissagung verwahren kannst, bis die Zeit reif dafür ist, sie zu offenbaren. Wir können nur hoffen, dass die, die nach uns kommen, wachsam sind und die darin enthaltenen Warnungen beherzigen.«

Als ich die Rolle entgegennahm, schaute ich dem Propheten in die Augen. Ich sah, dass der Tod ihm nahe war, und wusste, dies waren die letzten Worte, die er an mich richten würde. Und mit einem Mal wurde mein Geist klar und meine Sinne schärften sich.

Nostradamus schaute mich mit großem Ernst an. »Das ist die einfachere der beiden Aufgaben, die du zu erfüllen hast, Mélisande. Die zweite ist schwieriger, und um sie zu erfüllen, wirst du diesen Geleitbrief brauchen, den ich für dich vorbereitet habe. Mein Ansehen ist so groß, dass dieser Brief es dir ermöglichen wird, ungehindert zu gehen, wohin du willst.« Er gab mir die zweite Schriftrolle, die mit seinem Siegel versehen war und in der stand, dass ihr Überbringer auf Geheiß des weithin bekannten Doktor Nostradamus handelte, des Vertrauten Katharinas von Medici. Man möge der Person, die dieses Schreiben vorzeige, freies Geleit geben, wohin auch immer sie zu gehen begehre.

»Und was diese Weissagung angeht …« Er nahm das letzte Papier zur Hand. Es war leer. »Sie betrifft dein Schicksal.«

»Aber da steht ja gar nichts«, sagte ich.

»Ich hatte gehofft, dass ich mehr schreiben könnte als das, was ich ohnehin schon wusste. Aber nun bleibt mir keine Zeit mehr. Deshalb werde ich notieren, was ich weiß.« Und indem er das sagte, nahm er seine Feder und schrieb zwei Verse auf das Papier.

»Nachdem sechs Jahre verstrichen sind, wird sich meine Prophezeiung über das Gemetzel in Paris erfüllen«, sagte er zu mir. »Während dieser Zeit darfst du niemandem von diesen Papieren erzählen.«

»Aber sollten wir nicht die Thronregentin wissen lassen,

dass das Leben ihres Sohnes in Gefahr ist, damit sie diese schrecklichen Ereignisse abwenden kann?«

»Mélisande, du kannst dieses niederträchtige Morden nicht verhindern, aber du kannst dem König dabei helfen, Frankreich aus dem Sumpf zu ziehen, in dem es jetzt versinkt, damit er das Land wieder zu Größe und Wohlstand führt. Eines weiß ich ganz sicher: Es müssen sechs Jahre vergehen, bis es so weit ist und der Löwe, das Sternbild der Prinzen, zu herrschen beginnt. Deshalb musst du Geduld haben und warten, bis die Zeit für dein Handeln günstig ist. Aber du darfst dich nicht abbringen lassen von dem, was getan werden muss.«

»Ist das alles, was Ihr mir sagen könnt?«, fragte ich ihn.

»Ich hatte viele Visionen, in denen ich gesehen habe, wie du älter und reifer geworden bist. Du wirst wieder als ein Junge leben, als Spielmann, und du wirst die Gunst eines königlichen Hauses genießen.«

»Das wird am französischen Hof sein«, antwortete ich. »Wo auch sonst, wenn ich den König retten soll.«

»Dieser Teil deines Schicksals ist mir verborgen, er liegt im Dunkeln. Was ich aber sicher weiß, ist, dass jetzt die Stunde meines Hinscheidens naht.«

Ich schaute auf die Papiere, die ich in der Hand hielt, und las die Worte, die auf ihnen geschrieben standen. Es war die Weissagung, die Nostradamus in dem großen Saal von Cherboucy verkündet hatte.

Und so lauteten die ersten vier Zeilen:

Lodernde Flammen, unbarmherziges Metzeln,
Verrat schändet das königliche Geschlecht.
Verborgene Taten kommen ans Licht,
und alle außer einem werden zugrunde gehen.
Er wird vom Schwert verschont bleiben,
allein gerettet durch das Wort.

Und dazu hatte Nostradamus einen weiteren Vierzeiler gefügt:

Dies ist deine Bestimmung, Mélisande.
Auserwählt bist du,
Auf deine eigene Weise zu retten
Den König, der gerettet werden muss.

Nostradamus gab mir die letzte Schriftrolle und ich steckte sie zusammen mit den anderen beiden in die Tasche meiner Schürze.

»Mélisande«, sagte er ernst, »ich vertraue dir diese wichtigen Papiere an.«

Erschöpft von der Anstrengung, taumelte er zu seiner Liege und ließ sich darauffallen.

»Das ist alles?«, fragte ich.

»Das ist alles«, antwortete er. Seine letzten Worte an mich waren: »Ich habe alles aufgeschrieben, was ich weiß.«

Kapitel einundvierzig

Ich ging die Stiege hinab, meine Augen füllten sich mit Tränen.

Frau Anne stand an der Tür ihres Schlafzimmers. »Mein Mann hat mich gebeten zu warten, bis er mit dir gesprochen hat. Hat er dir alles gesagt, was du wissen musst?«

»Nicht alles, aber so viel er konnte. Den Rest werde ich selbst herausfinden müssen.«

»Liegt er im Sterben?«, fragte sie mich, und jetzt rannen auch ihr die Tränen über die Wangen.

»Ja«, antwortete ich. »Sein Ende ist nahe.«

Als sie an mir vorbeigehen wollte, fügte ich hinzu: »Ich sage Euch Auf Wiedersehen und danke Euch, denn vielleicht bin ich morgen früh nicht mehr hier.«

»Ich weiß, dass es einen tieferen Grund dafür gab, dass du hier warst, auch wenn ich ihn nicht zu erkennen vermochte.« Sie drückte mir einen Kuss auf die Wange. »Es tut mir leid, dir Lebewohl sagen zu müssen.« Sie begann zu schluchzen. »Mir bricht das Herz bei dem Gedanken, einen so guten Ehemann zu verlieren.«

Sie ging zur Tür der Wohnstube und rief die Kinder zu sich. Eines klammerte sich am anderen fest und so stiegen sie gemeinsam die Treppe hinauf.

Ich ging in Frau Annes Schlafzimmer, öffnete, diesmal beherzter, den Deckel der Truhe und holte meine Jungenkleider hervor. Irgendwie musste ich aus diesem Haus fliehen. Ich musste mir eine Geschichte ausdenken, die ich den Wachen erzählen konnte, und ihnen den Geleitbrief zeigen, den Nostradamus unterzeichnet hatte. Vielleicht würden das seltsame Donnern und die Blitze, die am Himmel zuckten, sie so verängstigen, dass sie mich durchließen. Wenn nicht, dann gab es nichts, was ich tun konnte. Falls sie mich aber passieren ließen, musste ich es am Stadttor genauso machen. Danach wusste ich nicht, wohin ich mich wenden sollte. Vielleicht sollte ich versuchen, das Haus meines Vaters auf der Isle de Bressay zu erreichen? Obwohl ich mir Sorgen machte, war ich mir meiner Bestimmung sicher. Jetzt wusste ich, dass es meine heilige Pflicht war, König Charles zu beschützen.

Ich raffte meine Kleider zusammen, ging zu meiner Bettnische, nahm meinen Reisemantel und trennte die Nähte am Saum auf. Den Geleitbrief legte ich beiseite, die anderen beiden Papiere rollte ich fest zusammen und verbarg sie im Saum. Dann wickelte ich meine Jungenkleider in den Mantel; ich wollte auf den Abtritt im Freien gehen, um dort die Kleider zu wechseln.

Ich wandte mich zur Tür.

Graf Thierry stand davor.

»Du gehst?«, fragte er höflich.

»Meister Nostradamus hat es mir erlaubt und mir ein Schreiben ausgestellt«, erwiderte ich mit so fester Stimme, wie ich konnte.

Graf Thierry streckte die Hand aus. Er las den Brief und gab ihn mir dann zurück.

Ich beobachtete ihn misstrauisch. Hatte er gesehen, wie ich die anderen Schriftstücke im Saum meines Mantels versteckt hatte? Würde er mich festhalten und sie mir wegnehmen? Aber das war nicht die Art und Weise dieses Mannes.

»Ich glaube, ich sollte dir sagen, dass in dieser Stadt allein meine Anordnungen gelten, deshalb ist das Schreiben hier wertlos«, sagte er.

»Wie dem auch sei, ich muss weg von hier.«

Er deutete auf einen Stuhl neben dem Tisch in der Mitte des Zimmers. »Setz dich!«, befahl er mir.

Mit zittrigen Beinen ging ich zu dem Stuhl und nahm Platz.

Er setzte sich an die andere Seite des Tisches. Der Mond schien, aber im Zimmer war es düster. Graf Thierry machte eine ärgerliche Handbewegung und rückte die Kerze näher.

»Es gab einen Vorfall in dieser Stadt. Heute Morgen wurde ein Priester in seiner Kirche ermordet. Weißt du etwas davon?«

»Weshalb glaubt Ihr, ich wüsste etwas davon?«

»Es ist frech von dir, meine Frage mit einer Gegenfrage zu beantworten«, erwiderte er kurz angebunden.

Ich senkte den Kopf.

»Ein Mädchen, dessen Beschreibung auf dich passt, wurde

gesehen, wie es aus der Kirche wegrannte, und dies …«, er legte ein kleines Päckchen vor sich auf den Tisch, »wurde neben der Leiche des Priesters gefunden.«

Es war der Wickel, den Nostradamus für das kranke Kind hergestellt hatte.

»Ich weiß, dass du lesen kannst, deshalb wirst du auch erkennen, dass sowohl der Name der Apotheke als auch der Name des Kindes, für das dieses Heilmittel bestimmt war, deutlich hier vermerkt sind.«

Ich erwiderte nichts.

»Möchtest du, dass ich Frau Anne oder Doktor Giorgio frage, ob du heute Morgen in die Stadt geschickt worden bist, um dies hier abzuliefern?«

Noch immer gab ich keine Antwort.

»Hast du mir nichts zu sagen?«, fragte er ungeduldig.

Ich schüttelte den Kopf.

»Dann wisse dies: In der Nachbarschaft wurde ein junger Mann, ein Hugenotte, aufgegriffen. Der Herzog von Marcy hat ihn ins Gefängnis geworfen. Glaubt man dem Herzog, dann hatte der Hugenotte das Geld aus dem Opferstock und ein Altartuch bei sich. Der Herzog will diesen Mann heute Abend hängen lassen.« Er machte eine Pause. »Wenn du etwas von der Angelegenheit weißt, dann ist es jetzt an der Zeit zu sprechen, sonst hast du den Tod dieses Mannes auf dem Gewissen.«

Ich hielt den Kopf gesenkt. Ich konnte ja nichts sagen, sonst wäre meine wahre Geschichte bekannt geworden, und dann hätte ich meine Aufgabe nicht erfüllen können. Aber war diese Aufgabe wirklich so wichtig, dass der junge Hugenotte deshalb sterben musste?

»Leg deine Hände auf den Tisch«, sagte Graf Thierry unvermittelt.

Was hatte er vor? Ich tat, wie mir geheißen.

»Strecke sie vor, damit ich sie betrachten kann«, befahl er.

Zögernd streckte ich meine Hände aus.

Er rückte die Kerze näher. Sein Mund verzog sich zu einem grimmigen Lächeln. »Du hast sie gut gewaschen. Doch schau, hier, am Ärmelaufschlag deines Kleids, ist ein Blutfleck!«

Mit einem Ruck zog ich die Hände weg.

Unsere Blicke trafen sich. Er ließ die Kerze fallen und presste die Hände vors Gesicht, als ob er sich an der Flamme verbrannt hätte. Ich beugte mich vor und griff nach der Kerze, als er plötzlich aufsprang und im Zimmer auf und ab zu laufen begann.

Ich warf einen prüfenden Blick auf meine Ärmelaufschläge. Nirgendwo ein Blutfleck. Er hatte mich überlistet. Weil ich mich schuldbewusst gezeigt hatte, wusste er nun mit Sicherheit, dass ich in der Kirche bei dem erschlagenen Priester gewesen war.

»Du musst mir sagen, was passiert ist«, sagte er barsch, aber seine Stimme zitterte.

»Das kann ich nicht.«

Er lief wieder im Zimmer auf und ab, dann sagte er: »Ich merke, dass du große Angst vor irgendetwas oder irgendwem hast, deshalb willst du dich mir nicht anvertrauen. Ich werde dir ein paar Fragen stellen. Aber zuvor werde ich dir sagen, was ich dich *nicht* fragen will. Ich will dich nicht fragen, wer du bist oder woher du kommst oder wohin du gehen willst. Ich werde dir nur Fragen stellen, die unmittelbar mit diesem schändlichen Mord zu tun haben. Einverstanden?«

Ich nickte kurz.

Graf Thierry setzte sich mir gegenüber. »Bist du heute in der Stadt gewesen?«

»Ja«, flüsterte ich.

»Bist du in der Kirche gewesen?«

»Ja.«

»Hast du gesehen, wie der Priester ermordet wurde?«

»Ja.«

Er schien langsam zu verstehen, denn er fragte mich: »Hat der Priester versucht, dich zu beschützen?«

Ich nickte und ein paar Tränen stahlen sich aus meinen Augen.

»Ah«, stieß Thierry hervor. »Jetzt begreife ich. Hast du die Person gesehen, die den Priester erschlagen hat?«

»Ja.«

»Wer war es?«

»Es war der Herzog von Marcy.«

Thierry stieß einen Fluch aus und schlug mit der Faust auf den Tisch.

»Ich musste ganz eilig den Wickel zu dem kranken Kind bringen und dabei querte ich den Weg der Büßerprozession.«

Jetzt da mein Schweigen gebrochen war, wollte ich die Geschichte loswerden, so schnell es ging. »Der Begleiter des Herzogs, Bertrand, sah mich und wollte mich mitnehmen, um mich wie eine Ketzerin zu verhören. Er rief nach dem Herzog, aber ich rannte in die Kirche, um dort Schutz zu suchen. Doch sie schuldeten dem heiligen Ort nicht den gebotenen Respekt und bedrängten mich. Der Priester kam mir zu Hilfe. Ich glaube, der Herzog wollte den Priester gar nicht umbringen. Er wollte ihn nur schlagen, um ihn wegzujagen …«

»Ja, mag sein, aber es ist dennoch Mord und eine Schändung des heiligen Ortes. Aus diesem Grund will der Herzog, dass der Hugenotte so schnell wie möglich gehängt wird. Dann ist die Angelegenheit vorbei und erledigt.« Graf Thierry machte eine Pause. »Mit einer unerfreulichen Ausnahme. Es bleibt ein Zeuge, den man aus dem Weg schaffen muss.« Er sah mich ernst an. »Du schwebst in größter Gefahr.«

»Ich weiß«, antwortete ich. »Das ist auch der Grund, weshalb Ihr mir erlauben solltet zu gehen.«

Er lachte rau. »Wenn du auf eigene Faust gingst, würden sie dich niederstechen, noch ehe du die nächste Straße erreicht hast.« Er warf einen kurzen Blick auf mein Kleiderbündel. »Egal wie du dich verkleiden würdest. Die Stadt ist voll von Marcys Spionen und Zuträgern. Es ist sicherer, wenn du bleibst, wo du bist, auch wenn ich unter dem Vorwand, Meister Nostradamus besuchen zu wollen, nicht ewig Soldaten hier postieren kann.«

»Meister Nostradamus liegt im Sterben«, sagte ich. »Es wird noch heute geschehen.«

»Was?« Thierry sprang auf. »Das ändert alles. Wo ist Frau Anne?«

»Sie hat die Kinder zu ihm gebracht, damit er sie noch einmal sieht.«

»Du musst sofort an einen sicheren Ort gebracht werden. Das Begräbnis von Meister Nostradamus wird sicherlich viel Aufmerksamkeit in der Öffentlichkeit erregen. Die Menschen werden in die Stadt strömen. In einer solchen Lage bist du eine leichte Beute für die Dolche der Mörder. Denn wenn du tot bist und der Hugenotte erhängt, dann wäre für Marcy die Angelegenheit mit dem ermordeten Priester aus der Welt geschafft.«

»Aber Ihr wisst doch, dass der Hugenotte es nicht gewesen ist«, warf ich ein. »Ihr könnt ihn nicht hängen lassen.«

»Der Herzog von Marcy wird den Mann hängen lassen. Die Leute werden die Entscheidung gutheißen, denn er ist der Einzige, der des Mordes verdächtigt wird. Wenn ich dies verhindern will, ohne einen anderen Missetäter nennen zu können, wird Marcy einen Aufstand gegen mich anzetteln.«

»Ihr müsst etwas dagegen unternehmen!«, rief ich. »Der Mann ist unschuldig!«

»Du musst erst noch lernen, wie es in der Welt zugeht«, sagte Thierry. »Natürlich versuche ich zu verhindern, dass dieser Mann hingerichtet wird. Nicht nur weil ich das Leben dieses armen Burschen retten will, sondern auch deshalb, weil danach unweigerlich eine Welle der Gewalt die ganze Stadt überrollt. Das ist es, was Marcy will. Dann kann er in die Stadt marschieren und sich an meine Stelle setzen. Er wird die Macht an sich reißen und sich als der Mann darstellen, der mit stärkerer Hand gegen unsere protestantischen Brüder vorgeht.« Er stand auf. »Aber das muss bis morgen warten. Jetzt…«, er kam schnell zu mir und zog mich vom Stuhl hoch, »werde ich dich nach Valbonnes bringen.«

»Nein!« Ich wehrte mich gegen seinen Griff. Graf Thierry zog seinen Mantel aus und legte ihn um mich. »Wir müssen die Stadt verlassen, solange es dunkel ist. Verhülle dein Gesicht.«

Er zog mich die Treppe hinab und zur Hintertür des Hauses hinaus.

In der Verfassung, in der ich war, fiel mir erst viel später meine Mandoline wieder ein, und ich war traurig, sie zurückgelassen zu haben. Einer seiner Leute führte sein Pferd herbei und Graf Thierry hob mich vor sich in den Sattel und nahm mein Kleiderbündel. Eng eskortiert galoppierten wir davon.

Ich hörte, wie er mit dem Wachmann am Tor von Pélisanne sprach. »Sagt dem Herzog von Marcy, dass ich die Person, die den Priester ermordet hat, gefangen genommen habe. Morgen zur Mittagsstunde werde ich auf dem Schlossplatz Gericht halten. Er soll den Hugenotten heranschaffen, und ich werde meinen Gefangenen und die Beweise vorbringen, dann werden wir ja sehen, wer der Schuldige ist.«

Ich hörte, wie der Wachmann den Befehl wiederholte.

»Ich muss heimlich nach Valbonnes reiten«, fuhr Graf Thierry leise fort. »Meine Eskorte wird zurückkehren und Nostradamus' Haus bewachen. Öffnet das Tor und lasst mich durch.«

»Mein Herr«, antwortete der Wachmann. »Ihr könnt nicht alleine reiten.«

»Ich muss alleine reiten und das werde ich auch. Schnelligkeit und Verschwiegenheit sind das, was wir heute Nacht brauchen.«

Kapitel zweiundvierzig

Als wir durch das Stadttor trabten, beugte sich Graf Thierry vor und sagte mir ins Ohr: »Halte dich am Sattelknauf fest, als ginge es um dein Leben, denn das tut es wirklich.«

Ich klammerte mich mit beiden Händen an dem Leder fest, als er seinem Pferd die Sporen gab und es zu einem schnellen Galopp antrieb. Wir ritten auf der Landstraße entlang, die nach Südosten, auf Aix, zuführte. Aber nicht lange, und er bog ab und ritt nach Westen, auf einen dichten Wald zu. Ich nahm an, er wolle eine falsche Fährte legen, die jeden, der uns zu verfolgen suchte, verwirren sollte.

Der Pfad war schwierig zu finden nach dem Gewitterregen, Steine und Gestrüpp hinderten unser Fortkommen. Das Pferd rackerte sich ab. Eine Stunde oder länger ritten wir in diesem rastlosen Tempo weiter nach Westen, in Richtung Arles. Die Gegend änderte sich: erst Wald, dann Ebene, dann felsige Hänge, und schließlich gelangten wir auf flacheres Land, wo sich das Tier weniger plagen musste, um voranzukommen. Die ganze Zeit über schienen Pferd und Reiter eins zu sein. Ich merkte, dass Graf Thierry die Zügel fest und sicher in der Hand hielt.

Endlich sprach er mich an. »Du kannst jetzt aufschauen, dann wirst du die schönste Burg in ganz Frankreich sehen.«

Die Sonne erhob sich gerade über dem Horizont und schickte ihr Licht über die Ebene. Goldene, rosarote und grauweiße Strahlen ergossen sich aus den Wolken auf ein Felsplateau. Darauf thronte die Burg von Valbonnes, als wäre sie einer alten Sage oder einem alten Märchen entsprungen. Sie lag unerschütterlich mit zinnenbewehrten Mauern da, ein Turm an jeder Ecke und umgeben von einem Wassergraben.

»Sie ist wunderschön«, pflichtete ich ihm bei.

»Ich weiß nicht, warum ich die Burg jemals verlassen habe, um auf Reisen zu gehen.« Er lächelte. »Jedes Mal wenn ich sie wiedersehe, erfüllt mich dieser Anblick mit Freude.«

Seine Worte versetzten mir einen Stich. Dies war eine Erfahrung, die mir versagt bleiben würde, denn seit ich ein kleines Kind war, führte ich ein Wanderleben.

Die Burg des Grafen Thierry war aus dem gleichen warmen Sandstein erbaut wie die Stadt Carcassonne, aber natürlich nicht so weitläufig, sondern gedrungener. Als wir uns näherten, hörten wir Rufe von den Wällen.

»Aha«, sagte Graf Thierry zufrieden. »Sie schlafen nicht auf ihrem Posten.«

Er hob die Hand und rief seinen Soldaten zu: »Ich bin es, Euer Herr, Thierry.«

Klirrend wurde die Kette der Zugbrücke heruntergelassen und wir ritten in den Burghof ein.

Er stieg als Erster ab und streckte mir die Arme entgegen. Mir blieb nichts anderes übrig, als mich von ihm in die Arme nehmen und vom Pferd heben zu lassen, denn meine Beine waren eingeschlafen. Er hielt mich fest, als ich gegen ihn taumelte. Dann ließ er mich los, um mit einem hochgewachsenen Soldaten zu sprechen, der herbeigeeilt war, um ihn zu begrüßen.

»Robert!«, sagte er und drückte dem Mann die Hand, der offenbar einer seiner Getreuen war.

»Ich freue mich, Euch wiederzusehen, Herr«, sagte Robert überschwänglich. »Wir hatten Sorge um Eure Sicherheit und warteten gespannt auf Nachricht. Es gibt Gerüchte über die Pest in Salon und noch schlimmere Dinge. Man sagt, der berühmte Zauberer Nostradamus läge im Sterben und viele seltsame Zeichen seien schon erschienen. Die Kanäle sollen voll von riesigen Fröschen sein, die herauskommen und Säuglinge und kleine Kinder verschlingen. Ein geweihter Priester soll versucht haben zu helfen, aber einer der Frösche habe sich in einen Dämon verwandelt und ihm mit dem Schwert den Kopf abgeschlagen. Ist das alles wahr?«

»Wie schnell doch die einfachsten Dinge verdreht werden!« Graf Thierry lachte. »Es sind tote Ratten, die in den Kanälen von Salon herumschwimmen. Ich bin daran schuld, dass sie auf dem Wasser treiben, weil ich eine giftige Lösung in die Abwasserkanäle gießen ließ, ein Mittel, das ich auf meinen Reisen kennengelernt habe. Vielleicht hat es die Stadt gerettet, denn mit den Ratten verschwindet auch die Pest. Aber es ist wahr, ein Priester wurde ermordet und der Seher liegt im Sterben, und das Zusammenspiel dieser beiden Ereignisse könnte zu Unruhen führen. Deshalb«, er blickte Robert entschlossen an, um weitere Fragen abzuwehren, »bin ich in Eile, denn ich muss dorthin zurückkehren, um für Ruhe und Ordnung zu sorgen.«

»Ihr werdet alles so vorfinden, wie Ihr es befohlen habt, Herr«, sagte Robert stolz.

»Ich danke dir dafür«, antwortete Graf Thierry. »Nun wecke meine alte Amme, Marianne, aber sachte, hörst du?

Sag ihr, es sei nichts Schlimmes passiert, aber ich brauche sie, damit sie sich um eine junge Dame kümmert.«

Verblüfft begriff ich, dass er mich damit gemeint hatte.

»Und ich möchte, dass man unverzüglich zwei Boten aussendet, einen zu der Besatzung der Festung von Febran, den anderen nach Alette. Ich befehle den beiden Kommandanten dort, je dreißig Mann nach Salon zu senden. Sie sollen so schnell wie möglich in die Stadt reiten, und wenn sie angekommen sind, dürfen sie Befehle nur von mir annehmen.«

»Erwartet Ihr, dass es zu Unruhen kommt?«, fragte Robert. »Lasst mich raten: Es ist der junge Marcy, der die Umstände ausnutzt und versucht, die Herrschaft über die Stadt an sich zu reißen.«

»Wie immer hast du recht, lieber Freund. Aber ich werde diesen Ehrgeizigen vernichten, ehe er weiß, wie ihm geschieht.«

»Seid vorsichtig bei diesem Spiel, mein Herr«, sagte Robert. »Geht nicht zu weit und macht Euch den Vater dieses Jungen nicht zum Feind. Er kann eine große Zahl Bewaffneter von seinen Freunden bei Hofe herbeirufen.«

»Ich denke, diesmal kann ich ihn überlisten.« Graf Thierry hielt inne, als eine ältliche Frau auf ihn zugeeilt kam. Sie hatte ihr Nachthemd an und sich nur ein Bettlaken übergeworfen; ihr weißes Haar war zu zwei langen Zöpfen gebunden.

»Marianne.« Er streckte die Hände nach ihr aus.

»Ich habe den Lärm gehört«, sagte sie, als sie ihn in die Arme schloss, »und ich wusste gleich, dass nur Ihr es sein könnt. Ich freue mich, Euch wohlbehalten wiederzusehen, mein Herr.«

»Marianne …« Er legte ihr den Arm um die Schulter und kam mit ihr auf mich zu. »Du musst dich um diese junge Dame kümmern. Sie braucht etwas Warmes zu essen und zu trinken und ein Bett, in dem sie schlafen kann. Ich möchte dich bitten, sie, solange sie mein Gast ist, genauso zu verwöhnen, wie du mich als Kind verwöhnt hast.«

Marianne nickte mir zu und antwortete ihm dann: »Ich werde auch Euch verwöhnen. Ihr seht aus, als könntet Ihr ein warmes Essen brauchen.«

»Dazu habe ich keine Zeit. Ich werde etwas Brot und Käse essen und ein Glas Wein trinken, während ich meine Befehle niederschreibe. Dann muss ich wieder nach Salon zurück.«

Als Marianne ging, um das Essen herbeizuschaffen, und wir ihr in die Burg folgten, sagte Graf Thierry zu Robert: »Hör mir gut zu, was ich dir jetzt sage. Bis ich zurückkehre, darf niemand diese Burg betreten, es sei denn, es ist ein ganz bestimmter Soldat, den du persönlich kennst und der eine Botschaft von mir bringt.« Er blieb stehen und fasste den Mann am Arm. »Das ist sehr wichtig, Robert. Wenn ich sage niemand, dann meine ich auch niemand. Kein Mensch darf die Burg in meiner Abwesenheit betreten. Kein fahrender Händler, kein Vagabund, kein Bettelmönch, kein Hausierer und keiner, der auf Pilgerfahrt ist. Kaufe nichts, lass keine Lieferungen herein. Hast du verstanden?«

»Ja, mein Herr.«

»Abgesehen von der Burg musst du auch diese junge Dame bewachen.«

Robert warf mir einen Blick zu. Ich senkte den Kopf.

»Und darüber hinaus«, fuhr Graf Thierry mit Nachdruck fort, »darf auch niemand die Burg verlassen.«

Es herrschte einige Augenblicke lang Stille, dann erwiderte Robert: »Ich verstehe, Herr.«

»Achte darauf, dass dies alles eingehalten wird.«

»Das werde ich, mein Herr.«

Wir kamen in den großen Saal, wo Marianne schon dafür gesorgt hatte, dass die Küchendiener Platten mit Brot und Käse brachten. Sie selbst schenkte Wein aus einer Flasche ein.

Ich setzte mich auf eine Bank. Marianne brachte mir eine Tasse und schaute mich mitleidig an. »Trink das. Dann wird die Farbe in deine Wangen zurückkehren.«

Graf Thierry kam und blieb vor mir stehen. »Ich werde in meine Bibliothek gehen und einige Anweisungen aufschreiben. Es handelt sich um sehr verwickelte Angelegenheiten, deshalb kann es eine Weile dauern. Du bleibst hier, bis ich wiederkomme.«

Ich bemerkte, dass dies ein Befehl und keine Bitte war. Und ich hatte auch bemerkt, dass er mich absichtlich bei seiner Unterredung mit Robert zuhören ließ, damit ich gar nicht erst versuchte wegzulaufen. Aber inzwischen war ich von den Ereignissen des vergangenen Tages und dem mörderischen und unbequemen Ritt von Salon so ermattet, dass ich keine Lust darauf hatte, ihm zu widersprechen. Alles, was ich wollte, war, mich hinzulegen und auszuruhen.

»Marianne wird gut auf dich aufpassen«, sagte er. »Ich jedoch muss nach Salon zurückkehren und dem Herzog von Marcy das Maul stopfen.«

TEIL 3
Die Burg von Valbonnes

Kapitel dreiundvierzig

Der Hochsommer verging, und die Schnitter auf den weiten Feldern begannen, die Ernte einzubringen, aber noch immer kam keine Kunde von Graf Thierry.

Während dieser Zeit hielt Robert, der Hauptmann der Wachmannschaft, die Burg fest verschlossen. Für mich, die ich es gewohnt war, durch Wald und Feld zu streifen, war dies schwer zu ertragen, aber ich hütete mich zu sagen, dass ich gerne einen Spaziergang oder einen Ritt unternehmen würde. Ich musste mich damit zufrieden geben, von den Befestigungsanlagen und den Wehrtürmen hinab ins Land zu schauen und mir vorzustellen, wie das Leben außerhalb der Burgtore weiterlief.

Vor der Burg erstreckte sich eine Ebene mit einem Fluss bis zum Waldrand. Neben und hinter der Burg befand sich ein ausgedehnter Sumpf, in dem nachts Glühwürmchen leuchteten und anderes Getier in der Dunkelheit blitzte. Manchmal legte sich ein gespenstischer grün schimmernder Nebel über den Boden, der sich erst wieder verzog, wenn am nächsten Morgen die Sonne aufging. Dann bekreuzigte sich Marianne, das alte Kindermädchen, jedes Mal und schickte ein Gebet zum Himmel. Und sie erzählte mir von den bösen Geistern, die sich dort versammelten und Unheil für die Menschen ersannen.

Dies beunruhigte mich nicht so, wie es das einst getan

hätte. Nostradamus hatte mir erklärt, wie manche Elemente leicht und durchsichtig wie die Luft werden können, die wir atmen, und obwohl wir sie nicht sehen können, existieren sie doch so gewiss, als bestünden sie aus festem Holz oder Stein, und entfalten ihre ganz eigenen Farben und Gerüche. Insbesondere erzählte er mir vom Sumpfgas. In Salon gab es ebenfalls, ganz nah an der Stadt, einen Sumpf, wo es, wie hier, gefährlich war, sich aufzuhalten. Leichtsinnige Reisende, die den Sumpf durchquerten, verschwanden einfach. Flecken Gras, die aussahen, als seien sie fest, gaben unter dem Gewicht eines Mannes oder einer Frau nach, und die armen Unglückseligen versanken, ohne jemals wieder gesehen zu werden.

Marianne kannte viele Geschichten, manche waren erfunden, manche aber auch wahr. Sie freute sich, dass ich auf der Burg war und sie eine andere Frau hatte, mit der sie sich unterhalten oder beisammensitzen konnte, um in fröhlicher Gesellschaft zu nähen.

Graf Thierry hatte schriftliche Befehle hinterlassen. Marianne zeigte sie mir. Ich sollte wie ein hochgeschätzter Gast behandelt werden. Ich sollte nur das beste Essen und den erlesensten Wein vorgesetzt bekommen, und alles, was ich brauchte, um mich zu kleiden, sollte mir zur Verfügung gestellt werden. Außer dass ich die Burg nicht verlassen durfte, hatte ich überall Zutritt. Alle Gemeinschaftszimmer, einschließlich der Bibliothek, durfte ich betreten.

»Welch eine Ehre«, sagte Marianne. »Selten darf jemand seine Bibliothek betreten, besonders wenn er nicht zu Hause ist.«

Nach und nach erzählte sie mir die Lebensgeschichte ihres Herrn. Marianne war nie verheiratet gewesen. Als junges Mädchen schon hatte Graf Thierrys Großvater sie auf die Burg gebracht, damit sie sich um seinen Sohn kümmere.

So hatte sie zuerst Graf Thierrys Vater großgezogen und dann Graf Thierry selbst. Da er der Einzige war, um den sie sich kümmern musste, überschüttete sie ihn mit ihrer ganzen Liebe und Zuneigung. Sie betete ihn an, obwohl sie zugab, dass er ein schwieriges und unruhiges Kind gewesen war.

»Eigenwillig war er«, erzählte sie mir. »Es musste immer nach seinem Kopf gehen, entweder mit Gewalt oder mit Schmeicheleien.«

Was das anging, hatte er sich wenig geändert, dachte ich bei mir.

Nach ihren Erzählungen hatte sich Graf Thierry seit seiner Jugend sehr verändert. Jetzt war er nicht mehr der starrköpfige Junge, der mit zwanzig Jahren aus dem Hause seines Vaters gerannt war, um sein eigenes Glück zu machen. Damals wollte er nicht lernen, wie man eine Burg verwaltet oder über seine Besitztümer herrscht. Deshalb hatte er sich mit seinem Vater überworfen und war weggelaufen, um wie ein Kreuzritter das Heilige Land zu besuchen.

»Sein Vorfahre war einer der Gründer des Ritterordens, der den Tempel in Jerusalem bewachte«, erzählte sie mir.

»Ein Tempelritter?«, fragte ich überrascht.

Marianne nickte und plapperte weiter.

»Sie wurden so mächtig, dass die obersten Kirchenmänner sich vor ihrer Macht fürchteten und den Orden zu vernichten trachteten. Die Tempelritter wurden als Abtrünnige gebrandmarkt, gejagt und getötet.«

Die meisten Menschen im Süden Frankreichs hatten schon Geschichten von diesen Heiligen Rittern vernommen, die Pilger auf ihrem Weg zu den Grabstätten und Orten im Heiligen Land beschützt hatten. Aber der Papst, der zu dieser Zeit regierte, betrachtete mit Argwohn deren Macht und Reichtum, verhängte den Bann über den Orden und verstieß seine Mitglieder. Er behauptete, sie hingen frevlerischen religiösen Riten an.

»Haben sie auch hier in dieser Burg ihre seltsamen Zeremonien abgehalten?«, wollte ich von Marianne wissen.

Sie sagte mir, sie sei zu jung, um sich daran zu erinnern.

»Aber vielleicht erzählt man sich noch Geschichten darüber«, versetzte ich ihrem Gedächtnis einen Stoß.

»Geschichten erzählt man sich immer«, erwiderte sie. »Und wenigstens die Hälfte von ihnen trägt ein Körnchen Wahrheit in sich.«

»Aber obwohl er so edle Vorfahren hatte, beschloss Graf Thierry, seine Ländereien und seine Burg zu verlassen?«, fragte ich weiter.

»Er war in seiner Jugend eben ein wenig ungestüm«, verteidigte sie ihn. »Aber jetzt hat er gelernt, sich im Zaum zu halten, und ist viel ruhiger und besonnener geworden.«

»Sehr besonnen«, stimmte ich ihr zu. Und dabei überlegte ich, wie es ihm wohl mit dem hinterhältigen Herzog von Marcy und Bertrand ergehen mochte. Graf Thierry würde seinen flinken Verstand brauchen, um die beiden zu überlisten.

»Aber dann wurde er des Reisens müde«, fuhr Marianne fort. »Sein Vater, der alte Mann, starb kurz vor seiner Rückkehr. Und obwohl die Burg inzwischen verwahrlost war, hat er dennoch nicht in einer seiner Städte Quartier genommen. Er blieb hier, arbeitete hart und machte die Festung von Valbonnes wieder wind- und wasserfest.«

Wenn ich nicht mit Marianne zusammensaß, um neue Kleider für mich zu nähen, oder im Garten oder den Wehranlagen spazieren ging, verbrachte ich meine Zeit in der Bibliothek. Ich las hauptsächlich in den Büchern und den alten Handschriften, obwohl Graf Thierry auch eine Sammlung von

Musikinstrumenten besaß, unter ihnen eine Zither und eine Mandoline. Es war kein so kostbares Instrument wie meines, aber als ich es zum ersten Mal auf einem der Tische liegen sah, zuckten meine Finger. Ich strich sanft über die Saiten und hörte einen Ton wie von fallenden Kirschblüten.

Ach! Wie sehr sehnte ich mich im tiefsten Inneren nach meiner Mandoline, die ich auf meiner Flucht in Salon zurückgelassen hatte. Ich wollte die Mandoline aufheben und ans Herz drücken. Ich sehnte mich nach dem Trost, den mir die Musik spendete, um die Trauer über den Verlust meiner Familie und all jener Freunde zu mildern, die ich in meinem jungen Leben gehabt hatte: Melchior und Paladin, Nostradamus, Giorgio und Frau Anne. War es mein Schicksal, von denen, die sich um mich sorgten, getrennt zu werden?

Aber ich wagte es nicht, die Mandoline zu nehmen und darauf zu spielen. Man würde die Musik hören, und dies, daran hatte ich keinen Zweifel, Graf Thierry mitteilen. Wenn ich jedoch geheim halten könnte, wer ich in Wirklichkeit war, würde ich vielleicht irgendwann frei sein und gehen können. Allerdings erst, wenn es gelänge, die Unruhen, die nach dem Tod des Priesters ausgebrochen waren, zu beenden.

Ich konnte mir nicht vorstellen, wie Graf Thierry mit dem Herzog von Marcy verfahren sollte, ohne das ganze Land gegen sich aufzubringen. Einen Herzog ohne die Zustimmung des Königs hinrichten zu lassen, war unmöglich. Der Vater des Herzogs von Marcy war, wenn man Marianne Glauben schenken durfte, ein höchst einflussreicher Mann bei Hofe, er würde sicher einen Prozess anstrengen, um dies zu verhindern, vielleicht würde er Graf Thierry sogar absetzen lassen. Wenn er andererseits einen unschuldigen Hugenotten hängen ließe, würden sich die mächtigen Protestanten in dieser Gegend gegen ihn auflehnen.

Marianne schien das wenig zu kümmern. »Mach dir keine

Sorgen«, sagte sie zu mir. »Er wird einen Ausweg aus dieser Bedrängnis finden. Er ist ein kluger Junge. Das war er schon immer.«

Kapitel vierundvierzig

Mit jeder Woche, die wir ohne Nachricht blieben, wurde ich ängstlicher.

Doch dann, als die ersten Eisblumen am Morgen die Fenster säumten, trafen Botschaften in Valbonnes ein.

Marianne prüfte sie und befand, dass sie von Graf Thierrys eigener Hand stammten und wir ihnen deshalb Glauben schenken durften. Sie waren an Robert gerichtet, aber ein eigenes Bündel Briefe war für mich bestimmt, damit auch ich wusste, was sich ereignet hatte. Dass der Graf auch an mich gedacht hatte, machte mich froh.

Die Briefe berichteten ausführlich von allem, was außerhalb unserer Mauern geschehen war.

Der junge Hugenotte, den man wegen des Mordes an dem Priester eingekerkert hatte, war freigelassen worden, weil ein angesehener katholischer Edelmann vorgetreten war und bezeugt hatte, dass er den Jungen zu dem Zeitpunkt, zu dem der Mord geschehen sein sollte, im Laden seines Vaters gesehen habe.

»Aha«, sagte Marianne, als ich ihr seinen Namen nannte. »Er ist ein Freund des Grafen. Vielleicht hat der Herr ihn dazu überredet, um einen öffentlichen Aufruhr zu verhindern.«

Graf Thierry hatte seine eigenen Nachforschungen angestellt und Befehl gegeben, Bertrand, den Handlanger des Herzogs von Marcy, gefangen zu nehmen, da er verdächtigt wurde, den Priester ermordet zu haben. Eine Zeugin hatte offensichtlich beobachtet, wie er ein Mädchen verschleppte.

Ich wusste, wer diese Frau war. Es war dieselbe Frau, die sich von mir abgewandt hatte, als ich um Hilfe gerufen hatte. Graf Thierry musste sie aufgesucht und davon überzeugt haben, als Zeugin aufzutreten. Sie hatte angegeben, ein Mädchen gesehen zu haben, das sich gegen Bertrand gewehrt hatte.

Zudem war auch noch ein anderer Zeuge aufgetaucht, der sagte, er habe gesehen, wie Bertrand mich in die Kirche verfolgt hätte. Bertrand wurde gefangen genommen und im Kerker des Schlosses eingesperrt, streng bewacht von Graf Thierrys Männern. Er sollte auf die Folter gespannt werden, um sein Geständnis zu erzwingen. Den Zeitpunkt für diese Befragung würde Graf Thierry jedoch nach seinem Belieben festsetzen.

Welch ein verschlagener Plan war das?, dachte ich. Es musste einen Grund geben, weshalb er so lange damit wartete, Bertrand ein Geständnis abzupressen.

Dann war eine Bande von Raufbolden in das Schloss in Salon eingebrochen, die Bertrand zur Flucht verhelfen wollte. Wahrscheinlich waren sie aber eher darauf aus gewesen, ihn umzubringen, denn als ihr Versuch, ihn zu befreien, scheiterte, hatten sie mit Pfeilen auf Bertrand geschossen, der in seiner Zelle saß.

Wenigstens zwei Mal danach noch hatte man dem Gefangenen Gift ins Essen gemischt, doch die, die ihn vergiften wollten, wussten nicht, dass ein Teil von Bertrands Mahl zuerst an streunende Hunde verfüttert wurde, ehe man es ihm vorsetzte. Einige dieser unglückseligen Köter waren eingegangen und hatten dabei so laut vor Schmerzen gejault, dass es der Gefangene hören musste. Inzwischen ging das Gerücht, dass Bertrand von sich aus bereit sei, alles preiszugeben, was er über den Mord an dem Priester wusste.

Graf Thierry hatte einen Brief an den Herzog von Marcy geschrieben, in dem er ihm mitteilte, wie sehr es ihm leidtue, dass sein Getreuer sich als derart niederträchtig erwiesen habe. Man erzählt sich, der Herzog soll eisig gelächelt haben, als er den Brief erhielt, denn er wusste, es würde jetzt nicht mehr lange dauern, bis Bertrand alles ausplauderte, um Folter und Tod zu entgehen.

Deshalb erfuhr Salon eines Morgens Anfang Dezember, dass der Herzog von Marcy die Stadt Hals über Kopf verlassen und sich auf seine Landgüter begeben habe. Er hatte verkünden lassen, seine Mutter sei erkrankt und er wolle ihr beistehen.

Jetzt wurde mir klar, wie schlau Graf Thierry gewesen war. Nach allem, was mir Marianne erzählt hatte, und so wie auch ich ihn kannte, hatten sich all diese Geschehnisse nicht zufällig ereignet. War er so geschickt gewesen, den fehlgeschlagenen Fluchtversuch vorzuspielen und die Giftanschläge nur vorzutäuschen? Beides hatte Bertrand dazu bewogen, als Zeuge aufzutreten. Anfangs hatte er viel zu viel Angst gehabt, irgendetwas zu sagen, denn er wusste, dass Marcy ihn in diesem Falle töten würde. Aber als einige Zeit verstrichen war und sein Leben am seidenen Faden hing, hoffte er wahrscheinlich, wenn er aussagen und man Marcy einkerkern würde, die Gelegenheit zur Flucht zu bekommen und so sein Leben zu retten.

Auf diese Weise war es auch nicht Graf Thierry, der den Herzog beschuldigte, sondern sein eigener Mann Bertrand. Graf Thierry hingegen konnte in Ruhe der Dinge harren, die auf ihn zukamen, und den Frieden in seinem Lande wahren.

Der zweite Brief, den Graf Thierry geschrieben hatte, berichtete von Meister Nostradamus' Beerdigung. Es war ein bedeutendes Ereignis gewesen, eine riesige Menschenmenge hatte sich eingefunden, und viele Würdenträger waren von weit her gekommen, um daran teilzunehmen. Katharina von Medici hatte einen persönlichen Abgesandten geschickt. Man erzählte sich, sie sei sehr in Sorge gewesen, nun da Nostradamus tot war, und habe nachgefragt, ob er keine letzte Nachricht für sie hinterlassen habe. Sie beklagte sein Dahinscheiden und bedauerte öffentlich, dass sie nun auf seinen klugen Rat in all den Nöten, die sie bedrängten, verzichten müsse.

Meine Gefühle waren ganz ähnlich. Jetzt da ich die Nachricht vom Tode Nostradamus' schriftlich in Händen hielt, wurde mir mit schonungsloser Deutlichkeit bewusst, dass ich ganz allein auf der Welt stand. Ich allein musste nun entscheiden und konnte keine Menschenseele fragen, welchen Weg ich am besten einschlüge, um die Weissagungen zu erfüllen, die er kurz vor seinem Tod ausgesprochen hatte.

In dieser Nacht holte ich die Papiere, die Nostradamus mir gegeben hatte, aus meinem Mantelsaum. Ich faltete sie auf und las die Zeilen von seiner Hand immer und immer wieder. Seine letzte Weissagung verstand ich beim besten Willen nicht. Ich war froh, dass es nicht die Prophezeiung war, die meine Mitwirkung beinhaltete, denn aus ihren Worten sprach ein seltsam düsteres Schicksal, so als vermöchte kein Mensch den vorausgesagten Gang der Dinge abzuwenden.

Die Prophezeiung, die mich anging, konnte ich auswendig:

Lodernde Flammen, unbarmherziges Metzeln,
Verrat schändet das königliche Geschlecht.
Verborgene Taten kommen ans Licht,
und alle außer einem werden zugrunde gehen.
Er wird vom Schwert verschont bleiben,
allein gerettet durch das Wort.

Und dann zerbrach ich mir den Kopf über den zweiten Vierzeiler:

Dies ist deine Bestimmung, Mélisande.
Auserwählt bist du,
Auf deine eigene Weise zu retten
Den König, der gerettet werden muss.

Der König, der gerettet werden muss. Gerettet wovor? Welche fürchterliche Gefahr konnte König Charles drohen? Welchem entsetzlichen Schicksal ging er entgegen, wenn ich es nicht verhinderte?

Auf deine eigene Weise zu retten. Was hatte das zu bedeuten? Ich war kein erfahrener Arzt, ich konnte kein Leben retten. Wie jedes andere Mädchen auch, erlernte ich, als ich größer wurde, ein paar Hausrezepte gegen Kopfschmerzen oder Magenverstimmung. Und in der Apotheke hatte ich mir ein paar schwierige Rezepte gegen bestimmte Krankheiten gemerkt, aber davon abgesehen hatte ich keinerlei Kenntnisse der Heilkunst wie etwa Meister Nostradamus oder Giorgio.

Der dunkle Sinn dieser Zeilen beunruhigte mich zutiefst. Wenn Nostradamus, der größte Seher auf der ganzen Welt, nicht vorhersagen konnte, welche Rolle mir zugedacht war, wie sollte ich dies je wissen?

Und noch ein anderer Gedanke ließ mich erschaudern. Katharina von Medici hatte eigens nachforschen lassen, ob Nostradamus irgendetwas hinterlassen hätte, das sich auf die königliche Familie bezog. Deshalb war sie sicherlich an der letzten Nachricht des Sehers, was auch immer sie enthielte, höchst interessiert.

Eben jene Nachricht, die ich jetzt in Händen hielt.

Ich, Mélisande, besaß die Papiere des Nostradamus. Schriftstücke, nach denen Katharina von Medici suchte, die Thronregentin von Frankreich, die dafür bekannt war, dass sie jeden, der ihr im Wege stand, rücksichtslos beseitigen ließ.

Kapitel fünfundvierzig

Der Januar kam mit bitterkaltem Wetter.

Marianne hatte mir ein neues Kleid aus dicker Wolle genäht und dazu einen passenden Hut mit Pelz, beides trug ich bei meinen Spaziergängen im Garten. Wenn ich schon nicht musizieren konnte, so hinderte mich doch nichts daran, mir neue Lieder auszudenken.

Und so saß ich eines Morgens zwischen den Bäumen und Pflanzen, deren einst leuchtende Herbstfarben schon zu den tristen Farben des Winters verblichen waren. Der Kargheit draußen entsprach die Düsternis meiner Gefühle. Aber die Stille, die überall herrschte, war von höchster Klarheit, und das frostige Rankenwerk, mit dem die Kälte die Pflanzen überzogen hatte, war so steif wie frisch gestärkte Spitzen. Ich holte tief Luft, und als ich wieder ausatmete, war es mir, als würden die Noten und Worte vor mir in der Luft aufblitzen.

Klar und zart,
eine verschneite Nacht,
du mein Entzücken …

Ich hatte aus der Bibliothek Papier und Feder mitgenommen und fing sofort an zu schreiben. Aber es ging mir nicht flink von der Hand; die Worte wollten nicht recht zu den Tönen passen. Ich strich durch, was ich geschrieben hatte, und wollte eben von Neuem beginnen, als ich ein Rufen aus der Wachstube hörte, und gleich danach ertönte ein lauter Gong.

Ich ließ Papier und Feder fallen und lief mit den anderen Burgbewohnern auf die Wehrmauern. Eine Reiterkolonne kam auf Valbonnes zu, aber sie war noch zu weit entfernt, um ihre Wappenfarben zu erkennen. Die Haltung des Mannes an der Spitze und der anmutige Gang seines edlen Pferdes ließen allerdings keine Zweifel zu.

Graf Thierry war nach Hause zurückgekommen.

Er ließ mich zwei Tage warten, ehe er mich zu sich rief.

Marianne hatte mir gesagt, dass er seine Geschäfte von der Bibliothek aus lenkte, daher mied ich diesen Raum. Sobald ich sicher wusste, dass der Graf zurückgekehrt war, blieb ich in den Zimmern, die man mir zugewiesen hatte, aß dort und ging auf meiner eigenen Terrasse spazieren, um mir Bewegung zu verschaffen.

Als ich schließlich die Bibliothek betrat, saß er hinter seinem Schreibtisch. Auf der einen Seite stapelten sich Dokumente, Packen von Briefen und amtlichen Schreiben, die mit einer Schnur zusammengebunden und mit seinem Siegel versehen waren. Auf der anderen Seite lag ein sperriger Gegenstand, der mit einem schwarzen Tuch verhüllt war.

Ich hielt den Kopf hoch, um ihm zu zeigen, dass ich keine Furcht vor ihm hatte, aber mein Atem ging schnell.

Er nickte mir einen kurzen Gruß zu.

»Hat man dich gut behandelt?«, fragte er.

»Sehr gut«, antwortete ich ruhig. »Ich danke Euch für Eure Freundlichkeit.«

»Hast du die Briefe gelesen, die ich geschickt habe?«

»Ja.«

»Die Angelegenheit, die dir Kummer bereitet hat, der

Mord an dem Priester, ist nun so gut es geht geregelt. Solange Bertrand in meiner Gewalt ist, kann ich den Herzog von Marcy in Schach halten, und er weiß das.«

Ich dachte über seine Worte nach und sagte dann: »Aber der Herzog ist stur, er wird nicht aufhören, nach einer Möglichkeit zu suchen, um diese Schlappe wettzumachen.«

Graf Thierry sah mich an. »Du beobachtest scharf und deine Menschenkenntnis ist groß«, sagte er. »Was kannst du sonst noch?«

»Mein Herr?«, fragte ich verwundert.

»Ich habe mein Bestes für dich getan. Was kannst du mir nun von dir berichten?«

»Es gibt nichts zu berichten«, entgegnete ich, und mein Herz schlug noch schneller. »Ich bin ein einfaches Mädchen vom Lande.«

»Das bist du nicht«, fuhr er dazwischen. »Ich habe mich in der Gegend, aus der du angeblich kommst, erkundigt. Dort lebt niemand, der so heißt wie du, und hat auch nie dort gelebt. Es ist wahr, dass Frau Anne, die Gattin des Sehers, dort Vettern und Basen hat. Aber keiner kannte ein Mädchen namens Lisette. Und auch im Taufregister der Kirche ist deine Geburt nicht verzeichnet.«

Ich schüttelte den Kopf. »Das kann nicht sein, mein Herr«, sagte ich. »Ich stamme von einem Bauernhof in dieser Gegend. Vielleicht habt Ihr Euch im falschen Kirchensprengel umgetan?«

Er winkte ungeduldig ab. »Wir beide wissen, dass dies Unsinn ist. Du hast in deinem ganzen Leben auf keinem Bauernhof gearbeitet. Schon das allein ist sonnenklar. Sieh mich an«, befahl er mir.

Ich schaute ihm ins Gesicht, das von Wind und Wetter gegerbt war wie das eines Jägers im Dienste des Königs. Braun und blühend vor Gesundheit, das Bild eines Mannes, der den Großteil seines Lebens in der freien Natur zugebracht hatte.

»Du hast ganz gewiss nicht Stunde um Stunde auf dem Feld zugebracht, um die Feldfrüchte zu bestellen oder das Vieh zu hüten«, stellte er fest.

»Mein Herr, ich bin gekommen, um in Nostradamus' Haus zu arbeiten. Ich bin eine Verwandte seiner Frau. Ich bin Lisette.«

Er schüttelte den Kopf. »Nein, kein Bauernmädchen und auch keine Apothekergehilfin.« Er blickte kurz zur Tür, dann beugte er sich vor, und mit einer raschen, schnellen Bewegung schlug er den schwarzen Stoff auf dem Tisch zurück.

Da lag meine Mandoline.

Ich rang nach Luft.

Graf Thierry lächelte triumphierend.

»Ich habe nicht den geringsten Zweifel. Ich weiß genau, wer du bist.« Er hielt inne, dann setzte er hinzu: »Mein Freund, der junge Spielmann.«

Kapitel sechsundvierzig

Ich brachte kein Wort hervor, sondern starrte ihn nur stumm an, als er aufstand und auf mich zukam.

Dann stand er vor mir, wir konnten uns beinahe in die Augen sehen. Als er sprach, roch sein Atem nach Zimt.

»Du bist der Mandolinenspieler. Der Spielmannsjunge, der am Tag des Frühjahrsmarktes nach Salon kam und vor der Taverne in einen Streit mit dem Herzog von Marcy verwickelt wurde.«

Er nahm meine Hände in die seinen und drehte die Handflächen nach oben.

»Schau dir deine Finger an. Die Kuppen sind schwielig. Kein Dienstmädchen hat solche Hände.«

»Ich habe Frau Anne nicht wie eine gewöhnliche Magd gedient«, sagte ich trotzig, aber meine Stimme zitterte. »Ich habe in der Apotheke gearbeitet.«

Er schüttelte den Kopf und lächelte. Um seine Augen traten Fältchen, sie ließen sein Gesicht viel weniger streng aussehen.

»Zugegeben, deine Hände sind ein bisschen rau, ohne Zweifel kommt das davon, dass du Tinkturen und die Zutaten für die Arzneien zubereitet hast. Aber deine Finger sind die Finger eines Musikanten, genauer gesagt, die eines Mandolinenspielers.«

Meine Augen suchten die Mandoline. Das Instrument schien mir etwas zuzuflüstern. Ich sah das polierte Holz schimmern, sah den ebenmäßigen Bau der Zargen, den Glanz der Intarsien aus Perlmutt. Meine Finger zuckten und wollten das Instrument berühren, sie wollten fühlen, wie es schwingt, wenn es sich an meine Wange schmiegt.

»Du brennst darauf, sie in die Hand zu nehmen, nicht wahr?«

Aus seiner Stimme sprach Wohlwollen. Ich merkte, wie ich wankend wurde. Aber ich durfte mich nicht von seiner Freundlichkeit verleiten lassen.

»Ich verstehe nicht, mein Herr«, sagte ich halsstarrig.

Er ging zu einem Fach an seinem Bücherregal. Was hatte er vor?

Er langte hinauf und zog ein Buch heraus.

»Schau dir das an«, sagte er wie beiläufig. »In einer meiner alten musikalischen Handschriften ist eine Abbildung, die eine Dame zeigt, die in einem Turm sitzt. Sie spielt auf der Mandoline. Dieser Band enthält das Werk einer Frau. Ihr Name war Cecily d'Anbriese. Sie war höchst begabt und talentiert. Wusstest du, dass sie in ganz Europa berühmt war? Es ist jammerschade, dass es nicht mehr Frauen gab wie sie.«

»Aber es gab solche Frauen«, widersprach ich sofort. »Frankreich war berühmt für seine weiblichen Troubadoure.«

Er wandte sich schnell um, und ich sah, wie er sich freute, mich so einfach überlistet zu haben.

Ich schlug die Hände vor Gesicht. Mir wurde heiß, und ich wusste, dass meine Wangen sich gerötet hatten.

»Ich möchte dich nicht demütigen«, sagte er. »Aber … du warst doch der Mandolinenspieler, oder nicht?«

»Ich konnte nicht anders.« Ich redete langsam, während ich im Geiste fieberhaft eine Anzahl glaubhafter Gründe durchging, die ich ihm vorbringen konnte, ohne dass sie meine wahre Herkunft preisgegeben hätten.

»Weshalb *konntest* du nicht anders?«

»Mein Vater wurde getötet und ich war ganz allein auf mich gestellt«, plapperte ich drauflos. »Ich war einem Gutsbesitzer aus der Gegend versprochen, aber … aber ich wollte ihn nicht heiraten, deshalb bin ich weggelaufen.«

Er schnalzte mit der Zunge. »Du bist eine unmögliche Lügnerin. Abgesehen davon, dass ich schon Nachforschungen über deine Herkunft angestellt habe, liegt es auf der Hand, dass du überhaupt kein Talent hast, andere Menschen zu täuschen.«

Ich ließ den Kopf hängen, so niedergeschlagen war ich.

»Oh, ärgere dich nicht deswegen. Ich betrachte das als eine Tugend, und als eine seltene noch dazu, zumal in der Welt, in der wir leben. Es gibt so viele Männer und Frauen, die gewiefte Lügner sind. Sie erzählen ihre Gespinste mit solcher Gewandtheit, dass sie am Ende selbst glauben, was sie sagen.«

Er legte das Buch beiseite und kam zu mir. Dann betrachtete er mich aufmerksam. »Ich glaube nicht, dass du eine von diesen Leuten bist. Und jetzt ist es an der Zeit, mir deine wahre Geschichte zu erzählen.«

Ich schlug die Augen nieder.

Er setzte sich auf die Tischkante. Nahe genug, dass ich seine körperliche Gegenwart spürte, aber weit genug von mir entfernt, dass er mich nicht allzu sehr einschüchterte. Dieser Mann wusste sehr genau, was er tat.

Als er weitersprach, klang seine Stimme fast kühl. »Zuerst muss ich dir einige Dinge sagen, von denen ich denke, dass du sie wissen solltest.« Er machte eine Pause. »Du musst wissen, mein Lehnsherr hier in dieser Gegend ist der Comte de Ferignay.«

Ein kalter Schauer überlief mich.

»Wie ich sehe, hast du schon von ihm gehört. Wenn irgendein Ereignis mich in meinen Ländereien sorgt oder beunruhigt, bin ich dazu verpflichtet, ihm dies zu melden. Meinst du, dass deine Erzählung Anlass dazu gibt?«

Ich blickte ihn voller Furcht an.

Er neigte den Kopf. »Ich frage mich, ob Ferignay sich wohl für einen fahrenden Spielmann interessiert, der nicht einmal einen Namen hat. Genauer gesagt, für ein Mädchen, das ganz unbestritten ein Talent fürs Singen und Mandolinenspiel hat. Für eine, die nicht erzählt, wie es ihr jüngst ergangen ist. Was glaubst du?«

Er wusste genau, dass seine Worte mich beunruhigten. Aber ich wollte mich nicht geschlagen geben.

»Darüber hinaus«, fuhr er fort, »muss ich dir Folgendes sagen: Falls ich Comte de Ferignay Bericht erstatten würde und er dich zum Verhör heranschaffen wollte, würde er wohl kaum persönlich kommen und dich als Gefangene zu seinem Schloss abführen. Vermutlich würde er seinen Leibwächter schicken, um Derartiges zu erledigen. Du kennst ihn vielleicht. Es ist ein Mann namens Jauffré.«

Erschrocken hob ich den Kopf.

»Wenn ich dir helfen soll, dann musst du völlig aufrichtig sein.« Graf Thierry setzte sich hinter sein Schreibpult.

»Wie heißt du wirklich?«, fragte er abrupt.

»Mélisande«, flüsterte ich.

»Mélisande.« Er wiederholte meinen Namen in seinem südlichen Akzent, und er klang wie Wasser, das zwischen Uferbinsen plätschert.

»Mélisande. Ja, das ist ein schöner Name für eine Musikantin. Aber weshalb hast du dich entschlossen, einen Teil deines Lebens unter einem anderen Namen zu führen, Mélisande, und«, er zog die Augenbrauen hoch, »noch dazu als Mann?«

Ich merkte, wie ich unter seinem prüfenden Blick errötete.

»Ich wollte dich nicht in Verlegenheit bringen«, sagte er. »Ich frage nur, weil ich neugierig bin.«

Mit einem Mal fühlte ich mich sehr müde. Alles, was mir widerfahren war, hatte meine Gefühle und meine Gedanken erschöpft, und ich spürte, wie ich innerlich dagegen aufbegehrte, dass dieser Mann mich nach seiner Pfeife tanzen ließ. Es war mir jetzt egal, ob ich seine Gefangene war oder nicht. Sollte man mich doch ergreifen und ins Gefängnis sperren, dann würde ich wenigstens meinen Vater wiedersehen. Wenn Graf Thierry mich Ferignay melden wollte, dann sollte es eben so sein.

»Tut das Schlimmste, was Ihr könnt, mein Herr«, sagte ich. »Schickt nach Jauffré. Er soll mich von hier wegbringen. Ich habe keine Kraft mehr, um mich zu wehren. Und wenn ich die Reise mit ihm in den Norden überleben sollte, dann überstellt mich Eurem Lehnsherrn, dem Comte de Ferignay.«

Kapitel siebenundvierzig

Eine Zeitlang war es totenstill.

Dann hob Graf Thierry die Hände und ließ sie auf den Tisch fallen.

»Du hast mich matt gesetzt«, stellte er fest. »Noch dazu, wie ich einräumen muss, auf eine sehr geschickte Weise.« Als ich ihm widersprechen wollte, hob er die Hand, um jeden Einwand zu ersticken. »Ich verstehe, dass du nicht aus Arglist oder Unaufrichtigkeit so gehandelt hast. Von deiner Unschuld bin ich überzeugt, Mélisande. Sie ist eine deiner liebenswertesten Eigenschaften.« Er lehnte sich in seinem Stuhl zurück. »Aber was soll ich jetzt mit dir machen?« Er sprach halb zu sich selbst. »Solange Marcy nicht herausfindet, dass die einzige Zeugin seiner niederträchtigen Tat, abgesehen von Bertrand natürlich, noch lebt, bist du hier sicher.« Er betrachtete mich. »Ich sollte dir vielleicht mitteilen, dass ich in Salon das Gerücht ausstreuen ließ, dass du in der Nacht, in der Nostradamus starb, aus seinem Haus geflohen bist und einiges von seinem Familiensilber mitgenommen hast.«

Ich starrte ihn entgeistert an.

»Das bedeutet, du kannst dich niemals wieder als das Bauernmädchen Lisette ausgeben.«

»Ihr seid ein hinterlistiger und abgefeimter Mensch«, sagte ich wütend.

Er blinzelte. Es war das erste Mal, dass ich ihn verwirrt sah. »Ich weiß nicht, ob ich das als Kompliment verstehen soll, aber ich danke dir trotzdem dafür«, sagte er förmlich.

Mir wurde klar, dass ich ihn beleidigt hatte, und obwohl mich das bedrückte, war etwas in mir dennoch froh, dass ich wenigstens einmal einen Treffer bei ihm landen konnte.

»Die Angelegenheit war schwierig, und das war alles, was

mir einfiel«, erklärte er mir. »Frau Anne war übrigens ganz meiner Meinung. Sie war es auch, die mir deine Mandoline gab, damit ich sie dir zurückbrächte. Sie wird nichts von dem, was sie von dir weiß oder was du ihr erzählt hast, ausplaudern. Aber sie war überzeugt, dass es um deiner eigenen Sicherheit willen das Beste sei, wenn man dein Verschwinden auf diese Weise erklärte. Verstehst du denn nicht, Mélisande? Wir mussten uns einen Grund ausdenken, weshalb du so plötzlich aus dem Haus verschwunden bist. Und das ist eine Geschichte, die Marcy sicher glauben wird. Er wird annehmen, dass du nach dem Vorfall in der Kirche Angst bekommen und dann das Nächstliegende getan hast: so viel zu stehlen, wie du nur konntest, und so weit wie möglich von Salon zu fliehen. Wenn er das nicht denken würde, dann, so glaube mir, würde er dich verfolgen, bis er dich gefasst hätte.«

Ich dachte lange über seine Worte nach. Dann nickte ich kurz.

»Gut«, sagte Graf Thierry trocken. »Wenigstens in diesem Punkt sind wir uns einig.«

Er schwieg einen Augenblick, ehe er sagte: »Ich schlage vor, dass du als mein Gast in Valbonnes bleibst. Während ich meine Ländereien bereise und versuche, den Frieden zu bewahren, kann ich dir Bericht erstatten, wann der Zeitpunkt günstig ist, dass du uns wieder verlässt.«

Nostradamus' Worte in der Nacht, in der er starb, kamen mir wieder in den Sinn.

»Du wirst das Haus heute Nacht verlassen, Mélisande, und dich an einen sicheren Ort begeben. Dort wirst du warten, bis die Zeit zum Handeln gekommen ist.«

Graf Thierry wartete auf meine Antwort. Wieder nickte ich. Daraufhin griff er nach unten und zog eine Schublade auf. Er nahm etwas heraus und legte es auf den Tisch neben meine Mandoline. Es war die Hülle aus Gämsenleder.

»Ich habe darauf acht gegeben, als wäre es meine eigene«, sagte er. »Bitte, nimm diese beiden Sachen und …«, ich schaute ihn überrascht an, als ich begriff, dass er nach Worten suchte, »fühle dich hier wohl, bis wir wissen, was das Beste für deine Zukunft sein wird.«

Mit zitternden Händen hob ich meine Mandoline auf. Ich öffnete die Kordel der Tasche und schob das Instrument hinein.

Ich glaube, sie war froh, wieder wohlbehalten in ihrer Hülle zu sein.

Kapitel achtundvierzig

Jetzt hatte ich wenigstens meine Mandoline wieder, die mir in den Jahren des Wartens Gesellschaft leisten konnte.

Und während draußen vor den Mauern verheerende Glaubenskriege das Land heimsuchten, fand ich in der Burg so etwas wie Frieden.

Ich spielte alte Weisen auf meiner Mandoline, solche, für die ich wenig Geschicklichkeit und Mühe brauchte. Meine Finger zupften wie von selbst die Saiten, meine Gedanken waren kaum bei den Noten. Ich dachte an gar nichts, sondern überließ mich den Erinnerungen an Melchior und den Leoparden. Inzwischen würden sie weit weg sein, im Königtum Navarra, wo ich sie wohl kaum jemals wiedersehen würde. In meiner Seele herrschte eine Ödnis wie auf dem flachen Land, das sich rund um die Burg erstreckte, hart vom Frost und vernarbt von Pfützen aus Eis.

Ich brauchte etwas Neues, das ich spielen konnte. In der Vergangenheit hatte es meiner Seele Flügel verliehen, wenn ich mir Worte und Töne ausdachte, aber wenn ich jetzt in mich hineinlauschte, war alles leer. Eines Abends, nach einem Tag der drückendsten Niedergeschlagenheit, fiel mir ein, dass mich die Bibliothek des Grafen Thierry auf neue Ideen bringen könnte. Ich erinnerte mich wieder an das Buch mit den Liedern der Sängerin Cecily d'Anbriese, das er mir gezeigt hatte. Es würde mir sicher Spaß machen, ihre Lieder zu lesen, auch wenn ich nicht in der Stimmung war, selbst welche zu schreiben. Ich wusste, dass der Graf an diesem Morgen die Burg verlassen hatte. Sicher würde er einige Tage wegbleiben.

Sobald ich Marianne erzählt hatte, was ich tun wollte, schickte sie einen Diener voraus, der die Kerzen anzünden und ein Feuer in dem großen Kamin machen sollte. Ich nahm meine Mandoline mit, und während ich in den Büchern stöberte, fühlte ich, wie ich den Menschen, der dies alles gesammelt hatte, zu verstehen begann. Ich fand das Regal, in dem die Noten standen, und nahm das Buch heraus, das er mir gezeigt hatte. Ich schlug es auf und hielt die Seiten dicht ans Licht, als die Tür der Bibliothek aufging und Graf Thierry hereinkam. Er durchquerte den Raum und warf seine Handschuhe auf das Pult, erst dann bemerkte er mich.

»Ich habe nicht gedacht, dass Ihr heute noch zurückkommt.« Schnell legte ich das Buch beiseite und wollte mich zur Tür hinausstehlen.

»Nein, nein«, sagte er. »Lass dich von mir nicht stören. Ich gehe wieder. Ich muss meine Reitkleidung ablegen und etwas essen.«

Er zitterte, während er sprach. Ich merkte, wie sehr er fror, deshalb sagte ich: »Hier brennt ein Feuer. Warum bleibt Ihr nicht und wärmt Euch auf?«

»Würdest du mir etwas vorspielen?«, fragte er plötzlich. »Es ist sehr anstrengend, immer aufs Neue zu versuchen, den

Frieden zwischen den verfeindeten Parteien zu wahren. Musik wäre Balsam für mein sorgenvolles Gemüt.«

Wie hätte ich da Nein sagen können? Er hatte mir das Leben gerettet, gab mir Zuflucht und Essen. Und außerdem, ich hatte schon lange nicht mehr vor Zuhörern gespielt.

Er nahm meine Mandoline, und als er sie mir weiterreichte, berührten sich unsere Finger. Ich spürte wieder, wie es mich durchfuhr, so wie damals, als er mich in Nostradamus' Zimmer in Salon berührt hatte. Im selben Augenblick schaute er mich an. Hatte er es auch gespürt?

Ich spielte ein Lied aus dem Süden. Es war eine Volksweise, ein Lied aus jener Zeit, als dieses Land noch frei gewesen war.

Die Trauben des Rebstocks wir lesen,
Oliven wir sammeln vom Baum.
Stampft den Saft und singt dabei,
Presst das Öl und singt dabei.

Schnitter schon frühmorgens mähen,
Sicheln schwingen auf dem Feld.
Füllt die Schober und singt dabei,
Mahlt das Korn und singt dabei.

»Das Lied hat noch eine tiefere Bedeutung«, bemerkte er, als ich geendet hatte.

»Es ist ein Lied über die Freiheit«, stimmte ich ihm zu. »Es handelt von Menschen, die unter dem Schutz eines gütigen Landesherrn ein fröhliches Leben führen können.«

»So einer, wie ich es gern sein möchte«, sagte er.

»Lebt Ihr nach dem Vorbild Eurer Vorfahren?«, fragte ich ihn.

»Der Großvater meines Großvaters war ein Tempelritter«,

antwortete er. »Als ich noch ein Junge war, hörte ich gerne die Geschichten aus der Zeit im Heiligen Land. Wie sie den Tempel dort bewachten, wie sie die Pilger auf ihrer Reise zu den Heiligen Stätten beschützten. Ich dachte nur an die Kämpfe, die sie gefochten hatten, die Ehre, die sie erworben, die mutigen Taten, die sie vollbracht hatten, an die Achtung, die Freundschaft sogar, die zwischen Sarazenen und Christen herrschte. Ich wünschte mir nichts so sehr, wie erwachsen zu werden und ein Leben wie meine Vorfahren zu führen.«

»So seid Ihr also kein Hugenotte?«, fragte ich ihn.

»Nein.« Er schwieg einen Augenblick lang. »Obwohl ich ihrem Glauben sehr wohlwollend gegenüberstehe.«

»Weshalb halten Euch die Leute dann für einen Hugenotten?«

»Weil es überaus schwer ist, sich gegenseitig zu achten und auch denjenigen zu respektieren, der anders denkt als man selbst. Manche Menschen lernen es nie.«

»Und Ihr habt es gelernt?«

»Weil ich mich mit den Folgen dieser Feindseligkeit herumschlagen muss. Tag für Tag sehe ich, wie mein Volk unter Unmenschlichkeit zu leiden hat.«

Kapitel neunundvierzig

Ich war neugierig auf die Sängerin aus Frankreich, und ich wollte auch, dass jemand meine Musik hörte, deshalb begab ich mich jeden Tag in die Bibliothek.

Wenn Graf Thierry zu Hause war, gesellte er sich abends zu mir, und wir unterhielten uns eine Weile.

Ich bemerkte, dass ich mich auf seine Besuche zu freuen begann, und ich war enttäuscht, wenn ihn Pflichten oder die

Höflichkeit mehr als ein paar Tage davon abhielten zu kommen. Ich schätzte sein Interesse und sein Wissen, denn es war sehr lange her, seit ich zum letzten Mal mit einem anderen Menschen über Musik sprechen konnte. Nostradamus hatte sich nur mit seinen Weissagungen beschäftigt. Frau Anne war freundlich zu mir gewesen, aber Musik war für sie nur ein Mittel, ihr quengeliges Kind zu beruhigen. Ohne meinen Vater und meine Schwester hatte ich niemanden, der sich dafür begeistern konnte, wie man das Geräusch der Regentropfen oder das sanfte Wehen der Schneeflocken auf einem Hügel in Töne umsetzen konnte.

Ich begann, einige der alten Texte und Melodien abzuschreiben. Eines Abends fragte mich Graf Thierry, ob er mir mit der ungewohnten Sprache helfen solle.

»Mir ist das Provenzalische nicht sehr geläufig«, antwortete ich, »aber mein Vater hat dafür gesorgt, dass wir Französisch, Englisch und Latein verstehen können.«

»Wir?«

»Ich hatte eine Schwester.« Ich verstummte. Tränen traten in meine Augen.

Er schaute mich an, doch er sagte nichts. Weder drängte er mich weiterzureden, noch beeilte er sich, mich zu beruhigen, wie manche Männer es tun, wenn sie Frauen weinen sehen.

»Sie hieß Chantelle«, sagte ich schließlich.

»Ist sie tot?«

»Ja, das ist sie.«

Wieder flossen meine Tränen und wieder schwieg er.

Nach ein paar Minuten ging er zum Tisch und schenkte ein Glas Wein ein. Der dunkle Rotwein schimmerte wie Blut. Er hielt mir das Glas hin und ich nahm es und trank. Er schenkte sich selbst ein Glas ein und setzte sich damit an den Kamin. Das Feuer flackerte auf, ein Holzscheit kippte um und die Funken stoben hoch.

Und dann erzählte ich, teils stockend und ohne mich drängen zu lassen, wie meine Schwester gestorben und mein Vater ins Gefängnis geworfen worden war. Als ich davon sprach, wie Melchior mir zur Flucht verholfen und ich mich in einem Leopardenkäfig versteckt hatte, wurden seine Augen immer größer.

»Der Junge hat das Tier sehr gut in seiner Gewalt«, sagte er. »Der Leopard hält ihn sicher für seinesgleichen, wenn nicht gar für seinen Herrn.«

Dann berichtete ich, wie Melchior die Kleider beschafft hatte, mit denen ich mich als Spielmannsjunge verkleidete. Ein zufriedener Ausdruck trat in sein Gesicht, als ich ihm diesen Teil meines Lebens erzählte. Er nickte ein-, zweimal und murmelte leise etwas vor sich hin.

Mit der Zeit erzählte ich ihm die ganze Geschichte. Es dauerte mehrere Wochen, denn oftmals überkam mich die Trauer und ich konnte nicht weiterreden. Aber es lag auch daran, dass Graf Thierry jede Kleinigkeit wissen wollte. So bat er mich, ganze Gespräche zu wiederholen, oder ich musste ihm genau erklären, wie es zu einem bestimmten Ereignis gekommen war, was ich davor, was ich danach getan hatte. Er interessierte sich für das Leben meines Vaters und wie er meine Mutter kennengelernt und sein Herz an sie verloren hatte. Und wie die anfängliche Ablehnung der Eltern durch die beständige und große Liebe, die sie für einander empfanden, allmählich gewichen war.

Graf Thierry sagte mir, dass die Isle de Bressay nur einen Wochenritt von hier entfernt läge, und, ja, er wüsste genug über den Besitz, um zu begreifen, warum jemand sie gern sein Eigen nennen würde.

»Es ist ein stattliches Anwesen, umgeben von prächtigen Gärten, und liegt auf einer Insel mitten in einem See, in dem es von Fischen nur so wimmelt. Das Land ist sehr fruchtbar, sodass der Gutsherr mit den Erträgen, die das Land Jahr für Jahr abwirft, ein angenehmes Leben führen kann.«

Er fuhr fort, mich nach allen Einzelheiten meines früheren Lebens zu fragen, an die ich mich noch erinnern konnte. Insbesondere interessierte er sich für die Länder, die ich bereist hatte. In England war er niemals gewesen, wohl aber in Spanien. Auch er hatte das Treiben der Inquisition mit angesehen: Männer und Frauen, die verurteilt worden waren und die dem Tod auf dem Scheiterhaufen oder durch Erhängen entgegengingen.

»Wenn doch die beiden christlichen Bekenntnisse in Eintracht zusammenleben könnten«, seufzte ich.

»Jetzt gibt es schon mehr als nur zwei«, erwiderte er. »Und bald werden aus den drei oder vier ein Dutzend oder mehr geworden sein. Das ist der Gang der Dinge. Jede Gruppe sucht, den Glauben auf ihre eigene Art und Weise auszulegen, woraus nur Zwietracht entsteht. Um wie viel besser wäre es, wenn wir uns gegenseitig das Leben leichter machten, anstatt es zu zerstören.«

Ich nickte. »Jeder glaubt, des anderen Weg, Gott zu verehren, sei der falsche, und weicht keinen Schritt von seinen Überzeugungen ab.«

»Das müssen sie auch gar nicht. Aber die Kämpfe, die Frankreich spalten, werden nicht um des Glaubens willen geführt, sondern aus Habsucht und Machtgier, um Reichtümer anzuhäufen, um zu herrschen, um andere für sich arbeiten zu lassen, um sich selbst Mühen zu ersparen. Der Herzog von Marcy kümmert sich so wenig um Gott oder die Heilige Kirche wie ein Straßenköter. Das ist mehr als deutlich geworden, als er den Priester niedermetzelte, der dich vor seinen Zudringlichkeiten beschützen wollte.«

»Gibt es denn keinen Ausweg?«

»Ich weiß es nicht.« Er zuckte die Schultern. »Nicht jetzt,

vielleicht niemals. Die Person, die Frankreich in Wirklichkeit regiert, nämlich Katharina von Medici, ist davon überzeugt, dass alles, was sie tut, dem Allgemeinwohl dient. Sie gibt sich dem Irrglauben hin, ihre Macht sei gottgegeben.«

»Aber sie bemüht sich doch wenigstens«, wandte ich ein. »Hier in Frankreich hat man sein Leben doch nicht schon deshalb verwirkt, weil man Katholik oder Protestant ist.«

»Ja, aber was sie antreibt, ist Selbstsucht. Sie glaubt, es sei das angestammte Recht ihrer Familie zu herrschen. Achte nur darauf, wie schnell es um ihre Duldsamkeit geschehen ist, wenn sie glaubt, die Herrschaft ihrer Kinder sei in Gefahr. Wenn nötig, wird unsere angeblich auf Ausgleich bedachte Königin wie eine Löwin kämpfen, um ihre Kinder und deren Recht auf Frankreichs Thron zu verteidigen.«

Und so war es auch.

Ein angesehenes Mitglied des Hauses Guise war ermordet worden. Als Vergeltung wurde einer der Führer der Hugenotten angegriffen und kurzerhand hingerichtet. Der königlichen Familie drohte man mit Entführung, fast hätte man sie gefangen genommen. Der Burgvogt von Paris wurde bei der Belagerung der Stadt durch eine Armee der Hugenotten getötet. Das katholische Spanien entsandte Soldaten in die Niederlande, um die Aufstände dort zu unterdrücken. Katharina von Medici war außer sich, weil die Truppen ohne ihre Erlaubnis durch französisches Gebiet marschieren wollten. Elizabeth von England hingegen schickte Soldaten, um die Sache der Protestanten zu unterstützen. Berichte von schlimmen Grausamkeiten auf beiden Seiten erreichten uns. Die Gewalt nahm im gleichen Maße zu, wie der Wohlstand der Menschen abnahm. Frankreich wurde an den Rand des Abgrunds getrieben, während seine zwei Nachbarländer, die den verschiedenen Glaubensrichtungen anhingen, wie die Raubtiere zusahen.

Graf Thierry erklärte mir dies alles und wir sprachen über Religion und Politik. Er war ein großartiger Gesprächspartner, halb Lehrer, halb Freund. Er teilte mir seine Gedanken und Erfahrungen mit, und ich erzählte ihm alles, was es über mich zu erzählen gab.

Mit einer Ausnahme.

Von den Schriftstücken mit Nostradamus' Weissagungen erzählte ich ihm kein Sterbenswörtchen.

Kapitel fünfzig

In dem Jahr, in dem ich fünfzehn wurde, eröffnete uns Graf Thierry, dass er eine lange Reise zu unternehmen gedenke, die ihn vielleicht für viele Monate von zu Hause wegführen würde.

Er befahl Marianne, festliche und elegante Kleidung einzupacken. Das war sehr ungewöhnlich, denn meist kleidete er sich sehr schlicht. Wenig später brach er in Begleitung von sechs seiner Getreuen auf. Ich wusste, dass er nicht in eine der umliegenden Städte reisen wollte, denn die Botschaften, die er Robert nach Valbonnes schickte, enthielten Befehle, die dieser an die Hauptleute der anderen Standorte weitergeben sollte. Auf diese Weise wollte Graf Thierry es verheimlichen, dass er sich nicht auf seinen Ländereien aufhielt.

Während der ersten sechs bis neun Monate seiner Abwesenheit kamen die Botschaften in regelmäßigen Abständen, doch dann traf überhaupt keine mehr ein. Die Wochen gingen ins Land. Marianne und ich schürten gegenseitig unsere Sorgen. Wir stellten uns vor, dass er Straßenräubern in die Hände gefallen wäre oder dass ihn ein Unglück ereilt hätte. Vielleicht hatte ihn sein Pferd abgeworfen, und nun lag er mit einem gebrochenen Bein im Straßengraben und starb, weil ihn niemand beachtete? Robert war der Einzige, der Ruhe bewahrte. Mehr als fünfzehn Jahre diente er nun schon seinem Herrn, und sein Vertrauen darauf, dass Graf Thierry zurückkehren würde, war unerschütterlich. Aber je mehr Zeit verging, desto mehr sorgte auch er sich wegen seines Fernbleibens und auch darüber, dass keine Nachricht von ihm eintraf.

Und dann, am späten Nachmittag eines Frühlingstages im ersten Jahr des neuen Jahrzehnts, kam Graf Thierry aus nördlicher Richtung angeritten, Pferd und Reiter von Kopf bis Fuß mit Staub bedeckt. Er sprach kurz mit Robert, dann ging er in die Bibliothek und bat mich, so bald wie möglich zu ihm zu kommen.

Als ich die Bibliothek betrat, stand er an seinem Schreibtisch.

»Ich bin froh, dass Ihr wohlbehalten zurückgekehrt seid«, begrüßte ich ihn. Und ich war tatsächlich überrascht, wie sehr ich mich darüber freute, ihn wiederzusehen. Erst als Marianne herbeigeeilt war, um mir zu sagen, dass der Wächter das Pferd des Grafen auf der Straße, die zur Burg führte, erspäht hatte, wurde mir klar, wie sehr ich ihn vermisst hatte.

Graf Thierry erwiderte meinen Gruß mit einem Kopfnicken. Dann sagte er: »Ich habe Neuigkeiten für dich.«

Die Art und Weise, wie er das sagte, ließ mich aufhorchen. »Sind es erfreuliche Neuigkeiten?«, fragte ich ihn.

»Vielleicht nicht alle«, antwortete er. »Einige sind besorgniserregend, aber andere sind die besten Nachrichten, die du dir vorstellen kannst.«

»Die besten?«

»Dein Vater ist am Leben.«

Ich stürzte mit ausgebreiteten Armen auf ihn zu und Graf

Thierry fing mich auf und hielt mich fest. Dann war er es, der mich zuerst wieder losließ. »Die übrigen Nachrichten sind nicht so erfreulich.«

»Mein Vater ist im Gefängnis!«, rief ich. »Er ist krank? Man hat ihn gefoltert? Sie haben ihn geschlagen und verstümmelt! Oh nein!« Ich schlug die Hände vors Gesicht. »Sie haben ihm die Finger gebrochen, sodass er niemals wieder spielen kann?«

»Sachte, sachte.« Er nahm mir die Hände vom Gesicht und drückte sie leicht. »Ich werde dir sagen, was ich in Erfahrung gebracht habe. Aber du darfst dich nicht solch wilden Schreckensvorstellungen hingeben.« Er führte mich zu einem Platz neben dem Feuer und setzte sich mir gegenüber. »Zuerst ritt ich nach Paris, denn du hattest mir ja erzählt, dass dein Vater als Gefangener in königlichem Gewahrsam ist, und ich nahm an, dass man ihn dorthin gebracht hatte. Ich holte Erkundigungen ein, aber niemand wusste etwas Genaues über ihn. Ein paar Leute hatten von einem begabten Spielmann gehört, der in des Königs Diensten stand. Also nahm ich mir vor, mich an dem Ort zu erkundigen, an dem der Hof residierte.«

»Müssen sie sich wirklich verstecken, wie man allenthalben hört?«

»Das vielleicht nicht, aber die politische Lage ist bedenklich. Viel schlimmer, als ich sie mir vorgestellt hatte. Wir glauben, die Lage hier bei uns sei angespannt, aber im Norden ist sie noch viel brisanter. Raffgierige Edelleute reißen sich gegenseitig in Stücke wie tollwütige Hunde und zerren Land und Volk mit sich in den Abgrund. Städte werden belagert. Die Straßen sind schrecklich gefährlich. Wo das Recht nicht mehr geachtet wird, treibt sich jeder Mörder und Wegelagerer auf den Straßen herum und sucht sich eine leichte Beute. Der Hof hielt sich gerade in Finderre auf, aber es war schwierig, Zugang zu dem Schloss zu erhalten. Nur mithilfe eines alten Freundes meines Vaters konnte ich dem Hof nahe genug kommen, um das herauszufinden, was ich wissen wollte.«

»Ihr seid so weit gereist und habt all diese Gefahren auf Euch genommen, nur um dies für mich zu erkunden?«

»So ist es«, antwortete er.

»Ich danke Euch«, sagte ich. »Ich …«

»Schon gut«, unterbrach er mich und sprach schnell weiter. »Die Sicherheitsvorkehrungen waren sehr streng, aber schließlich war es mir doch möglich, in den großen Saal zu gelangen, als der König den Geistlichen aus der Gegend zum Fest Mariä Geburt eine Audienz gab.« Er lächelte mich an. »Neben dem Stuhl des Königs stand ein Spielmann.«

»Ahhh …« Ich schlug die Hände vor die Brust.

»Obwohl ich in einiger Entfernung von ihm stand und deinen Vater nie getroffen habe, habe ich ihn doch sofort erkannt.«

»Wie war das möglich?«, fragte ich, denn es hieß, ich ähnelte meinem Vater überhaupt nicht.

Graf Thierry lächelte. »Ich erkannte ihn an seiner Art zu spielen. Für mich lag es auf der Hand, dass du deine Liebe und dein Talent für die Musik von diesem Mann geerbt haben musst. Er ist ein außergewöhnlicher und sehr begabter Musiker.«

»Ja, er hat sehr viel Talent«, stimmte ich ihm zu.

»Seine Tochter übertrifft ihn sogar noch, auch wenn sie selbst das vielleicht abstreiten würde«, murmelte Graf Thierry.

Ich merkte, wie ich rot wurde. »Wie geht es ihm?«, fragte ich.

»Nach meinem Dafürhalten und nach den Erkundigungen, die ich eingezogen habe, scheint er magerer zu sein als noch vor einigen Jahren, ehe ihn dieses schlimme Unglück traf. Davon abgesehen geht es ihm gut, aber sein Herz ist voll Kummer, weil seine Tochter Mélisande verschwunden ist.«

»Habt Ihr nicht mit ihm gesprochen?«

»Das war mir nicht möglich.«

»Aber Ihr habt ihm ausrichten lassen, dass ich lebe und mich Eures Schutzes erfreue?«

Graf Thierry schüttelte den Kopf. »Er wird ständig bewacht, und er schläft in einem Raum, der nachts verriegelt wird. Ich konnte nicht mit ihm reden, ohne Verdacht zu erwecken. Es ist ohnehin schon aufgefallen, dass ich bei Hofe war. Man zerriss sich das Maul darüber, denn es ist bekannt, dass ich jedweder Festlichkeit nur dann beiwohne, wenn mich ein Befehl des Königs dazu zwingt.«

»Aber Ihr hättet meinem Vater doch heimlich eine Nachricht zukommen lassen können!«, jammerte ich enttäuscht.

»Mélisande, das konnte ich nicht. Ich hätte damit euer beider Leben in Gefahr gebracht. Wem hätte ich diese Nachricht anvertrauen können? Am Hofe wimmelt es von Lügnern, Dieben, Scharlatanen und Betrügern.«

»Ihr hättet Vater eine Nachricht schreiben können, ohne Euren Namen zu nennen!«

»Denke an die vielen Zuträger und Spione, die sich um den König scharen«, erwiderte Graf Thierry. »Noch vor Ablauf einer Stunde hätte man mich eingekerkert. Und angenommen, ich hätte es getan? Ich bin sicher, dein Vater hätte seine Freude nicht verbergen können. Man hätte seinen plötzlichen Stimmungswandel bemerkt. Und damit hätte er dich verraten. Du weißt genau, dass er das nie und nimmer gewollt hätte.«

Trotz meiner Aufgeregtheit sah ich ein, dass er recht hatte.

»Obwohl seine Freiheit beschnitten ist, leidet dein Vater

keine Not. Er steht in der Gunst des Königs. Es scheint, als lindere seine Musik die ständigen Kopfschmerzen, an denen König Charles leidet.«

Ich sank in meinem Stuhl zusammen. Graf Thierry lehnte sich zurück. Ich sah die Erschöpfung in seinem Gesicht, und mir fiel wieder ein, dass er eben erst in den Burghof geritten war, in Schweiß und Staub gebadet. Ich schämte mich wegen meiner Unfreundlichkeit.

»Es tut mir leid, wenn ich undankbar erscheine«, sagte ich. »Ihr habt mir gute Nachrichten gebracht. Mein Vater ist am Leben und schmachtet nicht in einer düsteren Gefängniszelle. Darüber freue ich mich. Und trotz Eures Einspruchs«, fuhr ich fort, »danke ich Euch von ganzem Herzen dafür, dass Ihr durch halb Frankreich gereist seid und die Hofgesellschaft ertragen habt – und das alles nur, um etwas über meinen Vater in Erfahrung zu bringen.«

»Danke mir nicht. Die übrigen Neuigkeiten wirst du weniger gerne hören.«

Ich hob den Kopf und blickte ihn angstvoll an.

»Der Comte de Ferignay erhebt Anspruch auf die Isle de Bressay.«

»Was?«

»Er erhebt den Anspruch im Namen seines Verwandten, Armand Vescault, der sein Lehnsmann war, und deshalb gehören ihm alle Güter Armands.«

»Aber er hat Armand getötet!«, schrie ich auf.

»Seine Leiche wurde nicht gefunden. Armand wird vermisst und …«

»Sprecht weiter«, bat ich, als er verstummte.

»Und du bist auch spurlos verschwunden«, fuhr er fort. »Ferignay ist ein niederträchtiger Mensch. Er setzt alles daran, damit ihm die Isle de Bressay übereignet wird. Er hat das Gerücht in die Welt gesetzt, du hättest deine Schwester

Chantelle am Morgen ihres Hochzeitstages aus dem Turmfenster gestoßen, auf dass du mit Armand fliehen und ihn heiraten könntest.«

»Neiiiin!«, kreischte ich laut.

Graf Thierry fuhr entsetzt auf. »Mélisande! Beherrsche dich. Du wirst Marianne noch in Schrecken versetzen, sodass sie zu Robert rennt, und der wird mit einem Dutzend Bewaffneter hier auftauchen.«

»Es tut mir leid«, schluchzte ich, »aber das ist der gemeinste Vorwurf, den ich je gehört habe.«

»Dein Vater hat allem widersprochen. Wegen seines großen Ansehens bei König Charles hat man beschlossen, dass eine ordentliche Anhörung in dieser Angelegenheit stattfinden wird. Das soll geschehen, wenn wieder etwas Ruhe im Land eingekehrt ist und man Zeit gefunden hat, Beweise zu sammeln, die man dem König vorlegen kann.«

»Armand war nie mit Chantelle verheiratet«, sagte ich.

»Auch eine Verlobung kann solche Ansprüche begründen. Verträge wurden unterschrieben und ausgetauscht.«

Im Geiste hörte ich wieder die Antwort des Comte de Ferignay, als mein Vater ihm zum ersten Male von Chantelles Mitgift erzählt hatte. Er hatte interessiert geklungen, als er hörte, dass sie ihr Erbe aus eigenem Recht antreten würde.

»Dieser Mensch ist böse. Hat denn seine Niedertracht nie ein Ende?«

»Ferignay schuldet vielen einflussreichen Leuten Geld. Je größer seine Schulden werden, desto mehr ist er zum Äußersten entschlossen.«

Ich stand auf und ging zum Fenster. Vielleicht war es besser, wenn man mich für tot hielt. Dann verbliebe meinem Vater wenigstens meine Hälfte an der Isle de Bressay. Ich drückte die Stirn gegen die Glasscheibe. »Was kann man nur tun?«, fragte ich verzweifelt. »Ich sehe keinen Ausweg.«

»Es gibt etwas, das du tun könntest, damit du in Sicherheit bist…« Graf Thierry machte eine Pause, ehe er weitersprach. »Und das dir genügend Ansehen verleihen würde, sodass du dich unmittelbar an den König wenden könntest, um deine Sache vorzubringen.«

Ich drehte mich um. »Und was wäre das?«, fragte ich ihn.

Graf Thierry schaute zu mir her und sagte: »Du könntest mich heiraten.«

Kapitel einundfünfzig

Seine Worte trafen mich völlig unvorbereitet.

Als er das bemerkte, stand er auf und stellte sich vor mich.

»Verzeih mir«, bat er. »Du bist ein junges Mädchen, du hast Romane und Gedichte über die Liebe gelesen und ich hätte diesen Vorschlag einfühlsamer und höflicher machen sollen.«

»Ich bin keine Frau, die sich von Schmeicheleien und Komplimenten den Kopf verdrehen lässt«, entgegnete ich unsicher.

»Trotzdem, ich möchte nicht, dass du denkst, ich wollte dich nur heiraten, weil ich dir helfen möchte, dass deiner Familie Gerechtigkeit widerfährt.« Er nahm mein Gesicht in beide Hände. »Du hast mich schon bezaubert, als wir uns zum ersten Mal sahen.«

Ich musste lächeln, trotz des Aufruhrs meiner Gefühle. »Wollt Ihr damit sagen, schon damals, als ich noch ein Spielmannsjunge war?«

»Mach dich nicht über mich lustig, Mélisande. Ja, es rührte meine Seele, als ich dich zum ersten Mal spielen hörte. Wie du den Kopf neigtest und deine Mandoline liebkostest, da verspürte ich den Wunsch, diesem Menschen, der so eine Musik machen konnte, nahe zu sein. Und in Nostradamus' Haus, als ich dich als Dienstmädchen wiedertraf, hat mein Gefühl wieder zu mir gesprochen. Ich war verunsichert, verwirrt über das, was in mir vorging. Ich habe auch andere Frauen gekannt, aber da war es anders. Kann es sein, dass die Seele eine Zwillingsschwester hat, wie die Menschen im Orient glauben? Dass sie bei unserer Erschaffung getrennt werden und wir auf der ganzen Welt nach der anderen Hälfte suchen müssen? Und dass man, ganz selten nur, einen Menschen findet, mit dem zusammen man wieder ein Ganzes ist?«

Er hob die Hände und ließ sie wieder fallen. »Ich wusste es nicht. Ich wollte abwarten und sehen, ob meine Zuneigung für dich schwindet, aber sie ist nur stärker geworden.«

Ich bat ihn, mir Zeit zu lassen, damit ich über meine Zukunft nachdenken könnte. Ich war ja erst sechzehn. Und er war doppelt so alt wie ich. Aber es war nichts Ungewöhnliches, wenn ein Mädchen einen älteren Mann heiratete. Graf Thierry war freundlich und gütig, und ich bemerkte mit einigem Erstaunen, dass ich mich sehr zu ihm hingezogen fühlte. Und wie ich mich nach etwas Beständigem in meinem Leben sehnte.

Er besaß das Feingefühl, mich eine Zeitlang alleine zu lassen. Nach seiner Reise hatte er viele Geschäfte zu erledigen. Man hatte ihm berichtet, dass der Herzog von Marcy Waffen und Munition hortete und wieder ein Netz von Spionen knüpfte. Der Herzog führte offenbar etwas im Schilde, aber was es war und wann er zur Tat schreiten würde, war völlig unbekannt. Graf Thierry ritt nach Salon, um persönlich nach dem Gefangenen Bertrand zu sehen.

Als er weg war, hatte ich einen Traum.

Thierry und ich ritten durch einen Wald, ich stieg auf einer Lichtung vom Pferd, während er weiterritt. Er bat mich, dort auf ihn zu warten, doch während ich wartete, wuchsen überall um mich herum Bäume empor. Die alten Märchen spukten mir durch den Kopf. Kobolde und Elfen, Waldfeen und Baumgeister schwirrten umher und beobachteten mich heimlich aus dem Dickicht. Dann wurde vor meinen Augen ein Baumstamm lebendig. Die Kerben in der Rinde schwollen an und wanden und ringelten sich wie züngelnde Schlangen.

Ich ging auf den Baum zu. Es war eine Eberesche, ein Vogelbeerbaum, der die roten Früchte trägt, die das Feuer symbolisieren, das vom Himmel gestohlen wurde – ein heiliger Baum. Die Eberesche, aus deren Wurzel Nostradamus seinen Stab geschnitten hatte. Die Schlangen hörten auf, sich zu winden, und nahmen die Gestalt eines Menschen an. Die Figur löste sich von der Rinde und trat vor. Sie war so vornübergebeugt und so gebrechlich, dass ich sie zuerst für Giorgio hielt. Dann aber erkannte ich: Es war der Seher selbst.

Nostradamus.

Er trug seinen Ring am Finger, der milchig weiße Mondstein leuchtete. Und er stützte sich auf seinen silbernen Gehstock. Nostradamus erkannte mich. Er öffnete den Mund, um zu reden. Aber seine Zunge war aus Feuer, Flammen schlugen aus seinem Mund. Inmitten der Flammen sah ich die Sonne wie einen Ball aus weißem Licht brennen.

Ich hatte schreckliche Angst.

Seine Stimme klang in meinem Kopf.

Mélisande. Denkst du noch an die Zukunftsbilder, die ich von dir hatte?

»Ich weiß nicht, was ich tun soll«, sagte ich und fing zu weinen an.

Darauf antwortete Nostradamus: »Beunruhige dich nicht. Nicht jedem ist es gegeben, seine Bestimmung zu erfüllen.

Man muss diese Aufgabe auch annehmen. Man muss daran glauben, dass man dafür ausersehen ist.«

Erschrocken und verwirrt fuhr ich aus diesem Traum hoch. Und ich wusste, ich wollte nicht länger mit diesen Zweifeln leben.

Ich wollte die Angst und Ungewissheit, die das Schicksal für mich bereithielt, zurücklassen, dieses Leben voller Dunkelheit und Gefahren. Ich wollte nicht länger versuchen, die unvollendete Weissagung zu ergründen, die mir nur den Tod bringen konnte und die ich nie erfüllen würde. Ich wollte mich nicht der Gefahr aussetzen, gefoltert oder anderen unmenschlichen Qualen ausgesetzt zu werden.

Einst sah ich den einzigen Sinn meines Lebens darin, meinen Vater zu finden und zu retten. Nun, da sich mir die Möglichkeit geboten hatte, innezuhalten und wieder stark zu werden, wusste ich, was ich tun würde: Ich würde Graf Thierry heiraten und Zutritt beim König selbst erhalten. Wir würden nach Finderre oder Blois reisen oder wo immer der Hof sich gerade aufhielt, und ich würde ein Bittgesuch an den König richten, ich, die Frau eines Grafen.

Als Graf Thierry nach Valbonnes zurückkehrte, hatte ich meine Entscheidung getroffen.

Ich war entschlossen, seinen Heiratsantrag anzunehmen.

Kapitel zweiundfünfzig

Unsere Hochzeit war für den Mittsommer angesetzt.

Marianne war außer sich vor Freude, als ich ihr die Neuigkeit mitteilte. Sie sagte, sie hoffe, sich bald wieder um kleine Kinder kümmern zu können.

Ich schaute sie entgeistert an.

»Ich habe nicht geglaubt, dass ich diesen Tag noch erleben würde«, plapperte sie weiter. »Der Herr Graf ist ein verschlossener Mann und ein wenig schwierig, man weiß nie, was er denkt.« Sie unterbrach sich, denn sie hatte meinen Gesichtsausdruck falsch verstanden. »Ich darf doch bleiben?«, fragte sie ängstlich. »Ihr schickt mich doch nicht weg? Bitte«, flehte sie. »Ich bin noch nicht zu alt, um Kinder aufzuziehen.«

Kinder! Ich hatte mir noch nie Gedanken über die körperlichen Seiten dieser Verbindung gemacht. Was erwartete man von mir?

Schließlich verstand Marianne. »Er wird gut zu dir sein«, raunte sie mir zu. »Hab keine Angst.«

Jetzt konnte ich Chantelles Ängste verstehen, als sie auf ihre Hochzeit mit Armand gewartet hatte. Ohne Mutter, wie sollte man da wissen, was man tun sollte? Unser Vater hatte wenig über die Pflichten einer Frau gesagt und wollte uns immer vor den anzüglichen Bemerkungen der erfahrenen Frauen bei Hofe bewahren.

Aber Graf Thierry umwarb mich, wie es sich schickte. Er schenkte mir Schmuck und weiche Lederhandschuhe. Selten belohnte ich ihn dafür mit einem Lächeln oder mit einem Kuss. Ich wollte nur von ihm wissen, wie lange es nach unserer Hochzeit noch dauern würde, bis wir zum königlichen Hof aufbrechen und meinen Vater sehen könnten. Seine ganze Sorge galt meinem Wohlergehen, und er fragte mich, wie ich mich fühlte. Ich aber antwortete darauf mit der Frage, wie er unsere Hochzeit ankündigen wollte, ob er irgendjemandes Erlaubnis bräuchte, und wann wohl der beste Zeitpunkt wäre, um zu verkünden, wer ich in Wirklichkeit war.

Bei all den eigensüchtigen Gedanken, in denen ich gefangen war, bemerkte ich gar nicht, wie geschäftig es in der Burg zuging, beinahe täglich trafen Boten ein. Ich nahm an, dass dieses Hin- und Hereilen mit den Vorbereitungen für unsere Hochzeit zusammenhing.

Nicht einmal die Bemerkung, die Marianne eines Tages fallen ließ, brachte mich auf den Gedanken, dass die Unruhen in den Ländereien des Grafen zunahmen und die Lage außerhalb der Burg immer gefährlicher wurde.

Es war Mitte Mai, und ich stand in meinem Zimmer, während Marianne mein Hochzeitskleid anmaß. Als sie sich hinkniete, um den goldbestickten Saum zu richten, hörten wir von unten aus dem Burghof Lärmen. Sie stand auf und schaute aus dem Fenster.

»Es kommen noch mehr Männer. Er scheint anzunehmen, dass er sie alle hier braucht, sonst ließe er nicht die anderen Standorte mit so wenigen Soldaten zurück.«

Ich stellte mich neben sie und sah zu, wie ein Trupp Soldaten in Reih und Glied durch den Torbogen kam.

»Das sind wohl schon die ersten Hochzeitsgäste«, sagte ich unbekümmert. »Wo ich doch Graf Thierry gesagt habe, dass ich auch mit wenigen Gästen vorliebnehmen würde.«

Marianne machte den Mund auf, als wolle sie etwas erwidern, aber sie überlegte es sich anders und sagte betont munter: »Lass uns diesen Saum fertignähen und du wirst an deinem Hochzeitstag wie eine Königin aussehen.«

Ich schaute in den Spiegel und betrachtete mich. Ich sah wirklich vornehm aus. Mein Kleid war nicht das schlichte weiße Gewand, wie es Chantelle getragen hatte, es war ein Kleid, wie es sich für die Frau eines vornehmen Grafen schickte. Eine plötzliche Trauer überfiel mich, aber ich drängte sie zurück. Ich hatte mir vorgenommen, nicht an das Vergangene zu denken. Mein ganzer Sinn war auf die Zukunft gerichtet und darauf, den Namen meines Vaters reinzuwaschen.

»Du bist wunderschön«, sagte Marianne zu mir.

Aber ich wusste, dass sie das nur sagte, weil ich ihren Grafen Thierry glücklich machte. Ich betrachtete mich selbst und sah ein junges Mädchen, schlank und groß gewachsen, kantig sowohl das Gesicht als auch der Körper. Doch selbst unter meinem kritischen Blick sah ich halbwegs hübsch aus.

Als wir an diesem Abend beim Essen saßen, gab mir Graf Thierry den Kopfschmuck, den die Bräute in seiner Familie seit vielen Generationen getragen hatten. Er setzte ihn mir auf den Kopf. Es war ein Diadem aus dünnem Gold, eigentlich nur ein geflochtener Draht mit einem Schleier aus feinem, goldschimmerndem Stoff.

Dann holte er etwas hinter seinem Rücken hervor. »Die habe ich für dich im Garten gepflückt. Es sind die schönsten Wildblumen, die es hier gibt.«

Er legte sie neben meinen Teller.

Ich schaute auf die Blumen. Auf ihre hellen rosafarbenen Blüten.

Artema.

Mit einem Mal fiel mir die getrocknete Blume in meiner Mandoline wieder ein und mein Traum, in dem ich von Chantelle geträumt hatte. Als wäre sie selbst hier bei mir im Zimmer, überkamen mich die bittersüßen Erinnerungen.

»Du zitterst ja, Mélisande.« Thierry beugte sich zu mir. »Was fehlt dir?«

Ich sprang so ungestüm von meinem Stuhl auf, dass er umfiel.

»Was bedrückt dich?«, rief der Graf beunruhigt.

Ich blickte wie besessen um mich. »Ich dürfte nicht hier sein.«

Ich riss mir den Schleier vom Gesicht. Zart und zerbrechlich wie die Flügel eines Schmetterlings, zerriss er, als ich ihn auf den Tisch warf.

Ich rannte in den Garten hinaus und Graf Thierry lief mir nach.

Ich setzte mich auf eine Bank, und er, der verständnisvollste aller Männer, ließ mich dort alleine sitzen, bis sich mein Weinkrampf wieder gelegt hatte. Als ich zur Ruhe gekommen war, reichte er mir ein Taschentuch und wischte mir die Tränen aus dem Gesicht. Dann ging er, um Wein zu holen, der mit Wasser vermischt war, und drängte mich, davon zu trinken. Dann setzte er sich neben mich.

»Komm zu mir«, sagte er und zog mich an seine Schulter. »Hier handelt es sich nicht nur um Nervenflattern vor unserem Hochzeitstag, nicht wahr?«

Ich schüttelte den Kopf.

Er seufzte tief. »Dann erzähl mir jetzt, was ich wissen muss.«

»Ich habe einen heiligen Eid gebrochen«, flüsterte ich.

»Ich habe mir schon längst gedacht, dass du ein Geheimnis mit dir trägst«, sagte er leise. »Denn ich sah, wie es manchmal auf deiner Seele lastete. Du hast musiziert, aber du bist von einem Augenblick auf den anderen in einen Wachtraum gefallen und du hast es nicht einmal bemerkt. Ich nahm stets an, du dachtest an die vergangene Zeit mit deinem Vater und deiner Schwester.«

»Nicht nur daran«, antwortete ich.

»Gibt es da noch mehr?«

»Ja. Aber davon kann ich Euch nichts sagen. Es würde Euer Leben in Gefahr bringen, und ich möchte nicht, dass das passiert.«

»Warum nicht?«

Die Frage kam so unerwartet, dass ich keine Antwort darauf wusste. »Warum nicht?«, wiederholte ich seine Frage verwundert.

»Ja, warum nicht?« Sein Ton war scharf. »Ich habe dir das

Leben gerettet, das ist wahr, aber es ist meine Pflicht, Gerechtigkeit zu üben gegen jedermann, der auf meinem Land lebt. Dafür schuldest du mir keine Dankbarkeit.«

»Es ist mehr als Dankbarkeit, die ich für Euch empfinde, mein Herr«, antwortete ich bebend.

»Was ist es dann?« Sein Ton war beinahe kalt.

»Tiefe Zuneigung.«

»Aber nicht Liebe?«

»Ich liebe Euch wirklich«, widersprach ich. »Und zwar in einer Art …«

»Mélisande.« Er zog mich zu sich. »Du bist zwar noch jung, aber dennoch musst du wissen, welche Art von Liebe ich von dir begehre. Liebe aus ganzem Herzen, leidenschaftlich und bedingungslos.«

»Ich werde Euch gehorsam sein«, sagte ich. »Ich werde alles tun, was Ihr von mir verlangt. Ich will Euch Kinder schenken. Ich werde …«

»Oh, Mélisande, Mélisande«, unterbrach er mich. Sein Mund berührte mein Haar. »Für manche Ehepaare mag das genug sein, vielleicht ist es auch für mich genug, denn ich bin mit den kleinsten Brosamen zufrieden, die du mir hinwirfst. Aber«, er nahm mein Gesicht, drehte es zu sich und sah mir in die Augen, »ich liebe dich zu sehr, als dass ich es zulassen würde, dass du ein ödes und langweiliges Leben führst. Einst habe ich selbst solch ein Leben geführt, und ich weiß, wie sehr die Seele dabei verdorrt.«

»Ich habe eine Bestimmung, die ich erfüllen muss«, flüsterte ich. »Meister Nostradamus selbst hat es mir aufgetragen.«

»Ach«, sagte er.

»Es ist nicht irgendeine alberne Laune«, versicherte ich ihm. »Es ist von größter Wichtigkeit. Er hat es mir am Vorabend seines Todes gesagt.«

»Ich glaube dir«, antwortete er mir. »Ich werde dir helfen, diese Aufgabe zu erfüllen, was immer es auch sein mag. Ich werde dich begleiten.«

»Das ist unmöglich.«

Ich wusste, mit Graf Thierry an meiner Seite hätte ich einen guten Beschützer und mein Weg wäre einfacher, aber ich erlaubte ihm nicht, mich zu begleiten.

Ich dachte wirklich, ich könnte so sein Leben retten.

Denn Nostradamus' Worte klangen noch in meinem Ohr.

Der Mensch, der dies auf sich nimmt, geht Hand in Hand mit dem Tod.

Kapitel dreiundfünfzig

Eine Woche später kam Graf Thierry in mein Zimmer und weckte mich mitten in der Nacht.

»Steh auf und zieh diese Kleider an«, befahl er mir. »Sei so leise wie nur möglich, und wenn du dich angekleidet hast, komm zu mir in die Bibliothek.«

Er sagte das in einem solchen Ton, dass ich keine Fragen zu stellen wagte. Ich stand auf und zündete die Lampe neben meinem Bett an und warf einen Blick auf das, was er mir gebracht hatte. Es waren eine Männerhose und ein langer Umhang. Dazu ein Hut, eine Jacke und derbe Stiefel.

Ich zog die Sachen an und ging nach unten. Er stand neben dem Kamin, in der Hand hielt er eine Schere.

»Ich habe Kunde erhalten, dass eine Armee gegen meine Burg marschiert, gegen Morgen werden wir im Belagerungszustand sein«, berichtete er mir. »Deshalb musst du heute Nacht noch weg von hier, und mir scheint, du bist sicherer, wenn du in Männerkleidung gehst.«

Als ich ihm widersprechen wollte, sagte er mir in schroffem Ton, dass der Herzog von Marcy die herannahenden Truppen befehligte. Ich stand mit gebeugtem Kopf da, während er meinen Haaren einen Männerschnitt zu geben versuchte.

»So habe ich mir unseren Hochzeitstag nicht ganz vorgestellt«, sagte er grimmig.

Als er fertig war, sagte ich ihm, dass ich meinen eigenen Reisemantel mitnehmen wolle, und ich lief wieder nach oben, um ihn mitsamt den wertvollen Dokumenten, die er enthielt, zu holen.

Als ich zurückkam, gab Graf Thierry mir die Mandoline, und ich hängte sie mir über die Schulter. Dann nahm er eine brennende Pechfackel von der Wand.

Wir stiegen in die Kellerräume hinab. Wir gingen durch eine Tür nach der anderen, bis wir schließlich in einen langen unterirdischen Gang kamen, dessen Wände glitschig waren und grünlich schimmerten.

»Wo sind wir?«

»Unter dem Burggraben.«

»Wohin führt der Gang?«

»Das wirst du gleich sehen.«

Wir gelangten zu einer Höhle, die aus dem Felsen herausgehauen war. Sie war rund, in ihrer Mitte stand ein Tisch aus Stein, und um ihn herum waren sternförmig sechs Särge aufgereiht. Auf jedem Sargdeckel war ein Ritter in voller Rüstung abgebildet. Die Wände hier waren nicht so feucht wie im Gang, und die Muster, mit denen sie bedeckt waren, kamen mir bekannt vor. Ich stand in der Mitte der Höhle, und mit einem nicht enden wollenden Dröhnen in meinem Kopf drehte und drehte und drehte ich mich um mich selbst, bis ich den Boden unter den Füßen verlor.

Thierry fing mich auf, sonst wäre ich gestürzt.

»Bist du krank?«, fragte er mich.

Ein Gedanke, eine flüchtige Erinnerung blitzte in mir auf, um sich mir sogleich wieder zu entziehen. Als hätte ich einen Raum betreten, in dem noch das Echo von etwas Unbekanntem nachhallte.

»Was ist das für ein Ort?«, fragte ich zurück.

»Zu den Zeiten, als die Tempelritter mit dem Bann belegt waren und verfolgt wurden, brauchten sie einen Ort, an dem sie sich versammeln konnten. Mein Vorfahr bot ihnen diese verborgene Kammer in Valbonnes an und die letzten Ritter wurden hier begraben.«

Ich streckte die Hand aus und fuhr mit den Fingern die in den Stein gehauenen verschlungenen Linien nach, Knoten, die sich selbst entwirrten und wieder verknoteten. Ich konnte ihr Ende nicht entdecken. Und noch etwas war in meinem Kopf, wie der Nachhall eines Tons, der in der Luft schwang.

Er fasste mich am Arm. »Wir müssen weiter.«

»Wohin?«

»Vor die Befestigungsanlagen der Burg.«

»Welche Armee ist es, die anrückt?«, fragte ich ihn beim Weitergehen.

»Durch seine Mutter ist der Herzog von Marcy mit dem Herzog von Guise verwandt. Und du weißt, dass dieser wiederum mit dem Comte de Ferignay verbündet ist. Marcys Spione haben herausgefunden, dass das Mädchen, das den Mord an dem Priester beobachtet hat, hier in der Burg ist, und er hat beide gebeten, Soldaten zu schicken, um eine Streitmacht gegen mich aufzustellen.«

»Ihr habt Euer eigenes Netz von Spionen, die Euch das hinterbracht haben?«

»Es ist ein Gebot der Klugheit, meine Augen und Ohren überall zu haben. Und ich habe einen ausgezeichneten Mann in Salon.« Er lachte. »Wie sonst, dachtest du, hätte ich wissen können, was du dort so alles treibst?«

»Berthe«, sagte ich aus voller Überzeugung. »Die Küchenmagd, die immer an den Türen lauschte.«

»Wer ist Berthe?«

»Sie ist die Dienerin in Nostradamus' Haus.«

»Ich kenne niemanden, der so heißt. Aber bald wirst du die Person kennenlernen, die mich über alles auf dem Laufenden gehalten hat, was in Salon passiert ist.«

Der Gang machte einen Knick und führte wieder nach oben, frischere Luft drang herein und verdrängte den Modergeruch. Wir kamen zu einer steinernen Treppe. Wir mussten durch dichte Spinnweben hindurch, und auf dem Boden huschten Käfer vor uns davon, die fahl waren vom ständigen Leben unter der Erde.

»Es gibt nur einen Weg nach Valbonnes«, sagte ich, als wir durch eine schmale Holztür, die in einen Erdwall auf der anderen Seite des Grabens eingelassen war, ins Freie traten. »Werde ich nicht den anrückenden Soldaten in die Arme laufen?«

»Ich habe dafür gesorgt, dass du einen Führer hast. Er kennt Wege durch den Sumpf, die andere Menschen nie begehen würden. Aber gib acht, wo du hintrittst, dort sind schlammige Sumpflöcher, die dich in die Tiefe ziehen. Die meisten Reisenden, die sich dorthin wagten, sind für immer verschwunden.«

Graf Thierry zeigte auf einen alten, vom Wind gebeugten Baum. Die Gestalt, die dort stand, war ebenfalls gebeugt und kam mir mit wohlvertrauten schlurfenden Schritten entgegen.

»Giorgio!«, rief ich aus.

Doktor Giorgio, einst Apotheker von Meister Nostradamus, zog seine Mütze vom Kopf und verbeugte sich knapp.

Es war also nicht Berthe gewesen, die alles, was in Nostradamus' Haus vor sich ging, weitererzählt hatte.

»Ihr wart der einzige Mensch im ganzen Haus, dem ich vollkommen vertraute«, sagte ich zu Giorgio, als er mich begrüßte.

»Was nur beweist, was für ein guter Spion er ist«, sagte Graf Thierry.

»Ich nehme das als Kompliment«, antwortete Giorgio. Er setzte seine Mütze wieder auf und wandte sich an den Grafen. »Die Lage ist viel ernster, als wir beide angenommen haben. Sowohl der Herzog von Guise als auch der Comte de Ferignay bezwecken mehr, als nur dem Herzog von Marcy einen persönlichen Gefallen zu tun. Sie wollen ihn als Marionette benutzen, die an ihrer statt über den Süden Frankreichs herrscht. Deshalb haben sie viele Soldaten geschickt, auch Geschütze. Euch bleibt sehr wenig Zeit zu fliehen.«

»Ich komme nicht mit euch«, sagte Graf Thierry.

»Die Mauern von Valbonnes sind nicht dick genug, um Kanonenkugeln und Belagerungsmaschinen standzuhalten.«

»Es ist meine Pflicht, meine Burg zu verteidigen. Und je länger wir sie aufhalten, desto mehr Zeit bleibt für dich, sie in Sicherheit zu bringen. Marcy sucht das Mädchen hier, und solange sie glauben, sie sei in der Burg, werden sie die Belagerung fortsetzen.«

»Früher oder später werden sie Euch auffordern, sie auf die Befestigungsmauern zu bringen, und wenn Ihr das nicht könnt, werden sie die Burg niederbrennen und Euch mit dazu«, warnte Giorgio.

»Das ist der Zeitpunkt, an dem ich um Frieden bitten werde«, gab Graf Thierry zur Antwort.

»Sie werden in die Burg eindringen und feststellen, dass sie verschwunden ist. Dann werden sie Euch töten.«

»Vielleicht auch nicht. Aber selbst wenn sie mich töten, bis dahin habt ihr noch drei Tage Gnadenfrist, und da wird es das Mädchen schon nicht mehr geben.«

Giorgio blickte ihn verblüfft an. »Wie das?«

Als Antwort zog mir Graf Thierry die Kapuze vom Kopf und öffnete meinen Mantel.

Giorgio betrachtete interessiert die Männerkleidung, in der ich steckte. »Jetzt wird mir auch klar, wie du auf so geheimnisvolle Weise im Haus des Nostradamus auftauchen konntest.«

»Auf eurer Reise kann dir der Spielmannsjunge alles erzählen, was du wissen willst. Doch jetzt«, Graf Thierry machte eine Pause, »muss ich Lebewohl sagen.«

Erst in diesem Augenblick wurde mir bewusst, dass ich ihn vermutlich niemals wiedersehen würde.

»Warum könnt Ihr nicht zusammen mit uns fliehen?«, fragte ich ihn.

»Wenn ich das täte, würde ich deine Chance, in die Freiheit zu gelangen, schmälern.«

»Aber wenn Ihr bleibt, setzt Ihr Euer Leben aufs Spiel.«

Graf Thierry zuckte die Schultern.

»Weshalb tut Ihr das?« Aber ich kannte die Antwort, noch ehe er etwas sagen konnte.

»Weil ich dich liebe, Mélisande«, antwortete er.

Er nahm mein Gesicht in beide Hände und drückte mir einen Kuss mitten auf den Mund. Seine Lippen waren warm und er war sanft und wühlte etwas tief in meinem Innersten auf. Beinahe wäre ich wieder umgekehrt. Denn ich wusste, ich hätte das Leben dieses Mannes retten können. Ich besaß etwas, das unsere Sicherheit garantiert hätte. Wenn ich dem Herzog von Marcy von Nostradamus' Schriftstücken erzählt hätte, wäre ihm sofort klar gewesen, welche Macht deren Besitz ihm verlieh. Ich hätte mit ihm um freies Geleit aus dem

Lande feilschen können, vielleicht sogar in die Neue Welt. Ich hätte Sicherheit für mich und den Grafen erkaufen können, und wir hätten einen Ort suchen können, an dem wir unser eigenes Leben lebten. Ich wusste, ein Leben mit diesem Mann wäre angefüllt gewesen mit fröhlicher Musik. Wir hätten die Traurigkeit vertrieben, er hätte mich verehrt und mir jeden Wunsch erfüllt.

Graf Thierry riss sich von mir los und schaute mir in die Augen. Er hatte gespürt, dass ich zauderte, dass ich geneigt war hierzubleiben. Ich sank an seine Brust und fing an zu weinen.

»Es soll nicht sein«, flüsterte er in mein Haar. »Ich glaube, ich wusste von Anfang an, dass es nicht so kommen sollte.«

»Und ich habe eine Pflicht, die ich erfüllen muss«, sagte ich.

Er stieß mich von sich, eine Armeslänge weit. »Lass mich dich anschauen. Weine nicht, Mélisande. Schenke mir ein letztes Lächeln. An diesen Augenblick werde ich denken, wenn meine dunkelste Stunde gekommen ist.«

Giorgio zupfte ihn am Ärmel. »Zwischen den Bäumen sind schon Fackeln zu sehen.«

Wir beide blickten in die Richtung, in die er zeigte. Im Wald blitzten Hunderte von Lichtern auf, die sich bewegten.

»Sie müssen erst noch den Fluss überqueren«, sagte Graf Thierry gelassen. »Aber ich muss in die Burg und die Alarmglocke läuten. Ich werde auf demselben Weg zurückgehen, auf dem wir gekommen sind, und in dem unterirdischen Gang einen Felssturz auslösen, sodass ihn niemand mehr passieren kann.«

Ohne ein weiteres Wort drehte er sich um und ging weg. Als er am Tunneleingang angekommen war, hob er die Hand und winkte. »Auf Wiedersehen und lebe wohl, Mélisande.«

TEIL 4
Das Nostradamus-Rätsel

Kapitel vierundfünfzig

In jener Nacht, in der ich Valbonnes verließ, fragte ich Giorgio nicht, wohin wir gingen. Ich ergriff nur seine ausgestreckte Hand und folgte ihm mit unbeirrbarem Vertrauen in die stinkenden Sümpfe.

Das Sumpfland war nicht sehr ausgedehnt, aber wir brauchten trotzdem mehrere Stunden, bis wir es durchquert hatten. Schritt für Schritt tastete sich Giorgio mit seinem Stock voran, um einen gangbaren Weg zu finden. Der Mond schien von einem fast wolkenlosen Himmel; das war von Vorteil, denn wir konnten es nicht wagen, mit einem Feuerstein ein Licht anzuzünden. Der Weg schlängelte sich kreuz und quer durchs Moor, und manchmal blieb uns keine andere Wahl, als über tiefe Morastlöcher zu springen, um zu einem festen Grasstreifen zu gelangen. Ich beobachtete Giorgio und staunte über die Gewandtheit, die er an den Tag legte.

»Ihr seid gar nicht so ungeschickt, wie Ihr Euch den Anschein gebt«, sagte ich, als wir einmal kurz rasteten.

In seinen Augen blitzte es schelmisch. »Meine Arme und Beine gehorchen mir nicht mehr so wie einst«, erklärte er, »aber du hast recht, ich bin geschickter, als ich nach außen hin wirke.«

»Und weshalb liegt Euch daran, gebrechlicher zu erscheinen, als Ihr tatsächlich seid?«

»Wenn man sich als Spion verdingt, ist das von Nutzen. Ich habe erkannt, dass die meisten Menschen, wenn sie meine Behinderung bemerken, sofort annehmen, dass auch mein Geist eingeschränkt ist.«

»Wie herablassend das ist«, sagte ich.

»Und wie überaus günstig für mich«, entgegnete Giorgio. »Wenn du eine Krankheit wie die meine hast, sehen die Menschen dich nicht als Gefahr. Sie denken, in einem schwachen Körper wohnt ein schwacher Geist. Die Unterhaltungen, die ich in Wirtshäusern mit angehört habe, die Geheimnisse, die mir Patienten anvertraut haben, wären mir gewiss nie zu Ohren gekommen, wenn man nicht geglaubt hätte, dass mein Verstand ebenso lahm ist wie meine Glieder.«

»Wusste Meister Nostradamus darüber Bescheid?«, fragte ich ihn.

»Da bin ich mir sicher, denn sonst hätte er mir nicht zugetraut, seine Arzneien abzuwiegen und zu mischen. Er verlor nie ein Wort darüber, aber ich musste bei ihm durch eine strenge Lehre gehen, und dabei beobachtete er alles, was ich tat, sehr genau. Wir beide wussten, wenn ich meine Arbeit nicht mit größter Sorgfalt erledigte, könnte ich womöglich die Hälfte aller Adelsgeschlechter auslöschen! Aber jetzt lass uns weitergehen.« Giorgio stand auf und nahm den Rucksack, den Graf Thierry ihm gegeben hatte. »Die Soldaten des Herzogs von Marcy werden sich nicht in den Sumpf hineinwagen, denn er gilt als unpassierbar, zudem haben sie auch Angst vor bösen Geistern. Aber wenn sie bei Tageslicht zwei Gestalten durchs Gelände laufen sehen, könnten sie Männer schicken, um uns auf der anderen Seite den Weg abzuschneiden. Ich möchte den Sumpf durchquert und den schützenden Waldrand erreicht haben, ehe es hell wird.«

»Was glaubt Ihr, wie wird es dem Grafen Thierry und Valbonnes ergehen?«, fragte ich.

Giorgio zuckte die Schultern und antwortete nicht. Am nächsten Morgen musste ich nicht mehr fragen. Es war offensichtlich, welches Schicksal der wunderschönen Burg und allen ihren Bewohnern bevorstand.

Wir hatten den Sumpf hinter uns gelassen und waren einen dicht mit Bäumen bestandenen Abhang hinaufgeklettert. Als die Sonne die Wipfel beschien, hielten wir inne und schauten zurück.

Auf dem ebenen Feld vor der Burg marschierte eine Armee auf, mit Geschützen und Belagerungsmaschinen.

»Einem Angriff mit Kanonen kann die Burg nicht lange standhalten«, sagte ich.

»Aber lange genug, damit wir weit weg sind, ehe sie fällt«, erwiderte Giorgio. »Nutzen wir die Zeit, so wie Graf Thierry es wollte, damit du so schnell wie möglich zur Isle de Bressay kommst.«

Also waren wir auf dem Weg zur Insel! Ich hätte es mir denken können. Wo sonst sollte ich hingehen? Wo sonst *konnte* ich hingehen? Bei dem Gedanken wurde mir ein wenig warm ums Herz. In gewisser Weise wäre ich dort meinem Vater und Chantelle wieder näher. Die Landpächter würden mich willkommen heißen. Ich fragte mich, ob sie wohl wussten, welche Geschehnisse sie um ihren Lebensunterhalt zu bringen drohten.

Glücklicherweise war es warm, denn auf unserer Reise in meine eigentliche Heimat verbrachten wir keine einzige Nacht unter einem Dach. Wir hatten einen Rucksack mit Proviant und Decken, die Graf Thierry uns mitgegeben hatte. Giorgio machte einen weiten Bogen um Städte, Bauernhöfe und alle bewohnten Gegenden. Selbst wenn es in Strömen regnete, suchte er nicht einmal in der abgelegensten Scheune Schutz.

»Das sind Orte, an denen sich die Hugenotten zu ihren Gottesdiensten versammeln«, erklärte er mir, als ich ihn anflehte, in einer Scheune zu rasten, bis der Regenguss aufgehört hatte. »Wenn auch nur ein einziger neugieriger Reisender oder Bauer im Wirtshaus davon erzählt, wird ein Spion diese Neuigkeit aufschnappen.«

»Aber ich bin doch jetzt als junger Mann unterwegs«, wandte ich ein. »Man wird mich nicht so leicht erkennen.«

»Aber mich würde man erkennen«, antwortete er. »Ein Spion kennt den anderen, und nichts wäre einfacher, als den hinkenden Italiener aus Salon mit zwei Leuten in Verbindung zu bringen, die sich auf ihrem Weg von Valbonnes in Scheunen verstecken.«

Danach widersprach ich ihm nicht mehr. Wir gingen und rasteten und gingen weiter, und unterwegs erzählte ich Giorgio in dürren Worten die Geschichte meines Lebens, was mich mit der Isle de Bressay verband, und warum Graf Thierry ihm aufgetragen hatte, mich dorthin zu bringen.

»Noch ehe der Tag zu Ende ist, wirst du das Land deines Vaters wiedersehen.«

Dies sagte Giorgio eines Tages gegen Mittag zu mir, gerade als wir über eine Wiese gingen. Wir kamen über einen sanften Hügel und vor uns lag ein See. An seinem Ufer standen kleine Fischerhäuschen, und nahebei war ein Damm, über den ein Weg auf eine Insel führte. Auf dieser Insel, inmitten von Wiesen und Gärten, stand ein großes Haus, dessen hohe Kamine sich in dem friedlichen Gewässer spiegelten. Meine Müdigkeit war mit einem Schlag verflogen. Ich fing an zu laufen.

Giorgio stürzte hinter mir her. »Warte!«, rief er. »Warte!« Er packte mich am Arm und zog mich hinter die Büsche. »Siehst du denn nicht, dass das Tor zum Haus verschlossen ist? Dass dort bewaffnete Männer stehen und die Straße über den Damm bewachen?«

Wir knieten uns hin und schlichen gebückt näher, um zu sehen, was vor sich ging.

»Pflegte dein Vater Soldaten patrouillieren zu lassen?«, fragte mich Giorgio.

Ich schüttelte den Kopf. »Das kann ich mir nicht vorstellen.«

Wir warteten geduldig. Dann kam ein Bote durchs Tor geritten. Die Soldaten hielten ihn kurz an, ließen ihn dann jedoch weiterreiten. Sein Weg führte nahe an unserem Versteck vorbei, sodass wir das Wappen auf seinem Umhang erkennen konnten.

Es war königsblau, geviertelt und trug die französische Lilie.

Es war das Wappen des Comte de Ferignay.

Kapitel fünfundfünfzig

Giorgio und ich kletterten den Abhang hinunter und versteckten uns in einem kleinen Wäldchen.

Giorgio war zornig. »Das hätte verhängnisvoll ausgehen können.« Er zitterte und sein Gesicht war kreidebleich. Unsanft schüttelte er mich am Arm. »Du darfst niemals wieder einfach so losrennen.«

»Es tut mir leid«, schluchzte ich. »Es tut mir leid.«

Meine Tränen waren echt. Ich war furchtbar erschrocken, aber ich weinte auch, weil ich wusste, dass ich nicht auf die Isle de Bressay gehen konnte, nicht am Fenster des Musikzimmers sitzen oder in den Gärten spielen würde. Ich beweinte das Schicksal meiner Heimat, in der die Soldaten des Comte de Ferignay alles niedertrampelten.

»Ich bin unvorsichtig gewesen, denn natürlich hätte ich

in Betracht ziehen müssen, dass Ferignay Soldaten hierher schickt, um seinen Besitzanspruch geltend zu machen«, sagte Giorgio und fügte dann nachdenklich hinzu: »Oder aber er vermutet, dass du hier Schutz suchen könntest, und hat deshalb seine Männer postiert, damit sie auf dich warten.«

»Was sollen wir jetzt tun?«

Giorgio setzte sich auf die Erde. »Darüber muss ich nachdenken«, sagte er knapp.

Während er über unsere Lage nachdachte, kauerte ich zwischen den Bäumen und ließ die Isle de Bressay nicht aus den Augen. Erinnerungen kamen in mir hoch. Das Haus war stets erfüllt gewesen von frohen Klängen und heiterem Sinn. Weil es mitten auf einer Insel erbaut war, umgeben von dem funkelnden See, strahlte Licht von morgens bis abends durch die Fenster.

Ich wandte mich um, schaute hinauf zu dem Hügel hinter mir.

Vom Fenster meines Schlafzimmers aus hatte ich einen freien Blick auf die Anhöhe gehabt.

Man nannte ihn den Hügel der Aufrechten Steine.

Wenn ich morgens aufstand oder nachts zu Bett ging, fesselte mich immer wieder aufs Neue der Anblick des großen Steinkreises mit den riesigen Felsblöcken in der Mitte. Jeden Tag sah ich, wie die Sonne über den Steinen erschien. Zu Mittsommer, nach meinem neunten Geburtstag, war ich eines Abends auf diesen Hügel gestiegen …

»Welcher Tag ist heute?«, fragte ich Giorgio.

»Ende Juni«, antwortete er. »Ich kann dir allerdings nicht genau sagen, welches Datum wir haben. Aber hör zu, Mélisande. Es gibt da einen Ort, wo ich ein paar Leute kenne und du in Sicherheit wärst, allerdings lauern dort andere Gefahren und …«

Ich hörte ihm nicht zu, denn ich war schon auf meinem Weg den Hügel hinauf.

Er stand auf und kam mir nach. »Wohin gehst du?«

»Ich muss mir den Steinkreis anschauen«, sagte ich nur.

»Dazu haben wir nicht genug Zeit«, sagte Giorgio. »Wir müssen von hier verschwinden, ehe noch ein weiterer Tag ins Land geht.«

Ich schüttelte den Kopf und lief weiter. »Zuerst muss ich die Steine sehen.«

Ich wusste nicht, warum ich dies sagte. Als Giorgio merkte, dass er mich nicht davon abhalten konnte, drängte er mich, von der anderen Seite des Berges her auf den Gipfel zu steigen, sodass man uns von der Insel aus nicht bemerken würde. Er sah sich immer wieder besorgt um, stieg aber dennoch zusammen mit mir auf den Hügel, und schließlich standen wir beide vor den Felsblöcken im Inneren des Steinkreises.

Giorgio war unruhig und drängte mich zum Gehen. Aber ich hörte ihn kaum.

Ich vernahm einen anderen Klang in mir. Die Luft um mich herum war in Bewegung, so als stünde ich in einer riesengroßen Kathedrale, deren Glocken läuteten.

Ich war neun Jahre alt gewesen, als ich genau hier an dieser Stelle stand … an jenem Mittsommerabend.

Damals war ich zu Bett gegangen, aber bald wieder aufgestanden. Am Himmel war es noch hell, denn es war der längste Tag des Jahres. Die Sonne stand kurz über dem Horizont und schickte lange Lichtstrahlen auf die Erde. Ich war nach draußen gegangen und wie im Traum auf den Hügel gestiegen. Als ich oben angekommen war, fiel ein roter Lichtstrahl auf die übereinander geschichteten Steinquader in der Mitte. Ich war auf den Lichtstrahl zugegangen und hatte die Hand genau auf die Stelle gelegt, an der das Licht auf den uralten Stein traf.

Der Stein hatte sich gedreht und ich war in eine verborgene Kammer getreten …

Hinter mir hatte sich die Tür geschlossen.

Aber ich hatte keine Angst gehabt.

Es war nicht wirklich dunkel gewesen. Am Rand der Steintür war ein Spalt, der breit genug war, um ausreichend Licht hineinzulassen und die Wände um mich herum zu beleuchten.

Das Sonnenlicht hatte die Kammer in einen goldenen Schimmer getaucht und ich konnte die felsige Oberfläche deutlich erkennen.

Ich streckte mich und berührte mit den Fingern die Zeichen, die dort eingekerbt waren. Mit einem Stein in den Stein.

Dann hörte ich Chantelle, die meinen Namen rief, und auch die angstvolle Stimme meines Vaters. Deshalb kehrte ich um und drückte auf den Schlussstein. Sein Mechanismus war so ausgeklügelt, dass er selbst nach tausend Jahren oder länger sofort aufschwang. Ich ging zu meinem Vater und meiner Schwester, die mir den Rücken zugekehrt hatten und mich nicht gleich sahen. Sie dachten, ich sei schlafgewandelt. Am nächsten Morgen kam mir alles wie ein seltsamer Traum vor und ich vergaß es wieder.

Nun stand ich mit Giorgio erneut vor den riesigen Steinen. Unwillkürlich tastete ich nach meinem Mantelkragen. Ich hatte ja nicht geahnt, wie tief sich die geheimnisvollen Muster in mein Gedächtnis eingegraben hatten. Denn eben jenes Muster hatte ich als Vorlage gezeichnet und dann mit Nadel und Faden auf meinen Umhang übertragen, um ihn zu verschönern.

Aber da war noch etwas …

Nostradamus!

Seine Visionen von dem großen Morden in Paris hatten in

dem Jahr begonnen, als ich meinen neunten Geburtstag feierte.

Zur Zeit der Sommersonnenwende, so hatte er damals in Salon zu mir gesagt. Die Ziffern des Jahres, in das mein neunter Geburtstag fiel, 1563, ergaben zusammengezählt 15. Die Ziffern des Jahres, in dem ich geboren wurde, 1554, ergaben zusammen 15. Und auch die des Jahres 1572, für das Nostradamus ein so grauenvolles Unheil für Frankreich vorhergesagt hatte, ergaben 15.

Ich dachte an die Schriftstücke im Saum meines Reiseumhangs und zog ihn fester um meine Schultern.

Giorgio missdeutete diese Bewegung. In der Annahme, ich sei endlich aus meiner Träumerei erwacht, sagte er: »Jetzt hast du den Steinkreis gesehen. Können wir nun gehen?«

»Giorgio«, sagte ich, »hier ist etwas, das für mich bestimmt ist, und ich muss so lange bleiben, bis ich es gefunden habe.«

»Hör zu«, erwiderte er. »Erinnerst du dich, wie wir am zweiten Tag unserer Flucht aus Valbonnes den Berghang hinabschauten und eine riesige Rauchwolke am Himmel stehen sahen? Ich fürchte, das hatte zu bedeuten, dass die Burg bereits erstürmt worden ist. Mit meinen lahmen Gliedern komme ich nur langsam vorwärts und du hast auch nur die Ausdauer eines jungen Mädchens. Diejenigen aber, die uns verfolgen werden, haben Waffen und sind erfahrene Reiter mit ausgeruhten Pferden, genug Nahrung und Vorräten. Ganz gleich wie umsichtig wir auch sind, sie werden uns aufspüren. Solange du am Leben bist, stellst du eine Gefahr für den Herzog von Marcy dar. Er wird alles daransetzen, dass ihm zumindest einer der Burgbewohner bestätigt, dass ein Mädchen, auf das deine Beschreibung passt, kurz nach dem Tod von Meister Nostradamus nach Valbonnes kam. Und er wird herausfinden, dass dasselbe Mädchen spurlos verschwand, kurz bevor die Burg in seine Hände fiel. Dann wird er Leute aussenden und die Suche immer weiter ausdehnen, bis sie dich gefunden und getötet haben.«

»Keiner von Thierrys Leuten würde ihn verraten, nicht um alles Geld in der Welt.«

»Nein, nicht für Geld«, stimmte mir Giorgio zu. »Aber es gibt Überredungskünstler, die weit mehr vermögen als alle Schätze auf Erden. Ich habe den *Strappado* erlitten, der noch als die menschlichste Form der Folter gilt. Nach ein paar Behandlungen hätte ich meinen Peinigern alles erzählt, ohne dass sie mich erst hätten fragen müssen. Glaub mir, wenn sie die Zangen im Feuer zum Glühen bringen und die Folterwerkzeuge vor dir ausbreiten, wenn es nach verbranntem Fleisch riecht und du die Schreie der anderen vernimmst, die gerade verhört werden, dann sagst du alles, was du weißt.«

Mir schauderte bei dem Gedanken. Graf Thierry würde tapfer sterben, das wusste ich genau, aber dann fiel mir die alte Amme Marianne ein, und ich hoffte inständig, dass sie einen gnädigen Tod hatte.

»Mir wäre es lieber, mein Name stünde nicht auf dieser speziellen Gästeliste«, sagte Giorgio. »Du siehst also, dass wir uns beeilen müssen.«

»Es quält mich, dass ich Unglück über die Menschen gebracht habe, die mir helfen wollten«, erwiderte ich. »Aber genau aus diesem Grund muss ich hier noch etwas länger warten. Anderenfalls wäre ihr Tod umsonst gewesen.«

Giorgio gab schließlich nach, was blieb ihm auch anderes übrig? Obwohl er nicht so gebrechlich war, wie er anfangs vorgegeben hatte, war er dennoch nicht stark genug, um mich zu zwingen, irgendwohin zu gehen, wohin ich nicht wollte. Als er sich niedersetzte, sagte ich: »Heute ist Mittsommer.«

»Wenn du meinst«, brummte er. »Ich habe keinen Grund, daran zu zweifeln.«

»Also ist heute die Sommersonnenwende?«

»Ja. Ein wichtiger Tag.« Er ließ seinen Blick über die Steine schweifen.

Ich setzte mich neben ihn. Giorgio betrachtete mich neugierig.

»Was hast du damit gemeint, als du sagtest, diese Menschen sollen nicht umsonst gestorben sein.«

Beinahe hätte ich ihm von den Prophezeiungen erzählt, die Nostradamus mir anvertraut hatte. Ich war versucht, ihn in das Geheimnis meines Auftrags einzuweihen. Nur das Versprechen, das ich dem Seher gegeben hatte, hielt mich davon ab.

»Wir werden warten«, sagte ich. Obwohl ich nicht wusste, worauf.

Als die Sonne unterging, aßen wir eine Kleinigkeit. Plötzlich hob Giorgio den Kopf und fragte: »Hörst du etwas?«

Ich lauschte ebenfalls, dann schüttelte ich den Kopf. Die Strahlen der untergehenden Sonne fielen schräg von Westen her und wanderten zu unseren Füßen langsam weiter.

»Keine einzige Vogelstimme ist zu hören«, sagte Giorgio.

Er hatte recht. Als sich die Schatten über das Gras breiteten, hatte das Zwitschern aufgehört. Eine Wolke verdeckte die Sonne und uns beide überlief ein kalter Schauer.

Giorgio stand auf und ging zum Rand der Hügelkuppe. Er kniete sich hin, dann lag er ausgestreckt auf dem Bauch im Gras und spähte hinunter auf die Insel. »Alles ist wie immer«, rief er mir über die Schulter zu.

Seine Stimme drang wie aus weiter Ferne zu mir.

Nur so zum Spaß hatte ich gerade die Steine gezählt.

Es waren 15.

Die Zahl, über die Nostradamus so viel gerätselt hatte.

Dreimal fünf.

15.

Die Wolken rissen auf. Ein roter Strahl trat hervor und fiel genau auf den Stein in der Mitte.

Ich stand auf. Giorgio hielt weiterhin Ausschau und wandte mir den Rücken zu.

Ich ging zu dem Stein. Ich berührte ihn. Er schwang zur Seite und ich ging hindurch.

Kapitel sechsundfünfzig

Die Kammer war in ein rötliches Licht getaucht, das die Luft in Schwingung zu versetzen schien.

Jetzt, mit sechzehn, war ich viel größer als damals, jetzt konnte ich in die entlegensten Winkel sehen und alles anfassen. Das komplizierte Muster an den Wänden pulsierte vor Leben. Es war das gleiche Muster, das ich auch in der Höhle der Tempelritter gesehen hatte. Die verschlungenen Kreise, die gewundenen, ineinander übergehenden Linien, die geneigten Ellipsen, die Spiralen, die sich wie Schlangen einrollten. Ich streckte beide Arme aus und wollte berühren, ertasten, an mich reißen, in mich aufnehmen.

Plötzlich wurde mir schwindlig und ich stürzte zu Boden.

Von dem Muster ging eine gewaltige Kraft aus.

Sie war so überwältigend, dass sie mich beinahe erdrückte.

Sie hüllte die Ritter ein, die sich in einem Kreis um mich versammelt hatten. Jeder von ihnen trug einen makellos weißen Waffenrock mit einem großen roten Kreuz auf der Brust.

Einer nach dem anderen trat hervor, zog sein Schwert aus der Scheide und küsste die Klinge. Und dann sprachen sie und ihre Stimmen grollten wie ein Sommergewitter in den Bergen.

»Richte mich nicht nach den Vergehen, die ich begangen habe, sondern nach dem Guten, das ich erstrebte.«

Graf Thierry war der Jüngste unter ihnen. Sein Gesicht leuchtete von innen heraus, seine geisterhafte Erscheinung blendete mich so, dass ich ihn anfangs nicht erkannte. Mit starker Hand hielt er das Schwert umfasst und schwor den Eid der Gerechtigkeit.

»Pestilenz verwüstet das Land.«

»Der Seher hat uns den Weg gewiesen.«

»Er ist dahingeschieden, seine Erdenzeit ist abgelaufen.«

»Ein Bote hat die Prophezeiungen, um sie sicher zu verwahren.«

Dann vermischten sich ihre Stimmen und wurden immer lauter. Es klang wie der Lärm von tausend hölzernen Klappern, und ich wusste nicht, was das zu bedeuten hatte. Ich hielt mir die Ohren ganz fest zu, damit mein Verstand nicht in Stücke sprang.

Es war der Duft der *Artema*, der mich wieder zur Besinnung brachte. Ich schlug die Augen auf in tiefster Finsternis; der Duft von Chantelles Hochzeitsstrauß wehte in den verschlossenen Raum herein. Noch ganz benommen, tastete ich mich nach draußen.

Die Sonne war soeben hinter dem westlichen Horizont untergegangen.

Wo war Giorgio?

Das Himmelszelt über mir war wie ein Tuch aus mitternachtsblauer Seide, übersät mit funkelnden Lichtern.

Giorgio lag immer noch bäuchlings im Gras. Er war so fest eingeschlafen, dass ich ihn wecken musste.

»Jetzt können wir gehen«, sagte ich ihm.

Er legte den Finger an die Lippen. »Sprich leise«, raunte er mir zu. »Der Schall trägt weit über dem Wasser.«

Als wir unsere Sachen einsammelten, hörten wir die Stimmen der Wächter, dann weinte ein Kind in einer Fischerhütte.

Wir ließen uns von den Sternen leiten und gingen in Richtung Süden.

»Uns bleiben nur ein paar Stunden, in denen es dunkel ist«, flüsterte Giorgio. »Wenn es dämmert, sollten wir uns wohl besser verstecken.«

So reisten wir etwa eine Woche lang. Giorgio wollte um keinen Preis bei Tageslicht unterwegs sein. Aber das Wetter war gut, und so war es nicht beschwerlich, nachts zu gehen und sich tagsüber zu verbergen.

Es war am fünfzehnten Tag, als Giorgio auf einen Gebirgszug in der Ferne deutete und sagte: »Hoffentlich finden wir Sicherheit auf der anderen Seite.«

Da erst wagte ich zu fragen: »Wo sind wir? Wohin bringst du mich?«

»An den einzigen Ort, den ich kenne, an dem wir Zuflucht finden können«, antwortete er. »In das Königreich Navarra.«

Kapitel siebenundfünfzig

Es war nicht schwer zu erraten, dass wir uns in einer Stadt der Hugenotten befanden. Die meisten Einwohner trugen dunkle Kleidung, die allein durch die weißen Halskrausen oder Kopftücher aufgelockert wurde.

»Wir sind so schmutzig von der Reise und so voller Staub«, sagte Giorgio, »dass nicht einmal der strengste Protestant unsere Kleidung als zu eitel und zu bunt erachten wird.« Er warf mir einen prüfenden Blick zu. »Ich denke, wir sollten uns erst waschen, ehe wir nach einer Anstellung fragen.«

Er ließ mich eine ganze Stunde lang neben einem Brunnen sitzen und kam schließlich mit fast neuen dunklen Kniehosen und einem Umhang in meiner Größe zurück. Dazu hatte er eine Jacke aus blauem Tuch mit einem einfachen weißen Kragen und weißen Manschetten sowie eine blaue Mütze mit dunkelrotem Rand gekauft, die gut zu dem Rostrot meines Mantels passte. Aus seinem Reisesack holte er seinen schwarzen Arzttalar samt dem viereckigen Hut hervor und legte beides an.

»Es wird schwierig für mich werden, in einer protestantischen Stadt Geld zu verdienen, wo Musik und andere Zerstreuungen verpönt sind«, sagte ich, als ich mich umgezogen hatte.

»Das ist eine Lüge, die von den Feinden der Hugenotten in die Welt gesetzt wurde«, erwiderte Giorgio. »Die Königin von Navarra, Jeanne d'Albret, ist selbst eine vollendete Musikerin, sie liebt Konzerte und die musikalische Begleitung bei Festen. Was sie am französischen Hof so erzürnt, sind vielmehr die Leichtfertigkeit und die anstößigen Sitten, die dort herrschen.«

»Kennt Ihr jemanden bei Hofe, der uns in seine Dienste nehmen würde?«, fragte ich ihn.

»Vor vier Jahren kam ein Ratsherr aus dieser Stadt nach Salon und bat mich, ihm einen Trank zu brauen, damit seine Frau ein Kind empfange. Er war verzweifelt, denn sie waren schon Dutzende von Jahren verheiratet und sie hatte ihm noch immer keinen Erben geschenkt.«

»Und hatte Eure Rezeptur Erfolg?«

Giorgio grinste. »So sehr, dass er im vergangenen Jahr wiederkam und mich um ein Gegenmittel bat, nachdem seine Frau ihm zum dritten Mal Zwillinge geboren hatte. Ich hoffe, er erinnert sich noch an den begabten Arzt, der ihm zu vier kräftigen Söhnen und zwei hübschen Töchtern verholfen hat.«

Wir fanden das Haus des Ratsherrn, der bei Giorgio Hilfe gesucht hatte. Als Giorgio dem Diener am Tor gesagt hatte, wer er war, kam die Hausherrin selbst heraus, um ihn zu begrüßen.

»Mein Gatte ist in Geschäften unterwegs in La Rochelle, aber ich weiß, dass er sich freuen wird, Euch zu sehen, sobald er wieder hier ist. Einstweilen möchte ich Euch noch einmal persönlich danken, verehrter Herr Doktor. Bevor ich Eure Medizin nahm, fürchtete ich schon, mein Mann würde unsere Ehe für ungültig erklären lassen, weil ich ihm keine Kinder gebar.«

»Es freut mich zu hören, dass es Euch und Eurer Familie wohl ergeht«, sagte Giorgio. »Ich will ohne Umschweife sagen, was mich zu Euch führt. Ihr habt vielleicht schon erfahren, dass Meister Nostradamus gestorben ist. Seine Frau hat nun seine Geschäfte übernommen, deshalb habe ich beschlossen weiterzuziehen. Ich hoffte, dass Euer Gatte sich für mich verwenden würde. Mein junger Vetter hier«, er deutete auf mich, »ist mein Gehilfe und zeigt auch einiges Geschick im Musizieren.«

»Ihr seid zur rechten Zeit gekommen«, antwortete die Frau des Ratsherrn. »Wenn Ihr nicht abgeneigt seid zu reisen, werdet Ihr ganz bestimmt im Tross unterkommen, der Vorsteher des königlichen Haushalts braucht viele Leute für die bevorstehende Reise nach Paris.«

»Der Hof von Navarra begibt sich nach Paris?«, fragte Giorgio erstaunt. Er schaute mich an. Damals in Salon hatte es geheißen, Königin Jeanne von Navarra habe erklärt, weder sie noch ihr Sohn würden jemals wieder einen Fuß auf französische Erde setzen. »Ich nahm an, dass es wegen der religiösen Unruhen für die Hugenotten aus Navarra sicherer sei, in ihrem eigenen Land zu bleiben.«

»Das ist es wahrscheinlich auch.« Die Frau des Ratsherrn

verschränkte die Arme vor der Brust und lehnte sich gegen die Tür, als sie merkte, dass wir nichts von den jüngsten Ereignissen wussten und sie diejenige war, die uns als Erste davon erzählen konnte. »Aber der König von Frankreich hat ein Bündnis ausgerufen, eingefädelt von dieser italienischen Made, seiner Mutter«, fuhr sie fort.

Es schien ihr nicht in den Sinn zu kommen, dass Giorgio, der selbst ein Italiener war, ihr diese Bemerkung übel nehmen könnte.

»Die Thronregentin ist eine echte Medici«, wich Giorgio geschickt aus.

Die Frau des Ratsherrn fühlte sich durch diese Bemerkung erst recht bestätigt und plauderte munter weiter. Ich begriff, wie geschickt sich Giorgio anstellte, wenn er Neuigkeiten von anderen erfahren wollte.

»Dieses Bündnis, der Vertrag von Saint Germain, soll beiden Seiten Frieden bringen. Und um den Vertrag für alle Zeiten zu besiegeln…« Die Frau des Ratsherrn hielt den Atem an, um den Moment auszukosten, bis sie den aufregendsten Happen ihrer Neuigkeiten preisgab, dann platzte sie heraus: »… wird es eine königliche Hochzeit geben!«

»Eine Hochzeit?« Giorgio riss die Augen auf. »Wer wird heiraten?«

»Unser Prinz Henri wird Prinzessin Margot, die Schwester des französischen Königs, zur Frau nehmen!«

Das schien Giorgio fast die Sprache zu verschlagen. »Was?«, rief er aus.

Die Frau des Ratsherrn war sehr zufrieden mit der Wirkung ihrer Worte.

»Ihr wollt mir doch nicht etwa erzählen, dass Prinz Henri und seine Mutter, die Königin von Navarra, eingewilligt haben, zu den Feierlichkeiten nach Paris zu reisen?«, fragte Giorgio.

»Noch nicht. Aber der bedeutendste Hugenotte in ganz Frankreich, Admiral Gaspard Coligny, der im Rat des französischen Staates sitzt, wird die Bedingungen dafür aushandeln. Mein Gatte sagt, er sei ein findiger Mann, und er werde auch erreichen, was er sich in den Kopf gesetzt hat. Beide Seiten wissen, ohne ein gemeinsames Handeln werden England und Spanien versuchen, sich Land von Navarra und Frankreich einzuverleiben. Er sagt, dies ist das Einzige, woran Katholiken und Protestanten gleichermaßen glauben.«

»Und es geht auch darum, Navarras eigenen Anspruch auf den französischen Thron zu bekräftigen«, murmelte Giorgio später, als wir zu der Unterkunft zurückkehrten, in die wir uns eingemietet hatten.

»Prinz Henri wird niemals König von Frankreich werden«, sagte ich. »König Charles wird heiraten und Kinder haben, und überhaupt, er hat ja noch zwei Brüder.«

»Wenn königliche Hochzeiten arrangiert werden, dann ist das ein langes Spiel, und der Einsatz ist nicht selten das ganze Leben«, bemerkte Giorgio rätselhaft.

Die geplante Hochzeit war das wichtigste Gesprächsthema in der Schänke, in der wir unser Nachtmahl an diesem Abend einnahmen.

»Coligny muss verrückt geworden sein, in diesem Natternnest zu bleiben«, sagte Giorgio.

Ich selbst hatte Gaspard Coligny als einen Mann mit höfischem Benehmen und als erfahrenen Diplomaten in Erinnerung, der seine Fähigkeiten immer in den Dienst des Guten gestellt hatte. »Vielleicht sucht er eine Möglichkeit, um die Glaubenskriege zu beenden?«

»Er muss doch wissen, dass die Thronregentin von Frankreich kaum nachgeben wird, allein weil sie eine Medici ist. Es ist ein Stachel in ihrem Fleisch, dass die Hugenotten schon in

La Rochelle und in anderen Städten im Herzen Frankreichs herrschen.«

Wie die Frau des Ratsherrn, so erzählte auch der Wirt jedem, der ihm zuhören wollte, alles, was er wusste. Er berichtete, dass die Übereinkunft, die kürzlich getroffen wurde, den Hugenotten den gleichen freien Zugang zu Hospitälern, Schulen und Universitäten gewähren sollte wie den Katholiken. »Sie tun so, als verliehen sie uns eine besondere Gnade, dabei ist es unser Recht«, beschwerte er sich.

»Da hast du es«, sagte Giorgio, als der Wirt uns die Teller mit Essen hingestellt hatte und gegangen war. »Katharina von Medici will beide Seiten beschwichtigen und bringt nur alle gegeneinander auf. Jemand hat mir berichtet, dass die Guise bereits wieder eine Rebellion schüren, weil sie sich mit Händen und Füßen dagegen sträuben, Entschädigungen zu zahlen für die Ländereien und Güter, die sie sich im letzten Krieg angeeignet haben.« Er nahm seinen Löffel und fing an zu essen. »Ganz sicher ist der Prinz von Navarra nicht so tollkühn, auf diesen Vorschlag einzugehen.«

Ich erinnerte mich wieder an den Eindruck, den der junge Prinz Henri auf mich gemacht hatte. An seine Tapferkeit bei der Jagd, sein raues, aber einnehmendes Wesen, und wie Prinzessin Margot zu ihm gerannt war und ihn in die Arme geschlossen hatte, als sie sich voneinander verabschiedeten. Damals war sie noch ein Kind gewesen. Jetzt war sie eine Frau. Ob sie sich ihre Zuneigung für ihn bewahrt hatte? Oder wurde sie gegen ihren Willen verkuppelt, um die gegnerischen Seiten zu versöhnen?

Kapitel achtundfünfzig

Um die Weihnachtszeit gehörten Giorgio und ich zum königlichen Hof von Navarra.

Aus Dankbarkeit darüber, so schnell zum Vater einer großen und gesunden Familie geworden zu sein, nutzte der Ratsherr seinen Einfluss, um uns beiden eine Stelle zu verschaffen. Giorgio wurde als Arzt und Apotheker eingestellt, ich als sein Gehilfe, der auch ab und zu bei den Musikanten mitspielte. Man wies uns getrennte, aber nebeneinander liegende Kämmerchen zu, zwei von vielen kleinen, abgeschlossenen Quartieren in einem langen, schlafsaalähnlichen Gebäude, das sich rasch füllte, als der Hofstaat von Navarra begann, sich für die bevorstehende Reise nach Paris zu rüsten.

In dieser Zeit erreichte uns die Nachricht aus der Provence, dass die Burg von Valbonnes gefallen war und dass Graf Thierry bei der Verteidigung seines Landes den Tod gefunden hatte. Da wusste ich, dass es wahrhaftig sein Geist gewesen war, den ich in der Höhle der Aufrechten Steine auf dem Hügel über der Isle de Bressay gesehen hatte. Ich war sehr traurig, als Giorgio mir die Nachricht überbrachte, und auch die Hugenotten trauerten um ihn, denn sie hatten Graf Thierry stets als gerechten Herrn geachtet. Nun würde Unfrieden in dieser Gegend Einzug halten, bis der König einen neuen Landesherrn ernannte, denn der Herzog von Marcy war ebenfalls in diesem Kampf umgekommen.

Giorgio redete mir gut zu, ich solle mich damit trösten, dass ich mich nun nicht länger vor Marcys Nachstellungen fürchten musste. Und ich war auch wirklich erleichtert, doch diese Erleichterung war von Trauer überschattet um einen Mann, der mich aufrichtig geliebt und sein Leben für meines gegeben hatte – und der es möglich gemacht hatte, dass ich nach Paris gehen, meinen Vater finden und die Prophezeiung des Nostradamus erfüllen konnte.

Seit der Erscheinung am Mittsommerabend war ich mehr denn je davon überzeugt, dass sich Nostradamus' Vorahnungen bewahrheiten würden und dass ich dabei eine Rolle spielen würde. Ich hatte keine Vorstellung davon, worin meine Rolle bestand, aber mein Schicksal hatte mich nach Navarra geführt, und nun gehörte ich dem Hofstaat an, der Prinz Henri nach Paris zu seiner Hochzeit mit Prinzessin Margot begleiten sollte.

Und obwohl Gaspard Coligny Botschaften schickte, in denen er davon berichtete, dass man das Aufsetzen der Heiratsverträge ständig hinauszögerte, dass man kleinlich darüber stritt, welcher Form des Gottesdienstes alle zustimmen könnten, dass man uneins war über die Mitgift der Braut und dass beide Seiten nicht geneigt seien nachzugeben, zweifelte doch niemand wirklich daran, dass die Hochzeit stattfinden würde.

Man erzählte sich, Prinzessin Margot sei unglücklich, denn sie hätte sich einen eleganteren Bräutigam gewünscht. Es gab Gerüchte, sie hätte sich in den jungen Herzog von Guise verliebt und eine Romanze mit ihm begonnen, und als ihre Mutter davon hörte, soll diese einen Wutanfall bekommen haben. Katharina von Medici soll in Margots Schlafzimmer gestürzt sein, ihr das Nachthemd vom Leibe gerissen, sie geschlagen und ihr büschelweise Haare ausgerissen haben. Ich erinnerte mich noch an das jammervolle kleine Gesicht der Prinzessin, als sie an jenem Abend in den Gemächern des Königs in Cherboucy gesessen hatte und die Thronregentin die Kinder mit scharfen Worten zurechtgewiesen hatte. Prinzessin Margot konnte sich gegen die Hochzeit wehren, so viel sie wollte, am Ende hätte sie dennoch keine andere Wahl.

Und noch etwas anderes von jener Nacht kam mir in den Sinn: der Spiegel, der über der Anrichte hing, das Muster auf seinem Rahmen, seine Oberfläche, die sich gekräuselt hatte und verschwamm und dann wieder glatt geworden war. Und dann trat mir ein lebhaftes Bild vor Augen – der Junge und der Leopard.

Melchior und Paladin.

Hatte König Charles sie je wieder freigegeben und nach Navarra zurückgeschickt?

Während der ersten sechs Monate, die wir am Hof verbrachten, bekamen wir den jungen Prinzen nicht zu Gesicht. Er verbrachte seine Zeit mit seiner Mutter, die ihn in der Kunst der Staatsgeschäfte unterwies und versuchte, ihrem etwas ungeschliffenen Sohn feinere Manieren beizubringen. Königin Jeanne lag sehr daran, dies vor ihrer Reise nach Frankreich zu tun, damit Henri sich unter all den französischen Höflingen nicht blamieren würde.

Aber die große Leidenschaft dieses Mannes war die Jagd, und sooft sich ihm die Gelegenheit bot, verschwand er in eine seiner vielen Jagdhütten. Gerade jetzt machte er Jagd auf einen riesigen Bären, der schon mehrere Hirten in den Bergen getötet hatte und zu einer Plage in den Bergdörfern geworden war. Der Bär diente Henri als Entschuldigung bei seiner Mutter. Er müsse das Untier erlegen, erklärte er ihr, denn es sei seine Pflicht als Prinz, sein Volk zu beschützen. Als man den Bären endlich aufgespürt hatte, befahl Prinz Henri dem königlichen Oberjäger, dass sich die Jagdgesellschaft versammeln solle. So kam es, dass ich wieder aus dem Fenster eines Palastes zusah, wie sich Männer, Pferde und Hunde zur Jagd aufstellten.

Und wie ein Junge einen Leoparden in den Schlosshof führte.

Aber Melchior war kein Junge mehr. Er war ein Mann geworden. Er stand unter meinem Fenster, und mein Herz begann, schneller zu schlagen, als ich sein dunkles, ungebärdiges Haar sah, seine Brust, die sich unter der ledernen Jacke spannte, seine kräftigen Beine, die in schwarzen Hosen und langen Stiefeln steckten. Er stand da, die Arme locker an der Seite, in der Hand die aufgerollte Kette, die am Halsband des Leoparden befestigt war.

Paladin war größer, muskulöser geworden und er wirkte nun noch gefährlicher.

Ich schaute zu den fernen Bergen hinüber, in denen sie jagen wollten. Das waren die Berge, in denen Melchior zur Welt gekommen war und in die er, so hatte er geschworen, eines Tages zurückkehren wollte, damit er und Paladin in Freiheit leben konnten.

Die Jagdgesellschaft rüstete sich, die Waffen waren geschärft, die Tiere in ihren Ställen waren bereit. Man wartete nur noch auf den Prinzen, der die Jagd anführen sollte. Er war nach Eaux-Chaudes geritten, um sich von seiner Mutter zu verabschieden, die schon früher nach Paris aufbrechen wollte, da sie langsamer reisen würde als er.

Während wir auf den Prinzen warteten, half ich Giorgio bei der Arbeit. Tag für Tag musste er seine Kunst beweisen, denn er war nicht der einzige Arzt und Apotheker bei Hofe. Giorgio hatte seine Instrumententasche und seine Bestecke aus Salon mitgebracht, und jetzt kaufte er von Graf Thierrys Geld, das rasch immer weniger wurde, Kräuter und Pülverchen. Ich half ihm dabei, seine beliebten Arzneien zu mischen und zuzubereiten. Bald verbreitete sich sein Ruhm, tatkräftig unterstützt von der tratschenden Frau des Ratsherrn, und wir verdienten so viel, dass wir davon leben konnten.

Ich hatte auf meiner Mandoline dem Musikmeister der Königin vorgespielt. Anfangs zeigte er wenig Begeisterung, einen unbekannten Burschen mitspielen zu lassen. Aber ich zeigte mein Können, indem ich jeden Tag pflichtbewusst die Akkorde schlug, während man die Psalmen sang. Als Prinz Henri wieder zurückgekehrt war, um die Jagd anzuführen, hatte man mir bereits einen Platz unter den Musikanten gewährt, die für gewöhnlich auf einer Galerie auf halber Höhe in der großen Halle standen.

Beim Mahl, das Prinz Henri einnahm, ging es nicht so ruhig und förmlich zu wie sonst, wenn seine Mutter anwesend war. Der junge Prinz nahm seine religiösen Pflichten viel weniger ernst, wie vieles andere auch.

Beim Essen durften seine Lieblingshunde anwesend sein, seine Mutter hingegen hätte sie draußen vor der Tür anbinden lassen. Prinz Henri hatte sich in seinen Stuhl gelümmelt und kaute auf einem großen Fleischstück herum. Einer seiner Hunde schmiegte den Kopf in seinen Schoß und versuchte, das Stück Fleisch zu schnappen. Der Prinz brummte gutmütig und gab dem Hund einen Klaps. Der Hund stemmte ungerührt die Vorderpfoten gegen die Brust des Prinzen und leckte ihm mit seiner nassen Zunge übers Gesicht. Henri gab dem Hund den Knochen und ließ ihn ein Stück Fleisch abnagen. Dann biss er selbst hinein, ehe er den Knochen auf den Boden warf, wo sich die übrige Hundemeute kläffend darüber hermachte. Ich musste an die pingeligen Franzosen denken und ganz besonders an Prinzessin Margot, die nichts mehr liebte als zu baden und die vom Betragen des Prinzen sicher abgestoßen sein würde.

Ich war nicht die Einzige, die an das bevorstehende Zusammentreffen mit den Franzosen dachte.

Der Prinz war bei seinen Untergebenen, bei Dienern wie auch bei Freunden gleichermaßen beliebt. Er war für jeden Spaß zu haben, ganz besonders für derbe Scherze. An diesem Abend war er besonders guter Stimmung und vor lauter

Vorfreude auf die Jagd am nächsten Tage lachte er in einem fort. Seine Gefährten aber sorgten sich ganz offensichtlich um sein Wohl.

Als einer von ihnen bemerkte, es sei viel gefährlicher, einen Bären zu jagen als einen Hirsch oder einen Eber, stichelte Denis Durac, ein guter Freund des Prinzen: »In den Pyrenäen ist unser Prinz besser aufgehoben als in Paris.«

»Sei still, Denis«, tadelte ihn Prinz Henri. »Katharina von Medici hat meiner Mutter versichert, dass uns keinerlei Gefahr droht. Und Gaspard Coligny hat mir geschrieben, dass König Charles ihn jetzt wie einen verehrten Vater behandelt.«

»Das Versprechen einer Medici flößt mir wenig Vertrauen ein«, erwiderte Denis Durac. »Ich glaube, Ihr braucht mehr Schutz als nur das Wort dieser heuchlerischen Frau.«

»Ich werde gut beschützt sein«, lachte Prinz Henri. »Ich werde den Leoparden mitnehmen.« Er hob gebieterisch die Hand. »Bringt ihn zu mir.«

Von meinem Platz auf der Galerie konnte ich den ganzen Saal überblicken, und ich sah, wie Melchior und Paladin den Raum betraten und sich neben Prinz Henris Stuhl stellten. Ich beobachtete sie unter meiner tief ins Gesicht gezogenen Mütze. Das Tier hob den Kopf, wie um die Witterung zu prüfen. Nahm es meinen Geruch selbst aus so großer Entfernung wahr? Melchior beugte sich vor und kraulte Paladin hinter den Ohren. Dann richtete er sich wieder auf, um zu sehen, was die Aufmerksamkeit des Tiers erregt hatte.

Die Hunde verkrochen sich in die hinterste Ecke des Saals. Zwei Falken und ein Habicht saßen auf ihren Stangen. Beim Anblick des Leoparden begannen sie zu kreischen und spreizten ihr Gefieder; wären sie nicht angebunden gewesen, sie wären auf der Stelle weggeflogen.

Wir spielten während des ganzen Abendessens, bis wir unseren Vorrat an Liedern beinahe ausgeschöpft hatten. Die anderen Musikanten kamen und gingen, um sich zu erleichtern oder um zu essen, zu trinken und mit den Damen zu scherzen. Alle am Hof nahmen sich Freiheiten, weil Königin Jeanne nicht zugegen war. Der königliche Kapellmeister hatte dem Wein stark zugesprochen und war müde, aber wir hatten noch nicht die Erlaubnis erhalten, uns zurückzuziehen.

»Du, Junge«, gähnte er, während er in seiner Kiste wühlte, um nach neuen Noten zu suchen. »Wenn du dein Instrument halbwegs gut beherrschst, dann spiele, damit die Zeit vergeht.«

Ich schaute meine Mandoline an und dann begann ich zu spielen.

Oh Prinz von königlichem Geblüte,
Paladin, wie edel dein Name klingt.
Gefangen zwar, doch von stolzem Gemüte,
Ist dein Geist ungezähmt wie der Wind.

Ich spielte nur fünf Noten, dann hob Melchior den Kopf.

Der Leopard stand auf und stieß ein lautes Knurren aus.

Melchior legte ihm die Hand in den Nacken. Mit langsamen, fast unmerklichen Augenbewegungen suchte er den Saal ab. Der Leopard peitschte mit seinem Schwanz und schaute sich um.

Flinker Sohn aus kraftvollem Geschlecht,
Der Sieg ist dein.

Ich sah, wie Melchior etwas sagte und der Leopard sich wieder auf die Hinterpfoten setzte. Aber den Kopf hielt er aufrecht, den Körper angespannt, bereit, jederzeit loszuspringen. So wie auch Melchior.

Ich hatte das Lied fast zu Ende gespielt, als er mich gefunden hatte.

Lautloser Schatten, schnell bei der Jagd
Gebunden jetzt, wirst du doch frei sein.

Melchior schaute unverwandt, aber ohne eine Miene zu verziehen, zu mir herauf. Als ich mein Lied beendet hatte, nickte er mir kaum wahrnehmbar zu.

Und mir wurde ganz warm ums Herz.

Kapitel neunundfünfzig

Nach einer Woche machte sich die Jagdgesellschaft auf, um den Bären aufzuspüren.

Das Tier hatte in einigen Dörfern am Waldrand eine Spur der Verwüstung hinterlassen, deshalb richtete der Oberjäger die Jagd in dieser Gegend aus. Als die königliche Gesellschaft sich an dem bestimmten Ort versammelt hatte, beteuerten die Dörfler, dass der Bär, der sie in Angst und Schrecken versetzte, das größte und wildeste Tier sei, das sie je gesehen hätten. Ein riesengroßer Bär sollte es sein, mit einem riesigen Maul, dessen Reißzähne vor Blut trieften.

»Mir scheint, als ob die Kräfte und der Mut des Tiers mit jedem neuen Bericht anwachsen«, bemerkte Prinz Henri belustigt am Abend nach unserer Ankunft in dem Jagdhaus, das in den Ausläufern der Berge lag.

Denis Durac erwiderte ernst: »Und mir scheint, als wäre der Bär tatsächlich von außerordentlicher Größe.«

»Ich weiß, dass in diesen Übertreibungen immer ein Körnchen Wahrheit steckt«, erwiderte Prinz Henri besonnen.

»Aber an einem einzigen Tag haben Männer, die den Bären mit eigenen Augen gesehen haben wollen, ihn als schwarz, braun, schwarzbraun und in einem Fall sogar als schneeweiß beschrieben.« Er lachte. »Vielleicht ist er ja alles zusammen.«

»Aber den Schaden, den er angerichtet hat, kann man nicht leugnen«, sagte Denis Durac.

»Ja«, erwiderte der Prinz. »Die Worte jener Mutter haben mich tief bewegt.«

Als wir zuvor durch das letzte Dorf geritten waren, hatte Prinz Henri plötzlich sein Pferd gezügelt, weil er die Klage einer Mutter hörte, die den Tod ihres Kindes beweinte. Sie erzählte ihm, dass der Bär den kleinen Jungen angefallen hatte, als er vor der Hütte spielte, in der die Familie wohnte. Auf die Schreie der Mutter hin war das ganze Dorf zusammengelaufen, um zu helfen. Es war ihnen gelungen, den Bären mit Steinwürfen und Feuer zu vertreiben, aber es war zu spät, um das Leben des Kindes zu retten. Die Leiche des Kindes, das der Bär verstümmelt und zur Hälfte aufgefressen hatte, wurde vor den Prinzen gebracht. Prinz Henri befahl, der klagenden Frau Geld zu geben, und als er weiterritt, kam sie ihm hinterhergelaufen, klammerte sich an seinen Steigbügel und küsste ihm die Füße.

Diese Gefühlswallung machte den Prinzen verlegen. Aber er hielt sein Pferd an und versprach der Frau, die vor ihm auf dem Boden kniete, ihr den Kopf des Bären, der ihr den Sohn geraubt hatte, zu bringen.

»So benimmt sich ein wahrer Prinz«, hatte Giorgio mir danach zugeflüstert.

Ich war erstaunt über diese Bemerkung, denn es war sonst nicht seine Art, jemanden zu loben, zudem war er schlechter Laune, weil er an der Jagd teilnehmen musste. Es tat ihm weh, auf dem Rücken des Pferdes durchgeschüttelt zu werden, und es wäre ihm viel lieber gewesen, zu Hause in der Sicherheit und Bequemlichkeit des königlichen Palasts zu bleiben, als durch die Wildnis zu reiten. Ich fühlte mich an seiner misslichen Lage mitschuldig, denn ich war es gewesen, die ihm zugeredet hatte mitzukommen. Ich hatte gehört, dass man einen Arzt suchte, der die Jagdgesellschaft begleitete, und ich war zu Giorgio gegangen und hatte ihn gefragt, ob er sich nicht freiwillig für diesen Dienst melden wollte.

»Warum sollte ich?«, hatte er gefragt. »Ich bin lieber am Hof und kümmere mich um die Damen, die mich für meine Mittelchen gut bezahlen.«

»Wässrige Tinkturen gegen die Ohnmachtsanfälle der Damen zu verschreiben, wo sie doch besser beraten wären, ihre Mieder nicht so fest zu schnüren, zeugt nicht von großer Heilkunst«, sagte ich zu ihm.

»Mélisande!« Er tat, als wäre er entsetzt. »Ich habe dir schon oft gesagt, ein Arzt muss Geist und Gefühl ebenso heilen wie den Körper. Und überhaupt, du hast mir nicht erklärt, weshalb ich meine Dienste für diese Unternehmung anbieten soll.«

»Es wäre gut für Euer Ansehen und Prinz Henri würde von Euch Kenntnis nehmen«, sagte ich.

Giorgio kniff die Augen zusammen. »Ist das alles?«, fragte er.

»Natürlich«, versicherte ich ihm. »Ich möchte doch nur, dass Ihr Euch besserstellt.«

»Das macht mich nur noch argwöhnischer«, sagte Giorgio. »Hast du die Absicht, mich bei diesem Ausflug zu begleiten?«

»Ihr werdet ganz bestimmt einen Gehilfen brauchen, der sich ein bisschen mit der Herstellung von Arzneien auskennt. Und jemanden, der auch auf der Mandoline spielen kann, wenn Prinz Henri musikalische Zerstreuung wünscht.«

Giorgio dachte über diesen Vorschlag nach. »Sich als junger Mann verkleidet, unauffällig am Hofe aufzuhalten, wie du es tust, ist nicht schwer. Aber bei der Jagd, auf Tuchfühlung mit den anderen Männern, die es gewohnt sind, wo und wann immer sie wollen ihre Notdurft zu verrichten, das ist etwas ganz anderes. Dort kann es für dich sehr heikel werden.«

»Das weiß ich bereits.« Ich hatte mich schon an die sorglose, ungenierte Art gewöhnt, die Männer an den Tag legten. Ich hatte es mir angewöhnt wegzuschauen, wenig zu trinken und mein Bedürfnis zu kontrollieren, bis ich ungestört war.

»Ich werde das schaffen«, versicherte ich ihm.

»Das hoffe ich«, erwiderte er ernst. »Denn wenn man herausfände, dass du ein Mädchen bist, würdest du für Männer mit rüden Manieren zur Zielscheibe übler Scherze, und ich würde dich nicht beschützen können.«

Aber vielleicht würde mich ein anderer beschützen, dachte ich.

Als wir an der Jagdhütte angekommen waren, richteten Giorgio und ich unser Nachtlager und unsere Apotheke in einem Zelt unter den Bäumen ein. Man hatte ihn gerufen, um einen der Begleiter des Prinzen zu behandeln, deshalb stellte ich allein die Klappstühle und den Klapptisch auf, die wir mitgebracht hatten, und breitete darauf unsere Kräuter, Tinkturen, Verbände und einige ärztliche Instrumente aus, falls sich einer der Jäger ernstlich verletzen sollte. Als ich damit fertig war, setzte ich mich auf einen Stuhl, nahm meine Mandoline und fing an zu spielen. Wie wohl es tat, wieder in der freien Natur zu sein! Die Bäume flüsterten rauschend miteinander, der Mond ging auf und die Nachteulen schrien.

Giorgio kam zurück und sagte mir, er sei unglücklicher als je zuvor, so weit entfernt von seinen viel angenehmeren Pflichten am Hofe zu sein.

»Einem Diener Prinz Henris einen Furunkel am Hintern aufzustechen – so habe ich mir die Beförderung, die du mir in Aussicht gestellt hast, nicht vorgestellt«, sagte er.

Aber mir war aufgefallen, dass er zufrieden klang, und ich fragte ihn übertrieben freundlich, ob es sein eigenes Unbehagen lindere, wenn er anderen Schmerzen zufügen könne.

Er wollte gerade darauf antworten, als der Schatten eines Mannes am Zelteingang auftauchte.

»Ich brauche eine Salbe.«

Mein Puls fing an zu rasen.

Giorgio deutete mit einer ausholenden Handbewegung auf seine Arzneien. »Ich habe viele Salben. Suchst du vielleicht eine besondere?«

»Eine ganz besondere sogar«, antwortete Melchior. »Sie ist aus Arnika und enthält die Blüten des Wohlgemut.«

Giorgio schüttelte den Kopf. »Ein solches Mittel habe ich nicht.«

»Vielleicht hat ja Euer Gehilfe schon davon gehört?«

»Das glaube ich nicht …«, setzte Giorgio gerade zur Antwort an.

Ich stand auf und trat näher an den Zelteingang.

Melchior hielt mir den kleinen Tiegel hin, den ich ihm vor so vielen Jahren in Cherboucy gegeben hatte.

»Ich kenne das Rezept«, fiel ich Giorgio ins Wort.

Giorgio neigte den Kopf zur Seite. Er schaute mich an, dann Melchior, dann wieder mich. Dann sagte er: »Ich denke, ich kann jetzt zum Abendessen gehen.« Melchior und ich sahen ihm zu, wie er gemächlich die Hemdsärmel herunterkrempelte, die Manschetten richtete, seinen Umhang anlegte und seinen Hut aufsetzte. Bevor er ging, warf er Melchior einen strengen Blick zu. »Ich erwarte, dass mein Gehilfe in zehn Minuten zu mir kommt«, sagte er mit Nachdruck.

Melchior wich Giorgios Blick nicht aus.

Beide wussten, wenn Melchior ihm nicht gehorchen wollte, konnte Giorgio nichts dagegen tun.

Als Giorgio gegangen war, merkte ich plötzlich, wie verlegen ich war. Ich senkte den Kopf und setzte mich wieder auf meinen Stuhl.

Melchior kam und kniete sich vor mich. Sein Gesicht war nun auf einer Höhe mit meinem. Ich blickte ihm in die Augen, und ich spürte, wie ich in ihnen versank.

Melchior nahm meine Hände in die seinen.

»Mélisande«, sagte er. »Erzähl mir, wie es dir ergangen ist, seit ich dich zum letzten Mal gesehen habe.«

KAPITEL SECHZIG

Ehe die eigentliche Jagd am nächsten Tag beginnen sollte, beriet sich Prinz Henri mit seinen Jägern.

Er rief Melchior zu sich und redete sehr freundschaftlich mit ihm. Ich beobachtete, wie der Prinz zuhörte und mit seinen Leuten besprach, wie man die Jagdtiere, die Pferde und die Jäger am besten einsetzen könne. Er wollte seine Untertanen von dem Schrecken befreien, der sie befallen hatte, aber ebenso sehr sorgte er sich um das Wohlergehen seiner Jäger.

Auf einem Pfad, den uns ein Schäfer aus der Gegend wies, drangen wir in die Pyrenäen vor. Der Mann kniete sich vor den Prinzen hin, wie es die leidgeprüfte Frau tags zuvor getan hatte, und dankte ihm, dass er gekommen war, um zu helfen. Der Mann sagte, er wüsste nicht mehr, wovon er leben sollte. Drei seiner Schafe waren schon gerissen worden und die übrige Herde hatte sich in panischer Angst zerstreut.

Immer tiefer ging es ins Gebirge. Das Gelände war felsig, zwischendurch waren die Hänge mit Wald bedeckt. In einem dieser Wälder waren Melchior und auch Paladin auf die Welt gekommen. Ein Händler oder ein Edelmann hatten einen Leoparden in diese Gegend mitgebracht und das Tier war in die Wildnis entflohen. Es muss schon trächtig gewesen sein, ehe man es in Afrika eingefangen hatte.

Am Mittag rasteten wir, um zu essen. Ungezwungen nahmen die Männer ihre Mahlzeit ein. Prinz Henri saß mitten unter ihnen. Trotz seiner ungeschliffenen Manieren war seine Sprache nicht so derb wie die mancher Männer, wenn keine Frauen zugegen sind. Er unterhielt sich über Staatsgeschäfte und das Schicksal der Menschen und wie Gott und die Kirche auf sie einwirkten. Der Prinz verurteilte niemanden wegen seines Glaubens. Zuvor waren wir an einem Bildstock vorbeigekommen. Er war der Jungfrau Maria geweiht und der Schäfer hatte sich bekreuzigt und Blumen niedergelegt. Plötzlich hatte er sich besonnen, in wessen Gesellschaft er war, und hatte sich schnell wieder abgewandt. Aber Prinz Henri hatte seinem Pferd schon die Sporen gegeben und war weitergeritten. Den Blick auf den Weg vor sich gerichtet, tat er so, als habe er nichts bemerkt.

Wir saßen wieder auf und setzten die Suche fort. Der Wind kam von hinten, er trug unsere Gerüche weiter und machte es uns unmöglich, die Witterung der Beute aufzunehmen. Giorgio und ich ritten am Schluss des Zuges, denn unsere Pferde mussten zusätzlich die Kisten mit Arzneien und Instrumenten tragen. Da die Jagdgesellschaft klein war, konnten wir trotzdem sehen, was sich vorne zutrug.

Der Schäfer zeigte uns die Stelle, an der ein paar Tage zuvor seine Schafe gerissen worden waren.

»Lasst den Leoparden frisches Blut riechen«, befahl Prinz Henri.

Melchior trat mit dem Leoparden vor und nahm ihm den

Maulkorb ab. Das Tier war unruhig, es hatte die Ohren in den Wind gestellt. Melchior ließ die Kette los. Und dann, obwohl es kalt war, zog er sein Hemd aus.

Wieder sah ich das verschlungene Muster aus schillernden Linien auf seinem Rücken.

Alle meine Sinne wurden in Schwingung versetzt. Verstand und Körper waren vereint in harmonischem Zusammenklang.

Mir war bewusst, dass Giorgio mich beobachtete. Dann wandte er sich ab, doch ich hatte seinen besorgten Blick bereits bemerkt.

Plötzlich, ohne jede Warnung, griff uns der Bär an.

Er sprang von einem Felsen direkt auf das Reittier von Denis Durac. Unter dem Gewicht des Bären und der ungeheuren Wucht, mit der er angriff, stürzten Pferd und Reiter zu Boden. Der Bär riss dem Pferd das Fleisch bis auf die Knochen von der Schulter.

Ohne auf ein Kommando zu warten, stürzte sich der Leopard auf den Bären. Der stellte sich auf die Hinterpfoten und mit einem mächtigen Hieb seiner riesigen Pranken schleuderte er Paladin von sich. Paladin flog durch die Luft, schlug hart auf dem Boden auf und schlitterte Hals über Kopf den Abhang hinunter.

Ich biss mir in die Hand, um nicht laut aufzuschreien.

Die Jäger ließen die Hunde los. Sie kläfften wie wild, bellten und rannten im Kreis, aber sie waren zu ängstlich, um anzugreifen. Der Bär war riesig, doppelt so groß wie ein Mann und breit wie ein Haus. Die Pferde wieherten vor Angst. Sie rollten die Augen, wichen zurück, schlugen mit den Hufen aus und wollten davonrennen. Einigen gelang es sogar, sie galoppierten mitsamt ihren Reitern, die sich krampfhaft am Sattel festklammerten, auf dem schmalen Pfad zurück. Prinz Henri zügelte sein Pferd und trieb es nach vorn, dorthin wo

Denis Durac am Boden lag, begraben unter seinem eigenen Pferd.

Der Bär stand über ihn gebeugt, er fauchte und knurrte, seine kleinen roten Augen funkelten hasserfüllt, aus seinem Maul troffen Geifer und Blut.

Prinz Henri riss sich den Umhang von den Schultern. Er stellte sich in die Steigbügel und warf ihn dem Bären über den Kopf. Der Mantel breitete sich aus und blieb an den Ohren des Bären hängen. Halb blind, mit dem Tuch über dem Kopf, tappte der Bär nach allen Seiten und schlug mit den Vorderpfoten wie wahnsinnig um sich.

Das verschaffte Prinz Henri den nötigen Vorsprung. Augenblicklich hatte er seine Lanze in der Hand. Da kam ein Blitz goldbraunen Fells herangesprungen und dann hatte Paladin den Bären im Genick gepackt. Der Bär schlug nach ihm und wollte ihn abschütteln, doch der Leopard krallte sich an ihm fest. Die Jäger kamen herbei und mit ihren Speeren und Pfeilen hatten sie dem Bären schnell den Garaus gemacht.

Der Schäfer weinte vor Angst und Freude. Die Männer schleiften Duracs Pferd weg. Er selbst lag da, kreidebleich im Gesicht, während einer der Jäger dem verletzten Tier den Gnadenstoß gab.

Prinz Henri kniete sich neben seinen Freund. Denis Durac ergriff die Hand des Prinzen. »Sire, Ihr habt mir das Leben gerettet.«

Prinz Henri versetzte ihm einen freundschaftlichen Knuff. »So wie du zweifelsohne mein Leben gerettet hättest, lieber Freund, wenn du an meiner Stelle gewesen wärest.«

Jetzt verstand ich, weshalb diese Männer den Prinzen so liebten und für ihn ihr eigenes Leben gewagt hätten.

Prinz Henri winkte Giorgio herbei. »Doktor! Ihr werdet hier gebraucht.«

Schließlich versammelten wir uns wieder, um zur Jagdhütte zurückzukehren. Giorgio bestand darauf, dass man den Verletzten auf einer Bahre trüge. Er erklärte, Duracs Rippen seien gebrochen, und wenn sie heilen sollten, ohne ihm innere Verletzungen zuzufügen, müsste man genau so verfahren. Er sagte das in so bestimmtem Ton, dass der Prinz auf ihn hörte und darauf bestand, dass man tat, was Giorgio angeordnet hatte.

Nach dem Essen erinnerte sich der Prinz an das Versprechen, das er der Frau aus dem Dorf gegeben hatte. Er ließ dem Bären den Kopf abschlagen, dann machte er sich mit einigen Reitern auf, um ihn der Mutter des toten Kindes zu übergeben. Zuvor hatte er noch angeordnet, dass man Denis Durac in das Bett des Prinzen legte. Dort ließ ich Giorgio, der ihn pflegte, zurück und ging, um unsere Kisten zu packen und unsere Heimreise an den Hof am nächsten Tage vorzubereiten.

Melchior erwartete mich schon.

»Wie geht es Paladin?«, fragte ich ihn.

»Er ist verletzt, aber zufrieden mit seinem Fang.«

»Brauchst du eine Salbe für seine Wunden?«

Melchior schüttelte den Kopf. »Er leckt seine Wunden sauber. Sein Speichel hat heilende Kräfte.«

Ich schaute hinauf zu den Bergen hinter uns. »Irgendwo hier bist du auf die Welt gekommen?«

»Ja, ganz in der Nähe.«

»Du hast mir einmal gesagt, der Tag würde kommen, an dem du die Gelegenheit zur Flucht ergreifst.« Ich zeigte auf die Jagdhütte, die, abgesehen von ein paar Dienern, völlig verlassen dalag. »Jetzt hast du die Gelegenheit.«

Melchior nickte. »Ich kenne einen geheimen Pfad durch die Berge.« Er zögerte, dann fragte er: »Und was wirst du tun?«

»Ich muss nach Paris gehen.«

»Um deinen Vater zu suchen?«

»Ja.«

»Aber das ist noch nicht alles?«

»Nein.«

Er schaute mich an, doch ich schüttelte nur den Kopf. Ich hatte mir vorgenommen, ihm nichts von der rätselhaften Weissagung des Nostradamus zu erzählen. Je näher der Tag rückte, an dem ich mit den Schriftstücken in die Nähe Katharinas von Medici kommen würde, desto größer wurde meine Angst vor ihrem Zorn. Wenn sie schon ihrer eigenen Tochter die Haare ausriss, weil sie sich in den falschen Mann verliebt hatte, was würde sie dann mir antun, einem einfachen Spielmann, der eine Prophezeiung vor ihr verborgen hielt, die ihren eigenen Sohn, den König, betraf? Mir lag Melchior zu sehr am Herzen, ich durfte ihn nicht in etwas verwickeln, das ihm Leid zufügen könnte.

»Wenn du nach Paris gehst, wirst du dich in große Gefahr begeben«, sagte er.

»Das weiß ich.«

»Dann werde ich dich begleiten und dir beistehen.«

Seine Finger strichen sanft über die meinen.

Und mein Herz bebte.

Kapitel einundsechzig

Wir kehrten im Triumph von der Jagdhütte zurück und zogen den verstümmelten Bärenkadaver hinter uns her. Die Dorfbewohner kamen aus ihren Häusern gerannt, streuten Blumen auf den Weg und wollten Prinz Henri die Hände küssen, als er an ihnen vorbeiritt. Sie scharten sich um die Trage, auf der Denis Durac lag, und überschütteten uns alle mit ihrer Dankbarkeit und Zuneigung. Es war unverkennbar, welch hohes Ansehen der Prinz im Volk genoss.

Bei unserer Rückkehr an den Hof erfuhren wir, dass man sich zu guter Letzt doch über die Bedingungen und die Umstände geeinigt hatte, unter denen die Vermählung von Prinz Henri mit der französischen Prinzessin Margot stattfinden sollte. Die Hochzeit sollte im August des kommenden Jahres, des Jahres 1572, gefeiert werden.

1572.

Das Jahr, für das Nostradamus prophezeit hatte, dass die Straßen von Paris von den Schreien der Sterbenden widerhallen würden.

Man begann mit den Vorbereitungen für den langen Zug von Höflingen, Adeligen, Würdenträgern und Hofbediensteten, der von Navarra aus nach Paris zu den Hochzeitsfeierlichkeiten aufbrechen sollte. Königin Jeanne d'Albret machte sich einige Monate vor ihrem Sohn auf den Weg nach Paris. Sie wollte sich dort schon eingerichtet haben, wenn es an der Zeit war für die verschiedenen königlichen Empfänge. Prinz Henri sollte später nachkommen. Der französische König hatte seinen Vetter ausdrücklich gebeten, den Leoparden mitzubringen.

Während der Monate, in denen sich der Hof auf die Reise vorbereitete, erholte sich Denis Durac vollständig. Das sorgte für großes Aufsehen, denn jemand, der sich innere Verletzungen zugezogen hatte, bekam in der Regel Fieber und starb unter fürchterlichen Schmerzen. Auf diese Weise verbreitete sich Giorgios Ruf als Heilkundiger, sodass er schließlich als einer der Ärzte ausgewählt wurde, die zusammen mit der Vorhut der Dienerschaft nach Paris reisen sollte. Prinz Henri bat ihn, sich um die Königin zu kümmern, die nicht bei bester Gesundheit war.

Nun also rückte meine Schicksalsstunde näher. In der Nacht, ehe wir aufbrechen sollten, lag ich zitternd vor Angst und Vorahnungen auf meiner Pritsche und konnte keinen Schlaf finden; durch das kahle Fenster starrte ich hinaus auf den Mond. Die nächtlichen Geräusche aus dem Schloss drangen zu mir, und ich dachte daran, wie Chantelle und ich jeden Abend im Palast von Cherboucy miteinander in schwesterlicher Eintracht geflüstert hatten. Ich musste meine Angst überwinden. Ich schuldete es meiner Schwester, dass ihr Gerechtigkeit widerführe. Wenn ich dem König das Leben rettete, würde er doch gewiss meinem Vater die Freiheit schenken und den Schuldigen am Tod meiner Schwester und ihres Verlobten zur Rechenschaft ziehen?

Obwohl man uns eine Kutsche zur Verfügung gestellt hatte, war es eine qualvolle Reise. Die langen Stunden, in denen wir über unebene Straßen rumpelten, trugen nicht dazu bei, Giorgios Befinden zu bessern, aber was wir am Wegesrand zu Gesicht bekamen, erschütterte uns mehr als jede körperliche Pein.

Das Land war von den andauernden Kriegen verwüstet. Die Ernte verfaulte auf den Feldern, während hungernde Waisenkinder am Straßenrand standen und um Brot oder Almosen bettelten. Wir kamen an ausgebrannten Dörfern vorbei, an niedergerissenen Herrenhäusern und Schlössern. An fast jeder Weggabelung stand ein Galgen, an dem ein Toter baumelte. Meine Stimmung hellte sich erst auf, als wir uns Paris näherten. Ich war voller Hoffnung, dass ich nach all den langen Jahren meinen Vater wiedersehen würde, und aus meiner frühesten Kindheit hatte ich Paris als eine fröhliche, vor Leben sprühende Stadt in Erinnerung.

Aber wie hatte sich diese Stadt verändert! Die Kriege hatten die Häuser der Stadt ebenso wie die Gemüter der Menschen verwahrlosen lassen. Der fröhliche Lärm, den ich in meiner Jugend vernommen hatte, war nun bösen Worten und Streit gewichen.

Die Wappen auf unserer Kutsche wiesen uns als Hugenotten aus. Als wir die Stadttore passiert hatten, wichen uns die Reiter auf den Straßen nicht aus, um uns vorbeizulassen. Vor uns zog man die Lastkarren gemächlicher, um uns am Weiterkommen zu hindern, und die Straßenhändler und Fußgänger riefen uns Schimpfwörter hinterher.

Plötzlich riss eine grobe Hand die Fensterklappe auf und ein Gesicht erschien im Fenster.

»Ketzer!«, schrie der Mann uns an. »Hier, nehmt das als ein Hochzeitsgeschenk für euren protestantischen Prinzen mit!« Und er spuckte Giorgio ins Gesicht.

Ich kreischte laut auf. Unser Kutscher fluchte und einer aus unserer Begleitmannschaft ritt vor und vertrieb den Mann mit Peitschenschlägen.

Giorgio wischte sich gelassen die Spucke aus dem Gesicht. »Kann man es ihnen verübeln?«, fragte er. »Es ist noch nicht lange her, da litten sie Hunger, weil die Streitmacht der Hugenotten Paris belagerte und den Stadtvogt von Paris getötet hatte.«

Giorgio und ich waren im Haus des Viscomte Lebrand untergebracht, in dem auch Königin Jeanne residierte. Man wies uns einen Platz im Keller zu, mit einem Spülbecken und einer Tischbank, auf der wir unsere Arzneien zubereiten konnten; noch vor unserer Ankunft hatte Giorgio bei mehreren Händlern in Paris spezielle Zutaten bestellt. Von unserem Quartier ging eine Tür nach draußen und Treppen führten zur Straße hinauf. So konnten wir kommen und gehen, wie es uns beliebte.

Sogleich nach unserer Ankunft wurde Giorgio in die oberen Räume gerufen, um ein Geschwür am Bein des Viscomte Lebrand zu behandeln. Währenddessen blieb ich zurück und musste die Kisten auspacken. Gerade hatte ich meinen Reiseumhang und meine Mandoline an einen Haken an der Wand gehängt, als die Tür zur Straße aufging und ein finster dreinblickender Mann eintrat.

»Wo ist Doktor Giorgio?«

»Er ist nicht da«, antwortete ich aufgeschreckt und zugleich ein wenig ärgerlich über meine eigene Dummheit, weil ich die Tür nicht abgeschlossen hatte. »Wer seid Ihr?«

»Sag ihm, Rodrigo hätte das gebracht.« Er drückte mir ein kleines Paket in die Hand. »Es muss sofort verbraucht werden.«

»Sind das frische Zutaten?«, fragte ich ihn. »Werden sie verderben?«

»Oh ja«, lachte er. »Eine ganze Menge wird verderben, wenn man es nicht richtig macht.« Er grinste mich aus seinem zahnlosen Mund an und verschwand.

Ich wusste, dass Giorgio schon in allen seinen Büchern nach einem Mittel für das vereiterte Bein des Viscomte gesucht hatte. Aber ich wusste nicht, welche Zutat es war, die verderben würde, wenn man sie nicht auf der Stelle verwendete. Ich beschloss, das Päckchen gleich auszupacken.

Es enthielt ein Röhrchen mit weißem Pulver. Als ich den Stöpsel abzog, stieg mir ein vertrauter, fruchtiger Duft in die Nase. Das Pulver war nicht so beschaffen, dass man eine Salbe daraus machen konnte, und ich war neugierig, wozu es wohl gut sei. Ich leckte über meinen Finger, tauchte ihn in das Röhrchen und wollte ihn gerade in den Mund stecken, als Giorgio das Zimmer durch die innere Tür betrat.

»Was hast du da?«, fragte er mich scharf.

»Ein Mann hat dieses Päckchen für Euch abgegeben. Er meinte, es müsse sofort verbraucht werden, sonst würde es verderben«, erklärte ich ihm. »Ich glaubte, es sei das Pulver, das Ihr für die Salbe benötigt, und ich wollte gerade eine Kostprobe nehmen, um mich zu vergewissern.«

Giorgio machte einen Satz auf mich zu und schlug so heftig meine Hand beiseite, dass ich gegen die Tischkante taumelte. Ich starrte ihn verblüfft an. »Was ist denn los?«

»Das ist… das ist«, stotterte er, »das ist für eine ganz besondere Mixtur. Ich brauche es zum… Ausräuchern.« Er nahm ein Tuch und wischte damit meinen Finger sauber. Dann versetzte er mir einen Knuff. »Geh und nimm einen Bimsstein und schrubbe damit deine Fingerspitze, bis sie wund ist«, befahl er.

Als ich zum Ausguss ging, um zu tun, was er gesagt hatte, sah ich, wie er das Päckchen mit größter Sorgfalt zusammenfaltete und es in eine Innentasche seines Umhangs steckte.

»Wie geht es Königin Jeanne?«

»Weshalb fragst du das?«, wollte er wissen.

»Weil Prinz Henri gehofft hatte, Ihr würdet seine Mutter so weit gesund machen, dass sie mit Freude an seiner Hochzeit teilnehmen kann«, erinnerte ich ihn.

»Natürlich, ja«, stimmte Giorgio eilig zu, »das habe ich nicht vergessen. Ich werde die Königin morgen genau untersuchen, dann wissen wir, was zu tun ist.« Er blickte sich geistesabwesend um. »Ich muss jetzt gehen. Es gibt noch ein paar Sachen, die ich erledigen muss.«

Ich zerbrach mir nicht den Kopf darüber, was Giorgio an diesem Abend vorhatte. In Salon und auch in Navarra war es ihm gelungen, die seltensten Zutaten für seine Arzneien aufzuspüren. Ich nahm an, dass er sich auch in Paris ein Netz von Lieferanten geknüpft hatte. Jedoch sorgte ich mich um seine Sicherheit. Da der Tag der königlichen Hochzeit näher rückte, drängten sich immer mehr Menschen in der Stadt, und es wurde immer gefährlicher in den Straßen.

Es trafen nicht nur vornehme Gäste ein, um den Feierlichkeiten und Festumzügen beizuwohnen, sondern Tag für Tag strömte auch eine große Zahl von Menschen niederen Standes durch die Tore der Stadt. Die Kriege, die das Land entvölkerten, hatten auch Hungersnöte mit sich gebracht, und Paris war voll von armen Bauern, die darauf warteten, etwas von den Speisen des Hochzeitsfests zu ergattern, die unter dem Volk verteilt werden sollten. Alle Schänken, Wirtshäuser und Klöster platzten aus den Nähten. Tagsüber drängten und schoben sie sich durch die Straßen, in der Nacht kauerten die, die keine Unterkunft hatten, in den Hauseingängen und Gässchen.

Mitternacht war schon vorüber, als Giorgio endlich zurückkehrte. Ich war in das kleine Zimmer gegangen, in dem ich mich zum Schlafen eingerichtet hatte, aber ich wachte auf, als ich seinen Schlüssel im Schloss der Tür knarren hörte. Er war nicht allein. Ich hörte Stimmengemurmel und zu meinem größten Entsetzen öffnete jemand ganz leise die Tür zu meinem Zimmer. Ich blieb still und rührte mich nicht. Giorgio hatte mich nie zuvor in der Nacht gestört. Ich atmete ganz vorsichtig, aber jede Faser meines Körpers war angespannt – um wegzulaufen oder zuzuschlagen, falls mich jemand angreifen sollte. Ich hörte, wie Giorgio beruhigend auf jemanden einredete.

»Ich habe es dir ja gesagt, der Junge schläft tief und fest. Er wird nichts hören und auch keinen Verdacht schöpfen, denn auch wenn er ganz nützlich ist, so ist er doch langsam von Begriff.«

Mir war natürlich klar, dass Giorgio dies nur gesagt hatte, um mich zu schützen, dennoch verletzten mich seine Worte. Mein erster Gedanke war, aufzuspringen und auszurufen: »Mein Verstand reicht aus, um zu begreifen, dass mit einem Menschen, der einen Arzt in der Dunkelheit aufsucht, etwas nicht stimmen kann.« Aber ich war älter geworden, ich war nicht länger das ungestüme junge Mädchen von einst. So blieb ich reglos liegen und hielt meinen Mund.

Die Tür zu meinem Zimmer schloss sich wieder und ich hörte nichts mehr. Aufzustehen und die Unterhaltung nebenan zu belauschen, wagte ich nicht, dazu hatte ich viel zu viel Angst.

Kapitel zweiundsechzig

In den Wochen bis zur Hochzeit wurde die Hitze in der Stadt immer drückender.

Und so wie die Hitze zunahm, so nahm auch die Zwietracht zwischen den Bewohnern von Paris und dem armen Landvolk, zwischen den Franzosen und den Besuchern aus Navarra, zwischen Katholiken und Protestanten zu.

Diebe und Straßenmädchen bestahlen die Besucher ungeniert in aller Öffentlichkeit, Wirte verlangten aberwitzige Preise, Ladenbesitzer betrogen und schröpften alle und jeden. Bettler scharten sich zu Banden zusammen und wurden streitsüchtig, wenn man ihnen eine milde Gabe verweigerte. Die Macht des Gesetzes zerbröckelte unter den ständigen Angriffen.

Zum Hauptziel der Angriffe wurden die Hugenotten. An ihrer Kleidung und an ihrem Betragen waren sie leicht zu erkennen. Sie wurden geächtet, man verwehrte ihnen Essen und Obdach, man rempelte und beschimpfte sie bei jeder Gelegenheit.

Die Geistlichen auf beiden Seiten wetterten in ihren Predigten in aller Öffentlichkeit gegen diese Heirat. Ihre Worte heizten die Stimmung der Zuhörer auf. Mit der Zeit schlugen die Gefühle der Menschen von Ärger in Gereiztheit, dann in Verdruss um, bis sie schließlich in Wutausbrüchen gipfelten.

Nicht anders als in der Stadt ging es im Hause der Königin Jeanne d'Albret zu. Während wir die Ankunft des Prinzen erwarteten, wurde seine Mutter mit einer nicht enden wollenden Flut von Botschaften des französischen Hofes bombardiert; es waren Anweisungen, Vorschläge, manchmal aber auch Befehle. Als man ihr mitteilte, in welcher Form die Feierlichkeiten ablaufen sollten, erklärte die Königin, dass ihr Sohn wegen seines protestantischen Glaubens die Kathedrale von Notre-Dame nicht betreten könne, um dort zu heiraten. Gaspard Coligny schlug einen Ausweg vor. Es wurde vereinbart, dass auf dem Platz vor der Kathedrale eine Bühne aufgebaut werden sollte, auf der Prinz Henri und Prinzessin Margot getraut werden könnten. Als Katharina von Medici darauf bestand, die Zeremonie in einer katholischen Kirche abzuhalten, kam man überein, dass hierfür ein Stellvertreter den Platz des Prinzen einnehmen würde.

Schließlich sandte Jeanne d'Albret Boten zu König Charles, der inzwischen im Louvre eingetroffen war, und bat, mit ihm selbst anstelle seiner Mutter sprechen zu können. Aber der junge König stand jetzt völlig im Bann eines anderen Beraters – Gaspard Coligny. Er nannte den Anführer der Hugenotten »Vater« und räumte ihm immer größeren Einfluss auf die Staatsgeschäfte und die Verteidigung des Landes ein.

Giorgio und ich hielten uns ständig in der Nähe der Königin von Navarra auf, denn ihre Gesundheit schwankte je nach den Belastungen, die sie ertragen musste. In jüngster Zeit war auch Giorgio reizbar und unbeherrscht. Wenigstens zweimal hatten ihn Leute, die ich nicht kannte, mitten in der Nacht aufgesucht. Als ich wieder erwachte und ihre Stimmen in dem vorderen Zimmer hörte, hielt ich meine Augen wie auch meine Tür fest verschlossen. Aber einmal hatte Giorgio lauter gesprochen, und ich hatte gehört, wie er sagte: »Das ist *nicht* nötig. Die Zeit wird zum gleichen Ergebnis führen.«

Dann setzten sie die Unterredung in gedämpfter Lautstärke fort, sodass ich ihre Worte nicht mehr verstehen konnte.

Königin Jeanne gegenüber verhielt Giorgio sich mitfühlend und fürsorglich, aber mit mir sprach er nicht über ihre Behandlung, so wie er es bei jedem anderen Patienten getan hätte.

Mittlerweile bereitete ihr nicht so sehr ihre Gesundheit Kummer als vielmehr die Art und Weise, wie der französische Hof mit ihr umsprang.

»Ich bin allerhöchster Abstammung und aus eigenem Recht Königin«, beschwerte sie sich eines Tages. »Die Enkelin eines französischen Königs. Mein Sohn Henri ist von königlichem Geblüt, das er sowohl von meinen Vorfahren wie auch von seinem Vater aus dem Hause Bourbon geerbt hat.«

Katharina von Medici soll darauf geantwortet haben: »Nur dank meiner Zustimmung führen die Bourbonen überhaupt einen Titel, und ich bin geneigt, meine Zustimmung zu widerrufen.«

Eines Tages, Giorgio entfernte gerade die Blutegel vom Arm der Königin von Navarra, kam Gaspard Coligny zu einer Unterredung mit ihr.

»Fühlt Ihr Euch heute besser, Majestät?« Er küsste ihre Fingerspitzen.

»Ich bin in der Obhut eines guten Arztes«, erwiderte Königin Jeanne. »Mein Sohn hat ihn mir gesandt.«

Gaspard Colignys Haare waren grau und schütter geworden, seit ich ihn zum letzten Male gesehen hatte. Er nickte Giorgio einen kurzen Gruß zu.

»Und wie geht es Euch, Coligny, mein Freund?«, fragte Königin Jeanne zurück. »Habt Ihr noch immer Geduld mit diesem dummen und selbstsüchtigen Jungen, den sie als König verehren?«

Giorgio gab mir die Schüssel mit Blut und begann, die Aderpresse vom Arm der Königin abzunehmen. Plötzlich entstand ein Aufruhr an der Tür. Giorgio schaute sich um und ließ das Stück Tuch, das er in der Hand hielt, fallen.

Katharina von Medici und ihr Sohn waren überraschend erschienen, um Königin Jeanne einen Besuch abzustatten.

»Vater!«, rief König Charles erfreut und eilte auf Gaspard Coligny zu, um ihn zu umarmen.

Die beiden Frauen verfolgten missbilligend das kindische Verhalten des jungen Mannes.

»Ich hoffe von ganzem Herzen, dass Ihr Euch so weit erholen werdet, dass Ihr an der Hochzeit meiner Tochter und Eures Sohnes teilnehmen könnt«, sagte Katharina von Medici übertrieben freundlich.

»Auch ich hoffe, dass diese Hochzeit stattfinden wird, Madame«, erwiderte Königin Jeanne.

Es trat eine kurze Pause ein, denn Katharina von Medici musste die versteckte Anspielung erst verdauen.

Schließlich zog sie es vor, auf die angedeutete Möglichkeit, dass die königliche Familie von Navarra die Hochzeit absagen könnte, nicht weiter einzugehen, und sagte stattdessen: »Ich bin gekommen, um Euch für die vielen Geschenke zu danken, die Ihr mir und meiner Tochter übersandt habt.« Ihre Augen schweiften durch den Raum, während sie das sagte. Für einen kurzen Moment verharrte ihr Blick auf mir.

»Auch ich danke Euch für Eure Großzügigkeit«, antwortete Königin Jeanne.

»Ja…« Katharina von Medici hielt kurz inne, dann sagte sie: »Heute wurde Euch ein ganz besonderes Geschenk übersandt.« Sie lächelte und irgendwie war dieses Lächeln unheilvoller als ihre strengsten Blicke. »Ein Paar weißer Handschuhe aus feinstem Ziegenleder. Sie wurden eigens für Euch angefertigt.«

»Ich habe sie sehr gerne entgegengenommen«, antwortete Königin Jeanne.

»Wie schön«, sagte Katharina von Medici. Sie warf Königin Jeanne ein so warmes Lächeln zu, als freute sie sich zutiefst über diese kleine Höflichkeit. »Und ich wäre Euch sehr dankbar, wenn Ihr sie so bald wie möglich anprobieren würdet. Sollte irgendeine Änderung nötig sein, werde ich mich unverzüglich darum kümmern.«

Als Königin Jeanne Anstalten machte, von ihrer Liege aufzustehen, beugte sich Katharina besorgt vor. »Ich hoffe, Ihr werdet bald wieder so gesund sein, dass Ihr mit eigenen Augen sehen könnt, wie Euer Sohn in das edle Haus der Könige von Frankreich aufgenommen wird.«

Königin Jeanne überhörte die Andeutung, dass ihr Sohn bis jetzt noch gar nicht zum französischen Hochadel gehörte, und antwortete: »Ich habe mich nicht wohl gefühlt, aber die Pflege, die mir mein Arzt zuteilwerden lässt, wird mich bald wieder so weit gestärkt haben, dass ich an allen Feierlichkeiten in den nächsten Wochen teilnehmen kann.«

Obwohl die Königin Giorgio ausdrücklich als ihren Arzt bezeichnet hatte, warf Katharina von Medici nicht einmal einen Blick in seine Richtung.

Das erstaunte mich, denn was das betraf, hatte ich Katharina von Medici in ganz anderer Erinnerung. Wenn sie einen Raum betrat, blickte sie in jeden Winkel. Sie nahm genau zur Kenntnis, wer zugegen war und welche Stellung er einnahm. Sie bemaß die Wichtigkeit einer Person, indem sie die Bedrohung, die von ihr ausging, und die Macht, die sie ausübte, gegeneinander abwog. Sie teilte die Menschen danach ein, welchen Nutzen sie ihr bringen oder welchen Schaden sie ihr zufügen konnten.

Von der Straße drang Geschrei ins Zimmer, und man hörte, wie Reiter vorbeigaloppierten. »Zweifellos kommt gerade ein neuer Trupp Eures Landvolks nach Paris«, bemerkte sie höhnisch.

Königin Jeanne quittierte Katharinas hochmütigen Blick mit einem, der nicht weniger stolz war. »Mein Sohn hat viele Freunde, die sich mit ihm gemeinsam an seinem Hochzeitstag freuen wollen.«

Katharina schaute aus dem Fenster. »Aber sie tragen ja französische Uniformen!«, rief sie aus. »Und sie marschieren zur Stadt hinaus. Ich habe keinen Befehl gegeben, dass Truppen verlegt werden sollen.«

Gaspard Coligny warf König Charles ein Lächeln zu, als er geschmeidig antwortete: »Ihr wisst ja davon, Sire. Die Protestanten in den Niederlanden bedürfen der Hilfe ihrer Brüder aus Frankreich und Navarra. Es ist sehr großmütig von Euch, ihnen Bewaffnete als Unterstützung zu schicken. Andernfalls würden die spanischen Landesherren sie alle um ihres Glaubens willen hinrichten lassen.«

»Ihr habt französische Truppen in die Niederlande geschickt, um dort gegen die Spanier zu kämpfen?«, fragte Katharina von Medici ungläubig.

Charles blickte verwirrt von seiner Mutter zu dem Mann, den er jetzt Vater nannte. »Als Gaspard mir die Lage erklärte, glaubte ich, es sei das Richtige.«

Katharina musste sich anstrengen, um ruhig zu bleiben. »Spanien könnte dies als eine feindliche Handlung betrachten und uns angreifen.«

»Aber es scheint mir eine vernünftige Entscheidung zu sein«, widersprach ihr Charles.

Seine Mutter hielt ihren Ärger im Zaum, und es gelang

ihr sogar, ein Lächeln aufzusetzen, ehe sie sagte: »Vernünftig ist, wenn man mich in Kenntnis setzt, ehe dergleichen geschieht.«

»Verzeihung, Madame«, sagte Gaspard Coligny. »Ich dachte, es sei unnötig, die Befehle, die der König höchstpersönlich gegeben hat, irgendjemandem zu erklären.«

Ich hörte, wie Giorgio tief Luft holte.

»Vielleicht könntet Ihr es mir dann erklären«, entgegnete Katharina von Medici. »Ich sehe, dass viele Hugenotten in Paris bewaffnet sind. Wann haben Hochzeitsgäste je Waffen getragen?«

»Wann waren je Gastgeber bewaffnet?«, fragte Gaspard Coligny ohne Zögern.

Katharina von Medici schaute ihren Sohn an. Sie erwartete, dass er Coligny dafür tadelte, sie derart unverschämt angeredet zu haben. Aber Charles nickte nur und sagte: »Das war eine gute Antwort.«

Königin Katharina biss sich auf die Lippe. Mit wehenden Röcken rauschte sie aus dem Zimmer.

Giorgio zupfte mich am Ärmel. »Bring die Schüssel mit dem Blut weg«, befahl er mir.

Ich eilte mit der Schüssel in unseren Kellerraum, um das Blut in das Spülbecken zu schütten. Aber dort stapelten sich dreckige Töpfe und Schalen. Ich zögerte. Peinlichste Sauberkeit hatte bei Giorgio stets Vorrang. Schlechtes Blut konnte ansteckend sein und durfte nicht mit etwas anderem in Berührung kommen. Mir fiel ein, dass ich direkt vor dem Haus einen Abfluss gesehen hatte. Ich ging nach draußen und goss den Inhalt der Schale in die Öffnung. Dabei stand ich, ohne dass man mich sehen konnte, unter der Treppe des Haupteingangs, gerade als Katharina von Medici eilig das Haus verließ.

Während sie ihre Kutsche bestieg, hörte ich sie sprechen.

Mit einer Stimme, die vor Wut zitterte, gab sie ihrem Stallmeister einen Befehl.

»Übergib diese Botschaft dem Herzog von Guise persönlich. Sag ihm, dass die Zeit gekommen ist.«

Kapitel dreiundsechzig

In dieser Nacht wurde ich wieder einmal in tiefster Dunkelheit aus dem Schlaf gerissen.

Aber diesmal waren es nicht flüsternde Stimmen, die mich weckten, oder jemand, der sich leise in mein Zimmer schlich. Diesmal ging es laut zu, und jemand schrie mit sich überschlagender Stimme: »Doktor! Doktor Giorgio!«

Ich setzte mich im Bett auf. Die Tür zum Inneren des Hauses erbebte unter Faustschlägen. Eilig tastete ich nach meinen Kleidern und meiner Mütze und machte die Tür auf, noch ehe Giorgio ganz wach geworden war.

Vor mir stand ein Diener, der ganz außer sich war. »Der Doktor muss sofort kommen! Königin Jeanne ist sterbenskrank!«

Giorgio packte seine Instrumententasche und eilte im Nachthemd die Treppe hoch, ich rannte hinter ihm her. Schon als wir das Zimmer betraten, war klar, dass es nichts mehr gab, das er für die Königin hätte tun können. Niemand hätte mehr etwas tun können. Die Königin saß, von Kissen gestützt, aufrecht im Bett, ihre starren Augen blickten geradeaus. Ihr Gesicht war so weiß wie ihre Hände auf der Bettdecke.

»Ich möchte, dass alle sofort das Zimmer verlassen«, sagte Giorgio bestimmt. Die Diener eilten hinaus. »Du auch«, sagte er leise zu mir. »Ich will mich davon überzeugen, dass die Königin tot ist, und es dann öffentlich verkünden. Du musst dich um ihre Hofdamen kümmern, falls eine von ihnen einen Nervenzusammenbruch erleidet.«

Ich tat, worum er mich gebeten hatte. Giorgio löste die Kordel des Bettvorhangs, sodass er hinter ihm herabfiel, ehe er sich über die tote Königin beugte.

Vor der Tür hatte sich bereits eine kleine Schar versammelt. Auch der Viscomte Lebrand erschien und bahnte sich seinen Weg durch die Wartenden.

»Was ist hier los?«, fragte er. Er ging schnurstracks zum Bett und zog die Vorhänge zurück. »Hat die Königin eine neuerliche Krankheit ereilt?«

Giorgio richtete sich auf. Er schloss seine Instrumententasche und wandte sich an den Viscomte. »Es tut mir leid, Euch sagen zu müssen, dass Königin Jeanne nicht mehr unter den Lebenden weilt. Sie ist schon seit mindestens einer Stunde tot.«

Bei seinen Worten brach lautes Wehklagen aus unter denen, die an der Tür standen. Wie Giorgio es vorhergesehen hatte, fing eine der Hofdamen an, zu kreischen und ihre Kleider zu zerreißen.

Giorgio schaute zu ihr hin. »Lasst mich jetzt gehen und Riechsalz und Beruhigungsmittel holen, um den Damen beizustehen.«

Der Viscomte nickte dankbar, während sich die Hofdamen der Königin aneinander festklammerten und weinten.

Als Giorgio seine Tasche nahm und eilig aus dem Zimmer ging, lief eine der Hofdamen zum Bett, nahm die Hand der Königin und begann, herzzerreißend zu schluchzen. Ich legte ihr den Arm um die Schulter und wollte sie fortziehen. Aber sie weigerte sich und klammerte sich nur umso fester an die Königin, küsste ihr die Hände, deren Haut gelblich und von Altersflecken übersät war. Viscomte Lebrand schritt ein und überredete die Hofdame, sich nach draußen zu den anderen zu begeben. Bald schollen die Klagen durchs ganze Haus. Die Untertanen liebten die Königin von Navarra so, wie sie auch ihren Sohn liebten.

Trotz des Todes von Königin Jeanne kam man überein, dass die Hochzeit ihres Sohnes Henri stattfinden sollte. Man wollte die Vermählung nicht verschieben, obwohl Henri aufrichtig um seine Mutter trauerte. Sie war stets ernsthaft und besonnen gewesen, während er von sorgloserer Natur war. Ihre Umgangsformen waren stets kultiviert gewesen, während er sich eher zwanglos benahm. Doch die gegenseitige Zuneigung war groß. Um den Wünschen seiner Mutter auch nach ihrem Tod zu entsprechen, willigte der Prinz ein, die Hochzeit für den achtzehnten August festzusetzen.

Nach dem Begräbnis folgte eine kurze Zeit der Trauer, doch dann fuhr man mit den Hochzeitsvorbereitungen fort. Die Anspannung in der Stadt stieg und sie war auch innerhalb des Hauses zu spüren. Die Diener vermissten ihre Königin sehr, und sogar Giorgio, der solche Dinge sonst mit großem Gleichmut ertrug, schien über ihren Tod sehr bestürzt zu sein. Er war ungeduldig und zerstreut. Auch ich war jetzt unruhig, denn ich hatte von den Küchenjungen erfahren, dass Melchior und der Leopard in Paris angekommen waren. Wie vereinbart waren sie in eigens für sie hergerichteten Räumen im Louvre untergebracht. Melchior war nun meinem Vater nahe, und er hatte mir versprochen, so viel wie möglich in Erfahrung zu bringen.

Als ich Giorgio fragte, ob wir uns jetzt, da Königin Jeanne tot war, am Hofe betätigen würden, wies er mich mit ein paar unfreundlichen Worten ab. Bestürzt über seine Schroffheit, beugte ich mich wieder über meine Arbeit und rätselte, weshalb ihn meine Frage so verärgert hatte.

Wenig später schaute ich auf. Giorgio starrte mich an, doch aus seiner Miene wurde ich nicht schlau. Mir schien es, als wäre ich plötzlich mit einem Fremden im Raum, und zugleich kam mir sein Blick bekannt vor. Ein kalter Schauer überlief mich, als mir klar wurde, dass der letzte Mann, der mich so angesehen hatte, der Graf von Ferignay gewesen war.

Es war ein berechnender Blick, so wie ein Raubtier seine Beute beobachtet.

Jäh erwachte ein merkwürdiges Gefühl in mir.

Ich erkannte, dass ich in einer Falle saß.

Ich hob den Kopf. So wie der Leopard den Kopf gehoben hatte, Sekunden bevor der Bär angriff.

Giorgio wischte sich mit der Hand über die Stirn.

»Es ist zu warm, nicht wahr?«, fragte er. Schweißtropfen rannen über seine Schläfen. »Mir bekommt diese Hitze nicht.« Er hielte inne und lächelte. »Dir doch sicher ebenso wenig, Mélisande. Du musst dich öfter ausruhen, meine Liebe. Ich werde dir eine Mixtur zubereiten, damit du ruhig schlafen kannst.«

Ich hatte mich offenbar getäuscht. Meine nagenden Zweifel kamen allein von der lähmenden Hitze, die über der Stadt lag. Giorgio hatte mich nur aus Sorge um meine Gesundheit so prüfend angesehen.

Während dieser schwülen, stickigen Augusttage ließ mich Giorgio nicht aus den Augen. Jeden Abend trank ich seine Mixtur, denn jedes Glas, das er bereitete, schmeckte angenehmer als das vorherige. Und ich musste nachts nicht mehr wachliegen und schweißgebadet dem immer fürchterlicher werdenden Lärm lauschen, den der Mob, der die Straßen von Paris belagerte, zur Nachtzeit verbreitete. Sein Schlaftrank vertrieb meine Albträume, in denen ich mich zu Füßen Katharinas von Medici knien und um Gnade flehen sah, während sie den Scharfrichter von Carcassonne herbeiwinkte, der mich zum Scheiterhaufen führen sollte.

Kapitel vierundsechzig

Als der Tag der Hochzeit gekommen war, wies man uns als ärztliche Ratgeber des königlichen Hauses von Navarra einen Platz an, von dem aus wir eine gute Sicht hatten. Während alle Augen auf die Hochzeitsfeierlichkeiten gerichtet waren, hoffte ich, dass nun der Tag gekommen war, an dem ich meinen Vater endlich wiedersehen würde.

Als Erster traf Prinz Henri ein, sein guter Freund Denis Durac und Gaspard Coligny begleiteten ihn. Sie stiegen auf das Podest, das eigens für diese Feier vor der Kathedrale von Notre-Dame errichtet worden war. Hier ließ man sie beinahe eine Stunde lang warten, ehe sich überhaupt ein Würdenträger des französischen Hofes zu ihnen gesellte. Ausnahmsweise trugen die Hugenotten nicht ihre schlichte Kleidung. Zwar waren sie auch jetzt nicht grellbunt gekleidet, doch sie waren stattlich geschmückt, wie es sich für ihren Stand und den Anlass geziemte. Sie trugen Gewänder aus Seide und das Wams des Prinzen war prunkvoll mit silbernen Stickereien verziert. An ihren Hüten steckten weiße Federn, die mit birnenförmigen Perlen befestigt waren.

Um sich die Zeit zu vertreiben, flanierten die beiden jungen Männer umher und wechselten das eine oder andere Wort mit den Zuschauern. Sie blieben meist auf der Seite, an der sich die Anhänger der Hugenotten versammelt hatten, obwohl Henri ein- oder zweimal auch zu den Reihen der französischen Höflinge ging und sich mit einigen von ihnen unterhielt. Er mied jedoch die äußerste Ecke an der

Rückseite des Podests, an der sich das gewöhnliche Volk und die Bewohner von Paris drängten und auf das bevorstehende Schauspiel und die Freigebigkeit der Festgesellschaft warteten. Aber es war gar nicht nötig, in ihre Nähe zu kommen, um zu spüren, welche Stimmung dort herrschte. Als sie Henri, Denis Durac und Coligny erblickten, wurden diese mit Schmährufen bedacht, und die zunehmende Unruhe unter den Leuten ließ befürchten, dass der Pöbel bald außer Rand und Band geraten könnte.

»He, Monsieur Coligny, Ihr glaubt doch nicht wirklich, was dieses Medici-Weib Euch erzählt hat! Dass die Hochzeit Katholiken und Protestanten wieder vereinen wird!«

»Wenn Prinzessin Margot heute ein weißes Hochzeitskleid trägt, dann wisst Ihr, dass sie eine Lügnerin ist wie ihre Mutter.«

Im Gegensatz dazu begrüßten die Bewohner von Paris die Ankunft der Mitglieder des Hauses Guise mit Beifallsstürmen. Der Herzog, den ich noch als ungestümen Fünfzehnjährigen in Erinnerung hatte, war nun ein ansehnlicher Mann von zweiundzwanzig Jahren. Er trug einen kurz geschnittenen Bart und seine Miene war kühn. Er war derjenige, in den sich Prinzessin Margot angeblich hoffnungslos verliebt hatte. Der Herzog von Guise erwiderte die lauten Jubelrufe, mit denen man ihn begrüßte, und stolzierte zu seinem Platz.

Jetzt wurden die Spötteleien noch anzüglicher und persönlicher.

»He, Henri! Frag mal deine Braut, wo sie heute Nacht geschlafen hat! Du könntest eine Überraschung erleben!«

»Und das dürfte wohl nicht die letzte gewesen sein, Hugenotte!«, fügte ein Witzbold aus der Menge hinzu. »Freu dich auf ein Hochzeitsgeschenk in neun Monaten. Eine Surprise vom Herzog von Guise!«

Der Herzog von Guise lachte herzhaft über dieses Wortspiel mit seinem Namen. Henri hörte nicht darauf und unterhielt sich weiter mit Denis Durac.

Dann traf Katharina von Medici ein. Sie hatte das Witwengewand, das sie gewöhnlich trug, abgelegt und trug ein Kleid aus dunkelrotem Brokat. Eine hohe und kunstvoll verzierte Halskrause unterstrich noch ihr herrschaftliches Auftreten. Die Menge verstummte, als sie hoheitsvoll auf das Podest stieg und ihren Platz einnahm.

Ängstlich drückte ich mich an Giorgio. Er hatte mir einen Umhang mit hohem Kragen und einen großen bauschigen Hut besorgt, wie ihn die Gehilfen von Ärzten trugen. Er verdeckte mein Gesicht recht gut, aber beim Anblick von Katharina von Medici überfielen mich bange Vorahnungen. 1572 war das Jahr, in dem ich nach Paris kommen würde, so hatte es Nostradamus vorausgesagt. Das Jahr, in dem die Planeten in die richtige Stellung eintreten und meine Bestimmung sich erfüllen würde. Aber was erwartete man von mir? Sollte ich versuchen, näher an den König zu kommen? Sollte ich mich zwischen ihn und den Dolch des Mörders stürzen? Vielleicht hätte ich die Prophezeiung mitbringen sollen. Sie war noch immer im Saum meines Reiseumhangs eingenäht, der zusammen mit meiner Mandoline an dem Wandhaken in unserem Quartier hing.

Eine Trompetenfanfare kündigte die Braut an. König Charles, der Prinzessin Margot am Arm führte, war gekleidet, als wolle er die Pracht seiner Schwester noch übertreffen. Umhang und Kniehosen waren dunkelrot, die Strümpfe malvenfarben. Seine Tunika war gesteppt und geschnürt und kunstvoll mit Perlen bestickt, die Kniehosen und Ärmel waren reich mit gelber Seide ausgelegt. Üppige Bänder zierten seine Kleidung, Diamanten funkelten an seinen Fingern, zierten seinen Halsschmuck, blitzten an seinen Ohren.

Wie allen anderen verschlug es auch mir den Atem, als ich Prinzessin Margot erblickte. Das frische, lebhafte junge Mädchen, das ich vor so vielen Jahren in Cherboucy gesehen hatte, war zu einer dunklen Schönheit herangewachsen. Ihr Brautkleid war golden und mit den kostbarsten Edelsteinen geschmückt. Smaragde, Rubine, Diamanten und Saphire blitzten im Sonnenlicht, als sie die Stufen des Podests hinaufschritt. Darüber trug sie einen ärmellosen, leuchtend blauen Überwurf, der viele Ellen lang hinter ihr herschleifte. Er war mit einem Muster aus französischen Lilien in feinsten Goldfäden bestickt. Auf ihrem Kopf thronte eine mit Hermelin besetzte Krone. Margot blickte gefasst, aber ihr Gesicht war gerötet und in ihren Augen blitzte starrköpfiger Widerstand.

König Charles führte sie an Henris Seite und dieser reichte ihr die Hand. Aber Margot beachtete ihn gar nicht. Gestützt von ihren Dienern, kniete sie auf einem der Altarkissen nieder. Henri zuckte die Schultern und kniete sich neben sie.

Wir sahen, wie der König Gaspard Coligny ein Zeichen gab, seinen Stuhl näher zu ihm heranzurücken. Katharina von Medici hob den Kopf noch höher und erstarrte.

Der Chor begann zu singen. Weihrauchwolken stiegen in die Luft. Die Hugenotten hüstelten und zischelten missbilligend. Dann beendete der Chor seinen Gesang und der Erzbischof begann mit der Trauungszeremonie.

Henri von Navarra sprach sein Ehegelöbnis mit matter, ausdrucksloser Stimme.

Dann wandte der Erzbischof sich an die Braut und fragte, ob sie gewillt sei, Prinz Henri als Ehemann anzunehmen.

Prinzessin Margot gab keine Antwort.

Der Erzbischof wiederholte seine Frage.

Margot starrte vor sich hin und verweigerte das Jawort.

Ein Raunen ging durch die Reihen.

Aber Margot antwortete noch immer nicht.

Dann gab es die ersten Zurufe.

»Sag was, Margot!«

»Schick ihn nach Navarra zurück!«

Katharina von Medici flüsterte dem König etwas zu. Charles stand auf und legte seiner Schwester die Hand auf den Nacken. Als sie der Erzbischof zum dritten Mal aufforderte, ihr Eheversprechen abzugeben, stieß der König ihren Kopf als Zeichen der Zustimmung nach vorn.

Henri von Navarra tat so, als habe er nichts bemerkt. Die Menge pfiff und johlte und ein paar Raufbolde drängten sich vor. Ich sah, wie Denis Durac nach seinem Schwert griff, aber sein Herr hielt ihn schnell zurück.

Die Kunde von dem Vorfall verbreitete sich wie ein Lauffeuer, und als wir uns dem langen Zug von Menschen anschlossen, der zum Empfang in den Palast des Erzbischofs strömte, hörten wir, wie mancher laut seine Meinung äußerte.

»Prinzessin Margot wurde gezwungen, diesen Ketzer zu heiraten!«

»Paris sollte sich erheben und ihr zu Hilfe eilen!«

Da wir mit den Hugenotten gekommen waren, wurden wir angerempelt und gestoßen, und Giorgio legte mir schützend den Arm um die Schulter. Als geladene Gäste erhielten wir Zutritt und durften an den langen Tischen essen, die in den Innenhöfen aufgestellt waren, während die Hochzeitsgesellschaft im Palast speiste.

Alle stellten sich ihrem Rang gemäß auf, während die Würdenträger an uns vorbeischritten. Als Gaspard Coligny durch das Eingangstor ging, schaute er nach oben und sah über sich die hugenottischen Fahnen hängen, die in früheren Auseinandersetzungen erbeutet worden waren.

Er sagte absichtlich so laut, dass es der Herzog von Guise hören konnte: »Eines ist gewiss, diese Fahnen werden sehr bald wieder abgenommen und ihren rechtmäßigen Besitzern zurückgegeben werden.«

Der Herzog von Guise parierte sofort mit einer schroffen Antwort und baute sich vor Coligny auf, um ihm den Weg zu versperren.

Kapitel fünfundsechzig

Giorgio stellte sich eilig vor mich.

Sowohl Colignys Anhänger wie auch Parteigänger der Guise scharten sich um die beiden, aber ehe etwas geschah, hörte man die Stimme des Königs über den Lärm hinweg.

»Haltet ein!«, rief er. »Heute ist der Hochzeitstag meiner Schwester und ich dulde keinen Streit!«

Die Menge teilte sich und König Charles ging auf die beiden Männer zu. »Hört gut zu, was ich Euch jetzt sage.«

Es wurde still. Katharina von Medici trat hinter den König. Sie nickte fast unmerklich mit dem Kopf.

Der Herzog von Guise machte einen Schritt zur Seite. »Ich hielt es für eine Beleidigung Eurer Majestät«, rechtfertigte er sich.

»Es war nur ein Scherz«, antwortete der König. »Nichts weiter. Kommt …« Er umarmte Coligny. »Der Mann, den ich Vater nenne, soll beim Mahl neben mir sitzen.«

Ohne weitere Zwischenfälle zog der Hochzeitstross in den großen Saal des Palasts ein, während wir Übrigen an den Tischen im Freien Platz nahmen. Ich aß und trank sehr wenig. Vor Furcht zitterten meine Hände, ja, ich bebte am ganzen Leib. Giorgio, der dies bemerkte, erkundigte sich fürsorglich nach meinem Befinden.

»Ich bin so unruhig, weil ich meinen Vater sehen werde, mehr nicht«, versicherte ich ihm. Immerzu wanderten meine Blicke von einem der Umstehenden zum anderen, und ich lauschte angestrengt auf alles, das mir dabei helfen könnte, meinen Vater zu finden.

Das Festessen dauerte bis zum Nachmittag. Dann wurden die Tische abgetragen, und man schickte uns auf die Balkone des Palasts, von wo aus man den Innenhof überblicken konnte, während sich die königliche Familie mit ihren Gästen unter uns versammelte. Stühle wurden für die Gäste der Hochzeitsgesellschaft aufgestellt und zum Befremden der Thronregentin setzte ihr Sohn Gaspard Coligny neben sich. Ich stand neben Giorgio und schaute hinunter auf die Botschafter, Adeligen und hohen Würdenträger der Kirche. Die Grüppchen der Hugenotten in ihrer dunklen Kleidung stachen zwischen den farbenprächtigen Kleidern der anderen Gäste, ihren Ehrenabzeichen, Schärpen und Orden hervor.

Ein Gong ertönte, woraufhin eine Abordnung von Bauern aus den verschiedensten Gegenden Frankreichs erschien, um König Charles ihre Ehrerbietung zu erweisen und der Braut und dem Bräutigam Geschenke zu überreichen. Die Männer und Frauen trugen die althergebrachten Trachten ihres Landes, sie kamen aus der Auvergne, der Picardie, der Bretagne, der Normandie, der Gascogne …

»Seht doch, wie täppisch diese Gascogner sind!«, rief jemand höhnisch auf unserem Balkon. »Ganz wie ihre Brüder aus Navarra.«

In die Menge um uns kam Bewegung. Giorgio schaute sich beunruhigt um und zog mich beiseite.

»Es wird Aufruhr geben, noch ehe der Abend vorüber

ist«, flüsterte er mir ins Ohr. »Wir sollten schleunigst von hier verschwinden.«

Ich wusste, dass er recht hatte. Hier gab es nichts mehr für mich zu tun. Nostradamus hatte mich zusammen mit meinem Vater bei einem Fenster im Louvre stehen sehen, nicht auf einem Balkon, von dem aus man den Hof des Bischofspalasts von Notre-Dame überblicken konnte. Es gab keinen Grund, länger hier zu verweilen. Die Zeit war noch nicht gekommen für mich, den König zu retten. Inzwischen war meine Hoffnung geschwunden, meinen Vater noch heute zu sehen.

Dann erblickte ich eine Gestalt, die mir Angst und Schrecken einflößte, und ich begriff, dass ich tatsächlich auf der Stelle gehen musste.

Der Comte de Ferignay!

Ich zog den Kopf ein, tat so, als müsste ich gähnen, und bedeckte mein Gesicht mit den Händen.

Giorgio schaute erst auf mich, dann in den Schlosshof. Ich spreizte meine Finger und wagte einen zweiten Blick.

Ferignay war beleibter als vor sechs Jahren. Sein Gesicht war breiter geworden, die Haut um seinen Mund war erschlafft, an seinen Zügen konnte man die verheerende Wirkung jahrelanger Ausschweifungen ablesen. Er stand etwas abseits in einer Schar, die den Herzog von Guise umringte.

Giorgio folgte mir, als ich mich an der Wand entlang zur entlegensten Treppe stahl, die zum Ausgang führte.

Im Hof hatten die Bauern mit ihrer Vorführung begonnen. Ihre Stimmen klangen schön und ihre Holzschuhe klapperten fröhlich auf den Pflastersteinen, während sie sich im Tanz drehten und mit ihrem Lied das Einbringen der Ernte feierten.

Plötzlich erhob sich Prinzessin Margot. Sie trat vor, klatschte im Takt der Musik in die Hände und wollte sich unter die Tänzer mischen.

Die Hugenotten schienen über ihr Benehmen entsetzt zu sein. Kleine Grüppchen traten zusammen und flüsterten miteinander.

Margot zog ihren zarten Überwurf aus. Sie rannte in die Mitte des Hofs, breitete die Arme aus und tanzte wie entfesselt. Ihr goldfarbenes Kleid geriet in Unordnung, eine Schulter war entblößt, die Krone auf ihrem Kopf lockerte sich, als ihr Haar über die Schultern herabfiel. Katharina von Medici richtete sich halb auf. Unterdrückte Wut stand ihr ins Gesicht geschrieben, als sie ihre Tochter sah, die sich so liederlich in aller Öffentlichkeit zeigte. König Charles bedeutete seiner Mutter, Ruhe zu bewahren.

»Es ist der Hochzeitstag meiner Schwester«, sagte er. »Gestattet Margot ein paar Freiheiten. Sie wird den Rest ihres Lebens in Navarra verbringen, triste Kleidung tragen, ohne Tanz und ohne Musik.«

Prinzessin Margot tänzelte um die Pfeiler des Kreuzgangs herum und kam dann wieder in die Mitte des Schlosshofs. Sie wirbelte im Kreis, machte ein paar Schritte und kam ins Stolpern.

Der Herzog von Guise stieß seine Gefährten beiseite und sprang nach vorn. Als sie strauchelte, fing er Margot in seinen Armen auf, und ihr Kopf sackte gegen seine Schulter.

»Dieu!«

Giorgio war nicht der einzige Zeuge, der den Namen Gottes vergeblich anrief.

Einen Augenblick lang herrschte Schweigen. Dann trat Denis Durac vor den Herzog von Guise und wandte sich an die Prinzessin. »Madame, Euer Bräutigam wünscht Eure Gegenwart.«

Margot richtete sich auf. Dann schob sie sowohl den Herzog von Guise als auch Durac von sich, rief ihre Diener herbei und ging nüchtern und ohne zu wanken in den Palast.

Überall wurde getuschelt und geredet. Giorgio nutzte die allgemeine Unruhe aus, packte mich fest am Arm und führte mich die Treppe hinunter zum äußeren Tor.

Im Westen ging gerade die Sonne unter. Ihre Wärme verwirrte meine Sinne und die sengenden Strahlen des Glutballs blendeten mich. Ich presste die Hände an meine Schläfen, da ich die ersten Anzeichen quälender Kopfschmerzen verspürte.

Da hörte ich König Charles, er sprach so deutlich, als stünde er direkt neben mir.

»Diese ganze Aufregung hat mir Kopfschmerzen bereitet. Ich brauche Balsam für mein Gemüt.«

Und zwischen den vielen Menschen hindurch sah ich, wie er jemanden zu sich winkte.

Und dann … dann vernahm ich einen Ton, von dem ich in den vergangenen sechs Jahren geträumt hatte. Einen Ton, von dem ich schon glaubte, ihn niemals wieder zu hören.

Es war eine Laute, die meisterlich gezupft wurde.

Jäh blieb ich stehen. Ich reckte den Hals und stützte mich auf Giorgio, um besser sehen zu können.

Der König saß noch immer in dem Stuhl, den man für ihn im Schlosshof aufgestellt hatte. Hinter ihm stand ein großer Mann.

Ein Mann, dessen Rücken inzwischen gebeugt war, den ich dennoch auf Anhieb wiedererkannte. Ehe mir die Sinne schwanden, rief ich ein einziges Wort.

»Papa!«

Kapitel sechsundsechzig

Ich schlug die Augen auf.

Ich lag in meinem Zimmer im Hause von Viscomte Lebrand auf einer Matratze und Giorgio kniete an meiner Seite.

»Du bist ohnmächtig geworden. Ich musste dich nach Hause tragen«, sagte Giorgio. »Ich mache mir Sorgen um deine Gesundheit, Mélisande.«

Mühsam richtete ich mich auf. Eine Welle von Übelkeit stieg in mir hoch, aber ich schaffte es zu fragen: »Habt Ihr ihn gesehen, meinen Vater?«

»Wenn du den Spielmann meinst, ja, den habe ich gesehen. Aber aufzuschreien, wie du es getan hast, war sehr gefährlich, Mélisande. Du hattest Glück, dass dich in dem Tumult, der dem empörenden Auftritt Prinzessin Margots folgte, niemand beachtete.«

»Es sind noch mehr Hochzeitsfeierlichkeiten geplant«, sagte ich ungeduldig. »Seid Ihr auch dort eingeladen?«

»Es kann sein, dass man mich beauftragt, als Arzt einigen dieser Veranstaltungen beizuwohnen«, erwiderte Giorgio. »Warum willst du das wissen?«

Bei dieser Frage, die er so fürsorglich stellte, brachen alle Dämme in mir, und die Last meines unglücklichen Lebens sprudelte aus mir hervor. »Mein Vater«, schluchzte ich. »Heute habe ich meinen Vater gesehen. Zum ersten Mal seit so vielen Jahren, seit meine Schwester gestorben ist.«

Und so erzählte ich Giorgio die ganze Geschichte, wie es mir und meiner Familie ergangen war, erzählte ihm alle Einzelheiten über Chantelles Tod, wie ich von meinem Vater getrennt wurde und wie ich schließlich nach Salon fliehen musste.

»Ah ja«, sagte er, als ich geendet hatte. »Jetzt verstehe ich alles viel besser.« Er beugte sich vor und strich mir über die Stirn. »Aber ich habe das Gefühl, das ist nicht alles, Mélisande. Du verschweigst mir noch etwas.«

Nun da ich meinen Vater leibhaftig vor mir gesehen hatte, war ich nur noch bestrebt, wieder mit ihm zusammen zu sein, ich dachte nicht mehr an die Weissagungen, noch wollte ich, dass man den Schriftstücken des Nostradamus jetzt noch allzu viel Aufmerksamkeit schenkte. Ich schüttelte den Kopf. »Nein. Das ist alles. Das ist meine ganze Geschichte. Und jetzt wünsche ich mir nichts sehnlicher, als mit meinem Vater zu sprechen.«

Giorgio stand auf.

»Das muss man doch irgendwie in die Wege leiten können.«

»Jetzt da Königin Jeanne gestorben ist, schickt man uns vielleicht nach Navarra zurück«, sagte ich. »Uns bleibt so wenig Zeit.«

»Das ist richtig«, stimmte Giorgio mir nachdenklich zu. »Uns bleibt wenig Zeit. Es würde dich also glücklich machen, deinen Vater wiederzusehen?«

»Ganz bestimmt!« Ich klatschte in die Hände.

»Falls es nicht möglich sein sollte, mit ihm zu sprechen, möchtest du deinem Vater dann vielleicht eine Nachricht zukommen lassen oder irgendjemandem sonst am Hofe?«, fragte Giorgio beiläufig.

»Ich möchte, dass Papa weiß, dass ich in Sicherheit bin und es mir gut geht«, antwortete ich ihm.

»Ist das alles?« Er zögerte. »Willst du ihm nicht irgendetwas schreiben?«

»Ich könnte etwas aufschreiben, wenn Ihr meint, das wäre besser«, schlug ich vor.

»Nein, nein«, sagte Giorgio. »Ich dachte nur, vielleicht

hast du schon etwas zur Hand, einen Brief vielleicht …?« Er brach mitten im Satz ab.

»Ich schreibe sofort ein paar Zeilen«, sagte ich eifrig und wollte von meinem Bett aufstehen.

»Nein, lieber nicht.« Giorgio schien mit seinen Gedanken ganz weit weg zu sein. Er ging zur Tür. »Ich will alles tun, damit du deinen Vater wiedersiehst, Mélisande. Das wenigstens hast du dir verdient.«

Im Anschluss an die königliche Hochzeit feierte man vier Tage lang. Gesellschaften wurden abgehalten, aufwendige Schauspiele aufgeführt, Maskenbälle, Konzerte und verschwenderische Feste wurden veranstaltet für geladene Gäste, aber auch für jedermann. Trotz der großzügigen Speisungen für das Volk war die Stimmung der Leute feindselig. Die Diener im Hause klatschten darüber, aber ich nahm kaum Kenntnis davon. Ich hielt mich meistens in unseren Kellerräumen auf, denn ich war krank, und ich zitterte vor innerer Anspannung bei dem Gedanken, meinen Vater vielleicht bald wiederzusehen.

Würde er mich wiedererkennen? Ich suchte einen Spiegel und betrachtete mich darin. Ich war entsetzt darüber, wie ich aussah. Mein Gesicht war schmal geworden, vor Erschöpfung lagen dunkle Ringe um meine Augen. Mit meinen kurzen Haaren und der Mütze, die ich tief ins Gesicht gezogen hatte, hielt mich jeder für einen Jungen, aber mein Vater würde sich doch sicher nicht von dieser Verkleidung täuschen lassen?

In den folgenden Tagen ging Giorgio jeden Abend aus und kehrte erst spät in der Nacht zurück. Danach war er jedes Mal noch bekümmerter und noch wortkarger. Er behauptete, er sei lediglich enttäuscht, dass er keine Erlaubnis für mich beschaffen könne, ihn in den Louvre begleiten zu dürfen. Während ich mich weiter sorgte und grämte, war er sehr auf mein Wohlergehen bedacht und setzte sich zu mir, wenn ich allabendlich meinen Schlaftrunk zu mir nahm.

Aber eines Freitags gegen Mittag, es war der zweiundzwanzigste August, kam ein Bote, der ihm auftrug, sofort im Louvre vorzusprechen. Der frisch vermählte Prinz Henri war gestürzt und hatte sich den Knöchel verletzt, als er mit König Charles Tennis gespielt hatte.

Giorgio blickte zu mir herüber; ich saß auf einem Stuhl und rührte lustlos Alaun in einem Topf.

»Dieser kleine Unfall bringt uns beide in den Louvre hinein«, sagte er. Er schaute mich voller Mitgefühl an. »Das könnte *die* Gelegenheit für dich sein, Mélisande, deinen Vater zu sehen.«

Schwankend stand ich auf.

»Ich bin bereit«, erwiderte ich.

In den wenigen Tagen, in denen ich das Haus nicht verlassen hatte, hatte sich die Lage auf den Straßen von Paris noch verschlimmert. Berge von Müll und Unrat türmten sich auf und die Fußgänger blickten uns misstrauisch nach. Giorgio stützte mich mit festem Griff, während wir eilig unseres Weges gingen. Als wir zusammen mit dem Boten, der uns begleitete, am Haupttor angelangt waren, ließ man uns beide in das Schloss.

Henri von Navarra saß am Rande des Spielfelds in einem der Innenhöfe; sein Bein ruhte auf einem Kissen. Neben ihm stand Gaspard Coligny und auch die Thronregentin war anwesend. Als wir kamen, trat sie grußlos zur Seite. Henris Knöchel war angeschwollen, aber er scherzte mit König Charles.

»Wenn ich gewusst hätte, wie Ihr mit Euren Gegnern umgeht, hätte ich mich nie auf ein Spiel mit Euch eingelassen«, witzelte er.

»Ihr solltet froh darüber sein, dass es nur ein angeschlagener Knöchel ist«, murmelte jemand aus den Reihen der umstehenden Höflinge vernehmlich. »Einem Ketzer könnte viel Schlimmeres widerfahren.«

Ich kannte die Stimme. Sie gehörte dem Comte de Ferignay! Vor Angst krampfte sich mein Magen zusammen, aber ich hielt meinen Kopf gesenkt und den Blick abgewandt.

Falls Henri diese höhnische Bemerkung gehört hatte, so beachtete er sie jedenfalls nicht. Aber sein Freund Denis Durac beugte sich ganz nah zu ihm und flüsterte ihm ins Ohr: »Sire, als Ihr in den Schlosshof kamt, hat Euch einer von den Gefolgsleuten der Guise ein Bein gestellt. Das geschah mit Absicht, sie wollten Euch stolpern sehen.«

»Ihr müsst anstelle meines neuen Schwagers mit mir spielen«, sagte König Charles verdrießlich zu Gaspard Coligny. »Es ist mein königlicher Wunsch, jetzt Tennis zu spielen, und Ihr sollt mein Partner sein.«

»Ich bitte um Verzeihung, Sire«, entschuldigte sich Coligny, »aber nach der Zusammenkunft des Staatsrats heute Morgen muss ich gehen und die Befehle erteilen, damit sich noch mehr unserer Truppen dem spanischen Angriff auf die Niederlande nahe unserer Grenzen entgegenstellen.« Dabei lächelte Coligny die Thronregentin unverhüllt hämisch an. Es war ja allgemein bekannt, dass Katharina von Medici jede Feindseligkeit den Spaniern gegenüber vermeiden wollte.

»Ihr könnt gehen.« König Charles warf seiner Mutter einen trotzigen Blick zu und gab Coligny ein Zeichen, dass er sich entfernen könne.

Katharina von Medici blickte weg, als Coligny den Hof verließ.

»Ich werde mit Euch das Spiel fortsetzen, Sire, wenn Ihr gestattet.«

Der Herzog von Guise war aus der Gruppe seiner Anhänger hervorgetreten. Der König nickte ungeduldig und kehrte zum Spielfeld zurück, während der Herzog von Guise einen Schläger zur Hand nahm. Mit meinen Blicken suchte ich die Reihen der Zuschauer und Höflinge ab, die auf der Galerie standen und sich an den Türen drängten. Mein Vater war nirgends zu sehen. Der Herzog ging gemächlich auf das Spielfeld. Diese Verzögerung verärgerte den König nur umso mehr.

»Lasst uns endlich anfangen«, schnauzte er. »Ich musste mit meiner morgendlichen Ertüchtigung ohnehin lange genug warten, während sich meine sogenannten Berater, Coligny und all die anderen, darüber stritten, ob wir gegen Spanien Krieg führen sollten.«

Katharina von Medici holte tief Luft. »Darf ich Euch daran erinnern, Sire, dass es ein Unglück für Frankreich wäre, einen Krieg mit Spanien vom Zaun zu brechen.«

»Das ist mir egal!« Charles' Stimme wurde schrill. »Ich will kein Wort mehr davon hören. Ich möchte jetzt spielen, und zwar auf der Stelle!« Und er warf den Ball in die Luft und schmetterte ihn mit aller Kraft.

Der Herzog von Guise machte den ersten Punkt, obwohl er offenkundig versuchte, den König gewinnen zu lassen.

Charles lief vor Zorn rot an und schoss den Ball heftig zurück. Der Herzog nahm ihn an und schlug ihn sachte zurück. Der König rannte schadenfroh darauf zu. Er holte zu einem Schlag aus, der ihm sicherlich einen Punkt eingebracht hätte, als plötzlich aus dem Gang ein fürchterlicher Radau zu hören war. Mehrere Bewaffnete stürmten in den Schlosshof.

»Meuchelmord! Meuchelmord!«

Charles kreischte erschrocken auf und versteckte sich hinter seiner Mutter. Sie blieb völlig ruhig stehen, strich ihr Kleid glatt und fragte herrisch: »Was hat dieser Aufruhr zu bedeuten?«

Der erste Soldat fiel vor ihr auf die Knie. »Admiral Gaspard Coligny wurde erschossen.«

»Was?« König Charles schleuderte seinen Schläger fort. »Kann ich denn niemals Ruhe haben?«, schrie er zornig. »Kann ich nicht ein einziges Mal spielen, ohne ständig dabei gestört zu werden?«

Henri hingegen hatte, als er die Nachricht hörte, mühsam versucht aufzustehen.

Alle sprachen jetzt durcheinander, die Männer rannten zu den Toren.

»Bleibt stehen!«, befahl Katharina von Medici. »Bewacht alle Eingänge und Ausgänge«, wies sie ihre Leibwache an. »Es betrübt uns zu hören, dass Gaspard Coligny tot ist, aber wir müssen vor allem das Leben des Königs, der hier unter uns ist, schützen.«

Während des allgemeinen Durcheinanders war ein anderer Mann herbeigestürzt, seiner Kleidung nach war er Hugenotte, und besprach sich mit Henri. Gestützt von Denis Durac, erhob sich dieser. Dann sagte er und ließ dabei alle aufhorchen, ohne die Stimme zu heben: »Ich habe gerade erfahren, dass Admiral Gaspard Coligny nicht tot ist, aber er ist verletzt, nachdem man auf ihn geschossen hat.« Aus den Reihen der Guise vernahm man hörbare Seufzer des Bedauerns. »Wir sollten dankbar sein, dass es Gott dem Herrn gefallen hat, sein Leben zu schonen.«

Charles warf seinem Schwager einen ärgerlichen Blick zu. »Dankbar? *Dankbar?*«, kreischte er. »Er hat mein Spiel gestört. Und ich war gerade dabei, einen Punkt zu machen«, fügte er mürrisch hinzu.

Die beiden Männer hätten nicht gegensätzlicher sein können. Die königliche Haltung Henris stand in krassem Gegensatz zu Charles' kindischem Wutanfall.

Katharinas Enttäuschung, als sie hörte, dass Coligny nur

verwundet war, war unverkennbar, aber sie fasste sich schnell wieder. Sie drehte fast unmerklich den Kopf.

»Ist hier ein Arzt, der sich um Admiral Coligny kümmern kann?«

Giorgio trat vor.

Sofort sagte Henri zu ihm: »Seid so gut und nehmt Euren Gehilfen mit, geht zum Haus des Admirals und lasst ihm die beste Pflege angedeihen.«

Sowohl Henri von Navarra als auch Katharina von Medici befahlen einem bewaffneten Wachmann, uns auf unserem Weg zu beschützen. In den Straßen brodelte es, die Menschen riefen sich die Neuigkeit zu und rempelten die Soldaten an, die sich mit uns in ihrer Mitte den Weg bahnten. Aus dem, was die Leute sich zuriefen, konnten wir entnehmen, dass der Schuss aus einem Haus abgefeuert worden war, das dem Herzog von Guise gehörte.

»Was meint Ihr, geschah das mit Absicht?«, fragte ich Giorgio.

Er packte mich so fest an der Schulter, dass ich vor Schmerz aufschrie. »Kein Wort«, zischte er mir ins Ohr. »Hast du verstanden? Sag kein Wort.«

Wir wurden in das obere Stockwerk des Hauses geführt, in dem Gaspard Coligny wohnte. Seine Freunde, die sich um sein Bett geschart hatten, traten beiseite, als sie hörten, dass Henri von Navarra uns hierhergeschickt hatte. Giorgio untersuchte die Wunde an Colignys linkem Arm.

»Wenn Ihr gestattet, werde ich einen Verband anlegen«, schlug er vor.

»Eine solche Vorgehensweise ist nicht zu empfehlen«, unterbrach ihn eine Stimme.

Ambroise Paré, der Leibarzt des Königs, war eingetroffen. Der König selbst hatte ihn geschickt, dem es nun leidtat, dass ihn die Verletzung Colignys so wenig bekümmert hatte.

Ambroise Parés Unbescholtenheit war über jeden Zweifel erhaben und Giorgio beugte sich auf der Stelle dem Vorschlag des erfahrenen Arztes. Paré schaute mich an, als er an mir vorbeiging, aber er schien mich nicht wiederzuerkennen. Einmal nur waren wir uns kurz begegnet, als er zu meiner Schwester Chantelle gekommen war und ihren Tod festgestellt hatte.

»Zunächst müssen wir die Kugel entfernen, sonst beginnt die Wunde zu eitern«, erklärte Paré, nachdem er selbst Colignys Arm sorgfältig untersucht hatte.

»Anschließend sollten wir Admiral Coligny zu seiner eigenen Sicherheit in den Louvre verlegen«, fügte Giorgio hinzu.

»Nein!« Von den Hugenotten, die an der Tür standen, kam lautes Murren. »Wenn wir ihn in den Louvre brächten, könnten sie ihren schändlichen Mordversuch vollenden.«

Paré warf Giorgio einen verwunderten Blick zu und sagte: »Ich bin der festen Überzeugung, es würde für Admiral Coligny den sicheren Tod bedeuten, wenn man ihn von hier wegbrächte. Wenn er hingegen im Bett bleibt, wird seine Wunde rasch verheilen.«

Als Ambroise Paré sich daranmachte, die Kugel zu entfernen, zog mich Giorgio ans Fenster.

»Wir müssen weg von hier«, sagte er angespannt. »Bald wird niemand mehr dieses Haus betreten oder verlassen dürfen.«

Ich schaute nach unten. Die Gasse wimmelte von Hugenotten, die eilig aus allen Teilen der Stadt hergekommen waren. Wie eine dunkle, wogende Masse wälzten sie sich heran, um zu erfahren, was geschehen war.

An der Eingangstür stießen wir auf die Wachsoldaten, die uns hierher geleitet hatten, und Giorgio überredete sie, uns sicher zum Hause des Viscomte Lebrand zu führen. Mit gezückter Hellebarde mussten die Soldaten uns den Weg bahnen.

»Es wird ein Aufruhr losbrechen, noch ehe die Nacht vorüber ist«, sagte ich.

»Oder Schlimmeres«, erwiderte Giorgio ausdruckslos.

Im Hause Lebrands herrschte bereits Aufruhr. Der Viscomte hatte von dem Vorfall erfahren, aber er konnte seinen hugenottischen Brüdern nicht zu Hilfe eilen, denn sein entzündetes Bein eiterte. Er bat Giorgio, den Verband zu wechseln.

»Wenn wir Gaspard Coligny so bald nach dem Tode unserer Königin auch noch verlören, wäre es ein großer Verlust für die Hugenotten«, seufzte er.

Viscomte Lebrand hatte der Tod der Königin schwer getroffen, denn er fürchtete, man würde die Schuld bei ihm suchen, weil sie ja in seinem Hause verstorben war.

»An jenem Tag war Königin Jeanne vom Besuch des französischen Königs und Katharinas von Medici sehr erschöpft«, fuhr der Viscomte fort. »Wenn ich in der Nacht bei ihr geblieben wäre, hätte ich vielleicht bemerkt, dass sie sich schwach fühlte, und hätte sofort Hilfe holen können. Dann wäre sie womöglich noch am Leben.«

»Ihr habt Euch nichts vorzuwerfen«, versicherte Giorgio dem Viscomte, während er den Eiter in das Gefäß entleerte, das ich an das entzündete Bein hielt. »Die Zeit hätte zum gleichen Ergebnis geführt.«

Ich fühlte, wie mir der Boden unter den Füßen wegglitt, während ich das Gefäß fest umklammerte.

»Nimm die Schale nun und spüle sie aus«, trug mir Giorgio freundlich auf, »dann geh und ruh dich aus. Und vergiss nicht, deine Medizin zu nehmen, ehe du dich hinlegst.«

»Geht es Eurem Gehilfen nicht gut?«, hörte ich den Viscomte freundlich fragen, als ich zur Treppe ging.

»Ich fürchte, es sind die ersten Symptome von Quartanfieber«, erwiderte Giorgio flüsternd.

Der Viscomte schnalzte mitleidig mit der Zunge. »Wie schade. Gute Gehilfen sind nicht leicht zu finden.«

Quartanfieber? In Salon hatten wir Patienten behandelt, die sich mit dieser tödlichen Krankheit angesteckt hatten, und deshalb wusste ich, dass ich diese Krankheit nicht hatte. Auch Giorgio musste das wissen. Aber warum sagte er dann so etwas? Natürlich, ich hatte Kopfschmerzen. Ein schneidendes, wildes Brennen hinter der Stirn.

Die Schüssel zersprang, als sie mir aus den Händen glitt und in den Ausguss fiel. Ich starrte sie dumpf an. Ich hatte keine Kraft mehr, die Scherben wegzuräumen. Der pochende Schmerz hinter meinen Augen breitete sich im ganzen Kopf aus.

Ich musste etwas dagegen tun. Giorgio hatte ein Mittel, das sehr gut bei quälenden Kopfschmerzen half. Tastend ging ich zum Regal, aber die Flasche war leer. Der Schmerz hatte sich jetzt wie ein eisernes Band um meine Schläfen gelegt. Ich musste ihn loswerden. Ich wusste, dass Giorgio einige seiner wirkungsvollsten Arzneimittel in der Instrumententasche verwahrte. Sie stand immer neben seinem Bett, bestimmt hätte er nichts dagegen, wenn ich etwas davon nähme.

Ich öffnete die Tasche und durchwühlte sie bis zum Boden. In einer Ecke stieß ich auf ein kleines, weiches Bündel, das achtlos in Papier eingewickelt war. Vielleicht lag das Mittel, das ich suchte, darunter? Ich zog das Päckchen hervor und dabei zerriss das Papier und der Inhalt fiel heraus.

Ein Paar Handschuhe.

Weiße Handschuhe.

Weshalb hatte Giorgio Handschuhe in seiner Tasche? Er trug niemals irgendwelche Handschuhe. Außerdem waren es Damenhandschuhe. Ich hatte sie schon irgendwo gesehen …

Ich bückte mich, um sie aufzuheben. Jäh hielt ich inne. Ein fruchtiger Duft drang aus dem offenen Päckchen. Diesmal erkannte ich, was es war.

Es roch nach Kirschen.

Und plötzlich war mir alles sonnenklar.

Ich setzte mich auf den Boden. Die Haustür ging auf und Giorgio trat ein. Er schaute zuerst mich an, dann die geöffnete Tasche. Dann sah er, was neben mir auf dem Boden lag.

»Ach, die Handschuhe der Königin«, sagte er. »Hätte ich die vermaledeiten Handschuhe doch nur verbrannt.«

Kapitel siebenundsechzig

Giorgio machte die Tür zu und verriegelte sie hinter sich.

Ich starrte ihn an. Meinen Freund. Meinen Beschützer.

Giorgio.

Er hatte Königin Jeanne umgebracht.

Giorgio hatte das Medici-Gift, von dem er einst in Salon gesprochen hatte, dazu benutzt, die Königin von Navarra zu ermorden. Jetzt fielen mir auch wieder die Symptome ein, die Giorgio mir seinerzeit geschildert hatte: der Geruch nach Kirschen, die gelbliche Verfärbung der Haut auf dem Handrücken. In Gedanken kehrte ich in jene Todesnacht zurück. Als wir damals das Schlafgemach betraten, schimmerten Königin Jeannes Hände auf dem Bettlaken weiß. Offenbar hatte sie auf Drängen der Thronregentin die Handschuhe anprobiert, die Katharina ihr an jenem Morgen geschenkt hatte. Giorgio war an das Bett herangetreten und hatte alle anderen hinausgeschickt. Dann hatte er die Gelegenheit genutzt, um die Handschuhe rasch an sich zu nehmen und sie in seinem Arztkoffer verschwinden zu lassen. Und als die Hofdame später neben das Totenbett ihrer geliebten Herrin gesunken war, hatte die Königin, daran erinnerte ich mich jetzt, keine Handschuhe mehr getragen. Die Haut war braunfleckig vom Alter gewesen, aber auch gelblich von dem Gift.

Ich sah Giorgio voller Entsetzen an.

»Ihr habt die Königin von Navarra ermordet.«

»Man brachte mir das Medici-Gift, und ich stellte daraus eine Salbe her, die auf die Innenseite der Handschuhe aufgetragen wurde«, sagte Giorgio ruhig. »Als die Königin tot war, sorgte ich dafür, dass die Handschuhe verschwanden, damit es keinerlei Beweise gab. Königin Jeanne war sehr krank, sie wäre ohnehin bald gestorben. Mit der Zeit hätte die Angelegenheit sich also von ganz allein geregelt, aber so viel Geduld hatte man nicht.«

»Genau das habt Ihr auch zu Viscomte Lebrand gesagt«, erwiderte ich. »*Die Zeit hätte zum gleichen Ergebnis geführt.* Und nicht nur zu ihm, sondern auch zu Eurem nächtlichen Besucher vor einigen Wochen.«

»Ah, also warst du in jener Nacht wach.« Giorgio legte den Kopf schief und betrachtete mich nachdenklich. »Dann habe ich ja gut daran getan, dir regelmäßig einen Schlaftrunk zu verabreichen.« Er kam auf mich zu und fragte schroff: »Was für eine Botschaft trägst du bei dir, Mélisande?«

»Ich weiß nicht, wovon Ihr sprecht.«

»Im Gegenteil, wir beide wissen es ganz genau.«

Er stand drohend über mir. Plötzlich bekam ich es mit der Angst zu tun. Ich sprang auf und versetzte ihm einen Stoß gegen die Brust.

Er wich zurück und gab mir etwas Raum, dann sagte er in

einem freundlichen Ton: »Wir können ja gegenseitig unsere Geheimnisse austauschen, wenn du möchtest.«

»Welches Eurer Geheimnisse könnte mich denn schon interessieren?«, entgegnete ich.

»Nun, zum Beispiel Hinweise, die deinem Vater von Nutzen sein können. Und die beweisen, wie Armand Vescault zu Tode gekommen ist.«

»Wie seid Ihr an die Beweise gekommen?«

»Graf Thierry hat dich aufrichtig geliebt.« Giorgio schüttelte ein wenig verwundert den Kopf. »Du hast eine solche Hingabe in ihm entfacht, dass er nicht nur sein Leben für dich riskierte, sondern auch jene andere Sache in Gang setzte.«

»Wovon sprecht Ihr?«

»Graf Thierry hat selbst Nachforschungen in Auftrag gegeben im Zusammenhang mit dem Verschwinden Armand Vescaults. Da du besser unerkannt bleiben solltest, hat er es so eingerichtet, dass ich etwaige Neuigkeiten übermittelt bekomme und sie dann an dich weitergebe. Vor unserer Abreise aus Navarra erhielt ich einen Brief des Magistrats von Carcassonne. Man hat den Palast von Cherboucy gründlich durchsucht und in einem tiefen Brunnen den Leichnam Armand Vescaults gefunden. Er wurde erdolcht mit einer Waffe, die das Wappen Ferignays trägt. Dies beweist, dass der Comte gelogen hat, als er behauptete, er habe mit Armand gesprochen und anschließend mit eigenen Augen gesehen, wie er fortgeritten war. Das reicht aus, um dich und deinen Vater von jedem Verdacht reinzuwaschen. Dieser Brief wäre doch gewiss sehr nützlich für dich, oder nicht?«

Während er das sagte, postierte sich Giorgio zwischen mich und die Tür und verstellte mir den Weg nach draußen.

»Ihr müsst mir den Brief geben!«, rief ich. »Aus Verbundenheit mit dem Grafen Thierry.«

»Ich stand nie in seinen Diensten«, sagte Giorgio. »Mir passte es lediglich, ihn eine Zeitlang in dem Glauben zu lassen.«

»In wessen Diensten steht Ihr dann?«

Er zögerte, ehe er antwortete. »Im Dienst der mächtigsten Person im Lande.«

»Meint Ihr König Charles?«

Giorgio lachte erheitert auf. »Wie unerfahren du doch bist, Mélisande, wenn du tatsächlich glaubst, der König habe in Frankreich das Sagen.«

»Dann also Katharina von Medici?«

»Psst!« Er warf einen wachsamen Blick hoch zur Decke.

»Aber warum tut Ihr das? Ich dachte, die Medici haben Euch foltern lassen, weil sie argwöhnten, Ihr hättet versucht, einen ihrer Leute zu töten.«

»Nein«, sagte Giorgio. »Nicht weil ich einen der Ihren vergiften wollte, haben die Medici mich gefoltert, sondern weil der Versuch fehlgeschlagen ist. Ich bekam von ihnen den Auftrag, den Mann zu vergiften. Damals war ich gerade ein frisch gebackener Arzt mit den allerbesten Vorsätzen und dem glühenden Wunsch, Menschenleben zu retten. Als ich sah, welche Qualen der Mann litt, schaffte ich es nicht, mein Werk zu vollenden. Was die Medici als Strafe danach mit mir anstellten, brachte mich dazu, einen Eid zu schwören, nie wieder einen ihrer Befehle zu missachten.«

»Wenn Ihr für Katharina von Medici arbeitet, warum seid Ihr dann in Salon, im Haus des Sehers gewesen?«

»Über Jahre hinweg wurde Nostradamus von Visionen heimgesucht, die mit der königlichen Familie Frankreichs in Zusammenhang standen. Du weißt, dass Katharina von Medici an seine Vorhersagen glaubte. Ich bekam von ihr den Auftrag, mir sein Vertrauen zu erwerben und über alles, was in seinem Haus vor sich ging, Bericht zu erstatten. Katharina von Medici glaubt, dass es eine spezielle Prophezeiung über die Thronfolge gibt. Und sie hat recht damit.« Giorgio sah mich eindringlich an. »Oder etwa nicht?«

Mein Herz fing an zu hämmern. Die Schriftstücke des Sehers! Was wusste Giorgio über sie?

Er sah mich forschend an. »Ich weiß, dass du irgendeine Art von Botschaft mit dir herumträgst, Mélisande. Aus diesem Grund riskierte ich in Valbonnes mein Leben, um dir bei der Flucht zu helfen. Ich hatte kaum Zutritt zu den oberen Räumen in Nostradamus' Haus, aber Berthe hat ein wenig für mich spioniert. Ich musste nur hier und da eine kleine Schmeichelei über ihre Haare oder ihr Kleid vorbringen, und schon plauderte sie bereitwillig alles aus, was sie wusste. Auch über dich. Mir entging natürlich nicht, dass Nostradamus dich zu geheimen Besprechungen in sein Studierzimmer bat. Ich wusste, dass er dir etwas sehr Wichtiges anvertrauen würde. Katharina von Medici hat keinen Zweifel daran gelassen, welches Schicksal auf mich wartet, sollte ich die Prophezeiung nicht endlich finden und sie noch heue Nacht zu ihr bringen.«

»Wenn Katharina von Medici der Meinung wäre, ich trüge etwas Wertvolles bei mir, hätte sie mich schon längst einsperren und foltern lassen«, sagte ich.

»Ich habe der Thronregentin nicht verraten, wer die Botschaft von Nostradamus hat«, erwiderte Giorgio. »Ich habe ihr nur gesagt, dass ich eine bestimmte Person im Auge habe, die uns womöglich das Gewünschte beschaffen kann. Wenn ich deinen Namen genannt hätte, wärst du sofort in die dunkelste Folterkammer verschleppt worden, um dir die unaussprechlichsten Dinge anzutun, bis du um Gnade gewinselt hättest. Nein, ich wollte nicht, dass du das Gleiche erleiden müsstest wie ich. Vor langer Zeit bist du einmal sehr freundlich zu dem guten alten Giorgio gewesen, Mélisande. Damals hast du mir geholfen, als ich vor der Apotheke angegriffen wurde. Ich beschloss, dich auf andere Weise zu verleiten, mir dein Geheimnis zu offenbaren.«

»Da gibt es nichts«, sagte ich, aber meine Stimme zitterte vor Angst. Jetzt verstand ich, warum ihn Katharina von Medici in Königin Jeannes Schlafgemach keines Blickes gewürdigt hatte und ebenso wenig heute Morgen auf dem Spielfeld. Sie wollte nicht mit ihm in Verbindung gebracht werden. Insgeheim jedoch hatte sie es geschickt eingefädelt, dass Giorgio als erster Arzt bei Gaspard Coligny eintraf. Und wenn Ambroise Paré nicht rechtzeitig hinzugekommen wäre, hätte Giorgio es vielleicht geschafft, Coligny endgültig den Garaus zu machen, indem er die Verletzung falsch behandelte. Er hätte die Musketenkugel in der Wunde belassen und sie fest verbunden, damit sie anfing zu schwären.

»Kein Wunder, dass Ambroise Paré Euch so merkwürdig angesehen hat, als Ihr Gaspard Coligny verlegen wolltet«, sagte ich. »Jeder Arzt von Verstand hätte wissen müssen, dass man dem Verletzten nichts Schlimmeres antun könnte als dies. Deshalb wolltet Ihr auch schleunigst weg«, fuhr ich fort. »Für den Fall, dass die Hugenotten begreifen, dass Ihr alles andere als Colignys Wohlergehen im Sinne hattet.«

»Das spielt jetzt keine Rolle mehr«, sagte Giorgio. »Gaspard Coligny wird heute Nacht sterben.«

»Woher wollt Ihr das so genau wissen?«, fragte ich verblüfft.

»Mélisande, so dumm und einfältig kannst du gar nicht sein, um nicht zu bemerken, dass Paris wie ein dürrer Reisighaufen ist, an den man einen Funken gelegt hat. Während wir hier miteinander reden, riegeln Soldatentrupps die Stadttore ab. Hör zu, ich mache dir einen Vorschlag …« Er zog einen Brief aus der Innentasche seines Umhangs und reichte ihn mir. »Das ist der Brief aus Carcassonne, der beweist, dass du und dein Vater unschuldig seid. Nimm ihn als Zeichen meines guten Willens. Und nun verrate mir, wo du die Prophezeiung versteckt hast.«

Rasch überflog ich den Inhalt des Briefs. Alles war genau so, wie Giorgio gesagt hatte, das Schreiben trug sogar das Siegel des Magistrats.

Jetzt hatte ich endlich, was ich brauchte, um meinen Vater zu befreien! Ich steckte den Brief in meine Tunika. Aber durfte ich denn wirklich Nostradamus' Vertrauen missbrauchen und Giorgio die Schriftstücke aushändigen? Unwillkürlich huschte mein Blick zu der Stelle, wo mein Reiseumhang und meine Mandoline an dem Haken hingen. Giorgio bemerkte es und sofort schnappte er sich das Instrument.

»Ich hätte mir eigentlich denken können, welches Versteck du wählen würdest«, rief er. Dann holte er aus und schlug meine Mandoline gegen die Wand.

Einen schrecklichen Moment lang glaubte ich, mein Herz hätte aufgehört zu schlagen.

Enttäuscht schleuderte Giorgio das zerbrochene Instrument beiseite, als er merkte, dass sich nichts darin verbarg. Jetzt hatte ich seine Wut entfacht. Er zog ein Stilett aus dem Ärmel seines Umhangs und drückte es an meine Kehle.

»Ich habe keine Lust mehr, dich zu umschmeicheln. Heute steht mein eigenes Leben auf dem Spiel. Entweder du sagst mir jetzt, wo du die Prophezeiung versteckt hast, oder ich bringe dich um.«

So tief betrübt ich über den Verlust meiner Mandoline war, wollte ich dennoch nicht sterben, daher sagte ich ihm, was er wissen wollte. »Die geheimen Papiere sind in den Saum meines Reiseumhangs eingenäht.«

Er stieß mich weg, zerrte den Umhang vom Haken und schlitzte den Saum auf.

»Was für ein raffiniertes Versteck«, murmelte er, als die

Papierrollen zum Vorschein kamen. Dann drehte er sich zu mir um. »Und jetzt, Mélisande, so leid es mir auch tut …« In seinen Worten schwang aufrichtiges Bedauern mit. »Du hast mich einmal gerettet, daher hätte ich dir gerne jedes Leiden erspart. Hätte ich die Wahl gehabt, wäre dein Ende vollkommen schmerzlos gewesen, mithilfe eines noch weitaus wirkungsvolleren Schlaftranks.«

»Heißt das, Ihr habt mich vergiftet?« Das also war der Grund für meine Übelkeit und die Kopfschmerzen.

»Ja«, bekannte Giorgio unverblümt. »Ich habe dir gerade genug des Betäubungsmittels verabreicht, dass deine Sinne sich verwirren. Auf diese Weise warst du leichter zu beeinflussen. Ich glaubte, wenn ich dir erst die Prophezeiungen abgeluchst hätte, könnte ich dir einen gnädigen Tod schenken. Aber wie es aussieht, muss die Sache jetzt sofort zu Ende gebracht werden.« Er hob den Dolch.

»Man wird Euch einsperren«, rief ich mit schriller Stimme. »Ihr könnt mich nicht einfach umbringen. Morgen früh wird man meine Leiche finden und Viscomte Lebrand wird Euch in den Kerker werfen lassen.«

»Glaub mir«, sagte Giorgio, »wenn das Abschlachten erst einmal begonnen hat, wird morgen früh kein Hahn mehr nach dir krähen. Auf eine Leiche mehr oder weniger kommt es dann nicht mehr an.«

»Was soll das heißen?«, fragte ich ihn.

»Die Thronregentin schafft sich ihre Feinde aus dem Weg«, antwortete Giorgio. »Das ist so ihre Art. Sie befürchtete, dass Königin Jeanne ihre Meinung bezüglich der Hochzeit ändern könnte. Deshalb musste ich sie aus dem Weg räumen. Und jetzt kann Katharina von Medici nicht zulassen, dass Coligny seinen Kopf durchsetzt und uns in einen Krieg gegen Spanien führt. Das würde Frankreich zugrunde richten. Bei einer Besetzung des Landes würden ihre Söhne womöglich um ihr Erbe gebracht werden. Also werden die Hugenotten geopfert.«

»Sprecht Ihr vom hugenottischen Adel?«

»Der Herzog von Guise und seine Anhänger werden sich höchstpersönlich um Gaspard Coligny und seine Leute kümmern. Was alle anderen angeht, so wurden Listen erstellt, wer in welcher Unterkunft oder in welchem Wirtshaus wohnt. Wenn es so weit ist, wird die ganze Stadt sich erheben. Keiner wird am Leben bleiben, heute Nacht wird jeder Hugenotte in Paris sterben.«

»Aber morgen ist ein Weihetag der Kirche«, wandte ich ein. »Das Fest des Heiligen Bartholomäus. König Charles wird das nicht zulassen. Er hat eine Zuneigung zu Gaspard Coligny gefasst.«

»Der König wird genau das tun, was seine Mutter von ihm verlangt, egal ob morgen ein Festtag ist oder nicht. Das Morden wird im Louvre seinen Anfang nehmen«, sagte Giorgio. »Von dort wird das Zeichen zum Angriff kommen. Und jeder, der nicht dies hier trägt«, er deutete auf ein weißes Band an seinem Umhang, »wird sterben.«

Was er sagte, war so ungeheuerlich, dass ich es nicht glauben konnte. »Das ist unmöglich. Hier sind Tausende von Hugenotten. Sie werden sich zur Wehr setzen.«

»Aus diesem Grund ist der Zeitpunkt so wichtig«, sagte Giorgio. »Wer zuerst losschlägt, hat den Vorteil auf seiner Seite.«

Bei diesen Worten machte er einen Satz auf mich zu und stieß mit dem Dolch nach mir.

Ich wich zurück, bis ich mit dem Rücken zum Waschbecken stand.

Es gab keinen Ausweg, ich saß in der Falle.

Meine Kehle war vor Angst wie zugeschnürt, ich brachte keinen Ton heraus. Und selbst wenn es mir gelänge, hier unten im Keller würde mich niemand hören. Giorgio machte einen neuen Vorstoß. Ich duckte mich. Der Dolch traf mich am Oberarm.

Beim Anblick meines eigenen Bluts löste sich meine Erstarrung. Ich griff hinter mich und suchte Halt am Waschbecken, dann trat ich Giorgio mit beiden Füßen. Durch die Folter waren seine Gelenke so malträtiert, dass er meinen Tritten nicht schnell genug ausweichen konnte. Aber auch ich war geschwächt von dem Schlafmittel, das er mir jeden Abend verabreicht hatte.

Er griff in meine Haare und zerrte meinen Kopf nach hinten, um mir die Kehle durchschneiden zu können. Ich krallte mich an ihn und wir kämpften gegeneinander. Schließlich gelang es ihm doch, mich zu überwältigen. Ich griff erneut hinter meinen Rücken, aber statt des Beckenrands ertasteten meine Finger diesmal etwas anderes.

Ich verspürte einen scharfen Schmerz.

Meine Hand umklammerte eine lange spitze Scherbe der Schale, die mir zuvor ins Waschbecken gefallen war. Ich packte das Stück, so fest ich konnte, und dann stieß ich es fest in Giorgios Hals.

Er schrie nur ein einziges Mal. Dann fing er an zu röcheln. Er ließ den Dolch fallen und fuhr sich mit beiden Händen an die Kehle. Blut quoll in Strömen zwischen seinen Fingern hervor.

Giorgio sank in die Knie. Als ihn die Lebensgeister verließen, glitten seine Hände nach unten, er sackte zusammen und blieb zuckend liegen.

Eine Weile stand ich nur da und konnte mich nicht von der Stelle rühren. Ich hatte einen Menschen getötet. Einen Mann, den ich für meinen Freund gehalten und der mich in Wahrheit betrogen hatte. Dennoch konnte ich ihn nicht dafür hassen. Was er getan hatte, war nur geschehen, weil er versuchte, sein eigenes Leben zu retten. So wie auch ich getan hatte, was notwendig war, um mich selbst und jene, die ich liebte, zu retten.

Ich vermied es, in sein Gesicht zu schauen, während ich eine Schere nahm und das weiße Band von seinem Mantel schnitt. Dann schlitzte ich den Saum meines Reiseumhangs ganz auf, zog die Schriftrollen heraus und steckte sie in meine Tunika zu dem Brief aus Carcassonne.

Ich stolperte zur Tür, die nach draußen führte, öffnete sie und rannte in die Nacht hinaus.

Kapitel achtundsechzig

Vor mir lag die alte Stadtbrücke.

Das Wasser der Seine floss sanft und glitzernd unter den Brückenbögen dahin. Trotz der späten Stunde waren immer noch Leute unterwegs, Schattengestalten, die durch die Dunkelheit huschten. Aus einer nahen Gasse drangen die unverkennbaren Geräusche eines Kampfes. Ob es sich dabei um einen Überfall oder um zwei Liebende handelte, vermochte ich nicht zu sagen, noch interessierte es mich. Ich war nicht so töricht, ausgerechnet jetzt stehen zu bleiben, um herauszufinden, was da vor sich ging. Jeder Stein in dieser Stadt schien geradezu vor Spannung zu knistern. Giorgio hatte die Lage richtig eingeschätzt. Aufgeheizt durch die sommerliche Schwüle und die Hochzeit der Schwester des Königs mit dem verhassten Hugenottenprinzen, brodelte die Feindseligkeit der Leute gegenüber Tausenden von Protestanten, die sich in ihrer Stadt einquartiert hatten, und drohte jeden Augenblick überzukochen.

Ich tastete nach den Schriftstücken in meiner Tunika und

fragte mich bang, ob dies die Nacht war, in der die erste Prophezeiung, die ich aus dem Mund des Sehers gehört hatte, sich erfüllen würde.

Das Leben des Königs ist verwirkt! Blut strömt rot durch die Straßen von Paris!

So viele Jahre war es nun her, seit König Charles über diese Worte gelacht hatte. Jetzt war der Zeitpunkt gekommen, den Nostradamus in den Sternen gesehen hatte.

Im Geiste sah ich ihn vor mir, wie er die Hände über den Kopf hob.

Hundert Tote!

Nein! Mehr! Zweihundert!

Und mehr! Und noch viel mehr!

Dreihundert! Vierhundert! Fünfhundert! Fünf mal fünfhundert.

Die Glocke tönt. Paris schreit auf im Todeskampf. Säuglinge werden von der Mutter Brust gerissen. Die Menschen versuchen zu fliehen. Seht, wie sie wegrennen! Doch sie laufen vergeblich. Ihre Leichname verstopfen die Flüsse. Oh, welch heimtückisches Morden!

Ich verspürte Übelkeit in mir aufsteigen. Denn inzwischen glaubte ich ohne jeden Zweifel, dass fürchterliche Gräueltaten bevorstanden. Heute Nacht würde der Frevel stattfinden. Er würde in unmittelbarer Nähe des Königs seinen Ausgang nehmen, nachdem ein bestimmtes Zeichen gegeben worden war, woraufhin die ganze Stadt sich gegen die Hugenotten erheben würde.

Aber welches Zeichen würde es sein?

Auf diese Frage wusste ich keine Antwort. Ich wusste lediglich, dass die zwei Menschen, die mir am meisten bedeuteten, in großer Gefahr waren. Mein geliebter Vater und Melchior. Beide waren irgendwo im Louvre. Wenn ich sie vor dem sicheren Tod bewahren wollte, musste ich sie sofort finden und warnen. Ich durfte keine Zeit darauf verschwenden, über das Schicksal des Königs zu grübeln oder gar darüber, wie die Worte des zweiten Vierzeilers auszulegen waren, den Nostradamus über mich niedergeschrieben hatte.

Dies ist deine Bestimmung, Mélisande.
Auserwählt bist du,
Auf deine eigene Weise zu retten
Den König, der gerettet werden muss.

König Charles schwebte heute Nacht in allergrößter Gefahr. Aber ich hatte kein Verlangen danach, diesen verrückten und mörderischen Mann zu retten, der zuließ, dass man geladene Hochzeitsgäste grausam niedermetzelte.

Ein Feuer brannte in einem Kohlebecken vor der Brücke. Gewöhnlich waren hier drei Wachleute auf ihrem Posten. Aber heute stand nur einer ganz alleine da. Seine zwei Kameraden vergnügten sich etwas abseits mit ein paar Straßenmädchen.

»Wer bist du?«, fragte der Soldat, als ich auf die Brücke zuging. »Wo willst du hin?«

Der Mann wollte mich packen, aber ich wich ihm aus. Er ließ sich von meiner tief ins Gesicht gezogenen Kappe und meinem finsteren Gesicht täuschen, als ich ihm das weiße Band zeigte, das ich an meinen Ärmel geheftet hatte.

Er seufzte enttäuscht. »Ein junger Bursche. Mit dem kann ich nichts anfangen.« Dabei stieß er mich mit seiner Lanze an, allerdings nicht sehr fest. »Geh nach Hause zu deiner Mutter, Kleiner. Sag ihr, sie soll heute Nacht die Türen verriegeln. Es dämmert bald und dann geht's los. Niemand ist heute sicher in dieser Stadt.«

Meine Gedanken rasten. Um in den Louvre zu gelangen, musste ich den Fluss überqueren. Ich zog den Geleitbrief mit

Nostradamus' Siegel aus meiner Tunika. »Ich habe die Erlaubnis zu passieren«, sagte ich.

Der Soldat warf einen Blick auf das Schreiben, das ich ihm unter die Nase hielt. »Welcher hohe Herr hat dir das ausgestellt?«

»Es stammt von jemandem, der, obwohl er schon tot ist, sehr viel mächtiger ist als jeder Prinz oder Fürst.«

»Und wer soll das sein?«

»Nostradamus«, flüsterte ich.

Der Mann wich zurück und ich huschte an ihm vorbei.

Ich rannte über die Brücke und gleich darauf sah ich im Dunkeln die riesigen Gebäude des Louvre vor mir. Am anderen Flussufer blieb ich stehen und lehnte mich gegen die Kaimauer. Ich verharrte kaum mehr als wenige Minuten, bis der stechende Schmerz in meiner Seite nachließ und ich den Geleitbrief wieder sicher in meine Tunika gesteckt hatte. Der Mond trat hinter einer Wolke hervor. Ich schaute nach oben, und ein Zittern überlief mich, als mir Nostradamus' Worte einfielen.

Der Mond wird in das Haus des Todes eintreten.

Diese paar Minuten des Innehaltens würde ich noch bereuen.

Denn als ich mich wieder aufrichtete und weitergehen wollte, hörte ich die ersten Schläge einer Kirchenglocke. Ich drehte den Kopf und lauschte.

Die Glocke tönt. Paris schreit auf im Todeskampf.

Auch ich schrie entsetzt auf.

Nun war es zu spät!

Die Glocke gab das Zeichen, mit dem Morden zu beginnen.

Kapitel neunundsechzig

Beim ersten Ton der Glocke öffneten sich die Haupttore des Louvre, und eine große Reiterschar galoppierte heraus, angeführt vom Herzog von Guise. Die Männer ritten in die Richtung, in der sich auch das Haus Gaspard Colignys befand. Sie hatten die Schwerter gezückt und feuerten sich gegenseitig an. Kein Zweifel, das Schicksal des Admirals war besiegelt.

Als die Tore sich langsam wieder schlossen, rannte ich los. Ich riskierte dabei sehr viel, aber ich hoffte, dass meine Kühnheit mich in den Louvre hineinbrachte.

Ich hielt Nostradamus' Geleitbrief hoch, zeigte auf das weiße Band an meinem Ärmel und sagte mit fester Stimme: »Ich komme von Doktor Giorgio und habe ein wichtiges Schreiben für die Thronregentin Katharina von Medici. Es ist äußerst dringend.«

Als der Wachmann den Namen Katharina von Medici hörte, holte er unverzüglich einen Soldaten höheren Rangs herbei.

»Es ist lebensnotwendig, dass die Thronregentin diese Nachricht rechtzeitig erhält«, erklärte ich den beiden. »Es geht um eine Prophezeiung von Nostradamus. Sie wartet schon ungeduldig darauf und ich soll ihr die Botschaft persönlich überbringen.« Katharinas von Medici Besessenheit, was die Geheimkünste betraf, war allseits bekannt und so durfte ich passieren. Wenn man mich tatsächlich vor die Thronregentin brachte, würde ich ihr die Prophezeiung zeigen, die mein Schicksal betraf. Und das obwohl Nostradamus gesagt hatte, Katharina von Medici dürfe nichts davon erfahren, ehe ich nicht den König gerettet hätte. Ich wollte jetzt nur noch eines: meinen Vater finden, egal wie.

Ich musste versuchen, die Thronregentin davon zu überzeugen, dass ich von Nostradamus genau zu diesem Zeitpunkt zu ihr geschickt worden war, um ihren Sohn zu retten. Dann würde sie mir vielleicht eine Gunst gewähren und ich könnte Gerechtigkeit für mich und meinen Vater erbitten. »Wenn sie hört, dass die Botschaft von Doktor Giorgio kommt«, fügte ich noch hinzu, »wird man mich unverzüglich zu ihr lassen.«

Der Hauptmann nahm den Geleitbrief an sich und führte mich zum Wachhäuschen. Er bat mich, dort zu warten, während er nachfragen wollte, ob Katharina von Medici mich empfangen würde. Als er gegangen war, hörte ich plötzlich ein lautes Rufen und dann einen lang gezogenen Schrei aus dem Innern des Palasts. Der Soldat grinste und sagte: »Es hat begonnen.«

»Jetzt werden diese Hugenotten schon sehen, was Paris über sie denkt«, meinte ein anderer.

Kaum hatte er das gesagt, als auch schon einige dunkel gekleidete Männer aus dem Palast hinaus in die befestigten Gärten rannten, dicht gefolgt von einer Schar Soldaten, die Pfeile auf sie abschossen.

»Aha!«, rief der erste Wachsoldat. »Die Ratten rennen schon um ihr Leben. Dann wollen wir jetzt auch unseren Spaß haben.« Er nahm seine Lanze, die er an die Wand gelehnt hatte, und folgte seinen Kameraden, die bereits den Fliehenden nachrannten.

Ich nutzte die Gelegenheit, schlich zur Tür hinaus und rannte zu den Ställen. Brennende Pechfackeln erleuchteten den Hof, in dem Stallburschen und Knechte ein Pferd nach dem anderen zu den wartenden Offizieren und Soldaten der Reiterei führten. Ich ging an den offenen Stalltüren vorbei. Zwar wusste ich nicht genau, wo sich mein Vater befand, aber hier irgendwo waren Melchior und Paladin untergebracht. Melchior hatte mir versprochen, dass er sich umhören würde, um so viel wie möglich über meinen Vater in Erfahrung zu bringen.

Ich ging zu der Seite des Stalls, wo ich glaubte, den Leopardenkäfig erspäht zu haben. Auch die Gestalt daneben kam mir vertraut vor.

»Melchior«, flüsterte ich.

Er zog mich zu sich, und ehe ich auch nur ein Wort sagen konnte, raunte er mir zu: »Ich habe dich gesucht! Das große Morden hat begonnen. Wir müssen sofort weg von hier.«

»Und mein Vater?«, fragte ich.

»Ich habe herausgefunden, wo er festgehalten wird.« Melchior entriegelte bereits die Käfigtür und holte den Leoparden heraus. Er beugte sich ganz nah an Paladins Ohr und sagte etwas zu ihm, ehe er den Maulkorb abnahm. Ich erinnerte mich daran, was Melchior in Cherboucy gesagt hatte, und blieb ganz ruhig stehen. Der Leopard kam zu mir und schnüffelte, dann berührte er mit der Schnauze meine Hand.

»Hier entlang«, sagte Melchior.

Ich hörte Paladin leise neben mir hertrotten, als wir den Hauptflügel des Palasts hinter uns ließen, wo immer mehr Leute ängstlich aus den erleuchteten Fenstern schauten und sich fragten, was der Grund für all die Unruhe war.

Wir gingen zu einem der ältesten Gebäude und von da über eine Außentreppe ins Dachgeschoss. Dort befand sich eine Eisentür, die in einen langen, niedrigen Gang führte. Unter den Holzsparren reihten sich einige Dachkammern, die offenbar so gut wie nie benutzt wurden, denn ihre Türen standen weit offen, und sie waren staubig und leer. Schließlich blieben wir vor einem Verschlag stehen, dessen Tür verschlossen war.

»Hier hält man deinen Vater fest. Er wird scharf bewacht,

aber heute Nacht gehen seine Wächter wohl anderen Geschäften nach.«

»Da täuschst du dich«, sagte eine Stimme hinter uns.

Wir wirbelten herum.

Der Comte de Ferignay stand in der gegenüberliegenden Tür, das Schwert in der Hand.

»Während ich mich heute Abend darauf freute, Hugenotten zu töten, kam mir mit einem Mal der Gedanke, dass der Tumult dieser Nacht eine gute Gelegenheit böte, den Spielmann zu befreien. Als mein Herr, der Herzog von Guise, losritt, um endlich mit Admiral Coligny abzurechnen, beschloss ich, hierherzukommen und nachzusehen, ob ich recht hatte.« Ferignay trat vor mich und riss mir die Mütze vom Kopf. »Also doch, es ist die starrköpfige jüngere Tochter«, sagte er triumphierend. »Die Gerüchte, dass du dich in Paris rumtreibst und deinen Vater suchst, stimmten demnach.«

Gerade noch frohen Mutes und voller Hoffnung, stürzte mich sein Anblick in tiefste Verzweiflung. Ich hätte an der Brücke nicht stehen bleiben dürfen, um den Mond anzuschauen. Wären wir nur ein wenig früher hier gewesen, hätten wir Ferignay ein Schnippchen geschlagen.

Melchior drehte kaum merklich den Kopf und sofort fing Paladin an zu knurren.

»Glaubt ja nicht, dass ihr mir entwischen könnt«, warnte Ferignay. »Jauffré ist bei mir und wir sind beide bewaffnet.«

Bei seinen Worten trat Jauffré mit gezücktem Schwert aus einer der Kammern.

Und wir, dachte ich, wir haben überhaupt keine Waffen. Warum hatte ich nicht daran gedacht, Giorgios Dolch mitzunehmen? Jetzt waren wir völlig schutzlos.

Abgesehen von einem, den ich fast vergessen hatte: Paladin. Er würde Melchior mit seinem Leben verteidigen.

Als Ferignay drohend auf Melchior zuging, sagte dieser nur ein einziges Wort.

Und Paladin gehorchte.

Voller Angriffslust und mit weit aufgerissenem Maul sprang er Ferignay an die Kehle. Der Graf versuchte, ihn abzuwehren, aber dann stürzten Mann und Tier zu Boden. Ferignay schrie auf und versuchte, sein Schwert einzusetzen, aber nun hatte der Leopard seine Beute am Kragen gepackt und grub die Zähne tief ins Fleisch. Ferignay heulte vor Schmerz. Er bäumte sich auf und schlug wie wild um sich, denn der Leopard hatte sich in sein Gesicht verbissen.

Aber plötzlich war Jauffré mit gezücktem Schwert da und stieß es zweimal in Paladins zuckenden Leib. Der Leopard schnellte herum und stieß ein tiefes Knurren aus.

Mit einem einzigen Satz war Melchior bei Jauffré und entriss ihm das Schwert. Dann stieß er es ihm tief in die Brust.

Jauffré sackte zusammen und sank auf den Boden.

Melchior und ich rannten zu Paladin. Er war tödlich getroffen und dem Tode nahe. Melchior kniete sich neben ihn, Tränen liefen über seine Wangen. Er barg Paladins Kopf in seinem Schoß, aber schon nach ein paar letzten Atemzügen schloss Paladin die Augen für immer.

Paladin. Tapferer als jeder Ritter auf dem Schlachtfeld. Treuer als jeder Kamerad. Kämpfer für die Gerechtigkeit und die Ehre meiner Schwester. Schneller und mutiger Rächer. Mein Herz brannte vor Schmerz beim Anblick des regungslosen Tiers.

Oh Prinz von königlichem Geblüte,
Paladin, wie edel dein Name klingt.
Gefangen zwar, doch von stolzem Gemüte,
Ist dein Geist ungezähmt wie der Wind.

Flinker Sohn aus kraftvollem Geschlecht,
Der Sieg ist dein.
Lautloser Schatten, schnell bei der Jagd
Gebunden jetzt, wirst du doch frei sein.

Melchior kauerte auf dem Boden und rührte sich nicht.

Erleichterung machte sich in mir breit beim Anblick der zwei toten Männer, die nicht nur gemordet, sondern mich auch um meine Jugend und mein Glück gebracht hatten. Erleichterung, aber auch Trauer, weil Paladin dies mit seinem Leben bezahlt hatte. Das Entsetzen darüber lähmte mich. Dabei wusste ich nur zu gut, dass wir sofort handeln mussten, sonst würden auch wir sterben.

Ich kniete neben Melchior und legte meine Hände über seine.

»Paladin ist jetzt frei und sei es auch im Tode. Dieser Prinz von königlichem Geblüte hat meine Schwester gerächt und sein Leben für dich geopfert. Du musst es als das große Geschenk annehmen, das es ist.«

Unten hörte ich schnelle Schritte und lautes Rufen. Ich zog den Dolch aus Jauffrés Gürtel und schnitt das blutbefleckte weiße Band von seinem Ärmel und danach auch das des Grafen.

»Das Band ist das Zeichen für die Soldaten, uns zu verschonen«, erklärte ich Melchior und band es um seinen Arm.

Melchior liebkoste Paladins Kopf ein letztes Mal. Dann stand er auf und trat die Tür des Verschlags ein, in dem mein Vater gefangen gehalten wurde.

Die auf dem Boden kauernde Gestalt erhob sich.

Er war so dünn wie ein Gerstenhalm und seine Augen glänzten fiebrig.

Bei seinem Anblick krampfte sich mein Herz zusammen.

»Mélisande?«, fragte mein Vater ungläubig. Er schwankte und wäre beinahe hingefallen.

Ich rannte zu ihm und umarmte und stützte ihn. »Wir werden später reden, Papa«, sagte ich und band das zweite Band an seinen Ärmel.

Melchior packte meinen Vater unter den Armen und schulterte ihn ohne große Anstrengung.

»Lass uns diesen verfluchten Ort verlassen.«

Von unten drangen schrille Schreie und das Geräusch von zerberstenden Möbeln zu uns herauf.

»Sie verbarrikadieren sich«, sagte ich.

»Das zögert ihren Tod nur hinaus«, erwiderte Melchior.

Wir liefen den Gang entlang und öffneten die Tür zur Treppe. Eine hugenottische Frau rannte die Stufen hoch. Dicht hinter ihr waren fünf Männer. Ihr Kleid war von oben bis unten aufgerissen und ihr Haar hing in Strähnen herab. Als sie uns sah, streckte sie die Arme aus und flehte: »Helft mir! Bei Gott, ich bitte euch! Helft mir!«

Wir sahen, wie zwei der Männer sie rücksichtslos an den Haaren die Stufen hinunterzerrten. Die anderen drei sahen mit finsterer Miene zu uns hoch und machten Anstalten heraufzukommen. Ich hielt den Arm hoch und zeigte ihnen das weiße Band. Sie zögerten, dann machten sie wieder kehrt. Unten vor den Stufen hatten die Soldaten mehrere Frauen in einer Ecke zusammengetrieben und bedrängten und schlugen sie. Melchior zog mich am Arm.

»Komm jetzt«, sagte er. »Wir können nichts mehr für sie tun.«

Die Frauen schreien um Hilfe, und du, Mélisande, kannst nichts tun, um ihnen zu helfen.

Wir flohen zum anderen Ende des Gangs, wo eine Innentreppe nach unten führte. Vorsichtig tasteten wir uns im Dunkeln über die nicht mehr genutzte Dienstbotenstiege.

Von draußen hörten wir die Schreie der Sterbenden, als immer mehr Hugenotten aus ihren Betten gezerrt und ermordet wurden.

Aber ich dachte nur daran, meinen Vater in Sicherheit zu bringen. Wir erreichten den Fuß der Treppe. Auf der einen Seite zweigte ein schwach erleuchteter Gang ab, auf der anderen Seite befand sich ein Ausgang. In den bröckelnden Stein waren uralte Zeichen eingeritzt und die Tür war verriegelt und mit Eisenstangen versperrt.

»Sie ist schon seit vielen Jahren verschlossen«, sagte Melchior, nachdem er sie näher in Augenschein genommen hatte. »Deshalb ist uns auch niemand auf dem Weg hierher entgegengekommen.« Er ließ meinen Vater von den Schultern gleiten. »Ich werde den Gang erkunden, um herauszufinden, wo genau wir uns befinden.«

»Hier, nimm das«, sagte ich und reichte ihm Jauffrés Dolch.

Als Melchior gegangen war, streckte mein Vater die Hand nach mir aus.

»Meine eigenwillige Tochter«, sagte er.

Ich lehnte den Kopf an seine Brust. »Verzeih mir, Vater, dass ich dir so viel Kummer bereitet habe.«

»Nein, nein«, sagte er zärtlich. »Nur der Gedanke daran, dass du frei bist, hat mir in diesen langen Monaten Kraft gegeben. Ich habe deine Lieder gesungen und mir vorgestellt, wie du die Isle de Bressay erforschst. Bist du je zurück in die Heimat gegangen?«

»Ja, ich war dort.«

»Und ist sie so schön, wie du sie aus deiner Kindheit in Erinnerung hattest?«, fragte er.

»Ja, das ist sie«, erwiderte ich wahrheitsgemäß.

»Ich hörte deine Stimme, wenn draußen der Wind um die Schlossmauern pfiff«, sagte mein Vater verträumt. »Der König hat mich nicht grausam behandelt. Er liebt die Musik und hat mich zu sich gerufen, wenn er unter Kopfschmerzen litt, damit ich für ihn spiele. Du siehst, es ist mir gar nicht so schlecht ergangen.«

Melchior kehrte zurück.

»Wo sind wir hier?«, fragte ich ihn.

Er setzte sich neben uns auf die Stufen und sah mich ernst an. »Ich weiß es nicht, Mélisande«, sagte er. »Aber heute hat der Wahnsinn die Herrschaft übernommen. Sich in die Schlosskorridore hinauszuwagen, bedeutet den sicheren Tod.«

Der Mensch, der dies auf sich nimmt, geht Hand in Hand mit dem Tod.

Ehe wir noch weiter darüber sprechen konnten, hörten wir das Klirren von Schwertern und lautes Rufen. Wir schleppten meinen Vater die Stufen hinauf, als vor uns kämpfende Männer auftauchten. Prinz Henri und Denis Durac waren von vier Männern der Guise umzingelt.

Henri war stämmig, aber kraftvoll, Denis hingegen war nicht ganz so stark, dafür sehr geschickt mit dem Degen. Sie standen Seite an Seite unter dem Treppenbogen und kämpften wie besessen. Zwei Männer konnten sie bereits außer Gefecht setzen, aber es war offensichtlich, dass die Kräfte die beiden Hugenotten langsam verließen. Henri war durch seinen verletzten Knöchel eingeschränkt, und Denis Durac hatte einen Schnitt im Gesicht und weitere Wunden an dem Arm, mit dem er das Schwert führte. Als er einen Hieb parierte, musste er seine Deckung aufgeben. Das nutzte einer der Schergen aus und griff ihn an.

Genau in diesem Augenblick sprang Melchior von hinten auf die Schultern des Mannes und stieß ihm Jauffrés Dolch in den Nacken.

»Melchior!«, rief Prinz Henri freudig überrascht.

Durac gewann die Fassung wieder, aber ehe er noch etwas sagen konnte, attackierte der vierte Mann Prinz Henri. Ohne zu zögern, ging Denis Durac zwischen die beiden und stellte sich schützend vor seinen Freund und Herrn. Das Schwert des Gegners drang in seinen Bauch. Tödlich getroffen sank Durac zu Boden. Voller Zorn erstach Henri den Soldaten, der seinen Freund auf dem Gewissen hatte. Dann warf er sein Schwert fort und kniete sich neben Durac.

»Ich stehe nicht länger in Eurer Schuld, Sire«, sagte dieser und stöhnte auf vor Schmerz. »Jetzt habe ich Euch Eure Herzensgüte von damals vergolten, als der Bär mich in den Pyrenäen angriff.«

»Dafür wünsche ich keine Gegenleistung«, sagte Henri. »Ich will nur eines, nämlich meinen guten Freund nicht verlieren.«

Denis Durac erwiderte: »Ich kann mir keinen besseren Tod denken, als mein Leben für meinen König zu geben. Für den König, der gerettet werden muss.«

Kapitel siebzig

D*er König, der gerettet werden muss.*

Ich setzte mich kerzengerade auf.

Denis Durac hatte gerade die letzten Worte von Nostradamus' Vierzeiler gesprochen, der mein Schicksal betraf.

Dies ist deine Bestimmung, Mélisande.
Auserwählt bist du,
Auf deine eigene Weise zu retten
Den König, der gerettet werden muss.

Wieso hatte Denis Durac Prinz Henri König genannt?

Und dann begriff ich. Der Tod der Königin von Navarra bedeutete, dass ihr Sohn nicht länger Prinz Henri war. Er war jetzt ein König, der König von Navarra.

Aber Henri war in mehr als nur einer Hinsicht ein König. Er war es auch durch sein Verhalten und seine Freundlichkeit. Ein König, der es verdiente, gerettet zu werden. Das war meine Bestimmung. So wie Nostradamus sie vorausgesagt hatte.

Henri war der König, der gerettet werden musste. Der große König von Frankreich war nicht der Sohn einer Medici. Es war Henri von Navarra.

Dies ist deine Bestimmung, Mélisande.
Auserwählt bist du,
Auf deine eigene Weise zu retten
Den König, der gerettet werden muss.

So lautete die Prophezeiung. Und mit einem Mal war mir, als würde ich Nostradamus selbst sprechen hören.

»Du kannst dieses niederträchtige Morden nicht verhindern, aber du kannst dem König dabei helfen, Frankreich aus dem Sumpf zu ziehen, in dem es jetzt versinkt, damit er das Land wieder zu Größe und Wohlstand führt. Damit das geschieht, darf Henri nicht sterben. Er wird alle Schrecknisse beenden. Das Leben vieler wird bewahrt, indem du seines bewahrst. Mélisande, auf deine eigene Weise musst du den König retten, der gerettet werden muss.«

Auf deine eigene Weise.

In den Jahren des Wartens hatte ich oft gerätselt, was das zu bedeuten hatte. Auf welche Weise könnte ich einen König retten? Ich hatte über meine medizinischen Kenntnisse nachgedacht, die, das musste ich mir selbst eingestehen, äußerst ungenügend waren.

Auf deine eigene Weise…

Mein Blick glitt über das Mauerwerk des Türbogens und die uralten Zeichen dort.

Und plötzlich begriff ich, was meine eigene Weise war.

Das Muster flimmerte vor meinen Augen, so wie damals bei dem Spiegel im Palast von Cherboucy. Und bei den Gräbern der Tempelritter. Und an den Felswänden im Innern der Aufrechten Steine.

Meine Bestimmung. Ich wusste jetzt, was ich sagen und was ich tun musste.

»Mélisande, sieh doch nur.« Melchior deutete den Gang entlang. Mehrere Soldaten kamen direkt auf uns zu. »Wir haben gerade dazu beigetragen, dass Männer aus dem Hause Guise zu Tode kamen. Unsere weißen Bänder können uns jetzt auch nicht mehr schützen. Wir werden sterben, Mélisande. Ich möchte, dass du eines weißt.« Er umfasste mein Gesicht mit den Händen und sah mir fest in die Augen. »Ich liebe dich.«

»Und ich liebe dich.« Ich nahm seine Hände und hielt sie einen Moment lang in den meinen. Dann wandte ich mich an Henri von Navarra, der bereits sein Schwert ergriffen hatte und sich zum Kampf bereit machte. »Sire«, sagte ich. »Das Schicksal hat mich heute Nacht zu Euch geschickt. Ich darf Euch versichern, dass ich allein Euch von hier wegbringen kann.«

Henri deutete auf die Männer vor uns, die immer näher kamen.

»Sie sind in der Überzahl. Wenn du also tatsächlich einen Fluchtweg kennst, dann zeig ihn mir schnell.«

Ich betrat den Gang und bog sofort nach links ab.

Meinen Vater stützend, folgten Melchior und Henri mir nach.

»Ich habe mich hier doch schon umgesehen«, rief Melchior, als ich unbeirrt weiterging. »Man läuft im Kreis und kehrt wieder an den Ausgangspunkt zurück.«

»Das ist auch der Grund, weshalb die Soldaten uns nicht weiterverfolgen«, sagte Henri von Navarra. »Sie wissen, sie müssen nur bleiben, wo sie sind, dann laufen wir ihnen direkt in die Arme.«

»Hier hinein«, sagte ich bestimmt. Ich öffnete die Tür eines kleinen Kämmerchens, ging zu dem winzigen Fenster und schob die darunterliegenden Dielen beiseite.

»Das sieht ja aus wie ein Erdloch«, sagte Henri zweifelnd.

»Das ist es aber nicht«, erwiderte ich zuversichtlich, denn ich kannte jeden Winkel des Irrgartens. Ich kannte sein Muster seit meiner Kindheit. Es hatte sich in mein Hirn eingebrannt. Jeder Bogen, jede Windung, jede Linie, die Spiralen und verschlungenen Wege, sie waren eingegraben in meine Seele.

Wir halfen meinem Vater, in die Öffnung zu steigen. Dann krochen wir zwischen Holzvertäfelung und Wand entlang, immer weiter, von Raum zu Raum. Schließlich entfernte ich ein Paneel und führte die drei Männer zu einer Tür.

In der Nähe war Musketenfeuer zu hören.

»Wir müssen auf die andere Seite hinüber«, sagte ich.

»Bist du dir ganz sicher?« Henri sah zuerst mich an, dann Melchior.

Melchior nickte. »Ich würde diesem Mädchen überallhin folgen.«

»Mädchen?« Henri betrachtete mich genauer. »Tatsächlich, ein Mädchen. Aber was suchst du hier? Und wo ist dein Leopard, Melchior? Ich habe dich noch nie ohne Paladin an deiner Seite gesehen.«

»Paladin ist tot, Herr.« Melchiors Stimme klang belegt. »Er ist gestorben, als er mein Leben rettete.«

»Es tut mir sehr leid, das zu hören. Und zugleich bin ich auch froh, dass ihm ein solcher Tod vergönnt war«, sagte der König. »Ein Tier von großem Edelmut. Könnten solch noble Geschöpfe den Menschen edle Gesinnung lehren, gäbe es heute Nacht kein Morden.«

Ich öffnete die Tür und forderte sie auf, mir zu folgen.

Leise durchquerten wir den Raum, dann blieb ich mit geschlossenen Augen stehen, um mir die Linien meines Schicksals noch einmal ins Gedächtnis zu rufen.

»Hier«, sagte ich schließlich und deutete auf die Wand.

Melchior klopfte gegen das Holz und stieß auf eine hohle Stelle. Wieder zwängten wir uns zwischen Vertäfelung und Wand, um unseren Weg hinter den Holzdielen fortzusetzen.

Stets wurden wir auf unserem geheimen Weg von Geräuschen draußen begleitet, die so schrecklich waren, dass kein Mensch sie je hören sollte. Manchmal war um uns alles dunkel, manchmal fiel ein mattes Licht durch die Paneele. Einmal hielt Melchior inne und spähte durch einen Riss in der Vertäfelung. Erschrocken wich er zurück und drängte uns zur Eile. Weiter und weiter ging es durch Korridore und Gänge. Wir achteten nicht auf die entsetzlichen Schreie und das Waffenklirren, wir krochen einer nach dem anderen voran. Ich an der Spitze, dahinter der König. Bei einem lockeren Dielenbrett stiegen wir hinaus in einen kleinen Salon. Melchior schlich zur Tür und spähte in den Gang hinaus.

»Da sind Soldaten, keine drei Schritte von uns entfernt«, flüsterte er. »Sie tragen die Uniform der Leibwache Katharinas von Medici.«

Henri tastete nach seinem Schwert. »Du hast mich in eine Falle gelockt!«

Ich schüttelte den Kopf.

»Ich habe die Wahrheit gesagt.« Ich durchquerte den

Raum und berührte einen Wandbehang. »Dahinter verbirgt sich eine Geheimtür.«

Tastend strich ich über die Holzschnitzerei, bis ich gefunden hatte, wonach ich suchte. Ein leises Klicken war zu hören, dann öffnete sich eine kleine Tür. Wir kletterten hindurch und stiegen ein paar Stufen hinunter bis zu einem niedrigen Alkoven. Vor uns war eine weitere Tür. Ich öffnete sie und stand vor einem schweren Vorhang, den ich entschlossen beiseitezog.

Dann betraten wir das Studierzimmer des Königs von Frankreich.

Kapitel einundsiebzig

Charles saß auf einem Stuhl am Fenster und weinte.

»Eure Majestät!«, machte Henri sich bemerkbar.

König Charles war so außer sich, dass er sich nicht einmal darüber wunderte, wieso sein Vetter mit einigen anderen Leuten mitten in der Nacht hinter einem Vorhang hervortrat und in seinem Studierzimmer auftauchte.

»Wisst Ihr, was in Eurem Palast vorgeht?«, fragte ihn Henri, »und in Eurer Stadt?«

»Das habe ich nicht gewollt!« Charles weinte und wiegte sich auf seinem Stuhl hin und her. »Sie haben mich drangsaliert und so lange auf mich eingeredet, bis ich keinen vernünftigen Gedanken mehr fassen konnte. Sie haben Gaspard Coligny umgebracht, den ich wie einen Vater geliebt habe. Ich wollte nicht, dass jemand stirbt.«

»Dann, Sire«, erwiderte Henri, »müsst Ihr dem Gemetzel Einhalt gebieten.«

»Das kann ich nicht«, schluchzte der König. »Schaut hinunter auf die Straße, und Ihr werdet sehen, dass niemand mehr diesem Morden ein Ende machen kann.«

Wir drängten uns ans Fenster.

Unaussprechliche Schreckensszenen spielten sich vor unseren Augen ab. Hugenotten, die die erste Welle der Gewalt überlebt hatten, waren im großen Schlosshof eingepfercht worden. Dort wurden sie von den Bogenschützen beschossen, während die Wachen sie immer weiter zusammentrieben und mit Spießen auf sie einstachen. Berge von Toten lagen schon im Hof, aber die Soldaten machten immer weiter und verstümmelten in ihrem ungezügelten Wahn sogar noch die Leichen.

Henri von Navarra prallte entsetzt zurück. Ich musste mich am Fensterrahmen festhalten. Melchior legte den Arm um mich und zog mich weg. Ich klammerte mich an meinen Vater.

»Was sollen wir jetzt tun?«, wandte Henri sich an Melchior. »Wer ist dieses Mädchen? Weshalb hast du so großes Vertrauen in sie, dass du sie uns hierherbringen lässt, wo es uns schlimmer ergehen kann als zuvor?«

Melchior erklärte ihm, wie es dazu gekommen war, dass wir ihm das Leben retteten. Und zuletzt sagte Melchior: »Ich bitte Euch um meine Freiheit und darum, dass wir alle noch heute Nacht diesen Ort verlassen dürfen.«

»Deine Freiheit gewähre ich dir«, nickte Henri. »Doch wie wir, ihr und auch ich selbst, Paris sicher verlassen können, weiß ich nicht.«

Während er noch sprach, ging die Tür auf, und Katharina von Medici kam herein. Obwohl drei Uhr morgens längst vorüber war, war sie vollständig angekleidet. Ihr Haar war sorgfältig frisiert und sie hatte ihren ganzen Schmuck angelegt. Es war offensichtlich, dass sie nicht soeben erst aus ihrem Bett aufgestanden war. Wenn sie das Gemetzel nicht ohnehin geplant hatte, dann war sie von seinem Ausbruch zumindest nicht überrascht worden.

Obgleich sie sicher verblüfft war, Henri von Navarra im Studierzimmer ihres Sohnes vorzufinden, bewahrte sie Haltung. »Es ist unziemlich, sich ohne Wissen des Kammerherrn beim König aufzuhalten«, sagte sie. Sie trat einen Schritt zurück auf die Tür zu, durch die sie gerade gekommen war, zweifellos um Hilfe herbeizuholen.

Henri packte das Schwert fester. »Madame«, sagte er und wies mit der Klinge auf den König.

Katharina von Medici blieb ruhig. Ohne jede Eile musterte sie nacheinander jeden von uns.

Als sie mich erblickte, sah ich in ihren Augen, dass sie mich wiedererkannte.

Plötzlich ließ Henri das Schwert fallen. »Nun bin ich ohne Waffen«, sagte er zur Thronregentin. »Ich möchte weder Euch noch Eurem Sohn irgendein Leid antun. Vielmehr bin ich gekommen, um ihn zu warnen, dass die Anhänger des Hauses Guise einen bewaffneten Aufstand angezettelt haben und die Hugenotten wahllos abschlachten.«

Katharina von Medici starrte den Mann an, den sie für einen Emporkömmling hielt, der sie jedoch soeben mit seinem diplomatischen Geschick überlistet hatte.

»Ich stimme Euch zu«, erwiderte sie nach kurzem Zögern. »Wir müssen diese Soldaten zügeln«, sagte sie, zu ihrem Sohn gewandt. Dann drehte sie sich schnell zu mir und sagte: »Ich weiß, wer du bist. Der Hauptmann meiner Wache brachte mir den Geleitbrief, den Nostradamus dir gegeben hat. Wo ist der Mann, der sich Giorgio nennt, und der geschworen hat, mir etwas zu bringen, das er von dem Seher kurz vor seinem Tod erhalten hat?«

»Giorgio ist im Hause des Viscomte Lebrand geblieben«, antwortete ich vorsichtig. »Ich war es, dem der Seher vertraute. Ich besitze die Weissagungen, die er mit eigener Hand geschrieben hat.«

Katharina von Medici streckte die Hand aus. »Du wirst mir die Papiere von Meister Nostradamus jetzt geben und sagen, was du über ihre Bedeutung weißt.«

Langsam und sorgfältig zog ich nur das Papier aus meinem Mantel, auf dem die beiden Vierzeiler standen, die sich auf mein Schicksal und die Geschehnisse des heutigen Abends bezogen. Ich reichte es Katharina von Medici und sagte: »Das hat Nostradamus für mich niedergeschrieben. Ich weiß nur, dass es den König von Frankreich betrifft.«

Katharina von Medici entfaltete es und las den ersten Vierzeiler.

»Lodernde Flammen, unbarmherziges Metzeln,
Verrat schändet das königliche Geschlecht.
Verborgene Taten kommen ans Licht,
und alle außer einem werden zugrunde gehen.
Er wird vom Schwert verschont bleiben,
allein gerettet durch das Wort.«

Sie hielt inne. »Sind diese Zeilen nicht genau die Worte, die Nostradamus in Cherboucy sprach, um uns zu warnen, dass der König in Lebensgefahr schwebe?«

»Ja«, antwortete ich. »Nostradamus hat diese Blutnacht in Paris vorausgesehen.«

»Das bezieht sich ganz sicher auf die Taten der Guise«, sagte Katharina von Medici entschlossen. »Sie sind von königlichem Geblüt und sie haben uns die ganze Nacht lang aufs Schändlichste betrogen.« Sie wandte sich an ihren Sohn. »Wir müssen diesem Gemetzel Einhalt gebieten.«

»Wir müssen diesem Gemetzel Einhalt gebieten. Wir müssen diesem Gemetzel Einhalt gebieten …« In seiner Not wiederholte er die Worte seiner Mutter wieder und wieder. Dann stand er auf, öffnete das Fenster und rief seinen Bogenschützen zu, sie sollten mit dem Schießen aufhören.

»Macht das Fenster zu!«, rief Katharina von Medici barsch.

Der König sprang zurück, als er die wütende Stimme seiner Mutter hörte, und ich, die ich dem Fenster am nächsten stand, gehorchte.

Als ich den Fensterflügel zuzog, prallte ein Pfeilregen gegen die Scheiben, denn in der Dunkelheit hatten die Schützen unten den König für einen Hugenotten gehalten, der fliehen wollte.

Katharina von Medici schrie erschrocken auf und eilte zu ihrem Sohn, der ihr schluchzend um den Hals fiel. Sie tätschelte und tröstete ihn wie ein kleines Kind. Dann führte sie ihn zu einem Stuhl und hieß ihn, sich zu setzen.

Sie richtete sich auf, blickte mich aufmerksam an und sagte: »Du bist Mélisande, die Tochter des Spielmanns. Jene, die an dem Tag, als ihre Schwester aus dem Turm in Cherboucy stürzte, geflohen ist.«

»Das bin ich, Eure Hoheit«, erwiderte ich. »Und wenn Ihr mir erlaubt, dann möchte ich Euch dieses Dokument zeigen.« Ich zog den Brief vom Magistrat der Stadt Carcassonne hervor, in dem stand, dass man die Leiche Armand Vescaults gefunden hatte und dass der Comte de Ferignay offensichtlich in diesen Mord verwickelt war.

»Das weiß ich längst.« Katharina von Medici winkte ärgerlich ab, als ich ihr alles erklären wollte. »Meine eigenen Spione haben herausgefunden, dass dies alles wahr ist. Es ist bekannt, dass der Comte de Ferignay ein Lügner und ein Frauenheld ist. Ich habe ihm kein einziges Wort geglaubt.«

Ich konnte nicht fassen, was die Thronregentin soeben gesagt hatte. Hatte sie wirklich meinen Vater all die vielen

Jahre ohne Gerichtsverfahren schmachten lassen, obwohl sie wusste, dass er unschuldig war?

Als sie meinen ungläubigen Blick bemerkte, sagte sie: »Es ging nicht anders. Mein Sohn, der König, leidet häufig unter Kopfschmerzen. Die Musik deines Vaters bringt Linderung, deshalb ordnete ich an, dass der Spielmann den Hof nicht verlassen dürfe. Das war der einfachste Weg, um sicherzustellen, dass er bleibt. Wäre die Wahrheit ans Licht gekommen, hätte er nach dir gesucht.«

Wie wenig kümmerten sich doch die Herrschenden um das Glück der einfachen Menschen, dachte ich bei mir.

»Und ich tat es zum Besten Frankreichs«, fügte sie rätselhaft hinzu.

Nichts an dieser Frau war jemals aufrichtig gewesen. Ich erinnerte mich wieder an Cherboucy. Als ich sie in dem großen Saal um Gerechtigkeit anflehte, war mir aufgefallen, dass sie mit ihren Blicken den Raum absuchte, die Soldaten zählte, die zum Hause Guise gehörten, und gegen die abwog, die ihr selbst unterstanden. Vielleicht hatte sie es nicht gewagt, den Comte de Ferignay gefangen zu nehmen, der mit den mächtigen Guise im Bunde stand, um nicht die eigene Herrschaft zu gefährden.

»Rätselhafte Zeichen haben mich geleitet, so zu handeln«, fuhr die Thronregentin fort. »Denn weil du gekommen bist, um deinen Vater zu retten und mir diesen Brief zu überbringen, hast du auch das Leben meines Sohnes, deines Königs, gerettet. Das steht in dem zweiten Vers, den Nostradamus niedergeschrieben hat.«

Katharina von Medici hielt das Blatt, das ich ihr gegeben hatte, hoch und las laut den zweiten Vierzeiler der Weissagung.

Dies ist deine Bestimmung, Mélisande.
Auserwählt bist du,
Auf deine eigene Weise zu retten
Den König, der gerettet werden muss.

Henri hielt den Atem an. Ich brauchte ihn nicht erst anzuschauen, um zu wissen, dass er alles, was dieser Vierzeiler besagte, verstand. Ich mied seinen Blick und schaute die Thronregentin an. Katharina von Medici nickte. »Sogar im Jenseits enttäuscht mich Meister Nostradamus nicht. Mein geschickter Plan war es, der dich in diesen Raum hier führte. Deshalb standest du, Mélisande, am Fenster und konntest es schließen, als die Schützen auf uns feuerten. Und so wurde mein geliebter Sohn, der König von Frankreich, vor dem sicheren Tode gerettet.«

Ich blickte zu Melchior, der kaum merklich den Kopf bewegte. Und ich begriff sofort. Er wollte mir zu verstehen geben, dass ich schweigen sollte.

Die Thronregentin blickte zufrieden. Wie schon Graf Thierry richtig bemerkt hatte, glaubte Katharina von Medici fest daran, dass ihre Kinder durch göttlichen Ratschluss auserwählt waren, über Frankreich zu herrschen. Deshalb war sie felsenfest davon überzeugt, dass sich alle Mächte des Schicksals verbündet hatten, um Charles in dieser Nacht aus Todesgefahr zu retten.

Ich aber kannte meine wahre Bestimmung, und ich wusste, dass ich für die Sicherheit jenes Königs sorgen musste, der einst groß sein würde. Ich nahm meinen ganzen Mut zusammen und sagte: »Eure Majestät, wenn ich so kühn sein darf, der weise Seher Nostradamus war in mehr als einer Hinsicht bestrebt, Euch zu helfen …«

»Ja?«, erwiderte Katharina von Medici ungeduldig. »Was hast du noch zu sagen, Mädchen?«

Ich blickte auf eine Stelle über der Königin, dorthin wo ein Spiegel an der Wand hing. Ich heftete meinen Blick darauf und begann zu sprechen:

> *»Zwei Menschen, durch heiliges Band vereint,*
> *Zwei Königreiche …«*

Katharina von Medici schloss halb die Augen. »Ich erinnere mich an diese Worte. Auch sie hat der Seher Nostradamus in Cherboucy genau so gesagt. Ich verstand sie so, dass mein Sohn und Elizabeth von England sich vermählen würden. Aber es kam anders.«

Ich deutete auf Henri von Navarra. »Eure Hoheit, vielleicht habt Ihr die Worte des Propheten durchaus recht verstanden.«

Die Thronregentin riss die Augen weit auf. »Jetzt weiß ich, was du meinst!«, rief sie aus. »Der Sinn war unklar, aber ich habe die Gabe empfangen, dennoch den rechten Weg zu wählen.«

»Ihr habt die Hochzeit von Prinz Henri und Prinzessin Margot in die Wege geleitet«, bestätigte ich.

»Und dieses Bündnis muss erhalten bleiben«, pflichtete sie mir bei. Sie schlug die Hände vor der Brust zusammen. »Nostradamus leitet mich noch von jenseits des Grabes.«

Dann blickte sie Henri gnädig an, und da wusste ich, dass ich die mir von Nostradamus auferlegte Aufgabe endlich erfüllt hatte.

»Mein Sohn.« Katharina von Medici wandte sich an Charles. »Wir werden mit unserem königlichen Wort dafür stehen, dass Henri von Navarra am Leben bleibt.«

»Und Mélisande, ihr Vater und Melchior müssen ihre Freiheit erhalten«, fügte Henri hinzu.

König Henris Verhandlungsgeschick war so groß, dass

sich Katharina von Medici sogleich an das Schreibpult des Königs begab. Sie stellte einen Befehl aus, damit ich, mein Vater und Melchior Paris noch in dieser Nacht sicher verlassen konnten.

Kapitel zweiundsiebzig

Selbst nach dieser entsetzlichen Nacht ging das Morden weiter.

Denn obwohl der König Befehl erlassen hatte, dass jeder die Waffen niederlegen solle, kümmerte sich niemand darum. Der Mob herrschte in der geschundenen Stadt Paris und jeder richtete die Waffe gegen jeden.

Als sich die Kunde davon in den Provinzen verbreitete, griff die Gewalt auf das ganze Land über. In vielen Städten machten berüchtigte Verbrecher die Straßen unsicher, plünderten und mordeten. Auf dem Land schlossen sich die gepeinigten Bauern zu Banden zusammen und verwüsteten alles, wo auch immer sie hinkamen. Häuser, deren Türen verriegelt waren und in denen sich die Bewohner versteckt hielten, wurden in Brand gesteckt. Menschen wurden ohne Gerichtsverfahren erhängt. Weder Protestant noch Katholik konnte sich seines Lebens sicher sein. Manch alte Rechnung wurde beglichen, und manch alte Fehde wurde ausgetragen von Menschen, die vor Blutgier rasten.

Mein Vater war sehr geschwächt, er konnte keine langen Strecken reisen. Sobald wir die Stadt hinter uns gelassen hatten, führte uns Melchior zu einer verlassenen Holzfällerhütte in einem Wald, in dem er einst mit König Charles gejagt hatte. Mit Fallholz machten wir Feuer und wärmten uns, und Melchior stellte Fallen auf und fing Tiere, damit wir zu essen hatten. Nachts, wenn wir ums Feuer saßen, trauerte er um seinen Freund. Um Paladin, den edlen Leoparden, der starb, um das Leben seines Herrn zu retten. Mein Vater und ich stimmten in seine Klagen ein, und wir sprachen oft davon, wie gutherzig Chantelle gewesen war, und trauerten eigentlich erst jetzt recht um sie. Und ich erzählte ihnen auch, was Nostradamus in seinen Träumen gesehen hatte, von seiner letzten Weissagung und von dem, was er mir aufgetragen hatte.

Wir verbrachten den Herbst und den Winter in der sicheren Hütte, während sich das Entsetzen über ganz Frankreich ausbreitete. Tausende und Abertausende Menschen, unschuldige Männer, Frauen und Kinder, starben in einer Flutwelle des Hasses, und alles, was Nostradamus vorhergesagt hatte, traf ein. Die Flüsse färbten sich rot vom Blut.

Die königliche Familie saß buchstäblich im Louvre gefangen, und – welch schreckliche Ironie – der Herzog von Guise, der einsah, dass das ganze Land unregierbar zu werden drohte, versuchte mit seinen eigenen Soldaten, die Ordnung im Namen des Königs wiederherzustellen.

Wilde und widersprüchliche Gerüchte trafen von den anderen Höfen Europas ein, sie schwankten zwischen Zustimmung und Tadel. Auf die Nachricht hin, dass so viele der führenden Protestanten ermordet worden waren, soll der König von Spanien seinen Hut vor Freude in die Luft geworfen, die Königin von England jedoch einen schwarzen Schleier angelegt haben.

Katharina von Medici stritt ab, dass sich die Katholiken verschworen hätten, alle Protestanten zu vernichten. Sie ließ öffentlich erklären, dass ein Plan der Hugenotten, den König zu ermorden, aufgedeckt worden war. Daraufhin habe der Herzog von Guise Admiral Gaspard Coligny getötet. Auf diese Weise gab sie den Guise die Schuld, während diese wiederum darauf beharrten, dass der König den Befehl erteilt hätte.

Das alte Jahr war vergangen und das neue heraufgezogen, ehe allmählich wieder Frieden im ganzen Land einkehrte. Und während sich der Adel darüber stritt, wer die Verantwortung zu tragen hatte, mussten die einfachen Leute die Rechnung für das Geschehene bezahlen.

Von der Außenwelt abgeschnitten, weit weg von jeglicher Behausung, erfuhren wir nichts von alledem, bis wir endlich die Isle de Bressay erreichten.

Wir hatten bis zum Frühjahr gewartet, ehe wir von unserer Zuflucht im Wald aufbrachen. Wir waren sehr vorsichtig auf unserer Reise und legten nur kleine Strecken zurück, deshalb war es Mai geworden, ehe wir die Insel wieder sahen. Die Soldaten des Comte de Ferignay waren nicht mehr da. Sie waren einfach verschwunden, so berichteten uns die Landleute, als die Kunde vom Tod ihres Herrn und von den Ereignissen in Paris sie erreichte.

Mein Vater war immer noch kränklich, doch als der Sommer mit all seiner Pracht Einzug hielt, waren sein Körper und sein Geist so weit genesen, dass wir zusammen Spaziergänge im Freien unternehmen konnten.

So kam es, dass ich eines Abends Ende Juni mit ihm und Melchior zum Hügel der Aufrechten Steine ging, von dem aus man über die Isle de Bressay schauen konnte. Ich hatte Nostradamus' letzte Weissagung in Ölpapier eingeschlagen und sie an diesem Tag der Sommersonnenwende mitgenommen.

»Da ist noch etwas, das ich tun muss«, sagte ich zu Melchior. Wir ließen meinen Vater zurück und gingen gemeinsam in den Steinkreis.

Ich musste an die Weissagung denken, die sich in dem Päckchen befand. Ich wusste noch genau, was Nostradamus zu mir gesagt hatte, als er sie mir gab.

»Aber ich trage dir hiermit auf, einen sicheren Ort zu finden, an dem du meine letzte Weissagung verwahren kannst, bis die Zeit reif dafür ist, sie zu offenbaren. Wir können nur hoffen, dass die, die nach uns kommen, wachsam sind und die darin enthaltenen Warnungen beherzigen.«

»Dieser Steinkreis steht schon seit tausend Jahren«, sagte Melchior.

»Und er wird noch tausend Jahre bestehen«, sagte ich. »Es ist ein Ort, an dem die letzte der Weissagungen sicher aufbewahrt werden kann.«

»Eine gute Wahl«, stimmte Melchior mir zu, »denn Menschen werden diese Steine nicht vom Fleck bewegen können.«

»Ja«, sagte ich, »auch wenn Tiere aus Eisen die Felder verwüsten und eiserne Fische am Himmel schwimmen, die Menschen werden immer die Aufrechten Steine achten.«

Melchior berührte sanft meine Stirn. »Manchmal«, sagte er, »weiß ich nicht, ob es der Prophet ist, der aus dir spricht, oder ob du es bist.«

»Ich weiß es selbst nicht«, erwiderte ich.

Die Sonne ging unter, sie stand tief im Westen am Horizont, ihre Strahlen reichten bis in die Neue Welt auf der anderen Seite des Planeten und noch weiter, zu den anderen Gestirnen, die im unendlich dunklen Meer des Himmels ihre Kreise zogen. Denn die Wahrheit, die so lange im Dunklen lag, ist die, dass wir niemals der Mittelpunkt des Weltalls waren und es niemals sein können. Wir sind ein Stern unter vielen, aber es gibt Dinge am Himmelszelt, die so gewaltig sind, dass unser schwacher Geist sie nicht fassen kann. Nostradamus selbst war von dem, was er geschaut hatte, überwältigt.

Er schrieb nieder, was er wusste, um die zu warnen, die nach uns kommen. Deshalb werde ich diese Prophezeiung verbergen, in der Hoffnung, dass die Menschen in einer fernen Zeit sie wiederfinden werden und die Schrecken der Endzeit, die der Seher von Salon vorausgesagt hat, noch abwenden können.

Die sechste Heimsuchung

Sie wird kommen nach den fünfen, die vor ihr waren,
wenn Land, Wasser und Himmel brennen
ohn' Unterlass.
Wenn die Fluten kommen, man aber kein Wasser
trinken kann.
Wenn Tiere und Pflanzen verdorren und aussterben.
Wenn die Erde ächzt unter der Last der Menschheit
und alles Leben nach Hilfe schreit.

Ein Sonnenstrahl senkt sich auf die Felsblöcke in der Mitte.

Wie im Traum gehe ich darauf zu und berühre den Schlüsselstein. Die Platte bewegt sich. Ich gehe in die geheime Kammer und lege die letzte Weissagung des Nostradamus ab.

Und dort liegt sie noch und wartet.

* * *

Ich erzähle meine Geschichte für all jene, die nach mir kommen, damit sie diese letzte Weissagung finden und sich ihre Warnungen zu Herzen nehmen mögen.

Mir war es nur beschieden, eine einzige Tat zu vollbringen. Es ist nun an anderen, das Schreckliche, das bevorsteht, abzuwenden.

Ich gehe mit Melchior wieder den Hügel hinab. Über unseren Köpfen blitzen die Sterne am Firmament. Und zum ersten Mal, seit meine Mandoline zerstört wurde, höre ich Musik in mir, rein wie das Licht der Sterne. Ich denke an die Ballade, die ich schreiben will und die unsere Geschichte erzählt, die Geschichte von Melchior und mir. Wie wir uns begegneten und wie wir wieder getrennt wurden, wie wir wieder zueinanderfanden und wie Paladin, der Leopard, uns das Leben rettete.

Ich werde sie *Die Ballade von Mélisande und Melchior* nennen.

Wir kehren in die Stille und Abgeschiedenheit des Hauses zurück. Ich entzünde ein Licht und nehme die neue Mandoline zur Hand, die mir mein Vater geschenkt hat, und sage zu Melchior: »Heute Abend will ich musizieren.«

Melchior nimmt mir die Mandoline aus der Hand. Er beugt sich zu mir, löscht das Licht und sagt: »Aber zuerst wollen wir uns lieben.«

Und als ich mich zu ihm lege in dieser Nacht, da weiß ich, dass ich wirklich zu Hause angekommen bin.

Epilog

Trotz jahrelanger strenger Bewachung gelang Henri von Navarra schließlich die Flucht. Später bestieg er den französischen Thron und wurde einer der größten Herrscher, die Frankreich je hatte.

Anmerkung der Autorin

Auch wenn dieses Buch auf historischen Ereignissen beruht, so ist es dennoch eine erdachte Geschichte.

Um das Schicksal von Mélisande und Melchior erzählen zu können, habe ich Figuren, Ereignisse und Prophezeiungen ersonnen – insbesondere jene, die sich auf das Massaker der *Bartholomäusnacht* beziehen und auf die *Sechste Heimsuchung*. Sie ergänzen jene Weissagungen, von denen wir wissen, dass es sie in jener Zeit gab.

Die Mordnacht von Paris fand tatsächlich 1572 statt.

Man kann das Haus des berühmten Sehers Nostradamus in Salon, einer Stadt in der Provence, heute noch besichtigen.

Was die Prophezeiungen angeht, so kann man sie ernst nehmen oder mit Skepsis betrachten. Jeder kann für sich selbst entscheiden, ob er ihnen Glauben schenkt oder nicht.

Es gab fünf *Heimsuchungen* in der Weltgeschichte, als verheerende Ereignisse eine große Zahl von Spezies ausrotteten. Man muss kein Hellseher sein, um zu erkennen, dass unser derzeitiger respektloser Umgang mit den Schätzen der Erde in die Katastrophe führen wird. Vielleicht ist es die menschliche Rasse, die bei einer *sechsten Heimsuchung* vernichtet wird.

Die Warnung ist da, verborgen hinter den Aufrechten Steinen, so wie es im *Nostradamus-Rätsel* beschrieben wird.

Die Autorin dankt:

Margot Aked
Lauren Buckland
Laura Cecil
David Clayton
Sue Cook
Marzena Currie
Annie Eaton
Julie Gormley
Diane Hendry
Sophie Nelson
Chris Newton
Hugh Rae
Hamish White
den Mitarbeitern des Museums von Salon
in der Provence
den Mitarbeitern von Random House
& den üblichen Verdächtigen …

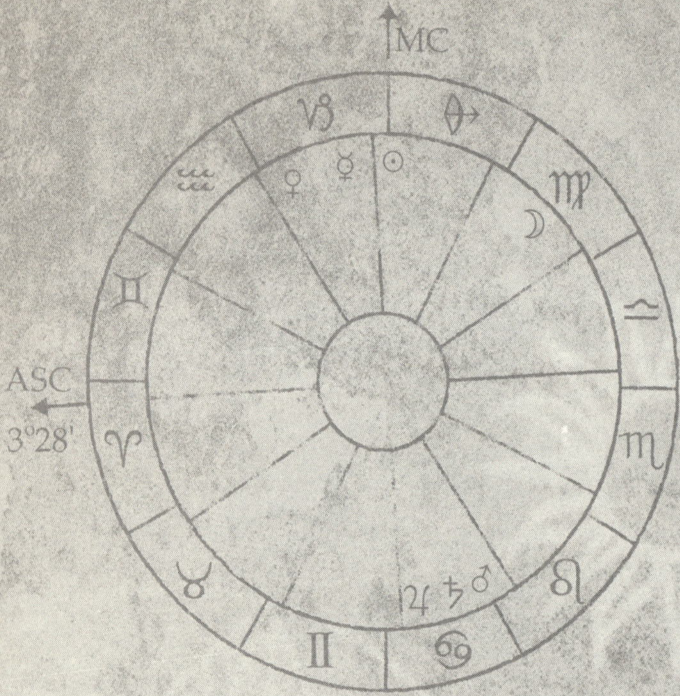

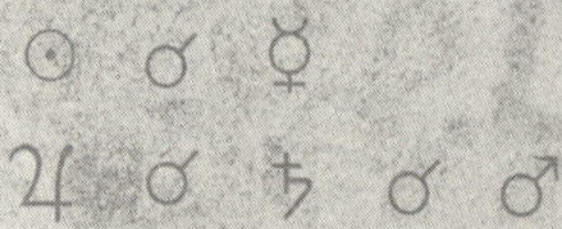

Nostradamus
24. Dezember 1503
um die Mittagszeit
St. Remy, Frankreich
46° N 46' 04° O 50'

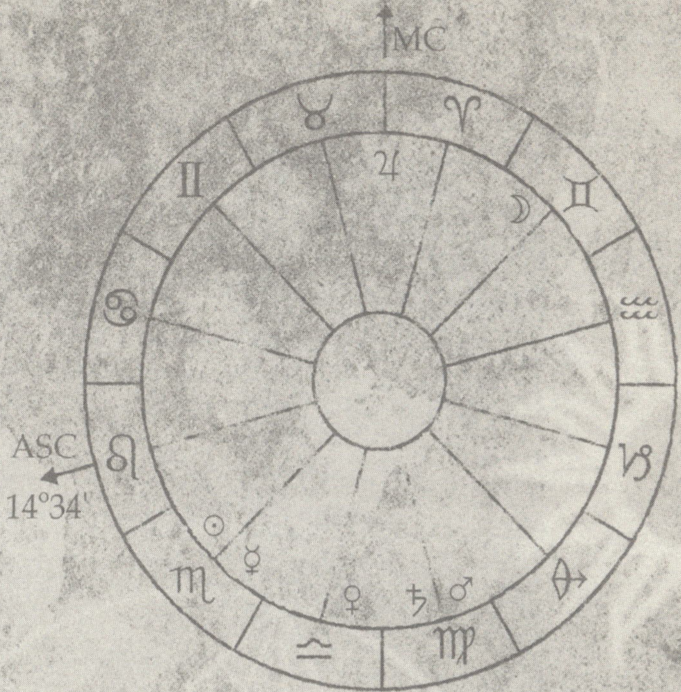

☽ △ ♂

♃ ☌ m.e.

♂ ☌ ♄

☽ ☍ ☿

St. Bartholomäus Tag

24. August 1572

3 Uhr a. m.

Paris, Frankreich

48° N 52' 02° O 20'